步行街与主力店接口处边柜灯饰产
生的效果：利用边柜灯饰缓和步行
街与主力店接口照度突兀是一个好
的办法（详见P78）

交通轴线和交通节点引导客流流向
的解决方案：在重要的客流流线节
点，应精心作出景观布置（详见
P78）

商业步行街区的景观布置：商业步
行街区的景观布置要有利于客流流
向的导向（详见P78）

休闲设施的细节设计：没有休闲座
椅等小品或者条件太差，显然不能
够使疲劳的顾客没有耐心在商业中
心长时间逗留，但是过于舒适的休
闲小品也会不利于顾客的有效流动
（详见P80）

不同照度和色温的布景
所产生的橱窗和陈列
效果：品牌档次越高，
基础照度越低，色温越
低，显色指数越高，重
点照明系数越高，展示
的戏剧性程度越高（详
见P83）

某商业项目品牌调整前
商铺的形象（详见P269）

某商业项目品牌调整后商铺的形象：
该商铺在品牌调整和装修前后的业绩和客流量统计表明，调整后的业绩是调整前业绩的3倍多，营业坪效从50元/（㎡·日）增加到180元/（㎡·日），客流量也明显的超过了原先（详见P269）

某商业项目地块现状和功能分区分析（详见P275）

如图示，ABCD四馆呈发散状独立分布；且AB馆与CD馆之间隔了一条大什字街，D馆西侧又有沃尔玛超市，阻碍了一部分从东边中街过来的人群（从A馆至D馆端头步行街直线距离达500m）。

从商业建筑分布来看，本项目四个馆不易形成一个统一的整体购物氛围（主力店作用弱化），若各馆不进行差异化经营，形成业态功能特色，则易导致目标客群扁平化和进一步稀释，并形成四馆资源互相竞争的不利格局。

某商业项目定位分析（详见P275）

现有定位：快时尚品牌集客力分散、零售业态比例偏高、快餐和家庭生活、娱乐等功能性商品缺失；
调整方向：丰富商品业态、优化品牌组合、提升娱乐生活体验

某商业项目主入口及主通道内部
装饰调整效果图（详见P278）

店铺数：21个

续约（绿色标注）：3个　调整（黄色标注）：3个　空铺（红色标注）：5个

某商业项目定位调整楼层业态规
划和品牌规划（详见P278）

美术陈列主题的表现手法（详见
P395）

儿童零售之反斗城内部场景（详见P411）

儿童教育之北京朝北大悦城蓝天城（详见P411）

儿童娱乐之蚂蚁王国（详见P411）

体验业态之SEGA主题博物馆—地球漫步（详见P411）

体验业态之室内滑雪场（详见P411）

体验业态之娱乐风洞（详见P411）

体验业态之海洋馆（详见P412）

体验业态之室内温室花园（详见P412）

体验业态之意大利食品超市Eataly（详见P413）

"互联网+"思维的新型体验消费业态之苹果体验店（详见P423）

"互联网+"思维的新型体验消费业态之"T的N次方"Showroom（详见P423）

主题场景创新之上海K11艺术购物中心艺术雕塑（详见P427）

主题场景创新之北京侨福芳草地艺术场景（详见P427）

主题场景创新之德国Loop 5购物中心的航天航空主题（详见P427）

主题场景创新之日本难波公园的生态主题（详见P427）

个人体验场景创新之VC和AR，新的个性化体验场景创新（详见P431）

场景式营销创新之 WWF全球变暖菜单（详见P432）

场景式营销创新之五月花水墨奇迹（详见P432）

场景式营销创新之Nike夜光足球场（详见P433）

场景式营销创新之Misereor能刷卡的广告牌（详见P433）

场景式营销创新之英国百货Harvey Nichols圣诞节"自私"促销（详见P434）

场景式营销创新之Math Paper Press纸质书永不离线（详见P434）

服务创新之上海K11艺术购物中心的手机充电小广场（详见P436）

服务创新之香港某购物中心的顾客消毒机（详见P436）

服务创新之迪卡侬退换货便捷通道（详见P436）

商业地产理论与实务丛书

商业地产运营管理

郭向东　姜新国　张志东　　编著

中国建筑工业出版社

图书在版编目（CIP）数据

商业地产运营管理/郭向东，姜新国，张志东编著. 北京：中国建筑工业出版社，2016.11（2025.3重印）
（商业地产理论与实务丛书）
ISBN 978-7-112-20055-9

Ⅰ.①商⋯ Ⅱ.①郭⋯ ②姜⋯ ③张⋯ Ⅲ.①城市商业—房地产企业—运营管理—研究 Ⅳ.①F293.34

中国版本图书馆CIP数据核字（2016）第257645号

本书系统阐述了商业地产及运营的基本原理、筹备期商业运营管理的方法、运营期商业运营管理的方法、商业运营管理活动中的全面市场营销和营销推广、商业运营所面临的挑战和变革。与目前偏重市场策划的商业地产书籍不同，具有很强的理论性、系统性和工具性，既可用于商业运营管理企业及经营管理者对于商业运营管理活动和过程展开全面指导和控制，也可用于商业运营管理专业人员商业运营管理活动的实务。本书适合商业地产运营管理企业、商业地产项目的高中级经营管理专业人员阅读和学习。

责任编辑：封　毅　周方圆
书籍设计：张悟静
责任校对：王宇枢　李欣慰

商业地产理论与实务丛书
商业地产运营管理
郭向东　姜新国　张志东　编著
＊
中国建筑工业出版社出版、发行（北京海淀三里河路9号）
各地新华书店、建筑书店经销
北京锋尚制版有限公司制版
北京中科印刷有限公司印刷
＊
开本：880×1230毫米　1/16　印张：28　插页：4　字数：516千字
2017年4月第一版　2025年3月第八次印刷
定价：**75.00**元
ISBN 978 - 7 - 112 -20055 - 9
（29503）

蜕变的商业地产——代序

商业地产正处于前所未有的巨变期，刚完成实体商业转向线上线下互动，马上又进入融合实体和虚拟两个空间的全域空间时代，商业也从"两个翅膀"升级为"一个引擎"的"智慧商业"模式。

一

电商冲击，促进商业升级。2009年"双11"是一次可以载入国际零售业、营销界史册的大事件，在这一天，电商发动了准备已久的全民在线购物狂欢，线上销售爆炸增长。自此开始，传统零售业销售额下降，商业物业空置率上升，购物中心商品流失率达到20%～30%，直接受到冲击的业种在实体商业物业中无法维持生存，如电子产品、体育运动商品等，连著名的中关村电子市场在这轮冲击下也改业转行了。

造成这种巨大变化是"鼠标"效应。使用鼠标进行网购的是学历高、消费能力强的年龄层，他们的消费倾向变化，导致自第二次工业革命以来形成的零售业商业逻辑和业态内部生态关系发生改写，阻断了组合型业态内部生物链，致消费流失和减少，如购物中心中的电子、运动业种生存困难，不良影响扩散到依附性、相关性业种，如包袋、饰品、饮品的营收下降，生存困难。在这种商业生态性变化影响下，餐饮业态、体验业态比重上升，非传统业态的医疗、保险、创意、办公等进入购物中心；百货则出现了购物中心化、小型化或城市奥莱化的态势；传统市场在现代物流配合下出现了"物联商贸"的趋势。

二

消费迭代，是业态变化最重要动因。中国经历了30多年的高速经济增长，完成了从温饱向中产消费转型过程，消费从唯价格向"品质+价格"转变；恩格尔系数下降到35%以下之后，消费从讲究吃穿转变为个人享受生活型。旅游、休闲、健康、教育、体验、化妆成为消费支出的前序类别，消费价值观发生了巨大的变化。

80后到90后成为商业重要目标客群，这个年龄层的消费群体受惠于经济增长、独生子女政策并受到良好的教育，收入水平较高，消费能力强于其他年龄层消费者，他们从小衣食无忧、用功读书，成年后有童稚化心理特征。花钱顾虑少，爱玩乐，追求生活品质，追求情调、体验、趣味是这个年龄层的消费特点。

时间过剩，产生时间消费需求。中国从1995年改为双休日起，到2016年，中国大城市实际年工作时间只有155天，时间过剩使人们有更多的时间去消费，或为了消磨时间而去消费。

经济转型、拉动内需已经成为未来经济增长主要因素之一，医疗保障逐步改善、住宅消费需求开始弱化，支出分配中消费支出增加，人们的消费意愿逐渐增强。

奢侈品消费在中国大陆降温。由于反腐，2015年奢侈品在中国大陆销售额下降为2%~16%，消费从注重品牌向注重品质改变，消费变得更加理性。

三

影响业态升级的主要因素排序首先是消费，其次是商业竞争和科技创新。在消费基础形成之后，业态升级和科技发展才有了施展空间。商业内部竞争来自于两个方面：一是国内商品严重过剩：78%的商品供过于求；商业销能过剩，商业物业重复建设；商业促销手段单一，价格战已使商业竞争筋疲力尽，不可持续，业态升级要求产生。二是随着2015年12月中国加入世贸的保护期到期，进口商品大量增加，这使得中国大陆的商业竞争方法，从单一的价格竞争开始向商品品质竞争、商业环境情景竞争、商业服务竞争、创新竞争过渡，进口商品和先进的商业销售技术促进中国商业的进步和业态升级。

商业科技进步是业态升级的关键因素，网络商业在现代物流的配合下，对传统商业冲击更大。2015年世界最大的线上零售结构体——阿里巴巴的交易额达到人民币3.6万亿元，约占中国零售商品总额11%。科技革命对商业的影响比历史上任何一次更大、更加深刻，远远超出我们的想象。以移动互联为代表的当代信息技术正深刻地改变着人们的行为和生活方式，同样从消费端出发，改变商业和商业地产。

四

"全域商业地产"是互联网PC时代进入移动互联网时代的产物；互联网完成了从单向或双向信息传递向全面时空渗透的升级，移动互联的全域性、即时性、交互性导致商业地产全域、即时性，形成线上虚拟和线下实体空间交互融合，这就是移动互联时代的"全域商业地产"的智慧DNA。在创新时代，高科技运用使商业地产进步更加显著，如移动互联、物联网的衍生功能——智慧商品管理系统、社交媒体、大数据以及快速支付、场景革命、积分银行、VR技术、O2O技术、虚拟会员方案等。为了商业直击人心，调动审美积极作用，人文学科在未来商业和商业地产中会有更充分地运用，如心理学、美学、行为学以及环境行为学、人文地理、民俗学、消费心理学、行为经济学、行为美学等。

商业地产的估值体系同样发生巨大的变化。未来对商业地产评价时，不仅仅要阅读商业财务报表，关注营业额、收益和净利润、坪效、客流量、提袋率等商业效益指标，考察商业物业的空间位置、交通条件、物业形态、租金水平等传统的房地产评价要素；还会通过智慧商业管理系统，去了解这个商业物业虚拟空间的商业价值，如虚拟会员的数量、活跃程度、线上和线下的销售情况、客单价、忠诚度、差评率等；还要对智慧商圈进行评估，包括智慧商圈覆盖面积、商圈内的客流和物流到达路径、时间和快递成本，人口密度和消费潜力等，综合考核全域概念下商业物业的价值。

五

商业领域里发生巨变的同时，中国商业地产市场同样发生着惊天的逆转，2015年1月万达宣布"轻资产"发展策略，这是中国商业地产行业里程碑式的转折点，它标志着中国商业地产由相对过剩转变为绝对过剩，市场重心由开发转变到运营，未来市场机遇在盘活存量物业、提高资产价值中。

中国商业地产市场经历了从启动到饱和五个阶段。1999年，"谁投资、谁得益"政策公布，市场进入启动阶段；2002年，作者的"一铺养三代"发表，商业地产引起广泛关注，市场进入兴起阶段；2005年："国八条"出台，商业地产第一次遇冷；2008年：四万亿元出台，房地产市场松绑，中国房地产销售前20强全部进入商业地产领域，市场二次启动；2015年：万达宣布轻资产，标志着中国大陆商业地产开发饱和，产能过剩，市场进入以运营为中心的全面调整阶段。

从市场态势看，具有高配置、高库存、去化难的特征。至2015年年底，全国人均拥有商业地产面积2.5平方米以上，超配50%以上，库存2.6亿平方米，去化难、运营难，商业地产成为各地政府、部分企业的包袱。

由于商业地产总量过剩、效益低下、流入资金减少、开发困难，导致商业用地价格降低、出让困难。2016年中央政府相继出台政策拯救商业地产，如"商改居"、购置商业物业可以2年抵扣等。但是区域性一些控制商业地产的政策和规划并未消除，如有的地方规定开发商业地产须持有80%，有的地方规定开发商业地产须持有建成物业50%十年以上等，无论是商业地产的去化需要，还是区域性的政策、规划控制要求，运营已成为商业地产开发或者物业经营的命门。

在商业地产完全市场化后的17年里，市场出现了一些具有中国特色的商业地产发展模式，如快速发展的"万达模式"，管理精细化的"恒隆模式"，土地增值的"红星美凯龙模式"以及资本运作的"凯德模式"，锐意创新的"大悦城模式"等。在形成些许经验同时，中国商业地产行业还有许多代价巨大的教训，如全国性的面积超配、开发技术不成熟、规划技术弱、后期运营能力低等，商业地产行业到了应该总结经验教训、寻找规律的时候了。

在巨变时期，商业地产研究既要重视商业地产的基本规律，又要对市场发展趋势进行探索，这样才能对现实开发和运营有指导作用。一直以来，中国对商业地产基础研究不够，没有体系性的知识架构，发展探索同样很弱，经常把个案经验当作商业地产一般规律，造成了许多误区和损失，作为专业工作者感觉有责任为商业地产理论体系建立做一些基础性的工作，想法提出后得到了业内人士的积极响应并参与这套丛书的编写工作中来。我们根据商业地产的专业分工和专家特长进行丛书内容分配，我和各位专家分头编写各个专业分册，即将出版的有《商业地产》《商业地产运营管理》，已在编写的有《商业地产招商》《商业建筑规划与设计》，已经约稿的有《商业地产投融资》，在上述书籍出版后，再行编写《商业地产大辞典》。试图通过这一套专业书籍的编写，初步形成中国商业地产理论架构，为后期深入研究做一些前期基础性的工作。

在新书出版之际，谨向参与编写本套丛书的作者、编辑以及未来对本书提出批评和建议的读者表示衷心的感谢！

姜新国

2016年9月

前言

一

从价值形态来说，不动产是金融产品，零售商业不动产也是如此。在其生命周期中，包含"融"、"投"、"管"、"退"这四个环节。商业运营管理，即商业地产运营管理就是"管"这个环节。

商业运营管理非常重要！为什么呢？

一个商业项目要做得很成功，经营业绩很突出，靠什么？靠的是商业运营管理。

一个商业项目，希望获得资本市场的青睐，无论是"融"还是"退"，资本需要作一个评价，就是对这个项目商业运营管理的评价。对于运营商来说，资本需要作出评价的，是它的运营能力，也就是商业运营管理的能力。运营能力成为商业运营管理服务运营商信用等级评定的重要指标。

既然商业地产运营管理如此重要，因此，我们就编纂本书，并愿以此奉献给各位立志于从事商业运营管理的朋友，希望通过对此书的探讨，掌握商业运营管理的原理和方法，为商业运营管理的事业辛勤耕耘。

二

什么是商业地产？商业地产有哪些种类？我国商业地产有几种开发模式，各自有什么特点？如何进行商业定位？这是本书第一篇"商业地产运营管理基本原理"需要回答的问题。

商业地产是什么？它实际上是一个商业平台。一个商业平台，它的价值就不仅仅是土地和建筑技术资产的价值本身，而且还是这个不动产以及承载于这个物业之上经济活动的全部价值。**商铺，"铺"只是物理概念，"商"才是价值概念。没有"商"的铺一文不值！**把这个铺做出"商"来，这就是商业运营管理的任务。

那么什么是商业地产运营管理，它与商业经营和商业物业管理是一回事吗？商业地产运营管理的体系、模式是什么？商业地产运营管理的价值链是怎样的，它应该实现怎样的管控，最后形成怎样的组织架构？这也是本篇需要回答的问题。

所谓商业地产运营管理，就是以运用和管理商用物业为基础，整合各种商业资源、社会资源和技术资源，使商业不动产资产以及所承载的全部产业资产发挥出最大综合价值的经营管理活动。

在本篇中，我们还讲述了经营方案和经营计划的原理。

商业运营管理好不好，需要进行评价，这个评价体系就是 KPI 和 GS 体系。而涉及商业运营管理，有许多关键的密码，例如租金、客流、成本、客户满意度。本篇阐述 KPI 和 GS 体系的同时，试图破解商业运营管理的这些关键密码。

三

筹备期是商业运营管理的一个重要阶段。

什么是筹备期，它有哪些控制节点和关键事项？筹备期商业运营管理的关键环节是什么？商业项目开业筹备工作的内容是什么？这是本书第二篇"筹备期商业运营管理的方法"要回答的问题。

开业筹备工作是一个系统工程，涉及招商、推广、物业管理、营运、综合统筹等各个领域的 25 个关键事项，成果和进度同气连枝、互为因果，必须加以管控。我们以较大篇幅讲述了它的过程控制。

本篇中，我们还重点专题讲述了开业筹备计划和开办费测算、项目的设计与工程介入、运营管理体系建设和开业前准备、数据信息技术系统建设、商户入驻和装修管理的具体方法。

四

从开业那一天开始，商业地产就进入了运营期。

那么，运营期具有什么样的特征，其培育期以及培育期之后的运营期各有什么样的特征？运营期商业运营管理的目标和战略行为又是什么？这是本书第三篇"运营期商业运营管理的方法"需要回答的问题。

运营期商业运营管理也是一个系统工程，涉及租费管理、经营分析、经营调整、经营现场规范与环境管理、广告位和多种经营管理、物业管理、客户关系维护等领域共 13 个关键事项，需要按照 GS 绩效管理的方法进行过程控制。我们也用了较大篇幅讲述了其过程控制的方法。

本篇中，我们还专题讲述了数据信息管理和经营分析、运营期的经营调整、商业运营过程中的物业管理、客户关系管理的具体方法。

五

营销策划是整个商业运营管理的灵魂，而客户价值评价又是营销策划的核心，商业运营管理的全部活动都必须围绕这个灵魂来进行。为此，本书把"全面市场营销和营销推广"从筹备期和运营期商业运营管理方法的有关篇章中抽出来，单设为一个篇章。

既然客户价值导向是营销策划的核心，那么，什么是客户价值，如何认识和评价客户价值，如何走近客户？在客户价值导向这个基础上，又如何进行品牌建设和品牌推广？这是本书第四篇"全面市场营销和营销推广"需要回答的问题。

营销推广，包括招商营销推广、开业营销推广和运营期营销推广，其手段包括媒介及对外宣导、美术陈列布置、活动营销和会员营销，所有的营销推广，贯穿于筹备期和运营期的各个阶段。涉及营销策划和推广执行，我们在该篇中具体予以讲述。

六

金融海啸引发全球性经济危机，中国经济增速放缓并以结构性调整进入新常态，房地产行业陷入困境。而在零售业正处于蜕变之际，电子商务的巨大发展、互联网线上交易的蓬勃兴起似乎使实体商业雪上加霜。"生"与"死"的考量折磨着每一个商业人的心智与神经。

这不得不让我们重新思考这样一个问题：零售商业地产的命脉究竟在哪里？Shopping Mall 千篇一律的面孔要不要改头换面？以"大卖场＋餐饮"的业态分布来吸引人流的招式是否真的万试万灵？在竞争如此激烈的环境下，是否该有新的业态带来新的模式，冲出同质化经营的重围？

与此同时，"营改增"的举措又给商业地产运营管理带来怎样的变化？在商业房地产库存积压如此严峻的情形下，商业地产又如何实现"去库存"？各种困惑袭扰着我们。

在本书第五篇"商业运营面临的挑战和变革"，我们将回答这些问题。

通过对商业运营在传承和变革中进行的展望，我们认为，业态创新、商业模式创新、场景创新和服务创新是商业运营转型和变革的重要举措。"营改增"，对于我们是一次重要机遇，也迫使我们的商业运营管理作出改变。而业态创新、商业模式创新、场景创新、服务创新和运营能力提升，以及促使房地产开发商主导的商业地产开发运营模式向金融资本主导的商业地产开发运营模式转化，是将商业地产存量资产转化为经营性资产的唯一出路。

我们相信，这些挑战和变革，将促使专业商业地产运营管理服务运营商的成长，使其成为新的产业形态。

七

商业地产运营管理是我国近二十年来新发展起的一个领域，为此，中国的商业人和商业地产人付出了辛勤的汗水和努力。正值商业地产和商业零售业大争之世，我有幸与姜新国老师以及其他老师共同完成此著，尤其感到惶恐，也感到自豪。希望我们的努力，能够为中国商业地产事业和零售业的发展，为专业商业运营管理运营商这个新的产业形态的发展献出绵薄之力。

郭向东

2016 年 9 月

目录

商业运营管理体系一览表

模块	要素	筹备期商业运营管理	运营期商业运营管理
体系设计	商业运营管理模式设计	★	
	商业运营管理价值链设计	★	
	商业运营管理组织设计	★	
经营方案和计划	开业筹备计划及开办费测算	★	
	经营方案和经营计划		★
绩效管理	KPI 指标设计和管理	★	★
	GS 指标设计和管理	★	★
综合事务	团队组建和管理	★	★
	管理用房规划、建设和管理	★	★
	税务筹划和财务管理	★	★
招商	市场调研	★	★
	定位	★	★（定位调整时期）
	业态规划	★	★（定位调整时期）
	品牌分析、使用和管理	★	★
	租金决策及租费管理	★	★
	合同决策及管理	★	★
	广告位规划、租赁和管理	★	★
	多种经营点位规划、租赁和管理	★	★
营运	规划设计介入	★	★（定位调整时期）
	运营管理体系建设	★	
	工程介入	★	★（定位调整时期）
	数据信息技术系统建设和管理	★	★
	经营规范管理		★
	经营环境管理		★
	经营分析		★
	经营调整		★
	商户入驻管理	★	★
	商户退场管理		★
	商户装修管理	★	★
	开业前运营准备	★	

模块	要素	筹备期商业运营管理	运营期商业运营管理
物业管理	物业管理费及相关费用测算	★	
	物业管理文件编制及使用控制	★	
	开业前工程代管验收	★	
	开业前物业管理准备	★	
	商业物业工程管理		★
	商业物业的风险控制		★
	消防安全管理		★
	商业安全管理		★
	环境管理		★
	停车场管理		★
市场营销	CI 建设和管理	★	★
	招商营销推广	★	
	开业营销推广	★	
	运营期营销推广		★
	媒介和对外宣导	★	★
	美术陈列	★	★
	活动营销	★	★
	会员营销		★
客户服务	客户关系管理		★
	客户满意度调查		★

第一篇

商业地产运营管理基本原理

第一章

商业地产基本原理

一、商业地产及其价值

(一) 商业地产和商业物业

商业地产有"一物三相"的特征,即在不同的投资者、经营者的视线中有不同的判断尺度。商业经营者主要以商业的角度来判断商业地产价值,物业经营者则以租金收益或物业升值的角度来判断商业地产价值,而来自金融市场上的投资者则以金融市场预期、投资倾向以及商业地产自身的价值和未来的升值空间、投资风险进行判断。

究其本源,商业地产是为了商业经营而开发建造以适合商业经营的场所,具有展示、销售、服务、仓储以及接待等功能。除此基础功能,其延展功能还有聚会、体验、休闲、游逛等。

商业地产的开发目的不是用于居住或工业生产,而是为商业活动所使用。商业房地产范围很广,包括商场(包括购物中心)、专业市场、娱乐场所、休闲性场所和各类消费场所。商业地产广义上通常指用于各种零售、批发、餐饮、娱乐、健身、休闲等经营用途的房地产类型。国外有**"零售地产"**的概念,专指用于零售商业所需地产;而国内的**"商业地产"**概念包含的内容比较广泛,除了"零售地产",还包括办公楼和酒店。

因此,广义上的商业地产是指一切产生收益的地产及物业,而狭义的商业地产则被姜新国在其2002年出版的《商铺投资》一书中,定义为"商铺"。"商铺"这个名词在中国已被广泛认可。在本书中,我们所说的商业地产就是"商铺",也就是国外定义的"零售地产"。在这个基础上进行细分,我们把**在建的零售地产称为"商业地产项目"**,把**建成的地产称为"商业物业"**。

依照上述定义,商业地产的"一物三相"其实是不同的投资主体,可分为商业投资、物业投资和资产投资。商业投资比较偏重商业利润;物业投资偏重于物业收益(租金);而来自于资本市场的投资者,则关注更全面,从商业经营的适合性、盈利性到物业的收益持续稳定性、安全性,再到资本市场的市场预期,资本倾向等来全面考核商业地产的价值变化。这三者之间,既有差异性,又有紧密的相关性,即商业盈利性好,同时也意味着向物业投资者分配的租金收益多,物业收到租金多,表现为收益性好;而收益性好、成长性好的物业资产则是资本市场关注的投资对象。

所以商业地产的基本逻辑是:商业盈利性好,物业收益增长,物业投资者有投资倾向。优质的商业不动产资产则受到资本市场的青睐。

（二）商业地产的价值构成

商业地产的价值主要由两部分构成：第一是房地产价值，指以房地产形式存在的价值，包括相对不可变动的土地和相对可以变动的建筑、配套、装饰，即物业的物理形态；第二是商业价值，指一切可以给人们带来盈利机会的商业价值。

1. 商业地产的房地产价值

商业地产是以房地产形式存在的，是一种具有商业有效性特征的价值，是一种生产资料。作为商业价值的附着物，实物存在的商业地产与其他形式的房地产具有相同的属性，如唯一性、稀缺性、不可复制性、不可移动性、永存性、投资巨大性等。考察商业地产的房地产价值，还是应该以土地、建筑对商业经营的适合性、有用性即商业性角度来考察，才能准确地评判商业地产的房地产价值。以价值角度判断商业地产，地理位置、地块形状和规模、入客便捷程度、建筑结构形式、建筑的内部空间、店招的位置等一系列房地产因素将直接影响到商业地产的价值和价格。主要的价值因素包括：

（1）地理位置，包括路段、位置、临街长度、朝向、地块形态；

（2）建筑结构，包括结构形式、柱距、层高、楼层；

（3）有商业价值的建筑部位，例如广告位、橱窗和进入商业项目的通道；

（4）配套设施，包括停车位、电梯、温度调节等；

（5）内部装饰，即场景。

2. 商业地产的商业价值

商业地产的商业价值最突出的意义在于吸引消费者，为商业经营提供消费资源，为商业盈利、物业升值、物业资产价值提升提供动力。

商业价值是商业组织经营活动中产生的无形资产，是商业企业或商业地产运营企业的优质资源，包括管理技巧、品牌和消费凝聚力、商业资本运作能力和法定权利（商业组织名称、商业品牌与信誉、商品名称、商号、专卖权、专利权、商标、合同、租约和运营协议），这些资源使商家在竞争性的商业市场上形成有活力、有竞争力、有价值意义的资产。

商业地产的商业价值并不是商业地产与生俱来的，它并不以实物形式存在，但它是商业地产价值体系中的主导价值成分，与商业地产的房地产价值一起构成商业地产的价值。商业价值是商业性房地产实物之外的附加部分。不是所有房地产实物必须具备的条件，但是房地产实物附加了商业价值，可以使实物形式存在的房地产价值产生量的变化。所以说，房地产价值是商业地产的基础性价值，而动态变化的价值是商业价值，换句话说，要提高商业价值，必须从商业入手。

商业地产的商业价值主要来源于消费影响，消费频次越高、消费数量越大，这个商业地产的价值就越大。在同质同量的消费背景下，商业价值表现为吸附力、影响力和转化力。

（1）吸附力，即吸引消费者的能力和公众认可和喜欢的程度。

吸附力，指商业地产的消费、资源吸附能力。主要来自于两个方面：一是商品和服务对消费者有没有吸引力；另外一个方面是商业的形象塑造，包括商业建筑（硬件）和商业经营（软件）对消费者的感动。

（2）影响力，有关商业的市场影响力和覆盖面积。

在中国，商业要想实现良好的效益主要依靠规模取胜的模式，所以商业地产及其中经营的品牌商户要有巨大的影响力。纵然商业的服务、市场美誉度很高，但是影响力很小，形成不了这个项目生存的营业规模，那么这个项目是不可持续发展的。这种商业的影响力和吸引消费的范围即覆盖面积，我们可以把它称为"商圈"。

（3）转化力，表现为将观察者转化为消费者的能力。

所谓转化力，就是把观察者变成商业的实际销售对象，并实现商业的销售，这种能力越强，商业的经营效益越好。商业的销售环节中，转化力的强弱由商业运营能力和销售人员的个人能力和素质决定，当然也和市场环境、经济和社会背景有关。

3．商业地产的价值实现

商业地产价值实现的轨迹是商业盈利性强，分配给物业持有者的收益亦相应增加，而收益增加导致资产升值。

简单归纳为一句话：**就是商业利润决定租金，租金决定房价。**

比如某个商圈的生意好，求租火爆，租金自然会上涨，房地产的价值也就跟着涨上去。反之，商业利润下滑，租金下跌，房价也跟着下跌。

二、商业地产的种类

商业地产的种类可以按照项目功能、物业形态和收益方法进行分类。

（一）按照项目功能分类

商业地产功能相关因素越多，项目投资、开发和运营的难度就越大。

商业地产发展到今天，从物业功能角度，已出现单一型物业、复合型物业和综合体物业三种类型。

1．单一型物业

单一型物业是单纯满足商业经营功能的物业。不考虑项目外部因素，项目定位选择时，可以相对简单，只考虑商业的价值选向、内部业态和谐和共同繁荣，并处理业态和建筑之间关系。如果未来需要销售或转让，还要考虑相关交易或投资需求。

2．复合型物业

复合型物业包括商住复合、商旅复合、商办复合、工商复合物业，还包括商旅办组合、商住办组合、工商办住组合等多种功能组合的物业。

相比于单一型物业，复合型的商业地产项目还要充分考虑复合物业的使用需求。例如商住复合型项目中，商业对居住环境的影响性评估，包括声音控制、通道分置、小区安全等；在商办复合项目中，商业和办公品质的把控、车位共享、出入口设置、商业和办公物业的资源共享等。

3．综合体物业

综合体是以建筑群为基础，融合商业零售、商务办公、酒店餐饮、公寓住宅、综合娱乐五大核心功能于一体的"城中之城"，是功能聚合、土地集约的城市经济聚集体。随着时代的进步，越来越多源于城市综合体运作模式的综合体建筑不断演化出来，它们的功能比真正意义上的综合体少，根据不同功能的侧重有不同的称号，但是都属于综合体。

综合体物业具有如下"五个特征"。

（1）土地高效利用性：综合体项目一般位于城市核心区，土地稀缺价格高，国家为了平衡土地成本和土地发展收益，提高土地使用率，所以综合体的容积率一般都比较高；

（2）功能复合性：复合的多种功能相互之间产生影响，如果规划不当，会对综合体整体产生不良影响；

（3）投资的规模性：由于项目的位置好、规模大，综合体项目有资本的规模要求；

（4）开发的周期性：由于高效利用土地、功能复合多、工程复杂，所以开发周期长，同样对资本提出了时间要求；

（5）社会性：综合体项目有关城市形象、地方商业，商务发展受到地方政府和公众高度关注。

以项目的功能组成来进行分类，可以研究项目开发难度、发展周期和资金使用情况。其中，综合体物业的开发难度是最大的。

（二）按物业形态进行分类

1. 商场式物业

商场式物业在业界又称之为"大盒子（BOX）"。

封闭式大盒子建筑模式起源于美国。商场式物业的特点是，所有功能都集中在一个大型建筑物内，内部采用封闭式步行街形式。由于建筑规模大，但是为了商业便于布置，建筑都是以功能为先的方形或矩形，这是因为德国包豪斯学院的现代建筑技术随着柯布西耶等人迁居美国后，在美国的建筑中率先使用，为后期商业规模化发展提供了条件。这种建筑形体方正巨大，看起来像个巨大的盒子，由此成为"大盒子"。

商场式物业一般用于规模大、需要集中经营管理的业态，如百货商场、购物中心、大型超级市场、专业市场等。由于共享商场物业中的公共空间，使得商业经营者实际使用的面积偏小，但同类零售集聚效应和非同类零售集聚效应都很好。

2. 街铺物业

街铺物业一般来自有消费客流的街道。街铺物业是人类进入铁器时代的产物，有确切历史记载的在2000多年，包括罗马时期图拉真市场以及中国的长安九市，由于分散经营，街铺物业具有"小进深"、"小面宽"、"小单元"的三"小"特点。

然而这仅仅是一般规律，在实际规划中，需要根据市场和项目实际进行调整和运用，如在商业繁荣地区，街铺进深可能会较大。

街铺物业的优点是经营自由度大，受控制影响小，但是同类零售集聚效应，特别是非同类零售集聚效应比商场式物业小。

在商业经营、消费习惯没有产生变化的时期，商业地产的物业形态只有上述两种，如果规划意图既不是商场物业，又不是街铺物业，那么项目规划一定是犯错误了。按照不同项目发展意图确定，不同的物业形态和产品十分重要。

（三）按照收益方式进行分类

按照收益方式，可以把商业地产划分为商业利润型、开发利润型、租金收益型和转让利润型四种类型。

研究不同收益来源、不同的项目或物业的经营分类关系，对指导商业地产项目的开发具有战略意义。因为不同经营方式具有不同的税赋特征，而不同税赋的特征直接关系到项目和物业经营的利润。

1．商业利润型

这种类型的收益直接来自商业。它的特点是其主体既是业主又是商业经营者。没有名义上的租赁交易，物业收益被视作为商业经营收益，而不纳入物业经营考核，从而避免了物业方面的赋税。在实际商业经营收益中，应当具有来自于物业方面的收益，而在我国现行财税制度中，这种物业仍然作为设施投资进行折旧，并摊入经营成本。目前"物业税"在讨论中，该税种一旦开征，将对自行开发和自持物业的商业地产项目造成持有成本增加及商业利润减少。

2．开发利润型

收益来自于商业地产项目开发，即项目开发目的为销售或转让。开发销售型的物业是我国绝大部分房地产企业参与商业地产开发的类型。由于各地政府为了扶持第三产业，给予土地方面的优惠，造成商业地产产生超级利润，使得一时间商业地产总持有量大幅度提升。一般城市都超过了$1.5m^2/$人的公认人均商业面积，大部分在售楼盘去化、回款缓慢，导致开发财务成本大大增加。

这种类型的房地产开发项目，即使销售业绩上佳，但是售后结算还要面临重要的纳税环节，才能测算出属于企业分配的利润。

3．租金收益型

租金收益型有两种经营模式，一种是为长期取得租金收益而持有的物业，但是，持有者并不直接作为零售商参与商业经营；另一种是承租他方物业转租而取得的差额收益。

从资产证券化的角度来看，产权清晰、收益稳定增长的物业，是可以进入资产包（权益收益也可以上市），形成REITs的物业资产。这是国际资本市场惯例，但是中国的资产证券化涉及各方面政策制度的限制，进展一直比较缓慢，而且，物业税开征的政策迟迟未定，所以租金收益和实际利润及其持有物业和权益收益的证券化未来出路仍不明朗。

4．转让利润型

转让收益，即通过商业地产项目或物业存量房产的转让。按照我国现行的税务法规，还要承担较重税率的房产税。所以在现行的税务法规条件下，可以考虑用企业产权进行操作，以改善商业地产项目或物业的转让经营效益。

（四）主要的商业地产类型

1．购物中心

世界购物中心协会对购物中心的定义是："作为一个独立的地产进行

设计、开发、拥有和管理的零售和其他商业设施的组合体。"

Mall（音译"摩尔"）起源于欧美，指规模巨大的集购物、休闲、娱乐、饮食于一体的商业中心或加盖的林荫道商业街。Mall原意是"林荫道"，现在也可译为"购物林荫道"。较新版本的美国词典释意："在毗邻的建筑群中或一个大建筑物中，许多商店和餐馆组成的大型零售综合体。"

购物中心起源于美国。美国是个前殖民地国家，为了和它的宗主国英国抗衡，它需要大量地吸收移民。给予新到来移民一定数量的土地成为当时美国一项基本国策。由于鼓励性质的殖民制度，美国的人口居住得很分散，这就导致了美国的商业一开始就和交通的发展密切联系，这也是美国早期邮购商业非常发达的原因。几个居住点中间渐渐形成了"shopping town"，人们汇聚于此购物、娱乐。这就是购物中心的雏形。

直到20世纪20年代汽车开始进入普通美国家庭。同其他原因催生出了一种全新的商业形态——Supermarket，我们称为"超市"。以超市为主力店，带来大量的客流，各种百货、餐饮、银行跟进，真正意义上的购物中心就此在美国形成，并且不断发展创新。

购物中心并不是一种业态，而是商业综合体，是多种业态的混合体，一般是整体持有，由于它分散经营、集中管理的特点以及"大店效应"、"品牌效应"等作用，可以有效提高商业地产的价值，解决过去购物中心初期租金坪效低的不足，使收益大于资金成本，所以这种商业形式很受国际资本的青睐。

2. 商业步行街、街区

商业街的英文名称为 Business Street 或 Commercial Street，是最传统的商业地产形式，既可以持有也可以出售。专卖一类商品的是专业特色街；卖多类商品的是综合商业街。凡商店建筑线状排布的是商业街，网状排布的就是商业街区。商业街由众多商店及银行等服务业态共同组成，按一定结构比例规律排列的街道，是一种多功能、多业种、多业态的商业集合形式。

商业街商业建筑按照线状的形式布置，通常为单层或多层的商业建筑，其中商店之间通过市场需求原理有意或自然调整，也是一种满足城市人口消费，同时提供观赏、游逛、休闲和体验等功能的商业场所。

商业步行街历史十分悠久，从罗马到长安、洛阳，从伊斯坦布尔到北宋开封都有遗址可寻。从"清明上河图"以及现存的黄山的屯溪老街，可以看到古代商业街的原始痕迹。国内外有很多著名的商业街。优秀的商业街不只是美化环境规划的一部分，而且还是繁荣城市商业活动和有机活力的重要手段。

商业街按商品特色可分为专业特色街和综合商业街。在专业特色街中又可分为五金街、服装街、国际时尚街、餐饮街等。例如，按文化特色可分为风貌建筑街、文化创意街、艺术商业街、生态商业街；按经营主体可分为零售商业街、批发商业街；按消费目的可分为便利型商业街、旅游商业街等；按区位可分为城市中心商业街、郊区商业街以及城郊结合部商业街。

不同类型、不同交通特点、不同业态、不同区位有不同的商业街价值。

商业街规划在顺应社会潮流而使其朝现代化发展的同时，也应保留自身应有的传统空间与风貌。可规划设计适合当地文化脉络特色的骑楼、过街楼、庭院式商店布局、室内步行街等，以建构一种综合性很强的步行购物系统，使城市空间具有历史的延续性，以提高其价值观念和深层意义。

3. 百货商场、大型超市、主题商场

（1）百货商场

1862年世界上第一家百货商场在法国巴黎诞生，这是由于奢侈品主要在欧洲的意大利生产，后来又都集中到了法国。种类繁多的商品需要集中销售，百货公司就应运而生了。百货商场一般是持有的，不太适合分割销售。商场在制造、消费的发展中也不断进步。

百货商场是一种需要整体经营的商业形式。由于整体经营的规模性，其物业经营必须面对规模大、数量少的商业经营者，为此业主须作出价格上的让步，所以百货商场的物业租金收益一般低于小面积经营的物业。

目前，国际上著名的百货公司有：美国的梅西百货、英国的玛莎百货和哈罗德百货、法国巴黎的拉法耶特百货、日本的崇光、伊势丹百货等。国内较有规格和名气的大型百货商店，有北京的王府井、燕莎，上海的第一百货、东方商厦、华联商厦、永安公司，重庆重百，南京金鹰，浙江银泰，成都仁和春天等百货商场。

百货是一种以展示销售为主要特征的物业类型，随着社会经济的不断发展，百货商场的经营方向和经营内容也在不断地发生变化。从选址上看，百货公司往往坐落于大城市商业中心的繁华路段上，建筑形态为单栋独幢商业大厦，面积规模为数千平方米到十多万平方米。由于电商的冲击，百货业态受到的冲击较大，国际上百货业态开始从租赁合作型向买手型开发转变，也有百货商场转变为购物中心。

（2）大型超市

大型超市也属于大型商场经营的模式，具有满足基本消费、同时价格低廉的特征。大型超市诞生在美国，它是和美国在第二次世界大战前后，

生产力强，大量廉价商品的供应有关，同时也和美国式的汽车生活有关，因为他们希望通过集中购物来降低交通成本。大型超市实际是把工业管理流程设计原理运用到商业中，可以极大降低人力成本和运营成本。

由于大型超市的使用面积大以及商品的边际利润低，在商业地产开发活动中，一是为超市所需开发，二是为了引进主力店而开发，三是为了满足大型社会生活配套而建设。

大型综合超级市场的营业面积可以分为两类：大型综合超级市场营业面积为2500～6000m²；超大型综合超级市场营业面积为6000～10000m²或以上。在我国超大型的超级市场一般在12000～20000m²，这是中国人多而消费能力不强决定的。

大型综合超级市场经营活动中有两个特点：一是经营内容的大众化和综合化，适应了消费者目的性消费的购买方式——一次性购足；二是经营方式的灵活性和经营内容的组合性，它可以根据营业区域的大小、消费者需求的特点而自由选择门店规模的大小，组合不同的经营内容，实行不同的营业形式。低成本、低毛利、大流量，是大型综合超级市场的经营特色。它一般不经营品牌商品和贵重商品，而主要经营大众日常的消费品，按照中国人家庭购物的角色定位，由主妇进行采购，所以定价计算精细。商场强调价格优势以及消费心理学中的联想原理，在卖场布置中，按消费习惯连续设置商品区域，诱导顾客消费。因为所经营的商品边际利润不高，大型综合超级市场要想取得盈利，就必须降低运营成本。

（3）主题商场

主题商场是一种面向某一类特定目标消费群体的、以目标群体的需求为导向，不限经营商品类的、极富创新型的零售业态。其形式是在充分研究消费者消费层次、年龄、性别、收入和消费心理和行为的基础上，整合相似类型消费习惯和消费对象的消费商品在一个平台上，形成一种特色商业。主题商场往往开设在竞争特别激烈或商业氛围不浓的区域，以独特的个性化主题吸引其目标消费对象。

主题商场设计能够吸引目标消费者关注的营销活动、配套品类、新潮体验、互动节目等内容，通俗讲就是能引起消费者兴趣的话题。有了这个"话题"，主题商场也就有了"灵魂"，这也是主题商场区别于其他零售业态的关键所在。

主题商场整合目标消费者的所有共性需求和个性需求，从商业形态、硬件设施、动线布局、主辅经营品类、装修风格、灯光音响、温度湿度、营业时间、营销方式等全方面入手，完全按照目标人群喜好设计的商业空间，每一个细节都有可能勾起目标消费者兴趣从而使其产生行动意愿，纯粹按消费者需求导向设计。

4. 市场

市场和商场的区别在于市场是分散经营的，可以分割以后出售。而商场则是整体经营的。所以市场经营管理难度相对较低，又可以通过销售来平衡资金，是各地企业都乐意的一种开发模式。

市场是一种古老的业态，但真正意义市场的出现，应当满足两个条件：一是商品生产有剩余；二是人类有相对稳定的居住环境。所以有固定的居住才会有固定的经营场所，市场才能有商业物业。

市场发展到今天也经历了四代。第一代：露水市场，路边摊；第二代：迁市入室，农贸市场；第三代约2004年出现，市场业态提档升级，商住分离，市场完善，消费和物流配置；第四代是电子商务在传统市场中的运用，出现网上交易。

由于物业介入商贸，部分项目使用物流用地建设市场，除了销售条件略有差异外，使用方面并没有差异。中国商业地产产租水平最高的是市场业态，北京和上海都有被关闭或重新改造的市场，在2004年时，市场类业态的租金水平超过上海最繁华商业街街铺三分之一。

5. 汽车业态

汽车业态在中国的进化，大体是经历了一个不断发展的过程，并且由于汽车消费的增长以及政策的扶持，汽车业态得到了不断的发展和进化。但由于各地都兴起了大量汽车业态项目的发展，同时汽车销售的利润率相对偏低，所以汽车业态的租金相对较低。据《第一汽车网》2014年的数据，全国汽车城的租金水平在2014年下降幅度达到30%。广东的某些项目的租金，2013年一直徘徊在0.6~1元/（m²·日）这一水平。

（1）城市店——主要是租赁店面，一般要求人流量大，位置要好。和商业地产的开发基本没有关系。比如上海南京西路和法国香榭丽舍大街上都有雪佛兰汽车的展示店，都是属于城市店。

（2）汽车大道——由于汽车产业的飞速发展，原有的业态已经不能满足市场的需求。一种新的以汽车文化为主题的商业街区孕育而生。由政府牵头主导，结合城市规划，房地产开发商投资，并开发建设。主要吸引各种品牌的汽车4S店购买或租赁经营，利用规模和品牌效应来实现商业价值的最大化。2000年，上海"场中路汽车一条街"的规划和开发，就属于这种模式。

（3）汽车MALL——提供汽车"一站式服务"，包括汽车展示、整车的销售、零部件销售、汽车美容以及购买汽车保险和汽车贷款等衍生的金融服务。汽车展示厅部分一般不出售，其他如4S店和零部件卖场可以考虑出售。这种模式比较典型的案例有成都红牌楼、北京亚运村汽车市场以及杭州城市的汽车服务业态。

（4）汽车主题公园——这类项目是利用公共绿地开发城市汽车主题公园，利用公园绿地部分开展汽车文化活动来聚集人气，如汽车主题雕塑、名车博物馆、汽车电影等。

6. 奥特莱斯

奥特莱斯是一种持有经营的商业地产，其租金水平较高，但是真正要成功开发，其实并不容易。主要是商品保障供应和商品折扣价格以及商品的真伪问题——商品决定奥特莱斯的命运。

奥特莱斯是英文OUTLETS的中文直译。其英文原意是"出路、排出口"的意思，在零售商业中专指由销售名牌过季、下架、断码商品的商店组成的商业业态，因此也被称为"品牌直销购物中心"。

自从2002年首次进驻北京至今，奥特莱斯这种业态经历了10多年快速发展，200多家奥特莱斯在全国各地相继开业，以"奥特莱斯"命名的折扣卖场达400多家。最具代表性的是北京燕莎奥特莱斯、上海青浦奥特莱斯、佛罗伦萨小镇以及"砂之船"等。尤其是上海青浦奥特莱斯的发展很快，它紧紧抓住国人的消费心态，把下架的尾货做成了品牌，提升了商品的价值。这是很令人称道的。

目前奥特莱斯在中国主要有两种模式：招商型和"买手店型"。

买手店型的奥特莱斯是指业主向国际品牌制造商或（与）经营商采购主要品牌商品，国内商品则使用招商的办法。目前国内西安、合肥、嘉兴以及上海等地都有这种类型的奥特莱斯项目。而招商型的奥特莱斯则是制造商或代理商自主经营商品。国内成功的项目包括百联、燕莎、友谊阿波罗、砂之船、佛罗伦萨小镇等。

奥特莱斯成功的关键在于品牌的持续稳定供应，其货品来源包括工厂直销、下架换季和定制。

奥特莱斯由于供应商分散，有的在生产国，有的委托代理商而代理商又没有统一的放量规定，几乎分布在全球各地主要商业城市。建立奥特莱斯的供货渠道十分困难，所以导致国内真正成功的奥特莱斯并不多。

7. 社区商业中心和邻里中心

社区商业中心主要指人口规模在20万以下的社区或多个社区集中区域里的基础商业业态。在按城市商业等级划分的4个等级当中，处于最低等级。但随着电子商务的蓬勃发展，作为实现其销售的最后一站，社区商业中心越来越受到大家的重视。

社区商业有两个价值体现：一是社区商业处于最低等级的城市商业地产，一般而言，它的价值最低。然而社区商业却有一定的稳定性，这种稳定来自于社区人口的相对固定。消费性质又属于家庭日常消费，所以社区商业地产的收益稳定。因为商业地产的投资者都属于相对保守的投资者，这种稳定性是这类投资者比较看重的。

另外，社区商业又是社区生活配套的主要内容，涉及生活实际条件，即住宅是否具有可住性即实际使用的价值。可住性有三个指标：

（1）公共配套：包括实际生活所需的幼儿园、小学，今后社区还有养老院（作为配套，以满足中国人不离家的需求）等；

（2）交通配套：包括地铁、公交车、居住者到达和公共交通线路等；

（3）生活配套：主要是社区商业，以及社区会所、健身会所等。

三、商业地产的商业定位

商业地产的商业定位，首先要从商业原理出发，准确地说，就是要从商业业态的原理出发。所谓商业定位，就是商业业态定位。

（一）业态定位原理

从商业地产"六个差比"中"业态差异决定商业地产价值差异的理论"来看，有三个重要的结论：

（1）不同的商业业态，影响不同商业地产的价值表现；

（2）业态租金决定商业地产的价值；

（3）业态的选择既有提升商业地产价值的作用，同时又受到消费、商圈、交通条件、商业发展趋势和商业企业发展策略的制约。

（二）业态定位的方法

业态定位的方法，又称"五维定位法"，即从消费、市场、建筑条件、商业企业、经济效益五个主要维度，结合项目的特性进行业态定位。这五个要素加上项目的特性，同时并行存在于商业地产的业态选择中，不可偏颇，不可以漏项，全面均衡来进行业态定位的思考和选择。

1. 消费选向

消费选向，又称逆向定位法，其内在逻辑关系如下：

产业—就业—收入—消费—商品需求—业种选择—业态定位

可以说，是消费行为影响了商业业态的变化。举一个例子，由于中国大陆经济发展，大众收入增加以及关税等因素，大量中国旅行者到巴黎旅游，同时选择去巴黎久负盛名的"老佛爷"（Galeries Lafayette）百货商店进行购物。由于大量中国大陆购物者的到来，"老佛爷"调整了业态以及商品，选择中国大陆消费者认知度较高的巴宝莉（Burberry）、古奇（Gucci）、LV（Louis Vuitton）等品牌。在服务方面，配备了大量的中文导购；在商品价格方面，做出某些弹性变动；在营销方面，和旅行社的导游合作，从而使业态在国际时尚购物的基础上，增加了旅游购物和体验的功能，使业态产生了变化。

从业态定位的基础性因素——消费来看，不同的产生，有不同的收入水平，不同的收入水平，有不同的消费需求，这种消费需求产生了与之匹配的业种、商店及服务行为和营销方法等，形成了业态。

国际上针对消费能力提升对不同业态需求有过相应的分析和推断。根据各国经验，百货店占主导的时期是人均国民生产总值低于1000美元时；超市的生存条件是在人均国民收入1000美元以上时，成长期是在超过2000美元时；便利店的生存条件是在人均国民收入3000美元时，成长期是在5000～6000美元时。

收入水平影响业态发展和演变的另一个表现是：经济的快速发展、收入水平的快速提高，往往伴随着零售业态的加速演变。例如日本，从1960年开始，在短短的20年间，相继出现了超市、邮购、访问销售、专业店、购物中心、食品超市、电视购物和便利店等8种商业形态；而经济高速增长的中国更是在20世纪90年代短短的几年间就爆发了综合性的商业革命。

通过不同的收入对不同业态需求的理解，可以发现如下的规律，即收入越高，对商业服务要求、商品品质和购物环境的要求就越高。

从收入来看，消费能力和业态关系如下：

（1）温饱型消费——注重性价比，如大型超市、专业卖场、网店等。

（2）小康型消费——注重个性和体验，如主题商业街、特色购物中心、奥特莱斯等。

（3）富裕型消费——注重品质和服务，如精品超市、优选商店、时尚百货等。

2. 商圈选向

商圈选向，又称市场定位法。

商业业态是服务于一定范围的消费者。

在没有其他商业和竞争者时，应当采用"全客层"定位，以满足不同年龄段和不同消费能力人群的各种需求，考虑到消费者生活各个方面的细节，使商业效益最大化。

而在商业设置多的区域范围内，业态定位要考虑周边，即相邻商业设施的相关性和影响性，采取科学、合理的业态定位策略，试图使这个范围的商业地产达到"消费资源共享，共同走向繁荣"的局面。

商圈相处之道——"市场定位"策略有如下三个选向：

（1）竞争型业态定位选向

商业是竞争的产物，没有竞争便没有商业的发展。大部分商业可以通过竞争，达到市场空间扩大、消费资源共享、商业共同繁荣的结果。因为在竞争的过程中，会有物竞天择、优胜劣汰的效果。通过竞争，商业的业态将进行自我调整和优化，这样会使得价格更低，可选择的品种更多，服务质量更好。

允许竞争的业态有餐饮、服饰、市场、百货，面向较高消费层次的购物中心、休闲养生以及娱乐等。

不建议采用竞争策略的业态定位有大型超市和院线等。不建议采用竞争策略的业态有如下特征：同质化——都是工业文明在商业领域里的运用，它们一般都是目标对象相同、商品相同、价格相同、服务规范相同、营销策略相同或采用程序控制的业态。如果必须导入竞争型业态，须十分慎重地做消费调查。

（2）竞和型的定位策略选向

这也是商业一种共存状态——在竞争中共同繁荣，在融合中创造更大的商圈。

竞争关系上面已有说明，而融合关系则是商业之间互相融合、互相促进的效应，这两种业态策略选向可以彼此共存在一种商业运营模式中。

例如当与大型家居项目处于同一地块中，可以对大型家具项目的经营业态进行分析，挑出其中较弱的业种，设立专门商业区域，从而产生竞和关系。通过调查，制订竞和性的定位策略，可以找到业态的消费基础，依靠成熟商业发展项目，同时有修复商业业态，扩大商业服务范围，吸引更多客流的效果。

针对竞和对象，定位策略须对竞争部分制订包括增加品种、改善服务、降低价格和创造良好的购物环境等方面的对策。

（3）差异化的业态定位策略选向

业态差异化并不是完全没有相关性，而是找出消费习惯中的延伸关系，取其上下游关系，各自选择消费发生点，从而避开激烈的商业竞争。

这种定位策略不适合单一消费客流集中或小型社区商业。

3．物业建筑适合性

商业地产是商业的载体，即便在互联网时代，淘宝、京东等电商也是虚拟商业地产的发展商。无论以何种形式，商品交易总是需要中间的平台，实体商业的平台就是商业地产。

对实体商业而言，物业的选址是第一要素。选址要求包括：物业所在区域和商圈、所在道路和位置、周边环境（人文和自然）和相邻关系等要素。归纳起来，商业选址的核心就是选择消费市场，选择交通和有利位置以及选择合适的物业建筑条件。

为了满足商业建筑对于业态的适合性，我们建议商业建筑尽可能按照"通用性"的标准进行设计和建设，未来以适应业态变化对建筑的要求。但是长期以来，中国大陆的"公共建筑"设计规范中，提出了"公共建筑"（包括商业建筑）的具体设计参数，包括荷载、通道宽度、停车位配置等，其实这些都是商业建筑使用的下限。当一个建筑用途变化时，有一些关键的建筑数据却无法调整，导致商业建筑的使用受到限制。

商业建筑对业态的适合性在开发建设不同阶段有不同的难度和调整或变化的成本。表1-1-1表现了这种特征。

不同建设阶段商业建筑的变更难度一览表　　　　表 1-1-1

形象特征 ＼ 变更	难度	范围	成本	周期
设计	小	变更图纸	小	短
工程建造	中等	可能拆除建成部分	视工程难度	视工程难度
建成	大	可能重建	视改造内容	视改造内容

表1-1-1反映，商业建筑在设计、建造、建成三个阶段随着工程不断深入，变更难度会越大，成本将越高，周期将越长，所以在业态定位时尽可能提出详细的建筑要求，判断建筑对业态的适合性，如不适合就要评估改变范围、成本、周期、变更难度，以及获得规划部门的许可。

关于业态对商业建筑的关键指标，开发一个商业地产项目，要考虑到各种业态对商业建筑的要求，相关的要求很具体且繁多，如位置、楼层、面积、荷载、柱距、内部层高、通道（客流、运货、疏散）、广告位和橱窗、环境、停车位以及公共配套、通风、排水、强弱电、微电、网络、通信管线等。

设备方面有POS收银机、电梯（垂直电梯和自动扶梯）、照明、空调和新风、烟雾报警和自动喷淋、安保和监控系统、停车引导和收费系统等。

附属物业有商业办公、仓储、保安保洁、设备和工具储存、装卸货平台、垃圾处理和收集、冷却塔位置等。

在这些诸多要素中，可以增设的、可以移动的均不是关键因素指标，而那些无法增设的、又不可移动的才是关键，这些指标是业态选择商业建筑的关键指标。

（1）建筑面积

建筑面积不够大，无法满足商业企业对经营场地面积的需求，这是否决的指标，如项目计划引进某品牌大型超市，但是单层面积仅5000m²，而该品牌大型超市以规模大、商品全、价格低而出名，单层面积要达到8000~10000m²，这个物业显然不符合引进目标商业企业的要求。

（2）载荷

荷载，又称之为"承重"，是指除去建筑物自重之外，建筑的重量承受范围。荷载低的建筑，就难以引进需要高承重的业态，如部分传统百货建筑350kg/m²，如要改变业态，比如大型超市，则对建筑的荷载要求是600~800kg/m²，那么该物业不满足其荷载需求，则无法引进。

（3）楼层净高

商业经营对楼层净高要求从梁底高度计算，如电影院和某些体验业态对此有特殊要求，对楼层净高度要达到9m以上，如建筑的楼层净高达不到这个高度要求，则不能选择电影院和类似的体验业态。

（4）柱距

柱子与柱子之间的距离叫作柱距。一个大型商业的上部空间由若干个柱子支撑，形成"柱阵"，商品、客流布置在柱子之间。柱距过小，影响商品布置和动线的流畅，通过优化布置，可以影响消费者的视线，并影响到商品的展示。

其他影响商业选址的因素，有中庭、电梯井位置，出入口位置等。

在商业地产定位时，要充分考虑这些重要的且会对未来引进的业态造成制约的建筑指标，否则定位就是不切合实际的。

4．根据商业区域发展规划进行定位选向

根据商业区域发展规划进行定位选向，即"以招代定法"。

以招代定法是通过招商来代替一般泛泛而论的招商方案。只有通过招商，根据汇总的"商户目录"进行有品牌影响、符合物业条件、有入驻意愿、租金承受力较高的商户。

以招代定法是业态定位五个要素中的关键。运用"以招代定法"，可以使项目业态策划的可行性、物业的收益性体现出来，同时也可以反映项目各个方面对商业不合适之处，并可以适时调整和弥补。

5．租金收益法

以商户的租金承受力和意向租金来进行业态定位选向。按照业态租金理论，不同的业态有不同的边际利润，不同的边际决定该业态的租金水平。

在商业领域，有一个模糊的边界，就是不进行物业的租金考核，物业收益混合在商业收益中，有时商业亏损被物业收益所掩盖。从经营者角度考核，在一个商业项目中，收益来自物业收益和商品经营的收益，这是相互不可替代的。已经出台的《物权法》以及可能开征的"物业税"或"房产税"，就是打这个"补丁"。

对商业地产的业态定位，肯定追求租金收益高的业态，这就是商业地产的租金导向。谋求高租金的前提是要达到"五个适合"，即适合消费、适合商业、适合物业、适合投资和适合企业自身条件，这样才能达到租金的收益要求。表1-1-2展示了某项目业态选择评价模板。

某项目业态选择评价模板　　　　　　　　　表 1-1-2

选择依据＼业态	服饰	餐饮	数码	旅馆	服务	旅游	超市	书店
满足消费	4	5	4	5	4	5	4	5
商圈融合	5	5	4	5	4	5	4	4
物业适合	3	5	3	4	5	5	5	5
市场影响	5	4	5	4	4	5	4	3
业态特色	5	4	5	5	4	4	4	3
经济收益最大化	5	5	5	3	5	3	3	3
评分	27	28	26	26	26	27	24	23

该业态选择评价表说明：

（1）评价依据：市调报告，须包含区域商业地产供求关系、空置率、商业企业在本区域发展规划、物业交易价格（交易和销售价格）、租金水平（区域租金和业态租金）分析，本区域商业地产"六个差比"特征数据。

（2）根据供求关系、商业品牌影响力、业态周期、租约长短，兼顾服务要求等因素设计分值。

（3）可以采用5分制或百分制进行评判。

（4）在业态定位论述中，必须阐述评分依据。

（5）汇总各方评分依据及分值，排除明显不合理的评分结果，综合多方合理分值，形成最终业态选择评价结果。

四、商业地产开发运营的模式

商业运营活动需要平台进行承载，在互联网作为一个交易平台出现以前，这个平台就是场地。随后，这个场地由一块空地演化为一系列铺面，然后就形成了由一系列建筑和设施构成的商业地产。

最早，商用物业是由商业的交易主体也就是零售商主导开发建设的，开发建设者只是负责承建。

房地产开发行业形成之后，就有开发商主导开发建设，零售商从开发商那里购买或者租赁建成的物业进行经营。

之后，商业地产的开发又演变为一个金融过程。投资者进行投资并主导开发建设过程，房地产开发商负责承建，商业运营管理商组织运营，最终由投资者评价并获得其收益。

（一）零售商主导的商业地产开发模式

一家商场，一家宾馆，一家酒楼，一家剧院，只要他们设法拿到一块地，就可以考虑建造自己所需要的物业。

然后，他们委托规划设计单位、工程建设单位、装饰装修单位等帮助自己完成物业的建造。

零售商主导的商业地产开发模式，一般包含下列要素。

（1）零售商拥有一些必要的资源和手段：

1）土地的使用权；

2）建设资金；

3）自己的研策和开发管理机构；

4）自己的建造标准。

对于一个成建制的零售商单位，例如大型连锁百货公司或酒店管理公司，上述的资源和手段是很强大的，特别是技术资源和手段。其研发能力和建造标准，其专业程度和细致程度，多数都强于一般的房地产开发公司。一方面，他们对商业功能的理解更透彻，另一方面他们对这些功能的实现，能形成更全面、更细致的专业标准和方法。

（2）零售商自行组织研发，包括进行商业定位和策划，提出建造要求。

（3）零售商委托规划设计单位根据建造要求进行规划设计，或者委托工程建设单位以代建单位的身份组织规划设计工作。

（4）零售商委托工程建设单位，根据所审定的图纸进行工程施工；委托工程监理单位，进行工程监理。

（5）零售商组织报规报建和组织工程验收，或者委托工程建设单位以代建单位的身份完成报规报建及工程验收。

对于很大的一个地块，形成复合型商业业态，最终形成的综合性物业，一个零售商主导商业地产开发的模式就行不通了。不仅仅是隔行如隔山，一种业态的零售商熟练掌握了自己业态功能需求和相应的建造标准，但是它未必掌握了别的业态的功能需求和建造标准；而且对于综合性物业，其各业态相生助益的关系以及为构筑各业态相生助益的关系，所形成连接功能及其相关的建造标准，它又掌握了多少呢？

国内近年来有家电专业零售商和家具专业零售商曾经试图主导开发建设综合性物业，都出现了许多问题。家电专业零售商将其家电零售卖场设定为不可动摇的核心主力店，结果无法支撑整个零售业态所需的客流。

（二）开发商主导的商业地产开发模式

复合业态的大型商业地产，需要由专业的地产开发商进行打造，因此开发商主导的商业地产开发模式就产生了。至少各地方政府的土地管理部门和规划管理部门是这样期待的。

开发商主导的房地产开发，**其目的是为了获得房地产开发利润。为了这个目的，开发商需要快速地回款**。在以销售为主要目的的住宅物业这种类型的开发活动中，房地产开发商展现了巨大的价值。

但在商业地产开发建设这个领域，"开发商式"的商业模式还行得通吗？

原先只是有为住宅配套修建的少量商铺，然后就出现了大量销售型的集中式商业物业。为了销售，为了带租约销售，不得不提前招商，违背了商业运营规律和招商策略，商业造活难度大，商业价值无法体现。

销售型商铺的大量空置，逼使政府规划管理部门要求房地产开发商加大对于商业地产持有规模的比例。这样，房地产开发商不得不逐渐背离了"快速变现，实现房地产开发利润"这样的模式。

开发商主导的商业地产开发模式存在巨大的问题。

（1）商业模式远远不能适应商业地产开发建设的要求

开发商在长期开发住宅地产的过程中，已经形成了自己的商业模式，即追求快速变现的商业模式。一切都围绕着卖，一切都围绕着成果的快速呈现。短平快的思维和行为逻辑深入骨髓。

整个商业模式还是围绕着销售型所建立，而租金型却是一个陌生的领域。

不仅如此，整个管理体制和财务核算体系，都是围绕着"去化"这个逻辑。资产的沉淀、持续性的资产管理和资本性支出的管理，都是极其陌生的领域。

（2）技术力量远远不能适应商业地产开发建设的要求

对商业业态功能需求的研策、对各业态相互助益功能需求的研策，以及各种相应的建造标准的研策，对开发商来说，还需要一个极其漫长的探索之路。

（3）资金模式远远不能适应商业地产开发建设的要求

在我国，房地产开发建设资金还主要依赖以银行贷款为主的间接融资。其资金成本根本无法满足商业地产开发的需要和持有物业长期养成的需要。

在我国以短平快方式打造出的房地产开发企业，都具有高杠杆的特征，这样的企业具有抗风险能力极弱的特征，一旦库存房产量巨大，资金链断裂，将处于万劫不复的境地。因此，它们的信用评级等级都是极低的。这就产生一个恶性循环的后果，一旦资本市场完全放开，它们更加无法获得优质私募资金的帮助。

不可否认的是，在此种艰险情形下，还是有中国的房地产开发商主动地实现自身转型的。

万达"现金流滚资产"的商业地产开发模式，长期以来得到业界的关注。

所谓万达"现金流滚资产"模式，就是万达第三代城市综合体通过住宅、社区商铺和部分办公楼的销售收入平衡现金流，以此支撑自持购物中心的建设，形成"房地产开发利润+资产溢价+租金回报"的盈利模式。

资产溢价潜力巨大但只能预期私募、整售和IPO，租金收入仅能支付银行贷款的利息，因此，万达"现金流滚资产"模式的实质就是依赖房地产开发销售的利润来实现现金流循环的。

当研究和借鉴万达商业地产运营模式的时候，有这样一些原则和方法是值得重视的。

1．坚持BOX商铺只租不售

如果对商铺进行销售，那么投资者则期望套内面积尽可能地大，商铺尺度符合其购房总价的承受能力。如果按这个需求组织产品的研发，所产生的后果就是经营设施缺陷严重，商铺尺度无法满足经营需要而导致招商困难。即使通过返租将商铺格局进行调整以便招商经营，此后遗留的技术问题和法律问题也是难以解决的。

2．科学选址并合理开发

商业地产的体量大小完全取决于当地居民的消费能力，这是不能忽视的。房地产开发商选择项目的地址和确定开发规模，**一定要从商业运营角度而不是从地产开发角度出发。**

3．挖掘和积累技术资源

万达在其拥有的资源体系中，技术资源始终是主要的战略资源之一。万达集团不仅拥有招商、商业工程、商业营运、营销推广各领域的专业人员队伍，而且形成了一整套技术标准。

4．商业资源前置

通过近二十年的艰苦探索和实践，万达集团以共同选址、平均租金、先租后建、共同设计为方法与国际知名品牌形成战略合作关系，从而形成了万达的"订单地产"模式。不仅如此，万达集团还建立起影院、酒店等支柱产业的自主品牌，以强大的品牌和实力聚合和号召品牌商家资源，使万达具有无与伦比的招商能力。

万达商业地产运营模式通过近二十年的努力，从"租售结合"、"只租不售"到"现金流滚资产"的模式转换，期间经历了许多痛苦和曲折，但始终保持了其远大的目标和坚定的决心。对于当下中国大量从住宅地产企业转型而来的商业地产商来说，所需要借鉴的也许不是技术层面的所谓商业地产运营模式，而需要摒弃掉那种以小搏大的投机思维。这才是万达商业地产运营成功的真正秘诀。研究万达的发展历程，比研究万达的发展成果和具体结论，可能更有价值。

（三）资本主导的商业地产开发模式

所谓资本主导的商业地产开发模式，也就是资本运营导向模式。

商业地产华丽的外表下也隐藏着三大凶险：同质化竞争激烈、运营模式存疑和资金压力过大。其中，尤以资金最为关键。

商业地产的投资大、回报周期长，对于资金的依赖要比住宅更甚。目前国内的房地产开发商，融资模式较为单一，过于依赖传统的模式。如果开发商想要转入商业地产开发领域，就必须减少资金沉淀，保障充裕的现金流。在这个背景下，采用资本主导的商业地产开发模式是必须追求的路径。

所谓资本主导的商业地产开发模式（图1-1-1），就是指资本资产（持有物业）开发

图1-1-1　资本主导的商业地产开发模式

长期持有，主要有整体转让，长期持有及证券化上市（REITs）等模式。

凯德模式是典型的资本运营导向模式，通过REITs引导的运营模式，通过投资基金支持零售不动产运营，再由零售不动产运营所产生的资产溢价使投资基金得到较大收益。

展开来说，凯德的模式是，将投资开发或收购的项目打包装入私募基金或者信托基金，自己持有该基金部分股权，另一部分股权则由诸如养老基金、保险基金等海外机构投资者持有。待项目运营稳定并实现资产增值后，以REITs的方式退出，从而进行循环投资。

总之，所谓凯德模式，就是**集运营与投资为一体，运营机构同时作为投资管理人，打通投资建设、运营管理与投资退出整条产业链**。

1．凯德的盈利模式：基础费用+额外收入

在凯德模式中，以地产金融平台为动力的全产业链是其盈利模式的核心构架。通过投资管理+房地产金融平台+招商运营，成功实现以金融资本（私募基金与信托基金REITs）为主导，以商业地产开发收购、管理运营为载体，既实现稳定的租金收益和持有项目增值收益，又实现金融业务发展带来的"跳跃性高收益"。

凯德模式下，收益来自于基础管理费和额外收入。

2．融资模式：PE+REITs

以房地产PE和REITs为核心的金融平台是凯德置业融资的主要方式。

3．基金的特点

（1）凯德主导运作基金产品，但所持权益比例适中；

（2）优质商业资产进入信托资产包，平衡了投资回收和长期回报的问题；

（3）信托产品以稳健的收益健康发展。

（四）不同商业地产开发模式下的商业运营

在不同的商业地产模式下，商业运营都应该发挥重要作用。

1．零售商主导的商业地产开发模式下的商业运营

显然，在这种模式下，零售商就是商业运营者，它的工作就是商业运营者的工作。商业运营者的工作就是主导开发过程。

（1）取得土地；

（2）取得建设资金；

（3）组织研发，包括进行商业定位和策划，提出建造要求；

（4）委托规划设计单位，根据所提出的建造要求进行规划设计，或者委托工程建设单位以代建单位的身份组织规划设计工作；

（5）委托工程建设单位，根据所审定的图纸进行工程施工；委托工程监理单位，进行工程监理；

（6）组织报规报建和组织工程验收，或者委托工程建设单位以代建单位的身份完成报规报建及工程验收；

（7）开业筹备。

2．开发商主导的商业地产开发模式下的商业运营

这种模式下的商业运营，与零售商主导的商业地产开发模式下零售商的角色有很大不同，一是面对复合型商业业态，它需要比零售商具备更复杂的专业技能，包括各种商业业态的功能需求以及相关的建造标准，更需要掌握各业态相互助益功能需求以及相关的建造标准；二是不再从事主导的角色，而是扮演使用者的角色，对商业地产开发过程的定位、规划、建设提出"需求"。

（1）提出研发建议，包括确定商业定位，并以此指导建筑产品定位、功能定位、产品各种功能的配建比例和标准；

（2）根据定位，提出商业业态规划和品牌方向、主力店配建比例、位置和标准的建议；

（3）根据定位、商业业态规划和品牌方向、主力店业态及规模，提出规划技术要求；

（4）根据建筑定位、商业业态规划和品牌方向、主力店业态及规模，提出各商业业态用房及配套设施的建造标准；

（5）根据定位、商业运营需要，提出各种商业运营设施的建造标准；

（6）根据业态规划和品牌落地方案，提出商铺铺面划分方案；

（7）商业运营管理工作，包括开业筹备。

3．资本主导的商业地产开发模式下的商业运营

在资本主导的商业地产开发模式下，商业运营体系是基金所直接评价和控制的轻资产。在凯德模式下，商业运营体系分属来福士基金和凯德商用各个基金。

在商业地产开发过程中，商业运营体系代表投资基金，指导并监管整个开发建设过程。其主要任务，与由开发商主导的商业地产开发模式下的商业运营任务相同，但负有监管使命。

商业运营管理对于商业地产开发有着十分重要的作用。

除了我们所说的商业运营管理在不同的商业地产开发模式中在商业定位、规划等方面所起的引导作用之外，对于商业地产价值的实现，具有重要作用。

从价值形态来说，不动产是金融产品，零售商业不动产也是如此。在其生命周期中，包含"融"、"投"、"管"、"退"这四个环节。商业运营管理就是"管"这个环节。

商业地产项目无论作为收益资产、交易资产，还是金融资产，能够产生收益是前提，资产具有溢价能力，这也是前提。能够使其产生收益，资产能够具有溢价能力，需要的就是商业运营管理。

所以，一个商业项目要做得很成功，经营业绩很突出，靠什么？靠的是商业运营管理。

同时，一个商业项目，要想希望获得资本市场的青睐，无论是"融"还是"退"，资本需要作一个评价，就是对这个项目商业运营管理的评价。

一、商业地产运营管理基本概念

商业运营管理，也就是商业地产运营管理。所谓商业运营管理，或商业地产运营管理，既不是商业经营，也不是通常意义上的商业物业管理。

1．商业经营与商业地产运营管理

所谓商业经营，就是零售商的经营管理。零售商，这里讲的是广义概念上的零售商，它可能是一家百货商店，可能是一家餐厅，可能是一家电影院，不管它是什么，其价值链的核心是商业利润。

商业经营的赢利模式通常是：

毛利＝主营业务收入－与收入配比的主营业务成本

利润＝毛利－主营业务税金＋其他经营收入－经营成本和费用

零售商经营的是商品或服务，而不是场地。

相反，商业地产的运营管理其赢利模式通常是这样的：

利润＝毛租金收入－财产税、流转税＋其他经营收入－经营成本和费用－资

本性支出

可见，商业运营管理，抑或是商业地产运营管理，经营的是场地，而不是商品。

2．商业物业管理与商业地产运营管理

从性质上讲，商业物业管理与商业运营管理是一致的。它们经营的都是场地，而不是商品。以维护并运营场地为本职的物业管理加上一个业务——租赁场地——似乎就是商业地产运营管理了。

其实不然，它们之间是有区别的。

（1）追求的价值形态不同

物业管理追求的是物业的保值和增值，着眼的是地租及地上建筑物所沉淀价值的保值和增值。换句话说，商铺在其眼里就是物理意义上的"铺"，是以面积来称斤论两的。它经营的是房产。

商业地产运营管理则不同，它着眼的是不动产价值和附着于不动产之上的所有经济活动价值的总和。换句话说，商铺在其眼里是价值意义上的"商"，不仅仅以面积来称斤论两的，而是追求每一平方米面积里更高的价值。它经营的是资产。

（2）关注的内容不同

因为追求的价值形态不同，所以物业管理关注的就是物理层面的内容，比如建筑、

设施设备的技术性能；而商业运营管理则关注物理层面之上的内容，如商业业态、商品、营销推广、各个零售商的经营业绩，换句话说，是以物业为载体所有附着于上的经济活动的现金流。

（3）运用的技术资产也有所不同

物业，包括商业地产，其技术资产仅仅局限于物业本身，如建筑、给水排水、强弱电、暖通、消防、电梯等，但是商业运营过程所依赖的技术资产绝不仅限于物业，声学、光学、多媒体等技术都在商业运营活动中广泛使用。不少商业运营管理者在舞台、灯光、商业数据信息技术等各个领域都有重要经验和方法。到了移动互联网时代，互联网与物业各自作为平台，同时承载着商业运营。在这种情形下，商业运营管理不仅运营着物业这个平台，也把各种非商业地产的平台加以结合运用。

3. 商业地产运营管理的含义

因此，商业地产运营管理，是**以运用和管理商用物业为基础，整合各种商业资源、社会资源和技术资源，使商业不动产资产以及所承载的全部产业资产发挥出最大综合价值的经营管理活动**。

4. 商业地产运营管理的内容

商业运营管理的业务工作内容，通常就是日常管理，包括商户与顾客的服务与管理、现场管理、品牌的维护与策划管理、环境管理等。

从阶段上讲，商业运营管理划分为两个阶段，一个是筹备期的商业运营管理，一个是运营期的商业运营管理。

（1）筹备期商业运营管理的内容

筹备期商业运营管理，主要的工作就是筹备。其主要内容包括：建立起在运营期一开始就能够立即有效发挥作用的商业运营体系；前期建设介入；整体协调和组织开业筹备工作。

（2）运营期商业运营管理的内容

运营期商业运营管理的主要内容包括：市场调研；数据信息管理和经营分析；租费管理；经营调整；营销策划管理；经营规范管理；商户进退场和装修管理及租赁资产管理；经营环境管理；多种经营管理；广告位的经营与管理；物业管理；客户关系管理。

二、商业地产运营管理模式

商业运营管理是一个系统，由招商、营运、营销推广和商业物业管理这四个系统组成（图1-2-1）。

商业地产运营管理体系的构建逻辑是，营运是整个商业运营管理的核

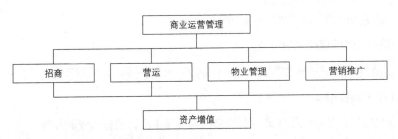

图1-2-1　商业运营管理体系图

心，招商是商业运营管理的关键，营销推广是商业运营管理的触角和手段，商业物业管理是商业运营管理的保障。

从过程上讲，商业运营管理从拿地开始参与商业地产开发过程中的定位、规划、建设过程；从结构上讲，招商、营运、推广和物业管理各部分应保持高度集成，不可分割。

在社会化分工的情形下，商业运营服务活动可以采用自主管理和社会化委托服务相结合的方式。一般情形下，具体方式是：

（1）营运管理实行自主管理；

（2）招商，可以自主招商，亦可委托招商。但委托招商的前提是，**自主完成品牌管理、业态规划和品牌规划、租金标准和租控政策管理及租赁合同管理；**

（3）营销推广，可以自主营销推广，亦可委托营销推广。但委托营销推广的前提是，**自主完成营销推广方案、品牌宣传、控制营销推广预算控制、营销推广评估管理，严格核查市调数据管理；**

（4）物业管理，可以实行自主物业管理，亦可委托物业管理。但委托物业管理的前提是，**自主完成物业管理界面划分，并提出细致的物业管理服务质量标准。**必须确保技术方案审核自主审核，确保消防管理、开闭店、大型活动秩序和环境维护等重要事项的配合实施处于商业运营管理服务机构严格控制之下。

（一）商业地产运营管理模式基本原理

1. 商业运营模式建设的目的

商业运营管理模式建设，有两个重要目的：一是取得较好的经济效益和投资回报；二是构筑不动产所依赖的商业运营管理平台。

（1）取得较好的经济效益和投资回报，其含义是：

①提高经营收入，降低经营成本，从而增加不动产收益；

②有效管理不动产资产，使资产市场价值不断提升；

③创造良好的产品形象、服务形象和品质。

（2）构筑不动产所依赖的商业运营管理平台，其含义是：

①挖掘、聚集和整合商业资源；

②挖掘、聚集和整合技术资源；

③造就优秀的商业运营管理专业团队。

2．商业地产运营管理模式的类型

商业运营管理模式有两种类型，一是中央集权型，另一种是项目管理型。

（1）中央集权型

中央集权型，是指以集团商业管理公司为利润中心，把核心资源和管控职能集中于集团各职能部门和业务部门的运营管理模式，如万达集团和凯德中国。

这种管理模式的优点是，有利于把技术资源、商业资源加以集中和运用，并实现这些资源在各个项目的共享，适合于有较多数量同种类型的产品。

（2）项目管理型

项目管理型，是指以房地产项目为利润中心，由项目组织各种资源，并进行部分业务和职能的管控。大多数房地产企业采用这种运营管理模式。

这种管理模式的优点是，对项目以及环境反应灵敏，组织和行动快速，适合于数量不多、类型差异较大的产品以及企业在该领域的初级阶段。

随着变化，许多企业的商业运营管理模式也在转型，例如中央集权型的向集权管控+城市商业公司型转型；项目管理型的向集权管控+城市地产公司型转型。

比较典型的例子是，万达集团随着一城多店的发展，自2009年开始设立城市商业管理公司，在坚持集权管控的基础上，由城市公司统一掌握该城的招商、技术、行政公关等资源。此外，龙湖集团则以重庆各项目的发展为起点，采取同城多店的发展策略，城市公司确立了重要地位，并强化了对资源和关键事项的集权管控。

那么，对于一个企业，究竟选择什么样的商业运营管理模式才是适当的呢？

选择怎样的商业运营管理模式，关键取决于这个企业的发展模式、发展阶段和发展战略。

1）发展模式

商业运营管理模式类型的选择，首先取决于企业的商业地产发展模式。

2）发展阶段

商业运营管理模式类型的选择，不能逾越企业商业地产发展的阶段。

初级阶段和成熟阶段的商业运营管理的要求以及管控、组织要求是不同的。

3）发展战略

偏重于同城多项目的扩张或者是偏重于在不同区域扩张，以及不同类型的产品组合，对商业运营模式类型的选择也是不同的。表1-2-1展示了国内几个主要商业地产企业的商业运营管理模式类型

国内主要商业地产企业的商业运营管理模式　　表1-2-1

对标指标	万达	龙湖	中粮	华润
商业运营利润中心	集团商管和各地商管公司	从属于房地产业务的城市公司	从属于房地产业务的城市公司	从属于房地产业务的城市公司
组织架构	商业由集团商管公司进行管理	集团成立商业地产部专门负责	集团公司＋项目公司	城市公司下设商业运营线
管控模式	高度集权化管控模式	总部集权，垂直化管理，PMO体系	集团直管	6S+BSC管控模式
经营模式	现金流滚资产，商业持有	商业租售结合	商业持有	商业持有
产品线	万达广场	龙湖天街，龙湖星悦荟，龙湖MOCO	大悦城	万象城，欢乐颂，五彩城
战略特征	规模联动，商业租赁，专业开发	多项目，多业态，多区域发展。区域聚焦，城市占比优于区域规模	以一线城市为核心，辐射长三角、珠三角、环渤海湾等的战略布局	持续的高毛利，资源＋商业模式驱动

我们把华润、万达和龙湖的商业运营管理模式的特点总结一下：

①华润置地商业运营管理模式的特点

a. 资金、品牌、文化、经理人，是华润置地的四大优势，尤其有华润创业零售板块的支持，华润商业地产人才和技术资源优势明显；

b. 投资管控、战略管控基本上依靠城市公司掌握；

c. 总部对城市公司的管控，主要在战略和专业决策层面进行指导；

d. 由于具有良好的文化底蕴和稳定、成熟的、其他企业不可比拟的经理人团队，总部对城市公司在操作管控方面力度较弱，主要依赖集团高层对城市公司经理人的高度授权。

②万达集团商业运营管理模式的特点

a. 极速发展、标准化复制、资源雄厚并且由集团高度集中是万达的突出特点；

b. 万达的产品线比较单一；

c. 万达商业运营模式采取倒金字塔形式，商业地产整个体系化运作，无论投资层面、战略层面，还是操作层面均由集团总部和集团商管公司实行集权管控。

③龙湖集团商业运营管理模式的特点

a. 龙湖商业地产的发展路径采取项目扩张优先于区域扩张的策略，因此，城市公司比专业线更具有突出地位和各方面功能；

b. 战略及运营中心是整个企业业务运营的枢纽；

c. 采取"重组织，轻项目"的PMO组织体系，调动职能和资源，达到项目高效运转，达成运营目标，并实现集团与项目的高效互动。

3. 商业运营管理模式的设计逻辑

（1）商业运营管理模式的体系设计逻辑（图1-2-2）

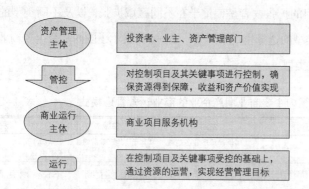

图1-2-2　商业运营管理模式体系设计逻辑示意图

由资产管理主体对商业运行主体，就项目及其关键事项进行控制，确保资源得到保障，收益和资产价值实现。

而商业运行主体，在控制项目及关键事项受控的基础上，通过资源的运营，实施项目运行，实现经营管理目标。

（2）商业运营管理模式的要素设计逻辑（图1-2-3）

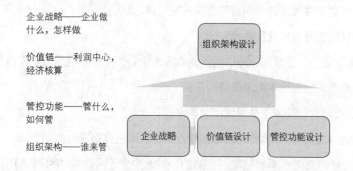

图1-2-3　商业运营管理模式要素设计示意图

组织架构不是凭空设计出来的，它是由企业战略、管控功能设计和价值链（经济核算方式）设计这三个要素所决定的。

（3）商业运营管理模式的总体设计原则

商业运营管理模式的总体设计，必须坚持四个原则，即战略导向原则、功能导向原则、价值链导向原则、定位清晰原则。

①战略导向原则——组织模式要为实现组织战略服务。

②功能导向原则——组织模式取决于体系要素，即控制项目和关键事项。

③价值链导向原则——组织模式服从于核算方式。

④定位清晰原则——管控者和受控方在管控界面上进行清晰定位。

商业运营管理模式的设计，除了企业战略由企业因地制宜进行设计之外，要研究管控功能的设计和价值链设计，然后在这个基础上，才能完成商业运营管理体系的组织设计。

(二) 商业地产运营管理的管控体系

商业运营管理的管控体系由四部分构成：制度和标准；决策和协调；数据和信息；评价和考核。

1. 制度和标准

制度和标准，是指受控体运行所遵循的基本规则。图1-2-4展示了制度和标准的体系关系。

其中，业务标准是制度的支撑，是执行制度的方法。图1-2-5展示了制度和标准的过程控制。

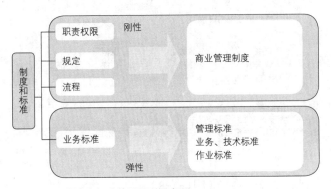

图1-2-4　制度和标准体系关系示意图

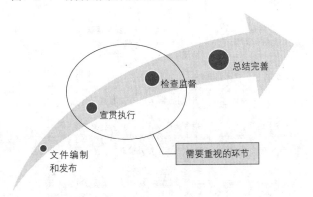

图1-2-5　制度和标准的过程控制示意图

2．决策和协调

决策和协调，是指对受控体所实施的控制项目及关键事项的控制。图1-2-6展示了决策和协调的体系关系。

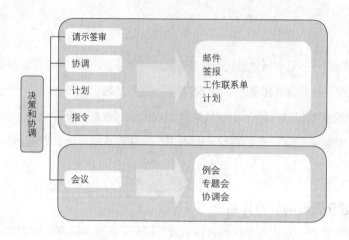

图1-2-6 决策和协调体系关系示意图

其中，请示签审、协调、计划和指令通常采用文件传递方式；会议则可以就议题进行磋商。

决策和协调的过程控制：

（1）请示签审（图1-2-7）

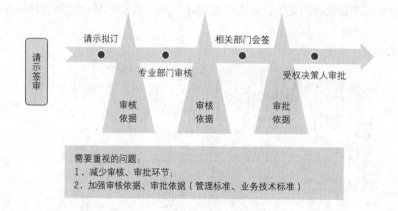

图1-2-7 请示签审的过程控制示意图

（2）协调、计划、指令、会议（图1-2-8）

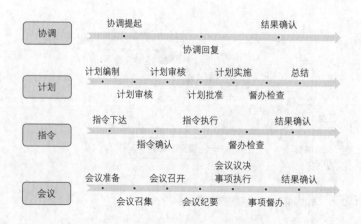

图1-2-8 协调、计划、指令、会议过程控制示意图

3．数据和信息

数据和信息，是指反映受控体控制项目及关键事项具体内容的文件载体。图1-2-9
展示了数据和信息的体系关系和过程控制。

图1-2-9　数据和信息体系关系和过程控制示意图

4．评价和考核

评价和考核，是管控行为及受控体运行行为实现的保证。图1-2-10展示了评价和考
核的体系关系。

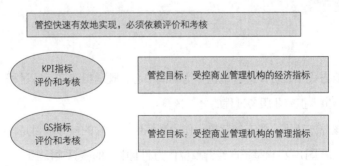

图1-2-10　评价和考核的体系关系示意图

我们将在本篇第三章"商业地产运营管理指标管理"讲述KPI指标和GS指标管理。

（三）商业地产运营管理价值链——经济核算体系

商业运营管理的核算体系是商业管理组织设计的依据和前提。

商业地产的经济活动，包含两个内容：即资产经营的经济活动（房地产开发建设的
经济活动和商业经营过程中资产管理的经济活动）和商业服务的经济活动（商业运营过
程中经营管理的经济活动）。图1-2-11展示了商业地产的经济活动的逻辑关系。

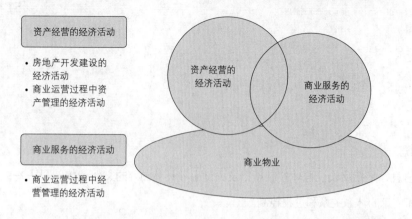

图1-2-11 商业地产的经济
活动逻辑关系示意图

商业运营过程的核算方式有三种形式：以资产经营单位作为利润中心进行核算；将商业服务过程的经营活动进行委托，以资产经营单位统一核算作为基础，商业管理公司作为利润中心对商业服务过程进行经济核算；在第二种形式的基础上，将商业服务过程中的物业管理进行委托，以资产经营单位统一核算和商业管理公司对商业服务过程进行独立核算作为基础，物业管理中心对商业服务的物业管理过程进行核算。

1．以资产经营单位作为利润中心的核算方式

图1-2-12展示的是资产经营单位作为利润中心的核算方式。

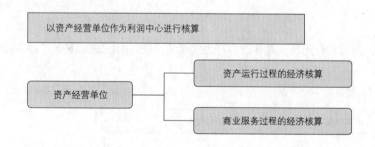

图1-2-12 以资产经营单位作
为利润中心的核算方式示意图

这种核算方式中，资产经营单位作为利润中心，既承担资产运行过程的经济核算，也承担商业服务过程的经济核算。

在这种核算方式下，资产经营单位作为利润中心，它的核算项目是什么。图1-2-13和图1-2-14是资产经营单位作为利润中心的核算项目。

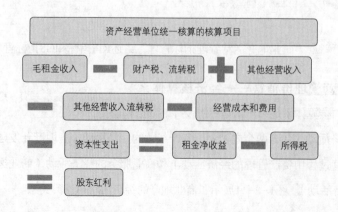

图1-2-13 资产经营单位作
为利润中心的核算项目示意图
（1）

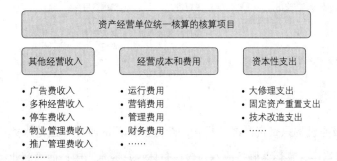

图1-2-14　资产经营单位作为利润中心的核算项目示意图（2）

在这种核算方式下，商业服务机构不是核算主体，而只是资产经营单位下属的一个管理机构。

2.商业运营管理服务机构也作为利润中心的核算方式

这是第二种核算方式，是以资产经营单位统一核算作为基础，商业服务机构作为利润中心对商业服务过程进行经济核算。图1-2-15展示的是商业服务机构作为利润中心的核算方式。

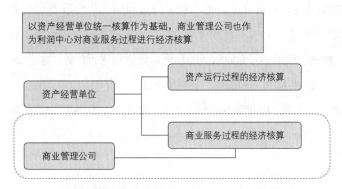

图1-2-15　商业服务机构作为利润中心的核算方式示意图

在这种核算方式下，商业服务机构作为利润中心，其核算项目是什么呢？图1-2-16是商业服务机构作为利润中心的核算项目。

在这种核算方式下，商业服务机构代收代支的核算项目，是资产经营单位的主营收支核算项目，受资产经营单位监管控制，在商业服务机构核算体系中不实行盈亏核算，而必须采取逐项预算、统收统支。

商业服务机构的主营收支才构成商业服务活动自己的经济核算项目。

注意，当商业服务机构成为核算主体的时候，比照资产经营机构作为统一的核算主体时，多出了一个"运营服务费"核算项目。

图1-2-16 商业服务机构作为利润中心的核算项目示意图

当商业服务机构只是资产经营机构一个业务部门的时候，运营服务费包含在租金当中，其运营服务成本包含在整体经营成本当中；而当商业服务机构成为核算主体的时候，运营服务收入和成本就是其主营收入和成本。至于运营服务费收入是由资产经营机构在租金里支出，还是由商户另行缴付，则根据资产经营机构与商户的租约所确定。如果租约中没有运营服务费缴付约定的，商业服务机构的运营服务费收入应在资产经营机构所获得的租金中划拨。

在这种核算方式下，商业服务机构才是真正的商业管理公司。

3．物业服务机构作为物业服务利润中心的核算方式

在第二种核算方式的基础上，将商业服务过程中的物业管理进行委托，以资产经营单位统一核算和商业管理公司对商业服务过程进行独立核算作为基础，物业管理中心对商业服务的物业管理过程进行核算。图1-2-17展示的是物业服务机构作为利润中心的核算方式。

在这种核算方式下，物业服务机构作为利润中心，它的核算项目又是什么？图1-2-18是物业服务机构作为利润中心的核算项目。

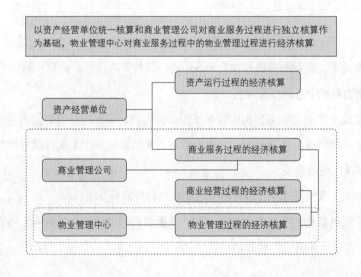

图1-2-17 物业服务机构作为利润中心的核算方式示意图

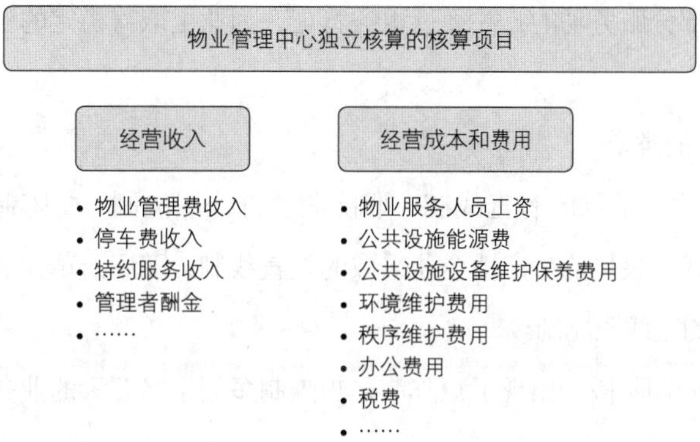

图1-2-18　物业服务机构作为利润中心的核算项目示意图

在这种核算方式下，物业服务机构不是商业服务机构的物业管理部门，通常是受商业服务机构委托提供物业服务的机构。

无论采取哪种核算方式，资产经营单位作为商业地产项目的利润中心，对资产经营、商业运营和物业管理均实行统一核算，一般实行独立核算、自负盈亏。

而商业服务机构的情况就有所不同。如果作为利润中心，则对商业运营和物业管理等服务类经营活动，统一进行独立核算、自负盈亏，是商业管理公司；而不作为利润中心，则往往是资产经营单位的商业运营部，一般实行分账核算、自计盈亏。

通常情况下，物业服务机构作为商业管理公司的物业管理部门，对物业服务的经济活动实行分账核算、自计盈亏；当然，也有外包物业管理公司受委托，提供商业项目物业服务的，则在物业管理公司的统一核算下，对项目物业服务中心实行分账核算，自计盈亏。

（四）商业地产运营管理组织设计

1．策略性管理和运行性管理的分层

商业运营管理包含两个层面，一个是商业地产运行管理，一个是商业地产的策略性管理。通常情况下，由基层的商业管理公司履行商业地产运行管理的职能，由企业总部履行商业地产的策略性管理的职能。

所谓策略管理，是指商业地产的资产管理和房地产组合投资管理；所谓运行管理，是指物业的日常维护、管理和场地租赁经营。

目前，物业的业权通常都是房地产开发建设单位所直接持有，业主有时也包括这些企业背后的投资机构。

商业地产策略性管理的任务就是，制定物业发展战略计划，进行持有/出售分析，进行物业更新改造和大修理的决策，监控物业绩效，管理和评价物业运行管理，定期进行资产的投资分析和商业运营管理分析，制定并执行组合投资战略，设计和调整物业资产的资本结构。而商业地产运行管理，则是通过对物业的日常维护和管理，充分有效地发挥物业整个系统的功能和各个部分服务功能，并通过租务管理，为业主取得稳定的租金收入。

2．企业组织模式的类型

企业组织模式，常见的有直线制、职能制、直线职能制、矩阵制、事业部制几种形式。最早的生产性企业采取的是直线制，随后沿革为职能制，最后到典型的直线职能制。

企业发展到公司阶段，出现了矩阵制，矩阵制多用于多要素的业务职能化组织。

有鉴于此，企业承担商业地产的策略性管理的组织，应采取矩阵式管理组织模式（图1-2-19），以便在投资管理、资产管理、品牌管理、资金管理、成本控制、经营计划、专业技术管理、风险管理、人力资源管理等各种管理职能和专业职能对商业地产的运行管理实施有效的管控。

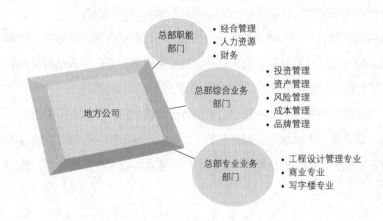

图1-2-19 策略管理和运行管理分层的企业组织体系示意图

而企业承担商业地产的运行性管理的组织，即基层经济组织则应采取直线职能式管理的组织模式，以便根据市场条件和实际经营状况，准确、灵敏地做出反应。

3．典型性商业运营管理的组织模型

以第二种典型性商业运营管理经济核算方式，即以商业服务机构作为商业服务经济活动的核算主体为模型，一种商业运营管理组织设计的模型如图1-2-20所示。图1-2-21为项目商业管理公司管理组织架构模式。

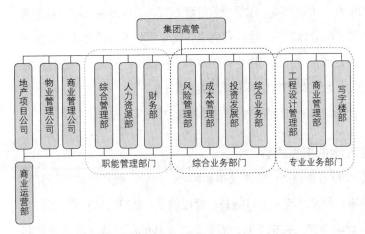

图1-2-20　企业总部管理组织架构模式示意图

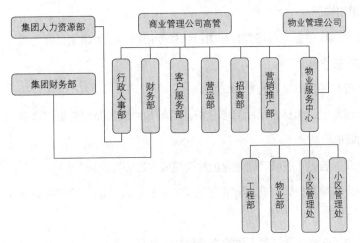

图1-2-21　项目商业管理公司组织架构模式示意图

项目商业管理机构的组织按照管理职能和业务职能的性质和运行要求设置，例如可以设计为：总经理、副总经理、行政人事部、财务部、招商部、营运部、客服部、营销推广部、物业管理中心。其中，总经理和副总经理是管理决策层；行政人事部和财务部为职能管理部门，招商部、营运部、客服部、营销推广部、物业管理中心为业务管理部门。

三、经营方案和经营计划

（一）经营方案的含义

在对商业运营管理进行策划的时候，都会要求策划和编制各种类型的方案，例如经营管理方案、工作方案。

从具体阶段上讲，我们在筹备期、运营期各时期都会面临许多不同的矛盾，需要有不同的战略任务，据此，制订各阶段的经营管理方案和工作方案。

从结构上看，所谓方案，包括经营管理方案、工作方案，或者是包含总体战略所要求的总体方案，也包含完成各项专项业务的经营管理方案和工作方案，如招商管理方案、物业管理方案、营销推广方案、广告位经营方案等，也包含为完成这些工作所制订的实施方案。

在这里，我们所说的经营方案是总体经营方案。

（二）经营方案的主要内容

经营方案的内容包括：整体设想和构思；定位、经营模式和经营目标；经营策略；经营风险及应对措施；管理体系；核算方式；经营计划；保障措施；行动步骤；实施方案；需要上级及其他部门解决的问题。其中，核心是经营计划。

1. 整体设想和构思

整体设想和构思要以市场背景和项目背景为依据，以所确定目标为根本，提出基本的方针。

（1）项目背景，即项目的基本概况；

（2）市场背景，包括市场的简要分析，目标客户群的简要分析，竞争对手情况的简单分析；

（3）资源，描述开展项目按商业运营管理所依赖的资源状况；

（4）重点和难点，即商业运营管理的重点分析，商业运营管理的难点分析。

据此，描述商业运营管理工作的方针和指导思想。

2. 定位、经营模式和经营目标

定位、经营模式和经营目标阐明项目运营管理的核心竞争力、经营方式和奋斗目标。

（1）经营定位，即包括商业定位和经营方式的定位；

（2）经营管理服务模式，例如采用简单的租赁管理，还是实行集中收银和货款管理，甚至直接从事商品和服务的零售经营；

（3）经营目标，包括长期经营目标和短期经营目标。

3. 经营策略

经营策略，是指为实现经营目标，所采取的行动及其行动方针、方案和竞争方式。例如，调整经营业态结构，优化品牌，加大推广力度，改善购物环境，提高服务水平等。

经营策略的制订，一定要根据实际情况，针对现状以及制约经营目标实现的主要矛盾。

4. 风险及应对措施

风险是指在某一特定环境下，在某一特定时间段内，某种损失发生的可能性。在商业运营管理活动，存在多种风险，如决策风险、经营风险、资金风险、法律风险、声誉风险和安全风险以及其他各种风险。

各种风险发生的可能和产生的危害程度是各不相同的。对各种风险要进行识别、评价，并分别采取应对措施。

5. 管理体系

包括商业运营管理的组织架构设计和管控方式设计，也包括主要的制度和流程和支持系统。

（1）组织架构和岗位配置及组织运行图，应以图表展现；

（2）管控方式，包括制度和标准、决策和协调、数据和信息、评价和考核的体系描述，应尽量以图表展现；

（3）支持系统，主要是描述人力资源、资金、技术等外部资源的支持，也尽量以图表展现；

（4）关键要素的标准和流程。

6. 核算方式

在编制最初的经营方案时，应作出有关核算关系、核算项目等有关核算方式的策划和设计。

7. 经营计划

经营计划是经营管理方案的核心。经营计划中应有明确的经济指标（KPI）和管理指标（GS）。

8. 保障措施

为完成经营目标，需要各种保障措施。

（1）资金保障；

（2）人力资源保障及后勤保障；

（3）综合管理保障；

（4）技术资源保障；

（5）财务资源保障；

（6）商务资源保障；

（7）组织管理保障；

（8）其他保障。

9．行动步骤

描述开展各阶段工作所采取的行动、任务、要求、责任分工、工作开展的时间节点。

10．实施方案

在关键事项上，分列主要工作的实施方案，如招商方案、营销推广方案，等等。

11．其他

需要上级及其他部门解决的问题。

（三）经营计划的含义

经营计划是经营方案的核心。经营方案所有内容都围绕着经营计划来制订。

经营计划包括基础信息、KPI指标计划和GS指标计划三个部分。

其中，KPI指标计划包含资产经营收入计划；商业运营管理经营收入计划；商业运营管理经营支出计划；资本性支出计划及其他资产经营支出计划；现金流计划；效益计划；停车场服务收入和服务支出计划；GS指标计划包含重要工作节点计划；业务管理质量计划。

（四）经营计划中内容
1．经营计划的基础信息

（1）建筑面积，包括零售、餐饮、娱乐、服务及其他业态的建筑面积以及各业态合计指标。

①总建筑面积；

②地上总建筑面积；

③地下总建筑面积；

④地上各层建筑面积；

⑤地下各层建筑面积。

（2）可经营面积，包括零售、餐饮、娱乐、服务及其他业态的经营面积以及各业态合计指标。

①整体经营面积；

②地上整体经营面积；

③地下整体经营面积；

④地上各层经营面积；

⑤地下各层经营面积。

（3）其他经营面积，包括库房数量和面积、车位数量和面积和各类型其他经营面积的合计指标。

①整体其他经营面积；

②地上整体其他经营面积；

③地下整体其他经营面积；

④地上各层其他经营面积；

⑤地下各层其他经营面积。

（4）其他面积，包括设备用房、管理用房、自行车库、垃圾房、卸货区的面积以及各类型其他面积的合计指标。

①整体其他面积；

②地上整体其他面积；

③地下整体其他面积；

④地上各层其他面积；

⑤地下各层其他面积。

（5）其他可经营资源，包括广告位、多种经营摊点等可经营资源的数量和面积以及各类型其他可经营资源面积的合计指标。

①整体可经营资源面积；

②地上整体可经营资源面积；

③地下整体可经营资源面积；

④地上各层可经营资源面积；

⑤地下各层可经营资源面积。

2.资产经营收入计划

资产经营收入计划包含：租赁计划和租金收入计划；广告位租赁收入计划；多种经营收入计划。

资产经营收入计划按年度逐年计算。每一年经营计划中资产经营收入计划的当年按月度逐月计算。

（1）租赁计划和租金收入计划

租金收入的各项有关指标，均按零售、餐饮、娱乐、服务及其他业态分别计算以及各业态汇总计算。

①租金收入，包括固定租金收入和流水分成收入；

②租赁面积，包括可经营总面积、累计签约面积、累计空置面积、累计起租面积、累计签约未起租面积、到期面积、退租面积、新签约面积（其中有续租面积、换租面积、新签约面积）；

③日租金，包括当年签约整体有效日租金、当年签约续约有效日租金、当年签约新租换租有效日租金、年度平均有效日租金、可经营面积有效日租金；

④出租率，包括累计起租出租率、年度平均起租出租率、累计签约出租率、年度平均签约出租率；

⑤其他指标：包括累计已签约商户数量、累计已签约商户面积、累计已开业商户数量、累计已开业商户面积、总开业率、签约商户开业率（按数量计算）、签约商户开业率（按面积计算）、商户签约率（按面积计算）。

（2）广告位租赁收入计划

①广告位租金收入；

②广告位租赁面积，包括可经营总面积、累计签约面积、累计空置面积、到期面积、退租面积、新签约面积（其中有续租面积、换租面积、新签约面积）；

③广告位出租率，累计出租率、年度平均出租率。

（3）多种经营收入计划

①多种经营点位的租金收入；

②多种经营点位租赁面积，包括可经营总面积、累计签约面积、累计空置面积、到期面积、退租面积、新签约面积（其中有续租面积、换租面积、新签约面积）；

③多种经营点位出租率，累计出租率、年度平均出租率。

3．商业运营管理服务收入计划

商业运营管理服务经营收入计划包含：物业管理费收入计划；运营管理费收入计划；推广服务费收入计划；商铺、广告位和多种经营点位租赁酬金收入和物业管理酬金收入；其他经营收入计划。

商业运营管理服务经营收入计划按年度逐年计算。每一年经营计划中商业运营管理服务经营收入计划的当年按月度逐月计算。

（1）物业管理费收入计划

以租赁计划为基础的物业管理费收入。停车场的相关费用支出不能作为物业管理费用测算的内容。

如果物业管理单位实行经济独立核算，应在物业管理费收入按比例计提出物业管理酬金。

（2）运营管理费收入计划

按租赁计划为基础的运营管理费收入。

运营服务费可以包含在租金当中支取，也可以由商户另行缴付。具体采用何种方式，则由资产经营机构与商户的租约所确定。

（3）推广服务费收入计划

以租赁计划为基础的推广服务费收入。

（4）商铺、广告位和多种经营点位租赁酬金收入和物业管理酬金收入

这是商业管理公司暨物业管理公司提供商业运营管理服务和物业管理服务的酬金。

①商铺、广告位和多种经营点位租赁酬金标准可以商铺、广告位和多种经营点位租赁的租金收入的若干比例计算酬金；

②物业管理服务酬金标准可按物业管理费的一定比例计算。

（5）其他经营收入计划

4．商业运营管理服务经营支出计划

商业运营管理服务经营支出包括：日常管理基本费用支出；佣金及代理费用支出；营销推广费支出；运营管理费用支出；共用设施设备能源费用支出；共用设施设备维护保养费支出；秩序维护费用支出；保洁绿化费用支出；专用固定资产折旧费用支出及递延资产摊销费用开支；保险费用支出等。

商业运营管理服务经营支出计划按年度逐年计算。每一年经营计划中商业运营管理服务经营支出计划的当年按月度逐月计算。

（1）日常管理基本费用支出

包括人力资源费用支出、行政办公费用支出、审计咨询费用支出等。停车场服务人员工资及福利费用支出除外；停车场的相关摊销费用支出剔除。

（2）佣金及代理费用支出

主要用于聘请代理行进行市场调研、营销策划、招商代理执行等招商外委的费用支出。

（3）营销推广费用支出

主要用于广告、印刷制作、围挡制作、大型庆典、美术陈列、整体营销推广活动及品牌摊销的费用支出。

（4）运营管理费用支出

主要用于商业运营管理过程中的通信、物料、道具、商业数据信息及技术系统维护等相关费用支出。

（5）共用设施设备能源费用支出

用于共用设施设备所消耗的水、电、燃气费用以及市政热力费用等支出。停车场的相关能源费用开支除外。

（6）共用设施设备维护保养费支出

用于供电、给水排水、暖通、电梯、消防等共用设施设备日常维修养护的费用支出。停车场的相关技术设施维修养护费用除外。

（7）秩序维护费用支出

用于安保、消防器材的日常消耗及相关管理费用的支出。停车场的相关费用支出除外。

（8）保洁绿化费用支出

用于清洁卫生、绿植养护、废弃物处理等相关费用支出。停车场的相关费用支出除外。

（9）专用固定资产折旧费用支出及递延资产摊销费用开支

用于商业运营管理和物业管理的专用设备的折旧，以及办公用房装修的递延资产摊销费用。停车场的相关摊销费用支出剔除。

（10）保险费用支出

用于设备损坏险和第三方责任险等险种的保险费用的支出。

5. 资本性支出计划及其他资产经营支出计划

资本性支出计划及其他资产经营支出计划统称为商业地产资产经营支出计划。包括：资本性支出；商户装修补贴；商铺、广告位和多种经营点位租赁酬金支出；筹备期的开办费；商业地产开发建设费用的摊销；物业财产险等。

商业地产资产经营支出计划按年度逐年计算。每一年经营计划中商业地产资产经营支出计划的当年按月度逐月计算。

（1）资本性支出

资本性支出是指为维护和优化商业地产的技术资产，对开发建设过程中建造完成的物业的建筑及技术设施进行大修、重置和技术改造所发生的支出。

建筑及技术设施在使用过程中，会发生自然损耗，损耗的这部分价值转移到租金里。为了保持建筑及技术设施的技术性能，必须对这些损耗的部分进行大修理，以恢复其技术性能。如果建筑及技术设施的经济寿命已经终结，就必须对这一部分进行重置，也就是更新。大修和重置，能够使物业的资产得到保值。

在商业运营过程中，根据商业运营的需要，还有必要对这些技术设施进行技术改造，以提升和优化其技术性能。技术改造能够使物业技术设施得到资产增值。

既然保持或者优化物业技术设施的收益已经或者未来都能够转移到租金里，那么就应该从租金里提一部分资本性支出，来完成物业技术设施的大修理、重置和技术改造。

因此，资本性支出是商业地产的资产经营行为。

资本性支出就是大修理、重置和技术改造的工程费用。那么，商业服务机构可以根据设施设备的使用状况和使用年限，按技术规范提出大修理、更新的计划，在得到资产经营单位批准立项后，将此列入经营计划。

（2）装修补贴

商户装修补贴，是一种维持租金标准不变的前提下，给予商户以一次性租金优惠的变通方法。因此，也列入资产经营支出计划，从租金中计提。

（3）商铺、广告位和多种经营点位租赁酬金支出

商铺、广告位和多种经营点位租赁酬金，是商业地产资产经营单位支付给商业服务机构受托进行商业运营管理的酬金，应计入资产经营支出计划。

（4）筹备期的开办费

开业日之前的筹备期的开办费，应列入资产经营支出计划。

（5）商业地产开发建设费用的摊销

商业地产开发建设费用的摊销是指为开发商业地产所投入的开发建设费用的摊销，如技术设施设备的折旧、投资性房地产折旧与摊销费用、土地使用权摊销费用以及其他摊提费用，这些应列入资产经营支出计划。停车场的相关建设成本和费用除外。

（6）物业财产险

应由物业财产所有人购买的财产险，应列入资产经营支出计划。停车场保险除外。

6. 现金流计划

现金流计划，包括商业地产资产经营的现金流计划和商业运营管理服务的现金流计划。

以商业地产资产经营收入作为商业地产资产经营的现金流计划的现金流入，以商业地产资产经营支出作为商业地产资产经营的现金流计划的现金流出，编制商业地产资产经营的现金流量表。

同样，以商业运营管理服务经营收入作为商业运营服务经营的现金流计划的现金流入，以商业运营管理服务经营支出作为商业运营服务经营的现金流计划的现金流出，编制商业运营管理服务经营的现金流量表。

现金流计划按年度逐年计算。每一年经营计划中现金流计划的当年按月度逐月计算。

7．效益计划

效益计划，包括商业地产资产经营的效益计划和商业运营管理服务的效益计划。

以商业地产资产经营收入作为商业地产资产经营的效益计划的营业收入，以商业地产资产经营支出作为商业地产资产经营的效益计划的营业支出，编制商业地产资产经营的效益计划，来计算利润。

．同样，以商业运营管理服务经营收入作为商业运营服务经营的效益计划的营业收入，以商业运营管理服务经营支出作为商业运营管理服务经营的效益计划的营业支出，编制商业运营管理服务经营的效益计划，来计算利润。

效益计划按年度逐年计算。每一年经营计划中效益计划的当年按月度逐月计算。

8．停车场服务收入和服务支出计划

在商业运营服务经营中，停车场服务经营应实行独立核算。因此，物业管理服务经营收入和物业管理服务成本费用里，均不包含停车场的服务类经营收入和服务类经营成本与费用。这一点，在物业管理费测算时，尤其要注意。

（1）停车场服务收入

停车场收入包括停车场月租费收入、停车场临时停车费。

（2）停车场的成本和费用

①停车场服务人员的工资及福利；

②停车场照明及相关设备运行的能源消耗费用支出；

③停车场设施设备的维修养护费用支出；

④停车场的秩序维护费用支出；

⑤停车场的环境维护费用支出；

⑥物业管理机构专用固定资产折旧费和物业管理用房装修递延资产摊销在停车场的摊销；

⑦物业管理行政管理费用在停车场的摊销；

⑧涉及停车场险的保险费用开支；

⑨相关税费。

停车场的服务收入和服务支出计划按年度逐年计算。每一年经营计划中停车场的服务收入和服务支出计划的当年按月度逐月计算。

9．重要工作节点计划

当年，商业运营管理的重要工作以重要度，划分为一、二、三级，并列出开始和完成的时间节点，作为当年经营计划中GS指标的重点考核指标。

10．业务管理质量计划

控制论告诉我们，对系统的控制有两种控制方式，一种是目标控制，另一种是过程控制，也就是程序控制。

所谓目标控制，是由一个先行量改变受控量的控制。对于一个系统来说，目标控制存在的前提是，系统必须具有对环境干扰和受控系统特性发生变化的自适应能力。例如，一个军团，当具有兵员、装备、给养、情报等完整的系统，就可以给予这个军团一个明确的战役目标，而这个军团就完全可以自行组织并调整各种系统内的资源，独立完成战役目标。

而所谓过程控制，是预定程序对系统受控量的控制。对于一个系统来说，由外部变量或程序直接干预并组织其系统的活动。例如，在现代化军兵种如空军作战、导弹作战、信息战中，往往由指挥中心点对点地对每一个战斗员的战术行动进行直接导航和指挥。

经济活动，包括商业地产的经营管理活动也是同样。从最早的由承包制为典型形式的目标控制，日益发展到目标控制与过程控制相结合的管理控制方式，日益从粗放转化为集约。

绩效管理，是经济控制的一种具体形式。而绩效，不仅包括结果绩效，也包括过程绩效。对结果绩效进行管理的方式，就是KPI（Key Performance Indicator）管理，也就是关键绩效指标的管理。而对过程绩效进行管理的方式，就是GS（Goal Setting）管理。

商业运营管理中的KPI管理，就包含了对几个可以量化的经营管理指标的控制和管理，这些KPI指标包括租金、销售额、客流量、成本和客户满意度。

同样，商业运营管理中也包含GS指标，通过科学的评价方法，对合同管理、市场调研管理、数据信息管理和经营分析、租费管理、业态规划和经营调整、营销策划、商户进退场和商户装修管理及租赁资产管理、经营规范管理、经营环境管理、多种经营管理、广告位经营管理、客户关系管理、物业管理等管理活动进行控制和管理。

一、KPI指标

任何一个系统，包括管理系统，都有自变量、因变量等各种变量，都有这些变量的相互联系，又叫关系式。在管理中，把这些变量叫作要素，关系式叫作体系。

商业运营管理系统也是一个管理系统，租金、销售额、客流量、成本、客户满意度商业运营管理的关键绩效指标，围绕这些关键绩效指标组成的有机体系，就是商业运营管理的体系。

1．租金

租金是物业资产经营的主营收入，是租赁资产价值转移的一种补偿。使用者将场地作为一种资源获得了经济效益，并将这种耗费了的资源价值，以一定的时间，用货币的形式向场地的所有者进行补偿。租金的基础是地租。

2．销售额

在商业项目中，租赁的标的物是营业用房。而营业用房是用来营业的，是销售商品和服务的。因此，销售额的实现，是场地资源价值获得实现的前提。也就是说，商户用这个场地赚了销售额，那么这个场地资源的价值就实现了。

因此，商业运营管理者通常也会十分关注商户的营业状况和销售额的产生水平。

在实际工作中，我们通常采用营业额租金比这样一个指标，来衡量销售额和租金这两个变量的关系。租金是销售额同营业额租金比的乘积。

3．客流量

经常有人把客流量比喻为商业项目的血液，这个比喻是很准确的。因为消费是需要人的行为。营业额最终依靠大批客流的消费来实现。

在客流量与营业额这两个变量之间，需要一些指标来进行衡量。其实，在零售业，还存在交易笔数这样一个变量；还存在客单价和提袋率这样两个指标。客单价和提袋率这两个指标，就把客流量、交易笔数、营业额这三个变量联系起来了。

交易笔数是客流量同提袋率的乘积；营业额是交易笔数同客单价的乘积。

4．成本

成本就是租赁资产经营管理过程中花出去的钱，租金收入扣除成本了才是租金的收益。

在商业地产租赁经营管理活动中，成本包含两个，一个商业运营管理过程中的经营成本和费用，另一个是资产经营支出。

5．客户满意度

客户满意度，包括客户满意度和客户满意度指数两个指标。前者表示有多大比例的客户对生产和服务的结果和过程是满意的，而后者表示客户对生产和服务的结果和过程达到怎样的满意程度。

6．对租金、营业额、客流量、成本和客户满意度要素所建立的体系联系

状态变量包括租金、营业额、客流量和成本，还包括交易笔数。这些

状态变量就是我们在经营管理过程中随时需要把握的经济要素。

为了联系、衡量和控制这些状态变量，我们还提出了几个重要的指标，也就是控制变量：营业额租金比、客单价和提袋率。

为了联系、衡量和控制这些状态变量，以及运用控制变量，我们还提出了许多关系式，如乘法算式和减法算式。

这就构成了商业运营最基本的经济模型。不过，在实际工作中，还需要运营许多的变量，例如客流密度、单位坪效等，还会涉及许多边界条件。

对于客户满意度，目前还不能将此与租金、营业额、客流量和成本建立起严格的数学逻辑关系，但毫无疑问，第一它是可以量化的，其二它对租金、营业额、客流量和成本将产生重要的影响。

因此，企业至少可以将这样一些指标，作为对商业运营管理进行绩效考核的KPI指标，即租金收入、经营成本、客户满意度，甚至可以把销售额、客流量一起设定预警值加以监控。

二、租金的经济原理

租金净收益是经济效益指标，是盈利能力的衡量指标。而租金标准，将直接作用租金收入这个重要的经济变量，是决定租金净收益的一项重要的基础指标。

在租赁面积既定的情况下，租金标准水平与毛租金收入水平呈现完全线性正相关关系。

确定合理的租金标准，是商业地产投资决策和商业项目经营决策的重点和难点。

租金标准，通常有两个概念组成，一个是由平均购买力决定的基础租金，一个是由区位、商场产品、业态组合、租约特征和运营能力这些特征变量决定的租金边际价格。这些特征变量直接或间接地决定了租金的定价能力。

（一）基础租金

对基础租金标准的测定，人们一般采用三种方法，即成本计价法、投资回报计价法和市场计价法。

1. 成本计价法

成本计价法，就是由土地资金投入、房屋折旧、大修理、资金利息、财产税及流转税分摊和合理利润进行计算测定基础租金的方法。这种方法能够反映社会必要劳动，但无法反映供求关系。

2. 投资回报计价法

投资回报计价法，这是在成本计价法基础上，将全部要素集中为资金成本，以融资成本和资金收益期望作为标尺来确定基础租金的方法。这种方法通常在投资决策的概念评估时使用，但无法作为更为深入经营决策的依据。

3. 市场计价法

市场计价法，就是从同类市场平均价格作为确定基础租金的依据。这种方法反映供求关系，它考虑到商户对租金的接受程度、竞争对手对优质商户资源的争夺竞争等市场因素，用这种方法制订的基础租金可以作为有效的租金执行价格的。

采用市场定价法，并不是简单地采集竞争市场的平均价格，而是要对市场进行科学分析，使制定的基础租金有所预期。

决定基础租金的核心因素，就是既定商圈的平均购买力。

表1-3-1和表1-3-2选取某商业项目作为案例。某10万m²商业项目，计租面积63280m²，周边3km没有同类竞争项目，通过商情调查，估算其商业项目可以实现的零售销售预期。

某商业项目市场分析表　　　　　　　　　　　表 1-3-1

辐射区域	区域半径（km）	人口数量（人）	家庭数（个）	周捕获率	周有效家庭数（个）	平均每周家庭消费金额（元）	周消费额（元）	月消费额（元）
第一商圈	1.5	170720	68288	25%	17072	350	5975200	23900800
第二商圈	3	942000	376800	6%	22608	450	10173600	40694400
	—	1112720	445088	—	39680	—	16148800	64595200

某商业项目客流支撑分析表　　　　　　　　　表 1-3-2

商圈人口	一周总计	平均每天	客单价（元/人次）
总有效家庭（个）	39680	5669	—
有效消费人数（人）	59520	8503	—
有效消费人次	89280	12754	180.9

注：（1）商圈人口以覆盖的街道提供人口数据及地区人口密度统计；
（2）按照平均2.5人一个家庭计算家庭个数（或消费单位）；
（3）有效消费人数按照捕获家庭个数×1.5计算；
（4）消费人次按有效消费人数平均每次的性消费会引起0.5次的随机消费计算；
（5）根据客流量支撑推算得出：日均12754人次消费，人均次消费180.9元，月营业额6459.5万元。

以9%为该项目营业额租金比，项目预期月租金收入为581.36万元，每月每平方米计租面积预期租金收入为91.87元，每天每平方米计租面积预期租金收入为3.06元。3.06元/（日·m²）就是该项目通过市场计价法测定的基础租金。

（二）租金边际价格

基础租金通常反映项目无差别化产品和市场特征的租金水平，是由特定区域的平均购买力决定的。

但是，每个项目仍然因许多个性化的因素，影响了租金实际价格的变化，因此就必须对这些个性化因素的特征变量进行分析，并导出租金的边际价格。

所谓个性化因素，就是项目区位特征、商场特征、业态组合、租约特征和运营能力。

1．区位特征对租金边际价格的影响

区位特征主要包含三个概念，即有效购买力、中心可见度和停车位指标这三个特征值。

（1）有效购买力

指核心商圈人口与人口购买力的乘积。国内有房地产研究机构的调研指出，核心商圈每增加10%购买力，标准商铺的租金边际价格可以增长4.99%。

（2）中心可见度

中心可见度是指从主干道看到商户标志的百分比可见性。有研究报告指出，把中心可见度划分为21个刻度（每5%一个刻度），从主干道看商户标志可见度每增加一个刻度，商铺的租金边际价格增加0.129%。

（3）停车位指标

停车位指标是指每千平方米经营面积拥有的停车位个数。有研究报告指出，每增加一个停车位，商铺的租金边际价格增加0.117%。

在所有决定商铺租金边际价格的特征变量中，区位特征的作用是显著的。

2．商场特征对租金边际价格的影响

商铺面积、距一楼层数、商铺可见度、商铺可达度是十分重要商铺特征，对租金边际价格具有十分重要的影响。

（1）商铺面积

商铺面积是指商铺单元内建筑面积。研究报告指出，每增加1%的商铺面积，商铺的单位租金边际价格将下降1.84%。

（2）距一楼层数

距一楼层数是指商铺所处楼层距离一楼的层数。研究报告指出，每增加距离一楼的层数，商铺的租金边际价格将下降17.7%。

（3）商铺可见度

商铺可见度是指商铺位置的可见度。把商铺可见度划分为101个刻度（每1%一个刻度），研究报告指出，从公共区域看商铺的可见度每增加一个刻度，商铺的租金边际价格增加1.92%。

在商业建筑设计过程中，要着力于打造内部空间的通透性是极其必要的。一个通行的方法就是设置共享空间，也就是足够宽敞的中庭和采光廊，除了更有效地组织内部客流，而且使得各层商铺店面可以得到充分展示。

并且，在商业建筑中尽量少地设置柱网，尤其在中庭和采光廊要充分实现无柱网设计。研究报告指出，中庭和采光廊实现无柱网设计，可以平均提升5个刻度，即5%的商铺可见度，也就是说可增加9.6%的租金边际价格。

（4）商铺可达性

商铺可达性是指顾客随机到达任意商铺的概率。把商铺可达性划分为101个刻度（每1%一个刻度），研究报告指出，从公共区域到商铺的可达性每增加一个刻度，商铺的租金边际价格增加1.76%。

要实现较高的商铺可达性，关键在于动线的合理布置。原则在于：

①控制动线长度。顾客对一个平面上过长的动线是没有耐心走完的。

②减少交通的节点，尤其是奇数节点。一个平面，平面动线中的奇数节点不要超过3个。根据运筹学理论，奇数节点之间只能重复行走。

③竖向动线尽量实现花洒式。上行坚决而且快速，例如使用跨层自动扶梯或垂直电梯；下行放射而且缓慢，例如使用不跨层自动扶梯。香港BOX购物中心里，垂直电梯是关闭下行方向的。

3．租户组合对租金边际价格的影响

据该研究报告对长三角和珠三角6个大型商业项目所选取的样本调查分析的结果，主力店的规模均值为9256.50m²，租金均价63.17元/（月·m²）；次主力店的规模均值为779.81m²，租金均价为109.02元/（月·m²）；普通商铺的规模均值为96.70m²，租金均价为164.93元/（月·m²）。

（1）主力店

主力店能够对商业项目产生积极的外部效应，这是业界一个基本的观点。事实上，主力店往往通过自己的产品和品牌，吸引各种目的性消费，从而产生很强的外部客流的集聚效应。因此，商铺位置对于主力店本身不是最重要的，但对租金价格却具有很强的砍价能力。

所以，在同主力店谈判博弈过程中，与其进行租金价格的博弈，不如进行其商铺位置的博弈。在选择主力店商铺位置中，应注意：

①主力店的位置应尽量布置于商业中心的深处或高楼层处，而不是顾

客易于到达的出入口附近。

②主力店周围应尽量被普通商铺尽量包裹，其位置及开口的选择要达到足以给普通商铺贡献充分客流的目的。

③在动线设计和环境设计中，强化主力店对普通商铺客流供应的方向性引导。

（2）次主力店

次主力店也具有很强的客流积聚效应。按目前我国内地商业项目次主力店各业态的平均分布比例，特色餐饮（包括麦当劳、肯德基、必胜客、棒约翰等）为71.1%，休闲娱乐健身为11.8%，其他为17.1%。

不像主力店，次主力店的位置和布局对其租金标准水平将产生重要影响。这些影响在于：

①距一楼层数和靠近主出入口对租金影响显著；

②同类零售聚集效应在次主力店中反应敏感，也就是说同类业态的次主力店在布局上的聚集，能增加比较性消费机会的增加，使各商家带来更多的销售额。

（3）普通商铺

在普通商铺中，零售业态的商铺是商业中心租金的主要贡献者。在这里，借该研究报告的数据，零售类型、商铺位置对租金标准的影响状况（表1-3-3）有这样一些规律：

①对于普通商铺来说，商铺的位置比零售类型对租金的影响更大。

②对于商铺的位置来说，楼层位置的影响是最大的，其次影响的是否在主步行街。此外，靠近主力店、临街与靠近出入口，对租金的影响的程度相对较小。

③在零售类型中，女装、男装、珠宝、饰品、专业店、礼品工艺品、个人服务、皮鞋皮具可以支付较高的租金溢价。

零售类型和商铺位置租金回归系数分析表　　　　表 1-3-3

特征变量类型	特征变量	标准化系数	特征变量类型	特征变量	标准化系数
商铺位置	距一楼层数	−0.547	零售类型	皮鞋/皮具	0.088
	临街	0.058		珠宝	0.101
	主入口	0.041		美容护理	0.078
	主步行街	0.133		饰品	0.134
	位于转角	−0.046		专业店	0.119
	靠近超市	0.066		家装用品	0.067
	靠近百货	0.051		个人服务	0.098
零售类型	女装	0.125		礼品/工艺品	0.120
	男装	0.135		体育运动	0.084
	混合服饰	0.067		糕点食杂	0.139
	儿童用品	−0.010			

4．租约特征对租金边际价格的影响

租约特征主要是指租约中的其他约束性条款所体现的特征。但一般来说，这些条件对于有价值的商户，对租金边际价格敏感度是有限的。

5．运营能力是对租金形成的持续保障

实现单位面积租金坪效和营业坪效是项目盈利能力建设的着眼点。

在确保满铺营业的情况下，最大限度地实现租金坪效是实现租金收入的根本保证。

而要实现较高的单位面积租金坪效，必须以实现最大限度的营业坪效为商业项目运营的核心目标。

为了最大限度地实现租金坪效和营业坪效，在客单价既定的条件下，商品和服务走量的实现是项目赢利能力的根本保证。

为此，必须着力于以下关键工作：

（1）狠抓客流，包括积极放大客流量，合理导向客流流向，控制客流流速，实现较好客流的均衡度。

（2）积极采取措施，增加顾客的提袋率。

在提升运营能力方面，为实现较高的营业坪效，产品优化、服务升级和有效的市场推广是三个重要法宝。

市场推广的目标是放大客流流量和增加顾客的提袋率。广告、促销、大型活动以及会员服务都是为完成这两个任务的服务体系。

产品优化和服务升级的目标，就是在合理导向客流流向、控制客流流速、实现较好的客流均衡度这三个方面发挥积极的作用。

三、客流组织和运行的原理

客流是商业项目以及内部商家达到其经济目的的基本条件，它构成了现实和存在的消费者。一方面客流是现实存在的购物者，另一方面按照马太效应，客流又构成潜在消费者消费需求的推动力。

（一）客流的形成机制和客流的要素

首先我们要回答以下问题：客流包含那些要素呢？客流在商业项目是怎样形成的？商业项目内部和外部的哪些因素会对客流的这些要素发挥作用以及怎样发挥作用呢？

客流在商业项目的形成机制包括这样一些内容：

1．内部业态结构及其布局

在商业项目内部，主力店存在对步行街区所产生的需求外部效应和步行街区内部不同商业和服务的组合所互相促进销售的聚集效应都对客流产生了影响。

2．交通环境

交通环境是客流重要的物理形成机制。而与商业项目相关的交通环境的广义概念，包括道路、交通工具、停车场等交通组织系统。在交通组织系统中，不仅内部交通组织发挥着作用，外部交通组织系统的作用更具有决定性。

3．购物环境

根据顾客视觉、听觉、嗅觉、触觉和行为需要，商业项目提供的购物环境，对客流及其购买行为产生的影响是巨大的。

客流的基本要素包含流量、流向和流速。商业项目的客流组织必须按照商业运营要求提供给消费顾客以消费行为的途径。因此，商业项目的客流组织的任务就是：

（1）引导商家所需要的客流的流向

商业项目对客流流向的要求，就是对商业区域内客流均衡性的要求。客流很难涉足的区域必然存在空铺。

（2）控制商业项目所需要的客流的流速

对每一位顾客而言，商业中心希望他能滞留更长的时间和适当的流动速度。

（3）创造商业项目所需要的客流的流量

商业项目没有足够的客流流量是无法想象的。创造客流的流量对商业中心运营者来说，是首要的也是最基本的任务。

（二）客流的流向机制

科学引导客流的流向，可以实现各区域客流均衡。

在商业项目活动的顾客，出于不同的消费心理和行为，其流向是呈现出不同形式的。例如，他们不愿意到不方便、不舒适和没有好的商品区域；再例如，到大型家具家电超市集中采购大型物品等进行目的消费的顾客，往往在进入商业中心后直接到目的地进行消费，消费完成后迅速离开，不大愿意流连于商业项目的其他活动区域。

这种情形往往导致在商业项目各街区客流的不均衡性，导致部分区域人气、商气不足（图1-3-1、图1-3-2）。

可见，即便在同一层，在不同区域，客流密度表现出很大的差异，例如1F的1-4号区域与1-8号区域，2F的2-8号区域与2-10号区域，客流密度相差6-8倍，客流极不均衡。

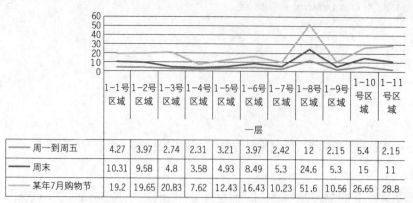

	1-1号区域	1-2号区域	1-3号区域	1-4号区域	1-5号区域	1-6号区域	1-7号区域	1-8号区域	1-9号区域	1-10号区域	1-11号区域
						一层					
周一到周五	4.27	3.97	2.74	2.31	3.21	3.97	2.42	12	2.15	5.4	2.15
周末	10.31	9.58	4.8	3.58	4.93	8.49	5.3	24.6	5.3	15	11
某年7月购物节	19.2	19.65	20.83	7.62	12.43	16.43	10.23	51.6	10.56	26.65	28.8

图1-3-1　某商业项目F1各区域客流密度分布（人/m²·h）

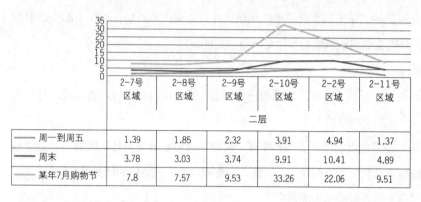

	2-7号区域	2-8号区域	2-9号区域	2-10号区域	2-2号区域	2-11号区域
				二层		
周一到周五	1.39	1.85	2.32	3.91	4.94	1.37
周末	3.78	3.03	3.74	9.91	10.41	4.89
某年7月购物节	7.8	7.57	9.53	33.26	22.06	9.51

图1-3-2　某商业项目F2各区域客流密度分布（人/m²·h）

　　因此，必须通过商业项目的业态内部结构和布局、交通环境的改善和导购系统的改善，科学引导客流的流向。

1.要通过业态内部结构和布局，引导客流的流向

　　真正实现商业中心各街区客流流向的均衡，主要依赖于业态的合理布局。

　　（1）利用零售商聚集效应，租户组合实现多样化

　　零售商聚集效应包括非同类零售商聚集效应和同类零售商聚集效应。非同类零售商聚集效应是指不同类型的零售商出售互补商品和服务，同时满足顾客的不同需求。

　　一般来说，在商业中心中，餐饮业态往往不能用于贡献现金流，却能够为其他非餐饮类零售商以及整个商业中心提供丰富的客流。从各商业项目的运营实践来看，一定比例的餐饮业态的配置是必要的。由于它能够提供丰富的客流，就应该在布局规划时尽量置于商业中心的深处，从而为进餐顾客在沿途的服饰街区提供大量客流。从图1-3-3某商业项目各业态面积、销售额和客数的比例，我们可以看出餐饮业态对于拉动客流的作用。

　　（2）利用需求的外部效应，充分发挥主力店的客流组织作用

　　根据需求外部效应理论，主力店产生需求的外部效应，为步行街区的零售商带来客流，而且与零售商聚集效应不同，需求的外部效应是单方向的，即从主力店流向步行街区，而不是相反。而在主力店中，能够为步行

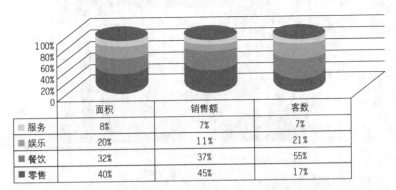

	面积	销售额	客数
■ 服务	8%	7%	7%
■ 娱乐	20%	11%	21%
■ 餐饮	32%	37%	55%
■ 零售	40%	45%	17%

图1-3-3　某商业项目各业态面积、销售额和客数占比统计

街区提供大量客流的，是低客单价的业态。

卖场、百货、建材专业店、体育专业店、家具家电专业店、影院、KTV、游艺厅、大型餐饮这样一些类型的主力店在客单价水平、消费季节性、聚客能力、业态关联度这样一些特征变量上表现出了不同的特征值。建材专业店和家具家电专业店客单价最高、消费季节性最强（平时清淡、黄金周交易较为火爆）、聚客能力最差、业态关联度最低。客单价低的是卖场、影院和游艺厅；聚客能力最强的是卖场；业态关联度最好的是影院。

通过对主力店特征变量的分析，我们就知道应该采用什么样的主力店来拉动客流，并带动别的业态。

有些商业项目主力店的基础照度很强，公共照明照度达到400～500lux，而步行街区的基础照度只在150～200lux左右，而且，主力店与步行街的接口装饰和照明过度十分突兀，隔绝了顾客想象空间，无益于步行街向主力店客流的推动。为此，某些商业项目有意识地在这些区域布置了多种经营摊点，增强了步行街入口处的照度，缓和了这些问题，应该说是一个好的尝试。图1-3-4是某商业项目利用边柜灯饰缓和步行街与主力店接口照度突兀的案例。

2. 通过交通环境的营造，引导客流的流向

在商业项目交通体系中，内部交通组织系统决定了商业项目客流的流向。内部交通组织系统包括人流出入口、交通节点、人流平面交通、人流竖向交通以及客用车辆行驶通道、车流出入口和停车场等内容。

（1）在重要的交通轴线和交通节点，应该进行有目的的景观布置

在主要出入口，如地铁出入口、地面出入通道、地下停车场的电梯候梯厅、中庭和大堂等重要的客流流线节点，必须精心作出景观布置。

图1-3-4 某商业项目步行街
与主力店接口处边柜灯饰产生
的效果

图1-3-5 交通轴线和交通节
点引导客流流向的解决方案

图1-3-5是交通轴线和交通节点引导客流流向的一些解决方案。

（2）着力打造商业步行街区的景观

商业步行街不仅是联系商业中心各个商业空间客流流线的轴线，而且是整个商业中心商业活动的灵魂和纽带。步行街的景观营造和环境运行不仅对于顾客的视觉产生十分重要的影响，而且对于有效引导客流的流量、流速和流向，具有十分重要的作用，尤其必须按照这个原则进行景观布置。

商业步行街区的景观布置要有利于客流流向的导向（图1-3-6）。

图1-3-6 商业步行街区的景
观布置

3. 通过导购系统的建设，引导客流的流向

商业中心的导购系统包含顾客陌生环境指引和引导顾客消费的双重功能。

（1）顾客陌生环境指引功能系统

顾客陌生环境指引系统是对顾客活动予以便利性或警告性指示和提示。它的具体表现形式有四种标识，即各种通道和服务设施的指示标识；各种服务设施、区域的识别标识；各种服务项目的状态标识；各种安全警示禁止标识。

（2）引导顾客消费功能系统

引导顾客消费功能系统则需要通过DM单、POP等宣传性广告形式发布场内各种营业信息，其中印制精美的导购手册和美食手册等DM单是必不可少的。它的任务就是有效引导顾客进行消费，并为实现这个目的对客流进行组织。

除了上述设施，导购系统的一个重要核心内容就是服务台和导购服务人员。发挥这些服务系统的客流导向作用，也是引导客流流向的一种手段。

（三）客流的流速机制

有效控制客流的流速，目的是适度延长顾客逗留时间，增加客流黏度。

据某商业项目某月地下停车场机动车流量分析（图1-3-7），车辆在场内驻留时间在1小时以内的高达39.36%，驻留时间超过2小时的仅为31.04%，超过4小时的仅为5.58%。来客大部分都是到超市等主力店进行消费的。

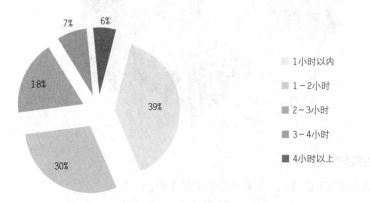

图1-3-7　某商业项目顾客滞留时间统计数据

顾客在商业中心的仓促驻留，无益于商业项目的运营。即便在一天的营业时间里有一定的总客流量，但是因为行色匆匆，真正某一时段的客流量是很少的。同时，促进顾

客在商业中心适当的快速流动又是我们所希望达到的。因此，我们必须通过商业项目的业态内部结构和布局、购物环境的改善，有效控制客流的流速。

1. 运用8岁以下儿童消费的商品和体验式服务业态推动长时间家庭消费

8岁以下儿童的商品和服务的业态也能够极大地推动整个商业中心家庭消费客流链的形成。

8岁以下儿童消费具有这样一些效应：一是具有带动家庭消费的"领导"力量；二是具有长时间消费的力量，所以这种业态对于商业中心及各零售商的客流量的贡献是最大的。如果商业项目在其深处具有相当规模引发8岁以下儿童长时间娱乐兴趣的体验式服务项目，并在其周围形成儿童用品及其服务的系列产品，那么就会激发孩子长时间逗留的热情，促使其家长长时间在商业中心里进行消费，从而带动整个客流动线沿线各种商品和服务的兴旺。

2. 充分运用服务设施对于控制客流流速方面所发挥的功能

商业中心里，空气质量服务系统、灯光照明系统、休闲服务系统等对顾客身体和心理产生作用的服务设施都对客流的流速发挥影响。例如，步行街中休闲小品的运用（图1-3-8）对于控制客流的流向是一个重要的手段。没有休闲座椅等小品或者条件太差，显然不能够使疲劳的顾客有耐心在商业中心长时间逗留，但是过于舒适的休闲小品也会不利于顾客的有效流动。

图1-3-8 休闲设施的细节设计

（四）客流的流量机制

创造足够的客流流量，是客流组织中最重要的任务。

客流的组织工作中，客流流量的组织是所有工作中的首要任务。没有符合商业中心定位要求的客流流量，这个商业中心从整体上来说就是失败的。

因此，必须通过商业项目内部业态组合和布局、交通环境的改善和购物环境的改善，努力创造足够的客流流量。

1．通过内部业态组合及其布局，创造客流的流量

利用规模效应，建设一站式购物中心，往往是极大吸引客流量的重要途径。

一般来说，购物中心规模越大，其内部各个零售业态之间相互促进的能力就越强。根据中心地理论，消费者在购物中是追求效用最大化的，在一次购物中购买多种不同商品，就可以节约购物成本。某企业商业项目一次第三方满意度调查显示，65.7%的顾客对"商业区域品牌/产品齐全"表现出关注。

建设一站式购物中心，就必须使所提供的商品和服务的品种具有综合性、多样性和丰富性，能够满足顾客不同的各种要求。

2．通过交通环境的营造，创造客流的流量

外部交通服务系统的条件是影响商业中心市场容量变化的一个重要条件。道路拥堵，人们无法抵达，客流量的提升是无法想象的。

外部交通组织系统包括与商业项目相联系的外部城市道路系统、城市步行街区、城市地面公共交通、城市轨道交通以及出租车等。

虽然商业项目选址和规划时，已经对商业项目所在区位的市场容量和外部交通的条件进行了论证，但是商业项目在持续运营的阶段，运营者还是应该充分评价和把握外部交通服务系统不断发生的变化。

3．通过购物环境的积极改善，创造客流的流量

改善购物环境，必须以顾客的视觉需要、嗅觉需要、听觉需要、触觉需要和行为需要作为出发点。

人体有五种感官即视觉、嗅觉、听觉、味觉、触觉感受外部世界。购物环境是完成满足顾客视觉、嗅觉、听觉、触觉四种人体器官的需要，与此同时必须满足顾客行为的需要。因此，购物环境必须满足顾客的视觉、嗅觉、听觉、触觉和行为共五种需要。

据某商业项目第三方消费者满意度调查显示，顾客对商业中心中的环境氛围最为关注，关注度为89.7%。图1-3-9中还展示了在环境氛围的项目中，顾客对各种因素不同的关注度。

62.7%的顾客关注温度和空气质量，其次是57.8%的顾客关注导购服务。

改善购物环境要从以下几个方面入手：

（1）控制空气质量，控制商业中心的各种嗅觉污染源

嗅觉污染在商业中心有两个方面的内容：一个是粉尘和各种微生物如病毒、细菌通过呼吸道对人体的侵害；一个是由异味造成的对人体的不适。

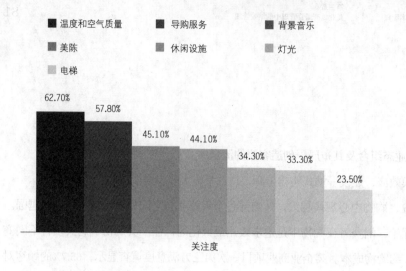

温度和空气质量　　■ 导购服务　　■ 背景音乐

■ 美陈　　■ 休闲设施　　■ 灯光

■ 电梯

62.70%　57.80%　45.10%　44.10%　34.30%　33.30%　23.50%

关注度

图1-3-9　某商业项目第三方消费者满意度对环境氛围项目的关注度调查

（2）改善背景音乐，控制各种声源，避免对顾客的听觉污染

目前，在商业中心除了施工噪声是污染顾客听觉的声源并被重视以外，商业项目经营宣传的各种不良音乐、音频广告也是重要的污染，而且其存在更为普遍。

此外，商业中心控制的背景音乐也要进行控制，曲目的类型必须与商业中心的风格和主题相协调。

（3）控制各种对顾客人体产生危害的触觉污染

商业中心最容易对顾客人体产生触觉污染危害的主要是卫生间的洁具。传染病毒和细菌等各种微生物通过卫生间洁具对人体产生交叉感染。

（4）完善内部服务设施和服务项目，满足顾客的行为需要

商业中心应具有各种服务设施和服务项目，尽可能地满足顾客的各种行为需要，除了休闲椅、卫生间等项目外，服务设施和服务项目还应该包括：具有良好通风设施和防火设施的专用吸烟区；母婴室；陪同女士来商业中心但不喜欢逛街的男士专用休息区；寄存设施；残疾人轮椅；儿童康乐设施；汽车护理设施等。

（5）满足顾客的视觉需要，是购物环境建设最重要的课题

心理学研究表明，对正常的人而言，人体从各种感官所获得的全部信息中，有83%来自视觉。因此，如何组织客流，影响顾客人体感官感知，牢牢掌握顾客的视觉需要，是所有商业中心运营者重点研究的问题。

商业项目里，建筑空间、景观轴线和节点等大的视觉环境要素已经在规划设计时期定型，能够在商业运营者手上展示的舞台主要是在软装饰、灯光和色彩运用以及在商家店堂的陈列等领域。换句话说，商业中心的美陈、光环境以及商家店堂灯光这三个内容值得大家认真研究。

商业中心的美术陈列，是购物环境布置中最丰富、最灵活、最经常的手段。

82

　　关于光环境。在商业中心里，灯光是极其重要的环境要素。灯光在受光面的照度以及色彩反映，直接影响了人的视觉效果，并对客流的流向和流量产生重要影响。

　　店堂灯光指标包括照度、色温、显色指数和重点照明系数。品牌档次越高，基础照度越低，色温越低，显色指数越高，重点照明系数越高，展示的戏剧性程度越高。其原理是，品牌档次高的店堂，灯光必须突出商品；而大众商品店堂则必须以很高的光照度吸收客流（图1-3-10）。

图1-3-10　不同照度和色温的布景所产生的橱窗和陈列效果

　　以服饰类店堂为例，店堂灯光的标准是：

　　高级品牌专卖店堂的基础照度不高于300LUX，色温采用暖色色温2500～3000K，显色指数Ra必须大于90，橱窗和展架等重点照明部位的照明系数控制在15～30；通过装饰性射灯营造出戏剧性效果。

　　普通服饰店堂的基础照度应当在300～500LUX，采用自然色调3000～3500K的色温，显色指数Ra必须大于90，橱窗和展架等重点照明部位的照明系数控制在10～20；通过大面积照明营造出轻松和生动的效果。

大众化服饰店堂的基础照度应当在500~1000LUX，采用冷色调3500~4000K的色温，显色指数Ra必须大于80，使用少量射灯突出店堂中特定区域的服饰。

商业项目客流的组织和运行是商业地产运营最为重要和核心的课题之一。引导客流的流向、控制客流的流速和创造客流的流速，是客流组织的任务。而把握好业态的组织、交通的组织和购物环境的组织，是做好整个客流组织的三个不可或缺的重要工作。

四、成本的评价和控制

在租金收入既定的情况下，成本控制将是租金净收益实现的重要手段。成本控制的前提是资产的不断优化和租金实现价值条件的完善。

（一）成本控制的内容

1．商业地产运营成本控制的内容

商业地产成本控制主要有三个主要的内容：

（1）商业地产开发环节中，土地、建设开发及其资金运用过程中的成本控制；

（2）商业地产运营环节中，经营管理成本和费用的控制；

（3）商业地产运营环节中，资产经营支出的控制。

2．商业运营管理活动成本控制的内容

在商业地产运营管理活动中，着重需要强调是后两项；商业运营管理过程中的经营成本和费用；资产经营支出。

前者在商业运营管理过程中被直接耗费了，如人员工资、能源、维修材料的消耗、营销推广活动等；后者则被转移到资产了，如折旧、大修和重置更新对于被资产价值损耗部分的价值补偿。

资产经营支出的另一部分内容还成了资产的增量，例如为了优化功能，对技术资产所作出的升级改造。关于这一部分资产经营支出，是直接反映为物业资产价值的增值，而且是必须反映到账面上的。

不管处于任何一个环节，成本控制的原则是同样的。成本控制的原则，是降低综合成本与合理成本的差距，而不是降低合理成本。因为，降低合理运营成本必然会降低租金实现的能力。

（二）成本控制的核心

成本控制的核心，是确定合理成本的标准，并保证这个标准的实现。而确定合理成本的标准，就是建立价值和成本评价体系。

因此，成本控制的基础是产品的优化、资源的优化、决策的优化和管理执行及控制的优化，成本控制的关键在于价值和成本评价体系及控制体系的建设。

（三）价值和成本评价和控制的一般方法

1．价值评价

成本的发生是以价值的获取为前提。因此，成本评价的前提首先是价值的评价。

（1）在商业地产运营阶段，可以确定地进行价值量化评价的项目包括：设备运行服务的期量，设备维护、大中修、技术改造和重置、共用设施维修。针对这些变量以及边际成本上升对其价值边际效益的增长是可以进行确定性的测量。

（2）在同样阶段相对来说，环境、安全、交通和日常商业运营等服务，其价值量可能是模糊变量。因此在其价值体系中，建立价值关键点的概念非常重要，这些价值关键点最终将反映到客户满意度和满意度指数。以某商业项目为例，2008年顾客综合满意度指数高达7.9（极限值10），其中，微生物治理、交通流量控制等项目的顾客满意度指数高达9.0以上（极限值10），所以嗅觉环境治理和车辆诱导措施的投入被认为是最为有效的，即使营销推广的价值量评价也是可以通过客流流量的变化进行模糊评价的。

（3）最难进行量化的无外乎是公关活动和风险控制活动（如消防管理）对边际效益的影响。因为这种影响是潜在的和长期的。

在商业地产开发阶段以及商业地产运营阶段，实际上都是需要对影响商铺商业价值也就是租金价格的技术系统，如形成特定的区位特征、商场特征的土地、建筑进行系统而专业的价值评价。

有关这些价值评价的基础，即区位特征、商场特征的模型在本章"租金的经济原理"的内容中已经予以了阐述。接下来的工作就是用上述方法对特定项目进行专业而系统的价值评价，从中可以得到租金及其成长性的预期。

2．成本评价

对既定效益增长产生影响的边际成本的评价是成本评价的基础。

以本章"租金的经济原理"的内容中已经举出的例子，步行街采光廊沿街无柱网设计对商铺可见度乃至商铺商业价值一定产生积极影响。无柱网设计，可增加5%的商铺可见度，将造成9.6%租金边际价格预期的上升。但是，无柱网设计肯定是会增加工程建设成本的。经过预期租金现金流量分析，可以清楚地判断，这种成本的增加是不是适当的。

此外，优化商业空间形态和交通组织的设计要求，都要求产生非标准化柱网，同样会增大建设成本，同样需要对采用这些技术方法造成的边际效益和边际成本进行评价。

3．价值成本评价

价值评价、成本评价是成本控制的基础。实行招投标评标的综合评标方法，也就是价值成本评价一种确定性评价方法。

4．成本控制

立项——价值成本分析——技术方案和预算方案拟定——方案审核——行政审批——招标——评标——定标——项目实施——价值评价——总结成为方法。

这就是完整的成本控制链。

五、客户满意度原理

推向市场的工业产品，其合格与否，都有确定的技术指标进行衡量，技术监督部门可以有许多的测试手段来判定这些产品是否合格。而现代服务业，包括商业运营，却没有这样一把尺子来精确判断其是否合格。

与传统制造业生产出来的产品可以用确定的性能指标进行衡量不同，现代服务业的顾客对商品和服务的认知和认同往往是主观的、不确定的。顾客满意是一个人通过对一个产品的可感知的效果（或结果）与他的期望值相比较后所形成的愉悦或失望的感觉状态。消费者的满意或不满意的感觉及其程度受到以下四个方面因素影响，即产品和服务让渡价值的高低、消费者的情感、对服务成功或失败的归因和对平等或公正的感知。

顾客对商品和服务的认知和认同，表现出如此强烈的主观性、感受性，其选择也通常是非理性的、"不讲道理"的。因此，我们无法用一把卡尺来确定地判定我们提供的商品和服务是否合格。

因此，客户满意度成了一种统计学范畴商品和服务合格与否的测量手段。而这个测量过程，就是客户满意度调查。

客户满意度包含满意度、满意度指数、关注度和关注度指数这四个指标，其中满意度和满意度指数可以作为KPI指标。

（一）满意度指标

满意度，是通过统计，测定对商品和服务表示满意的人数比例的一种指标。是目前大多数企业采用的一种客户满意度调查的指标。

如果发出问卷，就某商品或服务向顾客征询是否满意的看法，让顾客单选"非常满意"、"比较满意"、"一般"、"不太满意"和"非常不满意"

中的一项，则

满意度（%）=回答"很满意"和"满意"的人数/受访人数

表1-3-4和表1-3-5是某商业项目"整体定位与业态组合"满意度调查的一个案例。

某商业项目"整体定位与业态组合"满意度问卷   表 1-3-4

调查项目	非常满意	比较满意	一般	不太满意	非常不满意	编号
…………………………………	5	4	3	2	1	F103/
当前的业态组合结构能提高消费者的消费互动、增加顾客的逗留时间…………	5	4	3	2	1	F104/
…………………………………	5	4	3	2	1	1405/

某商业项目"整体定位与业态组合"满意度调查结果统计表   表 1-3-5

当前的业态组合结构能提高消费者的消费互动、增加顾客的逗留时间	非常满意	比较满意	一般	不太满意	非常不满意	合计
分值	5	4	3	2	1	
受访回答单选样本数………	2	20	71	8	1	102

有102个受访者接受访问，有2个人回答"非常满意"，20个人回答"比较满意"，71个人回答"一般"，8个人回答"不太满意"，1个人回答"非常不满意"。

这样，满意度则为（2+20）/102=21.57%。

如果在拟订调查表时，将"3"分项从"一般"擅改为"可以"；然后，在统计时，将选择"3"分项的顾客计算为满意的那部分人。

这样，满意度就是（2+20+71）/102=91.18%。

这样的企业不少，有的把"非常满意"、"比较满意"、"一般"、"不太满意"和"非常不满意"修改为"很满意"、"满意"、"比较满意"、"不满意"和"很不满意"，有的修改为"很满意"、"满意"、"比较满意"、"一般"和"不满意"。

满意度这个指标，是指在所有样本中，有多大的比例表示是满意的。但是，在国内运用这个指标时，做人为处理的商业项目实在不少。

（二）满意度指数指标（CSI）

目前，国际上通用的客户满意度指标采用满意度指数这个指标。

满意度指数，又叫满意强度，它是指客户倾向于满意的程度。

满意度指数（CSI）=∑（单选样本数×分值）÷总样本数

还是以刚才表1-3-4这个商业项目"整体定位与业态组合"客户满意度调查例子为例，我们再来看看表1-3-6的统计结果。

某商业项目"整体定位与业态组合"满意度指数调查结果统计表

表 1-3-6

当前的业态组合结构能提高消费者的消费互动、增加顾客的逗留时间	非常满意	比较满意	一般	不太满意	非常不满意	合计
分值………………………	5	4	3	2	1	
受访回答单选样本数………	2	20	71	8	1	102
指数	10	80	213	16	1	320

满意度指数（CSI）=（5×2+4×20+3×71+2×8+1×1）÷102=3.14

以5分制标准已经达到及格线了。

可见，满意度指标是说有多大的比例客户表示满意，而满意度指数则表示客户有多么强烈倾向度的满意。

满意度指数指标是运用了计量经济学的理论来处理变量的复杂总体，全面、综合地度量客户满意程度的一种指标。其特点是：

（1）综合反映复杂现象总体数量上变动状态，它以相对数的形式，表明顾客满意度综合变动方向和趋势；

（2）分析总体变动中各个因素变动影响的程度；

（3）用连续测评的指数系列对复杂现象在较长期间内发展变化的趋势进行分析；

（4）通过一系列数理统计方法，对不同类别的计量进行趋于"同价"的比较。

此外，用满意度指数也可以用分值而不是按含义模糊的中文，可以避免计算造假。

满意度指数（CSI）是客户满意度调查中更主要的指标，也可以作为重要的KPI指标。

（三）关注度指标

所谓关注度，就是多大比例的客户对某件事表示关注。也就是把客户对"很关注"、"关注"、"比较关注"等这些程度不同的表示"关注"选择结果数量除以样本总数得出的结果。

在客户满意度调查中，划分了5个分量表，即"关注"、"比较关注"、"一般"、"不太关注"和"不关注"。

举个例子，有一个调查问客户对垃圾桶的异味是否关注，10%的样本是"非常关注"、20%的样本"比较关注"、60%的样本"一般"、8%的样本是"不太关注"、2%的样本是"非常不关注"，那么关注度就是10%+20%=30%。换句话说，是30%的客户关注垃圾桶的异味问题。

（四）关注度指数

关注度指数，也可以叫关注强度，它是指客户倾向于关注的程度。

计算方法也一样，可以分5个分量表。很关注，客户就打5分，很不关注，客户就打1分。最后统计的时候，根据客户对各分值的投票票数，分值加权计算，得出的结果除以总样本数就可以了。接近5，说明关注程度很高；接近1，说明关注程度很低。

再按之前讲的那个案例，5分值为"非常关注"、4分值为"比较关注"、3分值为"一般"、2分值为"不太关注"、1分值为"很不关注"，那么其关注度指数就是$5 \times 10\% + 4 \times 20\% + 3 \times 60\% + 2 \times 8\% + 1 \times 2\% = 3.18$。

关注度指数，同满意度指数一样，是客户满意度调查中主要的指标。

六、GS指标

商业运营管理包含了合同管理、市场调研、信息数据管理及经营分析、租费管理、业态规划及经营调整、营销策划、经营规范管理、商户进出场和装修管理及租赁资产管理、经营环境管理、多种经营管理、广告位的经营和管理、工程管理、消防管理、安全管理、环境管理、停车场管理、客户关系管理等17个重要的活动和过程。

虽然KPI指标这些关键绩效指标可以反映上述活动和过程的质量，而且企业通过KPI指标就能综合衡量和评价这些活动和过程，但是这种反映毕竟是间接的，甚至在时间上是滞后的，事后处理毕竟不能代替预先控制。因此，企业应当建立对整个管理行为、管理过程的监控和审核体系。为此，企业应当建立对商业运营管理17个活动和过程的GS指标体系，并加以审核和控制，以确保整个商业项目的运营能力是强大的。

（一）建立审核标准

商业运营管理审核标准，根据商业运营管理的制度及相关工作指引为依据。

审核标准划可划分为：综合管理、合同管理、市场调研管理、数据信息管理和经营分析、租费管理、业态规划品牌调整管理和运营期招商管理、营销策划、经营规范管理、商户进退场和装修管理及租赁资产管理、经营环境管理、广告位经营管理、多种经营管理、工程管理、消防管理、安全管理、环境管理、停车场管理共17个管理项目。此外，还可以划分为若干个子项目。

表1-3-7是某商业项目制订的GS管理项目列表。

序号	项目	内容
1		**综合管理**
1.1	基础管理	管理制度体系完善，并有效落实。各项工作按制度严格执行，记录清晰规范
1.2		房屋、铺位及其各类经营服务设施档案资料齐全，分类成册，管理完善，查阅方便
1.3		与物业服务单位、供应商及合作单位建立起完善的合作关系、考核方法、工作方法和工作记录
1.4	客户管理	建立商户档案资料，查阅方便
1.5		建立值班制度，设立服务电话，与主力店建立沟通机制，接受主力店、商户和消费者对服务、报修、求助、建议、问询、质疑等各类信息的收集和反馈，并及时处理，有回访制度和记录
1.6	团队管理	岗位责任明确，定期开展培训，培训记录清晰。制度知晓率100%
1.7		管理人员和服务人员持证上岗；员工统一着装，佩戴明显标志，工作规范，作风严谨
1.8		工作氛围和谐，员工之间配合默契，无互相推诿现象
2		**合同编制和合同管理**
2.1	合同编制	合同使用集团相关类合同统一文本，未使用统一文本的，文本编制过程符合集团规定
2.2	合同管理	按集团制定的经营类相关合同格式要求，建立合同台账并编制收益月报表，结合运营数据及合同执行情况，完成每月收入分析提报集团商业管理部
2.3		根据集团商业管理部及风险管理部制定的合同管理要求，建立有效合同管理机制，进行各种合同的呈签、履行监控、评价等管理及归档，形成商户合同档案及更新
3		**经营分析和数据信息管理**
3.1	经营分析	定期向集团商业管理部提报《经营分析报告》，对运营数据进行分析和研究，提出改进措施和办法，每半年更新年度营运基础信息报表并提出分析报告
3.2		营运状况记录与报表及时进行归档管理，所有文件以电子文件的形式上报与归档，并进行备份
3.3	数据技术系统维护	数据信息技术系统运行正常
3.4		充分采集项目主力店、商铺、车流、客流等相关数据，数据录入和更新准确、及时
3.5		系统具有数据处理和汇总统计功能，数据查询和使用授权适当
4		**市场调研**
4.1	月度调研	进行市场调研，内容包括经营环境、城市商业项目的变化、竞争对手的营销策略、市场主要新进入品牌等，调研成果形成调研报告并备案
4.2	季度调研	进行市场环境调研，内容包括商圈调查、竞争调查、客群调研、租金水平调研等，形成《市场环境调研报告》并上报集团商业管理部备案
4.3	年度调研	进行宏观环境研究，内容包括人口环境、经济环境、自然环境、政策法律环境、技术环境、社会和文化环境等，形成研究报告并上报集团商业管理部备案
5		**租费管理**
5.1	基础管理	建立租金台账和物业管理费台账以及租费收取管理表单
5.2	费用收取	商户租金的确认和及时收取。有商户发生拖欠费用的情况，负责催收催缴
5.3	租费调整	租费调整经集团批准
6		**业态规划、品牌调整、品牌资源管理和运营期招商管理**
6.1	年度业态分析	年初根据项目经营状况分析（上年度）和市场调研，对定位和业态进行分析。形成报告，报集团商业管理部备案
6.2	业态规划调整	在对项目进行经营状况分析和市场调研基础上，对项目定位和业态规划进行评估，制定经营策略调整方案和业态规划调整方案报集团商业管理部审核
6.3	商户与品牌分析	在周报和月报的基础上，每半年对商户进行分析，分析的内容包括品牌的定位、品牌对项目的贡献度、商户经营能力分析、商户经营发展趋势、潜在的经营风险等，对不符合项目的发展方向、经营有风险的商户，提出调整意见，并进行备选品牌和商户的储备
6.4		建立退、掉铺预警机制。现场做好防范，防止影响扩散
6.5	品牌调整	根据调整比例和收益变化，商户调整方案的上报审批符合规定权限
6.6		商户合同到期6个月前，必须进行详细的市场调研，形成合同到期后的系统租赁方案，上报集团商业管理部备案
6.7	品牌资源管理	品牌资源档案表按统一标准填写，并于每月向集团商业管理部上报品牌更新表。建立品牌档案资源库，理清品牌资源明细，清算品牌档案总量。根据品牌资源情况对资源库总数进行调整。定期整理品牌资源库内容，清除无效品牌资源，达到有效化和实用化
6.8		对战略合作客户开业后的经营信息进行收集，并建立经营情况档案，针对商户在合作区域或合作商圈的适应性进行分析和研究
6.9	经营过程中的招商管理	建立工作流程，关注各商户的经营情况，并对商户进行评估。评估的内容包括：商户对项目的贡献情况、美誉度和商誉、发展现状和方向、经营管理能力和生存能力等
6.10		根据对商户综合评估的结果及合同情况，制定出商户调整的预案
6.11		在商户租赁合同期满前的6个月前，完成合同到期商铺的招商方案制定及报批及确认，并开始进行调整招商洽谈工作
7		**营销策划和营销推广**
7.1	营销推广方案	制订年度营销推广方案，并上报集团商业管理部审核，集团高管审批

序号	项目	内容
7.2	营销活动评估	每次重大营销企划活动后一周内必须进行效果评估，评估内容主要包括：活动前后一周内项目总体、各主力店和商户销售对比，客流量对比，车流量对比，各主力店和各商户对活动的满意度等，评估的结果附于当月的《经营分析报告》一同上报商业管理部
7.3	环境美陈管理	制订环境美陈布置方案，经集团商业管理部审核、集团高管审批后负责具体实施
7.4		对于形成合作的单位，依据合同要求定期对于合作方进行评估。对于合格供方的评估范围为：合作供给价格、合作过程中的服务、合作过程中的其他性配合、合作期间的完成情况等
7.5		定时巡视环境美陈，确保其完整、美观、符合时宜。有巡视的工作记录
7.6	媒体推广和广告宣传	按照《商业项目媒介管理作业指引》进行广告合作企业、平面媒体、电视媒体、网络媒体及其他各类媒体的招标、合作和评价，有工作记录
7.7	会员管理	建立会员档案和台账，包括联盟商户会员的档案、台账和消费者会员的档案的台账，并随时更新
7.8		根据会员营销的经营分析成果，进行会员营销评估，修订会员政策和积分政策，并按制度流程履行审批
7.9		根据会员消费记录，分析会员消费习惯，将零售记录和会员消费记录进行比对，并统计客户成本、首购单价、复购率、复购客单价、转介绍率等会员营销经营数据
7.10		照客户关系维护的方法，进行会员关系维护，接受会员对服务、求助、建议、询问、质疑等各类信息的收集和反馈，并及时处理，有回访制度和记录
8	**经营规范管理**	
8.1	巡场管理	制定日常巡视管理制度，明确巡场线路及巡视要求。将现场管理存在的重大问题及未能解决的问题进行汇总，于次月第 5 个工作日前上报集团商业管理部
8.2	开闭店管理	制定开、闭店管理规定，内容包括员工进场、开业前准备、迎宾、闭店前准备、送宾、闭店管理程序及要求，开闭店时间等，并运行良好
8.3	晨会管理	制定包括各商户现场管理人员和营业员参加的晨会的管理规定，报集团商业管理部备档，并严格落实。
8.4	广播管理	制定广播管理规定及工作流程，指定专人播音，广播音量适中，播音内容包括：开店广播语、天气预报、品牌推介、信息发布、整点报时、安全提示、闭店广播语等
8.5		每周对背景音乐进行更新调整，背景音乐与时令及现场氛围协调一致
8.6	吊旗管理	负责组织定期对吊旗进行更换，并保证符合 VI 标准和悬挂要求
8.7	POP 管理	制定 POP 管理规定及审批流程，保证 POP 的形式、内容、摆放或张贴方式符合要求
8.8	店招管理	对商铺店招的设立进行审核并参与验收，监督商户以保持店招的完好，清洁
8.9	橱窗、布景陈列管理	对商户橱窗和陈列进行管理，以保证符合经营规范、项目定位和整体经营氛围
8.10	物价签管理	按照当地物价部门的法律、法规检查商户物价签，保证规范经营
8.11	总服务台管理	对总服务台的形象和服务内容、服务规范进行管理
8.12	商品管理	对商户商品的陈列摆放、品质，有效期等方面进行检查
8.13	空铺管理	出现空铺时，应及时进行遮挡，遮挡物所用材质、设计风格应与周围环境协调一致。每周对空铺水、电、气等设施进行安全检查。商户撤场前，控制内部陈列，不造成恶劣的对外影响
9	**商户进退场和装修管理及租赁资产管理**	
9.1	商户进退场管理	建立商户进退场管理制度和规定，制度落实，工作记录完整、清晰。商户进退场合同依据清楚，不存在法律纠纷隐患。各种收费和发还保证金按规定执行。房屋交接查验符合合同规定，业主技术资产得到保障
9.2	商户装修管理	建立商户装修管理制度和规定，制度落实，工作记录完整、清晰。商户装修的审图严格执行装修手册技术规范，技术资料严格归档，并随时进行技术资料更新，记录和现场一致。按制度进行装修现场工程施工的技术监管，记录和现场一致。按制度进行商户装修的工程验收，记录和现场一致
9.3	租赁资产管理	建立商户使用业主权属租赁资产的制度，制度落实，工作记录完整、清晰。建立租赁技术资产清册。向主力店和商户下达租赁技术资产的使用、维护的技术要求
9.4		定期对主力店和商户使用和维护租赁技术资产的情况进行巡查，对不良使用和维护行为进行纠正
10	**经营环境管理**	
10.1	装修现场管理	要求商户使用统一的围挡进行外部装饰
10.2		营业区域和装修区域、营业时间和装修时间严格划分
10.3		严格控制装修过程中的灰尘、气味、噪声、施工垃圾等污染。不出现施工人员影响正常营业和营业设施状态的情况
10.4	出入货管理	建立货物（包括废弃物）出入的管理规范，有明确的货物出入的路径、时间、出入货标准和办理流程，现场有明确提示和标识

序号	项目	内容
10.5	特种行业和相关资质管理	对特种行业的商户的行业资质、服务内容和商品进行审核和存档，并建立台账。对从事特种行业的商户进行重点巡查，工作记录完整、清晰
10.6	经营现场管理	定时巡视室内外灯光照明效果，确保正常开启，无故障，工作记录完整、清晰
10.7		定时巡视场温湿度效果，确保空调及新风正常供应，无故障，工作记录完整、清晰
10.8		定时巡视场内音响效果，杜绝商铺私装音响及其他噪声，工作记录完整、清晰
10.9		定时巡视室内外清洁卫生情况，杜绝污染、异味、乱摆乱放、乱张乱贴和小广告，工作记录完整、清晰
10.10		定时巡视各商铺库房的卫生、货品码放、电器使用、消防、防水防潮情况，工作记录完整、清晰
10.11		定时巡视商铺内部灯光、色彩、内部装饰、营业员行为等情况，工作记录完整、清晰
11		**广告位经营管理**
11.1	.	建立广告位总账、经营性广告位分类台账和宣传性广告位分类台账，并随时更新
11.2	规划和预算	依据集团确定的经济指标和广告位经营指标，按位置、广告位类别（经营性广告和宣传性广告）、广告内容进行统一规划，编制次年广告位使用规划方案和年度预算，上报集团高管审批。广告发布符合规划
11.3		制订广告位的收费标准，经集团高管审批，作为项目内部审批广告位招租的依据
11.4		根据集团审批后的年度广告位经营预算按月进行分解，每季度对广告位经营完成情况进行分析
11.5		根据项目定位，建立广告位的形象标准和安全标准，现场符合标准
11.6	现场监督管理	定期巡视广告及广告位，确保其完整、美观、符合时宜。有巡视的工作记录
12		**多种经营管理**
12.1	规划和预算	依据集团确定的经济指标和多种经营创收指标，按点位、面积、经营品类、租金标准、商品质保标准、坪效、可实现收入月份进行统一规划，编制次年多种经营点位图、规划方案和年度预算，上报集团高管审批
12.2		制订多种经营点的租金标准、保证金标准、商品质保金标准，经集团高管审批，作为项目内部审批多种经营项目的依据
12.3		根据集团审批后的年度多种经营预算按月进行分解，每季度对多种经营完成情况进行分析
12.4		根据项目定位，建立多种经营的形象标准和安全标准
12.5	现场监督管理	多种经营项目按照多种经营规划设置并符合形象标准和安全标准，多种经营单位证照齐全。
12.6		多种经营项目营业和服务符合商户手册要求
13		**工程管理**
13.1	建筑	未发生危及房屋结构安全及拆改管线和损害他人利益的现象；无擅自改变房屋用途现象；无影响建筑物外立面事件
13.2		地面、外立面石材外观完好，无破损、无脱落现象；道路通畅，路面平坦；残疾人通道无阻，盲人通道感觉明显无中断；共用配套服务设施完好、清洁；道路、公共区域等公共照明灯具完好，无锈蚀，清洁，500m²范围内坏管灯不允许超过1个
13.3		排烟、排污、噪声等监测符合国家环保及职业健康标准，并有相应的检测合格证或报告
13.4	供电系统	备用应急发电机可随时起用，有备用燃料；电缆沟无积水；供电系统安全运行；维保计划按时完成，记录连续完整，无虚假
13.5		保证供电正常。限电、停电有明确的审批权限并按规定时间通知商户；商户用电规范，无安全隐患
13.6	弱电系统	监控系统等智能化设施设备运行正常，记录符合公用设施设备管理程序规定；监控系统系统无盲点，图像清晰达到四级图像以上标准，楼控系统根据温度和亮度调整及时，开闭设备满足节能要求和系统设置的要求
13.7	电梯	电梯准用证、年检合格证、维修保养合同完备；维修监管有专人，记录完整；更换配件要回收入库；电梯由专业队伍维修保养，维保合同规范，续签及时；按照相关规定及时维修故障，维修、月检记录保存完整并归档整理
13.8		电梯按规定时间运行，井道清洁，机房安全运行设施齐全，通风、照明及附属设施完好
13.9		电梯底坑无积水，机房整洁；夏季机房温度低于电梯设备允许温度上限
13.10	消防系统	消防火灾报警系统和联动控制系统主机正常启动运行，无故障点，500点误报不超过一个，无错误动作；报警打印记录完整；报警系统及排烟系统运行正常。探测器、报警器地址正确，无编码错误；区域显示盘正常运行，显示盘无缺损；防火卷帘和电梯动作正常，防火卷帘无故障、轨道无变形、无延时；消火栓、消防喷淋及启动水泵能在联动状态下正常启动运行，水压正常；消防广播适切正常，广播词标准，消防电话通话无杂声；消防照明、疏散引路标志完好，状态正常，蓄电池定期检查，安装牢固
13.11	空调系统	中央空调系统运行正常，水质良好，水塔运行正常且噪声不超标，无严重滴漏水现象，阀门灵活，冷冻、冷却水泵运行无异常噪声；冷热水管道保温完好，无漏水现象；末端出风口温度、风速正常，管道和送回风口连接完好，密闭；锅炉保证业主的工作状态；热媒水、循环水温度正常，燃气压力符合锅炉运行要求，无泄漏，无异常噪声；运行时间根据温度随时调节，符合节能要求；板式换热器、循环水泵、压力表在正常工作状态，无严重漏水现象阀门开关灵活
13.12		商铺空调效果满足经营要求，末端调节阀开度合理，处理投诉及时；送风、排风定期保养无锈蚀
13.13		有中央空调系统节能降耗方案并落实，节能效果明显并有节能前后对比记录
13.14	给水排水系统	设备、阀门、管道工作正常，无锈蚀、无跑冒滴漏、无噪声；二次供水蓄水池设施设备进行清洁、消毒符合相关规定；有二次供水许可证、水质化验单；外广场供水、供水管理完善，并有合理的用水和节水方案及措施，水阀由专人管理；排水系统通畅，汛期道路无积水，地下室、车库、设备房无积水、浸泡发生。污水泵定期保养清杂物，自动、手动运行无故障；雨水井、污水井管道定期疏通，每年至少2次，记录完备；化粪池、隔油池、污水池定期清理，记录完备

续表

序号	项目	内容
14	消防管理	
14.1	消防设施检查	防火门、卷帘门、闭门器、探测器、报警器、消火栓、喷淋头、消防疏散示意图、引路标志、照明设施、灭火器材、安全指示灯等处于正常状态；各安全出口、紧急疏散通道、消防车专用通道畅通，无障碍
14.2	消防组织和消防责任	消防组织机构完善，分工明确，更新及时；同所有相关方签订消防安全责任书，各区域消防责任明确
14.3	消防日常管理	消防监控中心专人全天候值班，值班人员持证上岗，消防器材配备齐全；严格实施消防巡视和各级检查，按时上报；严格实施消防巡视和各级检查，按时上报；严格实施防火管理措施；消防各项记录及时、准确、完整；消防档案完整，更新及上报备案及时
14.4	消防演练和培训	消防培训和演练符合规定；对各相关方及顾客的消防宣传教育活动符合规定
15	安防管理	
15.1	安全设施	巡更系统、录像监视系统、远红外防盗系统完好，运行正常，操作符合规定；安防器具和防汛防台防震等应急物资管理符合规定
15.2	安全检查	广场实行24小时值班及巡逻制度，安防岗位设置合理；巡逻路线安排合理并经常更新
15.3	经营秩序	商场营业环境安全、秩序良好，无违规经营和不文明行为；公共区域、共用部位设施保持完好
15.4	安全日常管理	培训和应急预案演练符合规定；记录填写及时、准确、完整；保安员宿舍及内务管理良好
16	环境管理	
16.1	保洁管理	公共区域、共用部位保洁符合质量标准；日常保洁工作流程和定期保洁计划合理，执行严格；每月有保洁质量评估及改进方案；环卫设备设施齐备完好、摆放有序；工具、物料使用正确；各项记录填写及时、准确、完整
16.2	专项保洁管理	消杀计划合理，执行严格，记录准确完整，消杀效果符合质量标准；废弃物处理及时，无污染；微生物处理有效；石材护理符合要求；化学危险品管理符合国家环保及职业健康标准
16.3	绿化管理	绿化养护计划合理，执行严格，记录准确完整；绿化养护符合质量标准
17	停车场管理	
17.1	停车场设施	停车场导示清晰完善，交通标识、道闸、收费等各类设施功能良好
17.2	停车收费管理	收费管理制度完善，程序严密，资金安全
17.3	停车场日常管理	车辆停放有序，进出畅顺，无车辆丢失及交通事故发生；非机动车辆有集中停放管理，停放整齐，场地整洁；停车场管理制度完善，经营手续齐全，公示项目和内容规范

　　审核标准既是对商业项目进行检查和品质监管的依据，也是商业项目进行管理体系建设的指南。

（二）审核工作的开展

　　商业运营管理审核，由三个部分组成，即：

　　（1）远程审核，适用于对商业项目重要经营指标的监控和企业规章制度的遵守和流程的控制。

　　（2）现场资料和记录的审核，适用于对商业运营管理体系建设和维护成果的把握。

　　（3）现场实地审核。适用于对商业运营管理体系建设和实施成效的把握。

　　除了利用远程审核，定期掌握和评价商业项目经营数据和成果，掌握商业项目贯彻企业刚性的制度和流程以外，每年定期组织审核小组到现场进行现场审核。针对现场审核产生的结论与项目团队进行沟通，要求项目对审核提出的不合格项目尤其是重大不合格项目进行整改，以提高项目的经营管理服务品质。

根据审核标准对项目做出的审核结论和评分结果，作为企业对商业项目经营团队的GS绩效考核的依据。通过表1-3-8以该商业项目"经营分析和数据信息管理"GS审核表为例，介绍它们的GS项目的审核方法。

某商业项目"经营分析和数据信息管理"（GS）质量审核表　　　表1-3-8

序号	项目	内容	分值	审核标准	审核方法			备注
					远程审核	现场资料审核	现场实地审核	
3		经营分析和数据信息管理	6.0					
3.1	经营分析	定期向集团商业管理部提报《经营分析报告》，对运营数据进行分析和研究，提出改进措施和办法，每半年更新年度营运基础信息报表并提出分析报告	2.0	未上报营运数据和经营分析报告，每发现一次扣0.5分，数据不规范、不准确、有遗漏，每发现一处扣0.2分	●	●		
3.2		营运状况记录与报表及时进行归档管理，所有文件以电子文件的形式上报与归档，并进行备份	1.0	不符合要求的，每发现一处扣0.1分		●		
3.3	数据技术系统维护	数据信息技术系统运行正常	1.0	出现技术故障，影响营运的，每发现一次扣0.2分		●	●	
3.4		充分采集项目主力店、商铺、车流、客流等相关数据，数据录入和更新准确、及时	1.0	数据出现漏项的，每发现一处扣0.2分，数据不规范、不准确、遗漏，每发现一处扣0.1分		●		
3.5		系统具有数据处理和汇总统计功能，数据查询和使用授权适当	1.0	数据处理和汇总统计功能不齐，且未进行手工弥补的，扣0.5分；数据查询和使用功能授权不当，扣0.5分		●	●	

第二篇

筹备期商业运营管理的方法

一、筹备期的概念

筹备期，从广义上讲涵盖了项目前期和开业筹备期两个阶段；从狭义上讲，仅指开业筹备期。表2-4-1和表2-4-2分别展示了项目前期和开业筹备期的活动事项。

项目前期控制节点和关键事项列表　　　　　　　　　　　表 2-4-1

项目重要控制节点	开发关键事项	商业关键事项
立项、选址、定位，项目启动	选址	市场调研
	土地摘牌、取得土地证	市场定位
	产品初步定位	产品初步定位
	开发项目公司设立，队伍搭建	商业项目机构设立，核心队伍搭建
概念设计		商业规划
	建筑规划	建筑规划需求
	设计任务组织	设计意见反馈
核心主力店招商启动		主力店合作意向、主力店房产条件
产品定位	产品定位	产品定位
	项目控制和执行计划	筹备计划
方案设计和用地规划		业态规划和品牌规划
	建筑规划	建筑规划深度需求
	设计任务组织	设计意见反馈
	用地规划	

开业筹备期控制节点和关键事项列表　　　　　　　　　表 2-4-2

项目重要控制节点	开发关键事项	商业关键事项
招商和营销准备政策及租金方案		租金方案和优惠方案
		品牌数据库，确定目标品牌
		编制策划推广方案
开办准备		开办费的测算
		商业机构临时办公用房及办公用品准备
单项设计	单项设计管理	设计需求深化
扩初设计	扩初设计管理	设计需求深化
施工图设计	施工图设计管理	落实设计需求
工程准备和物业管理准备	项目合约规划、工程策划	
	材料设备选型	物业管理费测算和物业管理方案
	选择桩基施工和总包单位	
	工程规划许可证和施工许可证	
基础工程和招商启动	基础施工完成	招商启动
主体工程建设	主体工程封顶	
招商执行和策划推广		招商预热期
		商业策划推广方案
		强势招商期和招商推介会
		异地招商
安装和装饰等建设工程 商户进场	机电、室内室外、地下室工程施工	工程跟进
	消防报验	
	主力店、商户房产条件	商户房产条件对接
	商铺交接	商铺交接和图纸审核
	主力店、商户进场施工配合衔接	主力店进场施工监管

项目重要控制节点	开发关键事项	商业关键事项
招商执行和开业准备		多种经营点位规划及招商
		广告位招商
		招商收尾期
		营业准备
		开业庆典准备
竣工和开业	竣工验收	
	开业配合	开业

可见，项目前期一般指选址、定位和规划（概念设计阶段）、主力店招商阶段。这个阶段突出的特征是：

（1）尚未进行项目团队的组建；

（2）尚不需要在项目地常驻作业。

而开业筹备期则一般是指招商（包括业态规划和品牌落位、租金方案制订、招商方案制订、招商执行）全面启动和实施；工程建设进入实施（方案设计和施工图设计、工程施工、竣工）；项目开发团队、项目商业管理团队（含物业管理团队）组建；营销策划方案制订和实施；商业运营管理各项工作开展（费用标准制订、管理和技术标准制订、商户入驻和装修）；前期物业管理；开业庆典准备等开业前所有工作完成的阶段。这个阶段的特征是：

（1）项目团队组建并担当了开业筹备的大量实际工作；

（2）开办费大量支出；

（3）整个筹备工作逐步转移到项目现场进行；

（4）开业筹备工作高度集成，需要各领域密切配合，协同作战，并且对各项工作的进度有着很高的要求，必须作为一个整体系统组织和统筹。

二、筹备期商业运营管理关键环节

筹备期商业运营管理，即在筹备期内就项目商业定位和规划、招商、推广及营业准备、组织结构和团队建立等各种关键事项的组织和管理。

在讲述筹备期商业运营管理的时候，尽可能地覆盖到整个筹备期，但重点讲述的是狭义概念上筹备期的商业运营管理，也就是开业筹备期阶段的商业运营管理。

筹备期商业运营管理，就各关键事项进行组织和管理，应当注意以下重要环节：

1．编制经营管理方案和经营计划

按照企业所规定的制度、流程和方法，根据项目投资方案和投资计划所确定的经济指标，编制经营方案和经营计划。

2．编制项目开业筹备计划

开业筹备计划是整个开业筹备工作进行的依据。开业筹备是一个系统系极强的工作，尤其在开业筹备期，要求相关领域的相互协同和配合达到极高的默契。任何一个环节的疏漏，都会严重影响项目的按期开业。

3．确定项目筹备期职责分配和工作界面划分

根据企业的组织设计，应对项目筹备期各种关键事项进行职责分配和工作界面划分（表2-4-3），以便有效开展各项活动和过程的协同、实施和管控，以达到工作目标的实现。

某商业项目筹备期职责分配列表　　　　　　　表2-4-3

事项	集团职能部门	集团综合业务部门	集团工程专业部门	集团商业专业部门	项目公司	商业公司
选址、市调		主责	配合	配合		
概念设计		配合	主责	配合		
主力店招商		配合	配合	主责		
产品研发		主责	配合	配合		
方案设计		配合	主责	配合		
项目团队组建	主责	配合	配合	配合		
租金方案	配合	配合		主责		
业态规划和品牌规划				主责		配合
招商方案				主责		配合
招商执行				配合		主责
租赁合同办理	配合	配合		配合		主责
营销策划方案		配合		主责		配合
沙盘、楼书		配合		配合	配合	主责
广告公司和媒体		配合		配合	配合	主责
营销执行				配合	配合	主责
单项设计及设计需求深化			主责	配合	配合	配合
深化设计及设计需求深化			主责	配合	配合	配合
施工图设计及设计需求深化			主责	配合	配合	配合
工程合约策划	配合	配合	配合		主责	
材料设备选型		配合	配合		主责	
基础和总包单位选择		配合	配合		主责	
施工证照办理	配合	配合	配合		主责	
开办费测算	配合	配合		配合		主责
临时办公用房					主责	配合
物业管理费测算	配合	配合		配合	配合	配合
税务筹划	配合				主责	配合
信息技术系统建设	配合			配合	配合	主责
收银系统筹划建设	配合			配合	配合	主责
运营管理方案				配合		主责
基础施工					主责	
结构施工					主责	
设备安装					主责	
物业技术条件对接					主责	配合
装饰工程、园林工程施工					主责	
商铺交接					配合	主责
商铺技术完善					主责	配合

事项	集团职能部门	集团综合业务部门	集团工程专业部门	集团商业专业部门	项目公司	商业公司
商铺装修文件审核					配合	主责
商铺装修监管						主责
多种经营招商、广告位招商		配合		配合		主责
营业和物业管理准备				配合	配合	主责
开业庆典准备				配合	配合	主责
竣工验收		配合	配合		主责	
开业庆典	配合			配合	配合	主责

集团职能部门包括：人力资源部、财务部、行政管理部；
集团综合业务部门包括：投资发展部、综合业务部、成本管理部、风险管理部、品牌管理部、资产管理部

4. 建立管控流程

根据企业的管控体系和决策授权体系，对各种决策信息、工作信息的输入、输出及处理和反馈，按照各种业务的职责分配和工作界面划分，建立审批、协调、管控流程。

三、开业筹备工作的内容

开业筹备期商业运营管理工作包含以下内容：编制开业筹备计划；项目商业管理团队的组建；办公用房保安宿舍和员工食堂规划和建设；项目筹备开办费用的测算；规划设计介入；开业前市场调研；开业前业态规划和品牌规划；开业前租金标准及招商政策制订；开业前招商执行；开业前广告位招商；开业前多种经营规划及实施；开业前媒体及对外宣导；开业前宣传推广和招商推介；开业庆典和开业前美术陈列布置；运营管理手册的编制、印刷和签署；物业管理费测算及相关服务费用确定；物业管理文件的编制和适用；工程介入；信息技术系统建设；开业前工程代管验收；开业前商户入驻管理；开业前商户装修管理；开业前运营准备；开业前物业管理准备；开业前财务管理准备共25项。

开业筹备工作必须服从和服务于运营期商业经营管理的需要。为了实现这个目标，商业运营管理机构对开业筹备的25项工作要进行全程过程控制。

作为筹备期整体工作的总调度，商业运营管理机构要进行筹备整体协调和组织开业筹备工作。通过开业筹备计划，将研发、建设、招商、营运、推广和前期物业管理等各项工作进行整体的系统统筹。

此外，人力资源管理部门主要负责项目商业管理团队（含物业管理团队）组建、定岗定薪、人员招聘和培训工作；财务管理部门主要负责财务管理准备的工作；行政管理部门主要负责办公用房、保安宿舍和员工食堂规划和建设的工作。

对筹备期整体工作，商业运营管理机构应予以有效管控，以确保各项工作围绕项目开业这个总目标系统、有序地开展。

现就开业筹备工作25个关键事项，划分为开业前综合事务及统筹管理、招商管理、营销推广管理、营运管理和物业管理五个板块，讲述其过程控制。

一、开业前综合事务及统筹管理

我们把开业筹备工作25个关键事项中的开业筹备计划的编制及管控、项目商业管理团队组建、管理用房规划和建设、项目筹备开办费用测算、开业前财务管理准备工作这5个关键事项作为开业前综合事务及统筹管理的内容。

（一）开业筹备计划的编制及管控

开业筹备计划是为推进开业筹备工作就开业筹备各个控制项目和关键事项所制订的工作计划。

开业筹备计划的编制方法，将在本篇第六章"开业筹备计划和开办费测算"中详述。

商业运营管理机构要组织各管理部门、各专业业务部门共同开展开业筹备计划的编制，要组织例会和其他管控方法对开业筹备计划的执行过程进行检查和监督，对执行开业筹备计划开展的各项工作进行调度和协调。

（二）对项目商业管理团队组建工作的组织和管控

根据开业筹备计划来组建项目商业管理团队。包括人力资源管理体系的建设，商业管理团队组织架构的设计和建设，人员的招聘、培训和管理。

一般由企业人力资源部门按照企业人力资源管理的规章、方法和流程，负责项目商业管理团队组建工作。商业运营管理部门予以配合的工作包括：提供组织设计依据、岗位数量和职责设计依据、招聘条件和业务培训资料。

1. 岗位设计

项目商业管理公司的岗位及数量按照其职责性质和工作量设计。到岗时间，则根据工作需要确定。

按照筹备期岗位设计的要求，参考表2-5-1所展示的某企业项目商业管理公司岗位设置及到岗需求的情况。

在进行岗位设计时，还应提供岗位的设计依据，同时还应提供岗位的具体职责描述和招聘条件描述。

部门	职位	2016年2月到岗人数	2016年7月到岗人数	2017年2月到岗人数	2017年5月到岗人数	合计
项目高管	总经理	1	0	0	0	1
	商业运营副总	1	0	0	0	1
	工程物业副总	0	1	0	0	1
小计		2	1	0	0	3
行政人事部	经理	0	1	0	0	1
	人事主管	0	1	0	0	1
	行政主管	0	1	0	0	1
	法务主管	0	0	1	0	1
	档案员	0	0	1	0	1
	司机	0	0	1	0	1
小计		0	3	3	0	6
财务部	经理	0	1	0	0	1
	会计	0	1	1	0	2
	出纳／库管	0	1	0	1	2
	财务数据主管	0	1	1	0	2
小计		0	4	2	1	7
招商部	招商经理	2	0	0	0	2
	招商主管	2	2	0	0	4
	招商助理	1	1	0	0	2
小计		5	3	0	0	8
营运部	营运经理	0	1	1	0	2
	营运主管	0	1	3	0	4
	商业信息经理	0	1	0	0	1
	商业信息主管	0	1	2	0	3
	楼面管理员	0	0	3	3	6
小计		0	4	9	3	16
客服部	客服经理	0	0	2	0	2
	客服主管	0	0	4	0	4
	客服助理	0	0	0	6	6
小计		0	0	6	6	12
营销推广部	经理	0	1	0	0	1
	策划设计主管	0	0	1	0	1
	市场推广主管	0	0	1	0	1
	美工设计	0	0	1	0	1
小计		0	1	3	0	4
物业管理部	经理	0	1	0	0	1
	保洁主管	0	0	1	1	2
	保安主管	0	1	1	2	4
	消防主管	0	0	1	1	2
	车场主管	0	1	1	0	2
	内保监控	0	0	2	6	8
	保安	0	0	14	39	53
小计		0	3	20	49	72
工程维修部	经理	0	1	0	0	1
	主管	0	3	0	0	3
	强电技工	0	2	9	10	21
	弱电技工	0	1	2	3	6
	暖通空调技工	0	1	4	6	11
	给水排水及管道技工	0	0	2	2	4
	综合维修工	0	0	0	3	3
	库管员／文员	0	0	1	0	1
小计		0	8	18	24	50
合计		7	27	61	83	178

招聘条件中，除了对年龄、学历、从业背景、生活背景等企业人力资源管理的规定所作出的要求之外，在业务上重点描述职位所必需的知识要求、技能要求、能力要求、性格要求、专业素养和实际工作经验的要求。

2．人力资源管理体系建设

（1）项目所在地人力资源管理状况调查：当地人力市场用工情况调查、当地同业态薪资标准及人工福利成本调查、当地社会保险和福利政策及标准调查；

（2）建立人力资源管理制度体系：包括招聘、薪酬、培训、晋升、考核、保险、福利等政策、标准和办事流程。

3．人员的招聘、培训和管理

（1）人员招聘

按照人力资源管理的规章和流程以及开业筹备计划的任务要求，进行人员招聘。

根据企业人力资源管理的规章和流程要求，专业业务管理人员配合人力资源部门参与应聘人员的面试工作。

（2）员工培训

根据开业筹备计划，在开业筹备招商、推广和经营准备各阶段，编制形成合同资料、运营管理手册以及各种规章和流程。这些是业务部门提供给人力资源部门的业务培训资料。

根据人力资源部门制订的培训计划，用人部门配合人力资源部门对到岗的新员工进行岗前培训和入职引导。

（3）员工的管理

根据人力资源部门制订的规章和流程，用人部门配合人力资源部门对员工进行日常管理和考核。

商业运营管理机构对项目商业管理团队组建进行统筹、协调的重点是：依据开业筹备计划，掌握人力资源部门及各相关业务部门开展和配合工作的进度，重点掌握人员招聘到岗的数量和进度。

（三）对管理用房规划和建设工作的管控

管理用房，即办公用房、保安宿舍和员工食堂。

一般由行政管理部门根据开业筹备计划开展办公用房、保安宿舍和员工食堂规划和建设工作，人力资源部门、工程设计管理部门和开发建设单位予以配合，商业运营管理机构根据开业筹备计划进行进度控制。

人力资源部门作出的项目商业管理团队组织架构和人员编制，是行政管理部门进行办公用房、保安宿舍和员工食堂规划工作的依据。

行政管理部门根据企业办公及生活服务设施有关的标准和规范，向工程设计管理部门提出项目办公用房、保安宿舍和员工食堂的规划需求，并进行需求沟通。需求包括：

（1）位置；

（2）面积规模；

（3）户型和功能分区要求；

（4）水、电、燃气、卫生间、空调、电梯、淋浴、网络和有线电视、安保、厨房设备设施等技术要求；

（5）装饰装修要求。

在建设过程中，行政管理部门与开发建设单位保持密切的沟通。

行政管理部门根据开业筹备计划，组织对办公设备、厨房设备、床具及其他各种办公、生活用具组织采购。

行政管理部门根据开业筹备计划，组织办公用房、保安宿舍和员工餐厅投入使用做好准备，包括开荒、物品到位、物业服务工作落实等。

（四）对项目筹备开办费用测算的组织和管控

开办费测算的具体方法，将在本篇第三章"开办筹备计划和开办费测算"中详述。

商业运营管理机构对项目筹备开办费用测算的组织和管控，要着重于其对测算工作的具体组织，并根据开业筹备计划进行开办费测算工作的进度掌握。

（五）对开业前财务管理准备工作的管控

1．开业前财务管理准备工作的组织

开业前财务管理准备由财务管理部门组织实施。商业运营管理机构对财务管理准备工作进行过程管控。

2．开业前财务管理准备工作的内容

开业前财务管理准备包含以下内容：

（1）财务管理包括资产管理、会计管理、财务报销、收银收费管理、内部稽核等规章、制度、标准和流程的编制；

（2）税务筹划；

（3）财务准备：报表设计、MIS系统建设、VIP礼券及积分卡财务系统建设、财务软硬件建设、保险作业、开户银行确定、办理税务登记、资金借贷计划、与监管部门协调等事务准备。

3. 财务管理准备工作的管控及关注重点

商业运营管理机构按照开业筹备计划确定的进度和要求，对财务管理准备工作进行过程控制。重点关注有关税务筹划、VIP及礼券积分卡财务系统建设、保险作业及收费收银管理事项的管理，并予以业务支持。

二、对开业前招商工作的管理

开业前招商管理的关键事项，包括对开业前市场调研、开业前业态规划和品牌规划制订、租金标准及招商政策制订、开业前招商执行、开业前广告位招商、开业前多种经营规划及实施这6个关键事项的管理和控制。

（一）对开业前市场调研工作的组织实施

开业前市场调研由招商部门负责，其他专业业务部门配合进行。

应制订市场调研的计划，分阶段分步骤，定期进行深度市场调研和专项市场调研。

商业运营管理机构组织各专业业务部门，依照调研结论，应对既往调研的数据进行核实和调整。

开业前市场调研的主要内容包括：

1. 城市综合经济指标

（1）以前一年度（或者是上半年）的经济数据为准，主要内容：商业对城市的贡献程度；商品流通的规模；社会消费品零售情况；商业设施的发展情况。其中包含GDP、商业GDP、人均GDP、人均月收入、可支配收入、恩格尔系数、各行业零售总额、占比以及它们的增长幅度等各项数据；

（2）商业运行状况：衣食住行等各项消费支出的规模、增长幅度、未来的发展趋势；

（3）各商业业态在城市中所处的地位、发展的状况、增长的趋势；

（4）各商业中心的分布、业态组合、经营规模、经营特色；

（5）城市人口状况，人口总量、分布、年龄结构、受教育程度、性别结构等。

2. 城市居民消费习惯

消费占比分析、消费趋向分析、消费结构分析、购买力分析。

3. 同业市场状况

同业市场的分布状况、经营形态、发展规模、各业态的结构以及占比、经营特色、未来的发展方向。

4．城市交通状况

交通网络分布、交通发展状况、主要交通工具、各交通工具的运营能力。

5．政府规划

政府在未来的5~10年的规划情况，尤其是项目地所在区域的城市规划情况。

6．项目所在商圈情况

（1）所处地理位置；

（2）周边环境；

（3）各项经济指标及同期比；

（4）商业分布、结构、发展状况及发展空间；

（5）人口总量、分布、结构状况；

（6）消费习惯、消费结构占比、购买能力、消费趋势；

（7）交通状况。

7．竞争同业调研

（1）经营规模；

（2）行业中地位；

（3）经营风格及特色；

（4）业态组合、商品结构及占比；

（5）竞争优势；

（6）租金标准及收益；

（7）物业条件、设备设施状况。

8．商圈内物业租金标准及经济收益

9．商户资源调研

可以委托专业调查公司搜集情报和数据，但是委托前必须事先明确调查内容和要求，确定明确的工作任务，在收到调查报告后应组织各专业业务部门核查数据的来源及其准确性。

（二）对开业前业态规划和品牌规划制订过程的管理

1．开业前业态规划和品牌规划制订过程的组织

（1）根据市场调研报告，招商人员负责草拟业态规划和品牌规划。

（2）业态规划和品牌规划草拟完成后，应根据运营期商业运营管理需要组织讨论。

（3）在对业态规划和品牌规划进行讨论形成意见后，可由招商人员组织业态规划和品牌规划论证会。论证会可由企业相关综合业务部门、投资

管理部门、财务管理部门、工程设计部门以及招商部门、营运管理部门、营销推广管理部门、物业管理部门及其他有关部门领导及专业人员参加。

（4）经讨论、论证后的业态规划和品牌规划应由按企业权限设定的机构或人员批准。

审批业态规划和品牌规划，应结合项目租金标准及招商政策的方案。

（5）业态规划和品牌规划一经确定，必须严格执行。

若执行中有调改意见应提请调改方案，经按企业权限设定的机构或人员批准；有重大调改的，应重新组织论证。经审批后的调改方案方可执行。如对租金收益水平造成影响的，必须组织专题会，应由企业投资、财务、综合业务等各部门共同进行论证。

2．开业前业态规划和品牌规划制订过程中的注意事项

在业态规划和品牌规划制订过程中，应注意：

（1）根据开业筹备计划，掌握和控制工作进度以及各环节的运转情况；

（2）掌握业态规划和品牌规划的重点和要点。

3．开业前业态规划和品牌规划的重点和要点

（1）业态规划和品牌规划的重点是：各业态面积占比及落位、业种分类及位置分布、目标品牌落位。

（2）业态规划和品牌规划要点包括：①总体定位描述：包括经营档次、功能、业态种类、目标顾客群体、经营主题、品牌定位；②档次定位；③功能定位；④品牌定位；⑤主题定位；⑥客层定位；⑦楼层定位及业态描述；⑧将业态及品类落位到平面图，并将目标品牌落位到各商铺，每个商铺宜确定3个以上目标品牌。

（三）对租金标准及招商政策制订过程的管理

1．租金标准及招商政策制订过程的组织

由招商人员根据租金收益目标、当地市场情况、营业额租金比等标准和业态规划和品牌规划，草拟项目招商政策及租金方案。

2．租金标准及招商政策制订的前提

制订和审批租金标准及招商政策，应具备以下前提：

（1）在制订业态规划和品牌规划之前的可研阶段中，企业投资管理部门和综合业务部门已经形成租金收益目标；

（2）根据市场调研报告，已经作出当地市场同类地段、同类商业项目类型租金市场价格及价格趋势的分析；

（3）根据项目定位，已经提出不同业态的营业额租金比标准范围。

3．租金标准及招商政策的制订过程

（1）招商政策及租金方案草拟后，由项目商业管理公司讨论拟定初步意见。

（2）在项目商业管理公司就招商政策及租金方案进行讨论形成意见后，可组织招商政策及租金方案论证会。论证会可由企业投资发展部门、综合业务部门、财务管理部门等部门领导及专业人员参与。

（3）讨论论证后的招商政策及租金方案按企业权限设定的机构或人员批准。

（4）项目商业管理公司根据企业批准的招商政策及租金方案，确定每个铺位的租金及招商政策，报请企业有关商业专业业务部门评审，并由企业负责人审批。商铺招商政策及租金方案经审批后，应严格执行。

4．租金标准及招商政策制订过程中的注意事项

项目商业管理公司在招商政策及租金方案制订过程中，应注意：

（1）根据开业筹备计划，掌握和控制工作进度以及各环节的运转情况；

（2）掌握招商政策及租金方案的内容和要点。

租金标准的内容一般包括：年度总租金指标、各楼层租金标准、各铺位租金标准、优惠期及优惠执行办法、押金及租金交纳方式、租赁年限、年度递增率。

5．租金标准及招商政策要点

（1）租金标准制订

①楼层租金标准：根据可参照城市商业项目楼层租金、项目地理位置、主力店情况、品牌资源情况等因素确定；

②业态租金标准：根据业态行业特点以及当地业态的市场租金情况确定；

③铺位租金标准：根据楼层、业态租金和铺位所处位置的好坏差异，主力店接临程度以及未来客流走向、数量来确定；

④年度总租金标准：根据铺位租金、招商满场率、优惠条件以及对未来租金的市场预测来确定年度总租金。

（2）招商政策制订

①合作年限：根据不同的业态业种、商户投资程度以及和战略合作程度来确定。为确保租金收益，可控制租金水平低品牌的合作年限。此前应制定品牌评价的具体标准，据此根据品牌评价标准提出具体的合作期限政策，并且经过论证后，可单独呈请审批；

②优惠条件及执行方案：根据前期对当地市场租金的调查、对手与商

户合作条件以及项目所在地段商圈来确定。有关装修免租期和经营免租期的政策，应根据品牌评价的标准提出具体的政策；

③递增比例：根据企业品牌对项目地段的市场影响程度，以及对未来市场的提升情况来确定，同时亦考虑业态业种的行业特性；

④押金及租金交纳方式：根据当地的市场情况以及企业品牌项目在市场的认知和商户对企业品牌的忠诚度来确定，当然还要结合业态业种以及战略合作程度来确定。应当根据品牌评价的标准提出押金及租金交纳方式的具体方案。

（四）对开业前招商执行工作的管理

招商执行包括招商准备工作、招商签约两个阶段。

1．开业前招商执行工作的组织

由招商部门负责组织招商执行环节的工作，项目商业管理公司组织各模块工作人员参与招商执行中的工作，并对其进度和成果进行管控。

2．招商执行的工作内容

招商执行中的工作包括：组织合同资料准备工作；组织合同谈判签约工作；根据开业筹备计划掌握招商执行的进度，协调各专业业务部门对招商执行工作进行配合；对合同对在运营期是否能够履行进行评估和把关。

（1）合同资料准备工作：

①组织编制运营管理手册；

②参与讨论和审核招商部门草拟的租赁合同版本，重点参与有关涉及商业运营管理和联营的条款的讨论和审核；

③必要时，组织拟订涉及经营管理的补充协议版本，作为租赁协议的补充协议或附件；

④组织提供相关技术条件；

⑤组织招商人员编制招商人员统一说辞。

（2）合同谈判签约工作：

①对接商户，解释运营管理手册，解释租赁合同涉及商业运营管理和联营的条款以及相关补充协议和附件；

②会同开发建设单位专业人员和商业技术人员解释技术条件；

③组织合同决策信息的讨论、审核和会签，重点组织和参与有关涉及广告位使用、

促销、信息技术服务、相关各种费用标准、租金及各种费用收缴方式等涉及运营期经营管理的各种合同信息的讨论、审核和会签。

3．招商执行工作重点关注的协调事项

（1）根据开业筹备计划，掌握招商执行工作的进度以及各环节的运转情况；

（2）组织有关专业部门搜集整理物业条件和其他相关资料；

（3）因涉及统一经营管理，组织物业管理部门等相关服务部门，在租赁合同编制过程中，参与物业管理及其他相关服务的条款和讨论、审核，参与物业管理协议的讨论、审核；

（4）因涉及统一经营管理，组织物业管理部门等相关服务部门，在合同决策信息的讨论、审核和会签过程中，参与物业管理及其他相关服务收费、停车位使用等信息的讨论、审核和会签；

（5）重点关注合同决策信息讨论、审核和会签过程，重点关注合同审批过程，以消除合同可能存在的瑕疵，避免合同履行中存在的隐患，避免接收商户和接收合同过程中出现障碍。

4．对合同对在运营期是否能够履行进行评估和把关

在合同条件编制、审核、会签、谈判过程中，注意评估运营期是否具有履行能力；

招商人员完成招商签约工作，将合同移交给营运管理部门时，营运管理部门应审核合同审核、会签、审批手续是否完整，对手续欠缺、不具备履约能力的合同，应当提出依据并退回重启审核或重新招商流程。

（五）对开业前广告位招商工作的管理

1．广告位招商工作的组织

由招商部门负责牵头组织广告位招商工作。其中，一般由招商部门负责进行广告位市场调查、广告位定价、广告位招商和签约工作，由营运部门负责进行对广告位制作施工、广告位验收的管理。

2．广告位招商过程的主要环节

（1）广告位市场调查

要根据项目需要，确定调查范围。一般分为两个部分：

①项目周边户外广告位调查；

②同等规模商业项目户外广告位调查。

应详细记录相关数据，包括：项目所在地理位置，商业环境，人流量，车流量，周边覆盖范围内人群的收入水平，学历结构，消费习惯，以及项目的业态组合，商铺招商情况等。对上述数据进行分析总结，形成书面报告，作为广告位租金定价的重要组成材料。

（2）广告位定价

应明确户外广告位数量、尺寸及面积、位置及归属、制作规划等，编制广告位数据统计表。根据调查报告，对项目每个广告位进行定价，并最终形成商业项目广告位租金价格上报明细表，对每个广告位和总租金收益作出评估。

广告位定价的管控，可以参照"对租金标准及招商政策制订过程的管理"的方法。

（3）广告位招商和合同签订

广告位招商和合同签订工作，可以参照"对招商执行工作的管理"的方法。

（4）户外广告位制作施工

根据广告规划，督促商户提供广告设计画面，经初审后无问题后，由商户到工商部门办理广告内容登记。应安排合理时间，协调商户进场施工，并在规定时间内完成制作。注意施工时施工人员安全、行人及公司财产安全保障。

（5）户外广告位验收

验收包括广告制作材料、内容、尺寸、位置、色彩等是否符合双方约定，检查广告位制作安装是否安全，电路、照明是否通畅，以及开关灯时间。

（六）对开业前多种经营规划及实施工作的管理

1．开业前多种经营规划及实施工作的组织

由营运人员负责进行对多种经营点位资源搜集和整理、多种经营点位规划统计、多种经营进场实施的管理；由招商人员负责进行多种经营租赁定价、多种经营点位招商和签约工作。

2．多种经营的类型

多种经营类型包括：固定点位和非固定点位。其中固定点位包括：铺位、旗杆广告、灯箱广告、售货亭、ATM机、地下仓库等；非固定点位包括促销场地、舞台等。

3．多种经营规划及实施的内容和步骤

（1）资源搜集和整理

根据建筑结构及商业业态定位情况，搜集资源，区分类型，注重楼梯下、通道、主力店界面交界处等场所，合理规划并设置固定点位。

（2）规划统计

以彩图形式绘制规划点位图，包括：非铺租赁点位图，旗杆广告点位图，灯箱广告

点位图，售货亭点位图，仓库点位图；编制点位表，表中需体现编号、规格、大小、形式、数量等要素。

（3）租赁策划

①由招商人员进行市场调查，搜集小铺位市场信息；

②由招商人员负责非铺租赁招商规划，同时，招商规划应由招商人员和营运人员共同讨论；

③非铺租赁招商规划的制订应以商铺业态规划及招商情况为依据和前提，与主力业态及商铺区域定位错位，尽量补充业态结构，丰富市场涵盖率。

④对商铺附近广告位进行合理规划安排，制定租赁规划；

⑤针对商户情况，对地下仓库进行租赁意向统计，制定出租计划；

⑥灯箱、旗杆广告进行市场摸价、调查，制定出租计划。

⑦多种经营品牌选择的要求一般为：

a. 商品品牌形象好，符合业态规划和品牌规划整体业态要求；经营者所销售的商品符合商业经营定位；

b. 经营者提供的相关证照齐全；

c. 多种经营柜台形象美观、做工细致，与周围的商户形象风格保持统一。

非铺租赁招商规划的管控，可以参照"对业态规划和品牌规划制订过程的管理"的方法。

（4）多种经营租赁定价

根据市场调查及周边铺位、广告位、仓库定价情况，结合商铺租赁及其他综合情况，进行定价。定价标准要求不得过高及过低，第一年应以开业、稳场目的为主要目标，合理确定租赁价格和押金收取标准等。

多种经营定价的管控，可以参照"对租金标准及招商政策制订过程的管理"的方法。

（5）多种经营点位招商和签约

多种经营点位的租赁协议，合同期限一般不宜超过一年。

多种经营招商和合同签订的工作，可以参照"对招商执行工作的管理"的方法。

（6）多种经营经场实施

①出具效果图、施工图，进行审批，效果须符合整体开业需要；

②收取费用；

③进场施工；

④灯箱及售货亭一般在开业前10日内完成为宜，地下仓库在施工结束

后进行交付，非铺租赁点一般在开业前5日完工。

三、对开业前营销推广工作的管理

开业前营销推广管理的关键事项，包括开业前媒介及对外宣导工作、开业前宣传推广和招商推介工作、开业庆典和开业前美术陈列布置工作这三个关键事项的管理和控制。

（一）对开业前媒介及对外宣导工作的管理

1．开业前媒介及对外宣导工作的组织

媒介及对外宣导由营销推广人员具体实施。

2．开业前媒介及对外宣导工作的管控

对媒介及对外宣导工作的管控，要着重于以下几个方面：

（1）媒介及对外宣导工作按照开业筹备计划确定的进度实施；

（2）广告媒体合作单位的选择、合作条件与价格的确定、广告投放要按照规定的流程和权限进行申报和签批；

（3）对外广告、新闻稿、软文、广播稿、电视宣传片及印刷品等发布的内容、形式、发布的时段、版面，以及费用预算、相关合同，应按照规定的流程和权限进行审批；

（4）媒介及对外宣导的方案和预算经审批完成，其预算应纳入经营计划。

媒介及对外宣导工作的具体方法，将在第四篇"全面市场营销和营销推广"第十六章"营销推广"中详述。

（二）对开业前宣传推广和招商推介工作的管理

1．开业前宣传推广和招商推介工作的组织

开业前宣传推广和招商推介工作由营销推广人员具体实施。

2．开业前宣传推广和招商推介工作的管控

对开业前宣传推广和招商推介工作的管控，要着重于以下几个方面：

（1）宣传推广和招商推介工作按照开业筹备计划确定的进度实施；

（2）宣传推广方案和预算以及相关合作机构的选择、合作条件与价格的确定要按照规定的流程和权限进行申报和签批；

（3）招商推介会和主力店签约仪式的方案和预算以及相关合作机构的选择、合作条件与价格的确定要按照规定的流程和权限进行申报和签批；

（4）开业前宣传推广和招商推介的方案和预算经审批完成后，其预算应纳入经营计划。

开业前宣传推广和招商推介工作的具体方法，将在第四篇"全面市场营销和营销推广"第十六章"营销推广"中详述。

（三）对开业庆典和开业前美术陈列布置工作的管理

1．开业庆典和开业前美术陈列布置工作的组织

开业庆典和美术陈列布置工作由营销推广人员具体实施，其他部门应予以配合。

2．开业庆典和开业前美术陈列布置工作的管控

对开业庆典和开业前美术陈列布置工作的管控，要着重于以下几个方面：

（1）开业庆典和开业前美术陈列布置的工作按照开业筹备计划确定的进度实施；

（2）开业庆典的方案和预算以及相关合作机构的选择、合作条件与价格的确定要按照规定的流程和权限进行申报和签批；

（3）开业前美术陈列布置的方案和预算以及相关合作机构的选择、合作条件与价格的确定要按照规定的流程和权限进行申报和签批；

（4）开业庆典和开业前美术陈列布置的方案和预算经审批完成后，其预算应纳入经营计划。

对开业庆典和开业前美术陈列布置工作，将在第四篇"全面市场营销和营销推广"第十六章"营销推广"中详述。

四、对开业前营运工作的管理

开业前营运管理的关键事项，包括规划设计介入、运营管理手册编制和使用、工程介入、信息技术系统建设、开业前商户入驻管理、开业前商户装修管理、开业前运营准备工作这七个关键事项的管理和控制。

（一）对规划设计介入的管理

规划设计过程中，商业运营管理机构应积极介入，使规划设计能够充分反映商业运营管理的需求，使商业功能得到有效的体现和发挥。

规划设计介入的具体方法，将在本篇第四章"项目的设计与工程介入"中详述。

　　商业运营管理机构应通过业务协调会和工作联系单等形式，督促招商人员提出主力店预招商情况报告，并及时获得工程设计部门和设计单位就设计建议书作出的反馈意见，准确完整地掌握和控制商业需求及反馈意见相关信息和数据的输入和输出。

（二）对运营管理手册编制、印刷和签署工作的组织和管控

1．运营管理手册编制过程的组织

　　运营管理手册即《商户手册》《装修手册》和《营业员手册》的编制、印刷和签署工作，由营运人员进行，招商人员、营销推广人员、物业管理人员及其他有关部门予以配合和支持。

　　应根据开业筹备计划所确定的时间节点，编制并印刷运营管理手册。

2．运营管理手册的编制、评审和批准

　　（1）运营管理手册应由营运人员草拟；

　　（2）运营管理手册草拟完成后，应组织营运人员、招商人员、营销推广人员、物业管理人员及财务管理部门、开发建设部门等有关管理人员和专业人员进行讨论；

　　（3）经过讨论修改后的运营管理手册版本，应由企业风险管理部门审核；

　　（4）运营管理手册正式版本按企业权限设定的机构或人员批准。

3．运营管理手册的印刷

　　运营管理手册的印刷由项目商业管理公司提出需求，按"对媒介及对外宣导工作的管理"印刷品制作的规定办理。

4．运营管理手册的签署

　　运营管理手册是租赁合同谈判时合同文件的组成部分，应当由承租人签署承诺。

　　（1）在租约谈判时，应出示运营管理手册文本；

　　（2）在租约签订（最晚在承租方进场）时，由承租人分别在运营管理手册的签署页上进行签署。

　　运营管理手册编制的具体方法，将在本篇第八章"运营管理体系建设和开业前准备"中详述。

（三）对工程介入工作的管理

1．工程介入工作的组织

　　招商、营运、营销推广和物业管理等有关人员应就其相关业务参加工程介入工作：

　　（1）在深化设计、施工图设计阶段，对设计进行优化和修改；

（2）商户代建工程项目；

（3）工程建设阶段，对其成果是否满足房产技术条件、商铺交房条件和商业运营的功能需要。

2. 工程介入组织和管控的重点

在工程介入组织和管控过程中，应重点把握：

（1）根据开业筹备计划，掌握工程介入工作的进度；

（2）确定各种需求、反馈意见输入和输出的流程以及关键节点，确定相关流程，并加以掌握；

（3）组织协调会，对重要事项进行议决；

（4）在企业计划管理部门、财务管理部门和成本管理部门的指导下，对涉及设计方案修改和商户代建工程，根据企业的规章，确定适当的立项和预算的审批流程，使资金得到落实和控制。

工程介入工作的具体方法，将在本篇第七章"项目的设计与工程介入"中详述。

（四）信息技术系统建设的管理

1. 信息技术系统建设的组织

信息管理部门负责进行信息技术系统的建设，营运人员、招商人员、财务管理部门以及开发建设单位等有关部门应予以协助。

2. 信息技术系统建设的组织和管控的重点

在信息技术系统建设的组织和管控中，应着重关注：

（1）在组织信息技术系统建设方案之前，应首先推进相关重要前提条件的实现，包括：

①项目的经营模式、计租方式、财务核算方式、业态及品类划分方式的决策；

②建立完成经营分析的模型，及符合经营分析要求的数据逻辑体系；

③掌握新媒体运用的需求。

（2）在信息技术系统建设的过程中，应组织招商人员、营运人员、财务管理部门、开发建设单位在网络点位规划和建设，包括POP机、客服、办公、多媒体播放、多媒体查询、客流统计、室分系统及wifi点位位置的规划以及相关设备安装施工调试、基础数据录入等工作中予以配合。

（3）通过对各种前提条件的准备，对信息技术系统建设的实施，按照开业筹备计划，把握好进度和要求。

信息技术系统建设的具体方法，将在本篇第九章"数据信息技术系统建设"中详述。

（五）对开业前商户入驻过程的管理

1．开业前商户入驻管理工作的组织

项目商业管理公司负责开业前商户入驻管理工作，营运管理部门承担具体组织管理工作。

2．开业前商户入驻管理工作的注意事项

在组织实施商户入驻各项工作的过程中，要严格按照开业筹备计划的进度和要求进行。

商户入驻相关文件编制后，应按企业规章和流程规定的要求完成审批后方能使用。

商户缴纳费用的标准，应符合租约的约定，并事先应完成签批。

开业前商户入驻管理工作的具体方法，将在本篇第十章"商户入驻和装修管理"详述。

（六）对开业前商户装修过程的管理

1．开业前商户装修管理工作的组织

项目商业管理公司负责整个开业前商户装修管理工作，并成立由营运人员牵头，招商人员、营销推广人员、开发建设单位工程管理人员、物业管理人员等部门人员参加的装修管理小组，对商户装修实施统一管理。

2．商户装修管理工作的注意事项

在组织实施商户装修管理各项工作的过程中，要严格按照开业筹备计划的进度和要求进行。

商户装修管理相关文件编制后，应按企业规章和流程规定的要求完成审批后方能使用。

商户缴纳费用的标准，应符合租约的约定，事先应完成签批。

开业前商户装修管理工作的具体方法，将在本篇第十章"商户入驻和装修管理"中详述。

（七）对开业前运营准备工作的管理

1．开业前运营准备工作的组织

开业前运营准备工作由营运部门负责具体实施。

2．运营准备工作的注意事项

在组织实施运营准备各项工作的过程中，要严格按照开业筹备计划的进度和要求进行。

文件编制后按企业规章和流程规定的要求完成审批。

各种物料和设施的采购,事先要进行计划和预算,并列入开办费预算和经营计划,并按企业规定的采购流程完成审批。

开业前运营准备工作的具体方法,在本篇第八章"运营管理体系建设和开业前准备"中详述。

五、对开业前物业管理工作的管理

开业前物业管理的关键事项,包括对物业管理费标准测算及相关服务费用标准确定、物业管理文件编制及使用、开业前工程代管验收工作、开业前物业管理准备工作这四个关键事项的管理和控制。

(一) 对物业管理费标准测算及相关服务费用标准确定的管理

物业管理费标准及相关服务费用标准是租赁合同重要的合同决策信息。物业管理费标准应进行测算,相关服务费用标准也应提出依据。

1. 物业管理费标准测算及相关服务费用标准确定工作的组织

(1)物业管理费标准测算及相关服务费用标准确定的工作由项目商业管理公司统一组织,物业管理人员和营运、营销推广相关专业人员具体实施,其他有关部门予以配合。

(2)物业管理费标准测算、租赁合同约定单独计算的能源费(加时能源费、单独计量的水电气费、装修临时水电费)、消防泄水费、装修管理费、装修押金、消防器材租赁费、施工人员出入证费、垃圾清运费等物业服务中的相关费用的标准依据提出,由物业管理部门进行。

(3)运营服务费、推广服务费及POS机租赁费等商业运营服务的相关服务费用测算及依据提供由营运管理人员、信息管理人员、营销推广人员进行。

2. 物业管理费和运营管理费、推广服务费的含义或构成要素

(1)物业管理费的构成要素包含:物业服务人员的工资、共用设施设备的运行费用和维修养护费用、公共区域秩序维护费用、公共区域环境维护费用、物业服务机构专用固定资产折旧费、物业管理服务的办公费用和相关税费。物业管理费不包含商业运营工作的人员、办公等费用;

(2)运营管理费的构成要素包括:项目商业管理公司非物业管理人员的工资、商业运营管理过程中的物料、商业运营机构的专用固定资产折旧费、商业运营管理的办公费用和相关税费;

(3)推广服务费的含义包括商业项目的品牌建设费用和商业项目整体

的宣传推广费用，不包括为特定或局部商户举办的商业宣传推广费用。

3．物业管理费标准及相关服务费用标准的审核确定

（1）物业管理费标准的审核确定

物业管理部门按照开业筹备计划的时间节点提出物业管理费测算依据后，经招商、营运管理、财务管理等部门共同讨论修改，由企业商业专业管理部门、财务管理部门、成本管理部门进行专业审核，按照规定的流程和权限进行申报和签批，也可参照"对租金标准及招商政策制订过程的管理"的方法。

（2）其余费用的审核确定

按照开业筹备计划的时间节点，由主办部门提出依据，经招商、营运、营销推广、物业管理、财务管理等部门共同讨论修改，由企业商业专业管理部门、财务管理部门、成本管理部门进行专业审核，按照规定的流程和权限进行申报和签批。

（二）对物业管理文件编制及使用过程中的管理

1．物业管理文件编制及使用工作的组织

物业管理文件由物业管理部门负责编制并提供使用，项目商业管理公司对物业管理文件编制及使用过程中进行过程管控，并重点审核与商户有关的物业管理服务标准和物业管理界面划分。

2．物业管理文件的内容

（1）物业管理公司与开发建设单位签署的物业管理区域的物业服务合同；

（2）业权出售的物业全体业主签署的《业主公约》；

（3）业权出售的物业业主或使用人与物业管理公司签署的《商铺物业管理协议》；

（4）作为租赁合同附件的《主力店物业管理协议》。主力店租赁合同约定需要签署主力店物业管理协议的，根据租赁协议进行编制，协议必须对物业管理界面进行清晰的界定。

（5）作为租赁合同附件的商铺物业管理文件，包括《物业管理内容和服务标准》、《物业管理界面划分标准》。

3．物业管理文件编制及使用管控的重点

（1）业权出售的物业业主或使用人与物业管理公司签署的《商铺物业管理协议》；

（2）作为租赁合同附件的《主力店物业管理协议》；

（3）作为租赁合同附件的商铺物业管理文件。

项目商业管理公司重点关注的物业管理文件中，核心是《物业管理内容和服务标准》和《物业管理界面划分标准》。

（1）物业管理内容和服务标准

物业管理内容和服务标准，在物业管理行业所确定的常规物业管理服务等级标准所确定的内容和服务标准基础上，对于商业地产项目，着重于表2-5-2所展示的物业管理内容和服务标准提供的要素。

物业管理内容和服务标准要素一览表　　　　　　表2-5-2

工作模块	项目	内容	标准
综合管理及商业运营配合服务	用户管理	用户满意度	满意度、满意度指数
		用户投诉	投诉率、投诉处理率
	装修管理	图纸和技术方案审核	注意审核物业管理部门提出的标准
		现场巡查与监管	注意审核物业管理部门提出的标准
		工程验收	注意审核物业管理部门提出的标准
	开闭店管理	开闭店管理	注意审核物业管理部门提出的标准
	重大活动和促销的管理	重大活动和促销的管理	注意审核物业管理部门提出的方案和预案
工程管理	房屋管理	房屋承重及抗震结构部位技术维护	房屋完好率
		外墙面的技术维护	房屋完好率
		公共屋面技术维护	房屋完好率
		照明的技术维护	房屋完好率
		内外场、地下停车场等公共空间表面装饰及设施的技术维护	房屋完好率
		消防通道、垃圾房、卸货区等服务空间的表面装饰及设施的技术维护	房屋完好率
	日常维修管理	用户维修	维修及时率、维修合格率
		公共区域维修	维修及时率、维修合格率
	机电设备技术管理	固定资产实物管理	设备完好率
		设备技术状态管理	设备完好率
		设备使用和维护管理	设备完好率
		业主持有主力店租赁设备的监督管理	设备完好率
		计量管理	计量器具合格率
		能源控制管理	实际能耗与标准能耗
		设备计划修理管理	设备完好率
	电梯管理	电梯运行	营业时间停机时间限制
		电梯的维护	营业时间不得停机维护
		电梯的安全管理	事故率
	供配电管理	供配电运行	营业时间供电要求
		供配电设备的维护	设备完好率
		供配电设备的安全管理	事故率
	给水排水管理	给水排水运行	营业时间供水要求
		给水排水系统的维护	设备完好率
		给水排水系统的安全管理	事故率
	空调系统管理	空调运行	营业时间空调温度和空调供应时间
		空调系统维护	设备完好率
		空调系统的安全管理	事故率
	消防系统管理	消防系统运行	设备正常运行率
		消防系统的维护	设备完好率
		消防系统的安全管理	事故率
	弱电系统管理	弱电系统运行	设备正常运行率
		弱电系统的维护	设备完好率
		弱电系统的安全管理	事故率

续表

工作模块	项目	内容	标准
安全管理	日常安全管理	安全巡视	注意审核物业管理部门提出的标准
		夜间安全防范	注意审核物业管理部门提出的标准
		监控中心管理	注意审核物业管理部门提出的标准
	经营秩序管理	经营秩序管理	注意审核物业管理部门提出的标准
	停车管理	车辆引导	注意审核物业管理部门提出的标准
	消防管理	消防设施和火灾隐患检查	注意审核物业管理部门提出的标准
		消防组织	注意审核物业管理部门提出的标准
		危险源品控制	注意审核物业管理部门提出的标准
		消防培训和演练	注意审核物业管理部门提出的标准
		消防控制中心管理	注意审核物业管理部门提出的标准
	突发事件管理	预案	注意审核物业管理部门提出的标准
		事件响应	注意审核物业管理部门提出的标准
		事件处理	注意审核物业管理部门提出的标准
环境管理	清洁卫生管理	日常保洁服务的策划和组织	注意审核物业管理部门提出的标准
		对清洁卫生作业过程的监管	注意审核物业管理部门提出的标准
	专项保洁	大理石材地面、柱面、墙面的养护	注意审核物业管理部门提出的标准
		外墙和玻璃穹顶清洗	注意审核物业管理部门提出的标准
		卫生间深层维护	注意审核物业管理部门提出的标准
	污染治理	视觉污染的治理	注意审核物业管理部门提出的标准
		嗅觉污染的治理	注意审核物业管理部门提出的标准
	废弃物管理	固体废弃物和液体废弃物管理	注意审核物业管理部门提出的标准
		气体废弃物管理	注意审核物业管理部门提出的标准
	虫害和微生物控制	虫害和微生物控制	注意审核物业管理部门提出的标准
	绿化管理	绿化的管理	注意审核物业管理部门提出的标准

物业管理内容和服务标准应有清晰的工作模块项目、内容、考核标准和管理控制方法。表2-5-3展示了某商业项目物业管理内容和服务标准的部分内容。

某商业项目《物业管理内容和服务标准》（客户管理部分）　表2-5-3

序号	工作模块	项目	内容	考核标准	管理控制
1	综合管理及商业运营配合服务	客户管理	客户满意度	客户综合满意度≥95%	①每年由集团会组织（可由第三方权威机构实施）一次客户对物业服务工作的满意度调查
				客户综合满意度指数≥4.0（5分制）	②满意程度划分为非常满意（分值5）、比较满意（分值4）、一般（分值3）、不太满意（分值2）、非常不满意（分值1）。非常满意和比较满意评价为满意
				客户单项满意度≥90%	③单项项目包括：设备运行、工程维修、安全管理、环境管理、交通管理和客户服务6项
				客户单项满意度指数≥3.75（分制）	④客户分别划分为顾客、商户和主力店三种类型，分别调查和统计
2			客户投诉	客户投诉率≤3%	①界定投诉性质为责任投诉即情况经调查属实，并确实属于物业服务范围或职责范围的问题。界定投诉影响程度：分为重大投诉、一般投诉
				客户投诉处理率=100%	②填写《客户投诉处理单》后10分钟内将投诉信息传递至相关部门负责人并每天跟踪投诉的处理情况

（2）物业管理界面划分标准

在物业管理约定中，应明确下列租赁物业管理界面的界定：

①租赁区域外中央空调主机的运行、维护和管理的责任；

②租赁区域外高低压供配电系统运行、维护和管理的责任；

③租赁区域外供排水系统运行、维护和管理的责任；

④租赁区域外电梯运行、维护和管理的责任；

⑤租赁区域外通风、排烟系统共用部分运行、维护和管理的责任；

⑥共用的消防报警及联动主机系统、消防水泵、消防排烟风机系统、防火卷帘门、紧急疏散指示照明、消防报警背景广播、喷淋等设施设备的日常维保、运行管理责任；

⑦租赁区域内中央空调风柜机、盘管风机、管道（包括附属设备）及管道保温、风道及散流器、机组的电源控制柜等设施设备，在房产交付清单所列属于由出租人提供的，其运行、维护和管理责任；由承租人安装的，其运行、维护和管理责任；

⑧租赁区域通风、排烟系统及其附属控制开关柜、管道等设施设备，在房产交付清单所列属于由出租人提供的，其运行、维护和管理责任；由承租人安装的，其运行、维护和管理责任；

⑨租赁区域内的配电系统、照明系统等设施设备，在房产交付清单所列属于由出租人提供的，其运行、维护和管理责任；由承租人安装的，其运行、维护和管理责任；

⑩从分户计量水表至租赁区域的给水系统，在房产交付清单所列属于由出租人提供的，其运行、维护和管理责任；由承租人安装的，其运行、维护和管理责任；

⑪租赁区域内的排水设施及专供租赁人使用的下水管道，在房产交付清单所列属于由出租人提供的，其运行、维护和管理责任；由承租人安装的，其运行、维护和管理责任；

⑫租赁区域内的消防烟感报警系统、消火栓及喷淋系统、防火卷帘门、紧急疏散指示照明、消防报警背景广播、消防排烟等设施设备，在房产交付清单所列属于由出租人提供的，其运行、维护和管理责任；由承租人安装的，其运行、维护和管理责任；

⑬承租人使用的广告位、店招的运行、维护和管理的责任；

⑭建筑主体结构（如基础、承重墙体、梁柱、屋面等）的运行、维护和管理的责任；

⑮租赁区域内安防管理责任；

⑯租赁区域内保洁（含橱窗、门头、店招等承租人设施）工作责任；

⑰租赁区域内外清运垃圾、消杀等权责划分；

⑱公共区域保洁及外广场绿化的维护和管理的责任；

⑲租赁区域外的公共场所（建筑物外的广场、公共通道、天台、楼顶、外墙面）的使用、管理、维护的权责；

⑳承租人使用租赁区域外的区域的情况；

㉑其他责任。

4．物业管理文件的编制和审核、使用

（1）物业服务合同由物业管理部门按照住房和城乡建设部《物业服务合同示范文本》进行编制，按企业权限设定的机构或人员批准。履行物业管理招投标程序后，由物业管理公司与开发建设单位签署，并交当地房屋管理主管部门备案；

（2）业主公约由物业管理部门按照住房和城乡建设部《业主公约示范文本》编制，按企业权限设定的机构或人员批准。在交房前，由全体业主逐一签署；

（3）销售型商铺的物业管理协议由物业管理部门编制，经项目商业管理公司审核确认后，交企业风险管理部进行法务审核，按企业权限设定的机构或人员批准，在交房时由物业管理公司与商铺业主签署；

（4）主力店租赁合同约定需要签署主力店物业管理协议的，由物业管理部门根据租赁协议进行编制，协议草稿经项目商业管理公司审核确认后交企业风险管理部审核，按企业权限设定的机构或人员批准后方可签署；

（5）作为商铺租赁合同附件的物业管理文件，由物业管理部门编制，经项目商业管理公司审核确认后，交企业风险管理部进行法务审核，按企业权限设定的机构或人员批准后，交招商部门作为租赁合同的附件进行签署。

5．物业管理文件编制及使用过程中的过程管控

对物业管理文件编制及使用过程中的管控，主要包括：

（1）按照开业筹备计划，对其过程及其进度进行掌握；

（2）审核确认涉及物业管理内容和服务标准以及物业管理界面划分标准的内容，必要时，组织由招商部门、营运部门和物业管理部门及其他有关部门管理人员和专业人员参加的会议，论证其内容。

（三）对开业前工程代管验收工作的管理

1．开业前工程代管验收工作的组织

开业前工程代管验收由物业管理部门具体实施。项目商业管理公司参与此项工作，并对开业前工程代管验收工作进行过程控制。

2．开业前工程代管验收工作的内容

开业前工程代管验收包括以下几个内容：

（1）验收前的代管；

（2）设备的清点与移交；

（3）图纸资料的交接；

（4）备品备件的交接；

（5）固定资产管理；

（6）项目整体实测。

3．开业前工程代管验收工作的需要重点把握的工作

对以下事项进行重点把握：

（1）在设备的清点与移交阶段，重点关注主力店的设备交接。

主力店的设备交接由开发建设单位、主力店、物业管理部门现场三方进行，项目商业管理公司进行掌握。移交时尚未完成调试但能满足基本运行要求的设备，要在备注上对设备的完好状况做出说明。注意，所有的交接过程，由参与交接的开发建设单位、主力店、物业管理公司三方代表签字确认。

（2）在图纸资料的交接阶段，重点关注主力店相关资料的移交。

主力店相关的资料由开发建设单位移交到物业管理部门，物业管理部门存档后，根据设备运行和维护的需要给主力店资料复印件。

4．开业前工程代管验收工作重点关注事项

（1）固定资产管理

开发建设单位负责将能够独立拆卸的各类固定资产、设备、备品备件等，在竣工后向项目商业管理公司进行移交。

①填制移交清册，并保管移交清册；

②项目商业管理公司和物业管理公司各自做好各自资产台账。其中项目商业管理公司是经营用固定资产、低值易耗品的使用者，负责保管经营用固定资产、低值易耗品；物业管理公司是物业管理范围内固定资产、低值易耗品的使用者。

③每半年项目商业管理公司和物业管理公司分别会同资产管理部门和财务管理部门至少盘点一次。

（2）项目整体实测

①竣工后，开发建设单位应委托测绘公司，对租赁面积进行重新实

测，包括单元内面积，分摊后产权面积及各楼层数据，并制作项目整体资源明细表。项目商业管理公司应对每户面积与原合同面积进行对比，实测面积与原规划面积有差异的，重新报批。报批后项目商业管理公司按照租赁合同约定，安排招商人员与商户签订补充协议，调整租赁合同面积。

②可按照经营需要，由项目商业管理公司每年对商铺铺位面积和整体规划进行评估，提出调整规划面积的图纸方案，调整方案需要重新报批。

③项目商业管理公司在组织商业运营管理的过程中，应做好租赁合同台账的统计，定期与财务部门进行核对。项目商业管理公司会同财务管理部定期对商户租赁及空置情况进行现场盘点。

（四）对开业前物业管理准备工作的管理

1. 开业前物业管理准备工作的组织

开业前物业管理准备工作由物业管理部门组织实施。

2. 开业前物业管理准备工作的内容

（1）物业管理包括设备运行、工程维修、环境维护、秩序维护和消防管理的规章、制度、标准和流程的编制；

（2）保安准备，包括保安队伍的组建、安全管理制度建设、保安队伍的培训、保安进场、保安前期事务准备、开业庆典安防工作；

（3）保洁及拓荒管理，包括保洁及拓荒招投标、清洁拓荒管理；

（4）停车场管理前期准备，包括停车场前期规划介入、停车场市场调研、经营证照办理及停车场管理资料准备；

（5）能源管理计费控制前期介入；

（6）安保及消防设施前期介入，包括消防设施前期介入、装修期间的消防监管、安保设备工程介入；

（7）消防管理，包括开业前消防物资器具准备、开业前消防演练、消防组织准备、消防档案准备、协调装修商户进行消防报批和二次装修报验工作。

3. 开业前物业管理准备工作的管控及注意事项

按照开业筹备计划确定的进度和要求，对开业前物业管理准备工作进行过程控制。

还要重点关注开业前物业管理准备工作中的如下事项：

（1）关注开业庆典安防工作的方案准备、方案演练和实施，特别要关注开业庆典安防方案中的风险评估；

（2）关注保洁招投标过程，应参与审核保洁招标文件，并参加评标。注意商业项目人流量大和重大活动期间保洁预备力量的准备；

（3）对于停车场的场地、布局、车流动线、卸货区域部位、通道、出入口、转弯半径、限高、标识、车场排水沟设计等前期规划，要结合商业运营要求参与讨论，并结合规划设计介入和工程介入的工作，组织进行与工程设计部门和开发建设单位的沟通、协调；

（4）对于主力店和商铺能源计量的方式，根据商业运营需要，会同招商部门、财务管理部门进行讨论，特别对于主力店的能源计量方式，尽量实现高供高计；

（5）对于监控、巡更、红外线等安防设备的规划设计和工程介入，结合规划设计介入和工程介入的工作，组织与工程设计部门和开发建设单位的沟通、协调；

（6）在开业前物业管理准备过程中，对于涉及商业运营的物业管理制度、流程、标准和方法的制订过程中，应主动介入参与讨论。尤其对于开闭店、商铺安全检查等事项，应实现商业运营管理和物业管理的无缝联动。

第六章

开业筹备计划和开办费测算

一、开业筹备计划

(一) 开业筹备计划的地位和权能

开业筹备计划是为推进开业筹备工作就开业筹备各个控制项目和关键事项所制订的工作计划。

1. 编制和执行开业筹备计划的意义和作用

在开业筹备期的工作中需要开业筹备计划。这是由筹备期的特征所决定的。

我们曾经讲到，开业筹备工作高度集成，需要各领域密切配合、协同作战，并且对各项工作的进度有着很高的要求，必须作为一个整体系统组织和统筹。

系统高度集成，各领域需要密切配合；协同作战，这是开业筹备工作的系统性。一项工作必须由另外一项工作的完成为前提，同时它又是另一项工作开展的前提。各个领域、各个部门、各个工作模块，无法完全独立完成自己的工作，必须得到其他领域、部门和工作模块的支持。例如，在招商执行过程中，合同文件就需要商业运营各业务管理部门、开发建设单位提供文本和合同信息上的支持，文本需要物业管理的界面和物业服务标准、商业运营管理中的要求、交房条件。合同信息就更复杂了，包括各种收费项目、收费标准、收费方式，停车是否优惠，广告是否优惠，铺位的位置、面积是否有过调整，等等，稍有差池，合同谈判就无法进行；即使合同谈下来了，可能在商业运营过程中，根本无法履行，合同移交到营运部门，就会被退回重谈。一个商业项目筹备开业，涉及各个领域、各个部门、各个工作模块各种工作的交互点就有几千个，没有强有力的计划，开业筹备工作的整体完成根本无法想象。

除了系统性强，进度要求也十分重要。

开业时间被确定下来，就很难更改。如果延误，哪怕延误一天，资金利息可能就损失几百万元，更重要的，将会造成大量合同的违约，包括用户合同和供应方广告合同，损失无法估量。

那么，开业筹备计划的作用是什么呢？

一句话，开业筹备计划，是所有开业筹备工作开展唯一的指令依据。离开了开业筹备计划，任何领导、任何管理者对于开业筹备工作的指令均为无效。换一句话说，如果需要发布关于开业筹备工作安排的一道指令，就必须修订开业筹备计划，并且必须为开业筹备计此次修订产生的后果承担责任。

2. 开业筹备工作计划的编制授权

既然开业筹备计划具有如此高的效力，责任如此重大，那么对开业筹备工作的指挥授权，也就是对开业筹备工作计划的编制授权，就十分重要。

因此，必须使开业筹备工作的指挥以高度的授权，并且与开业筹备工作计划的颁布权相一致。

项目商业管理公司总经理，必须是项目开业筹备工作的负责人，也是开业筹备工作计划的编制人。只有这个由企业授权的人，才可以编制有效力的开业筹备计划，才可以发布根据这个计划所作出的指令，对整个开业筹备工作的结果承担最终责任。

以下为某企业《商业项目开业筹备计划编制工作指引》的内容。

商业项目开业筹备计划编制工作指引

1. 目的

为开展和规范各地商业项目开业筹备计划编制工作，制订本工作指引。

2. 适用范围

适用于××××商业地产集团（以下简称"集团"）各商业地产项目开业筹备计划的编制工作。

3. 术语和定义

3.1 开业筹备计划是集团各部门以及项目商业公司为推进开业筹备工作就开业筹备各个控制项目和关键事项所制订的工作计划。

3.2 开业筹备计划的编制是指开业筹备计划的制订和修订工作的总称。其中，计划的制订，是指围绕开业目标所最初的开业筹备计划进行编制；计划的修订，是指在计划实施过程中，根据工作的实际进展情况，对计划所进行的补充、完善和细化。

4. 职责

4.1 项目商业公司

4.1.1 负责组织编制开业筹备计划，并完成计划所规定的工作任务；

4.1.2 项目商业公司总经理是商业项目开业筹备计划的执笔人，也是开业筹备计划实施和完成的负责者。

4.2 集团各部门

4.2.1 负责参与编制开业筹备计划中与本部门职责有关的工作内容，并完成计划所规定的工作任务。

5.　内容和要求

5.1　开业筹备计划的效力

5.1.1　开业筹备计划在开业筹备工作安排统筹步骤中具有最高效力，任何有关开业筹备工作的工作调度安排、指令，必须在开业筹备计划的范围内进行。在计划未经合法程序予以修订之前，任何有关开业筹备工作的调度安排、指令不能与开业筹备计划相冲突。

5.2　开业筹备计划的组织

5.2.1　项目商业公司总经理是本项目开业筹备计划编制的执笔人；

5.2.2　项目商业公司或筹备组负责组织项目开业筹备计划的编制，集团所属各部门参加开业筹备计划具体内容的讨论和修改；

5.2.3　项目商业公司编制完成开业筹备计划后，即以项目商业公司总经理为签报人，提起签报，集团相关部门负责人进行会签，集团主管商业的副总裁进行审批；

5.2.4　在前期项目商业公司未成立时，由集团商业管理部指派专人负责项目前期工作的工作统筹和计划。商业管理部负责完成有关前期筹备业务范围内的任务。

5.3　开业筹备计划编制参考文本的使用

5.3.1　开业筹备计划编制过程中，可参考《商业项目开业筹备计划参考文本》，并根据本项目的实际特点进行以下内容的增减和调整：

（1）具体控制项目和关键事项；

（2）工作时间节点；

（3）责任单位、配合单位；

（4）备注。

5.3.2　开业筹备计划编制过程中，参考《商业项目开业筹备计划参考文本》，对其内容作出增减和调整的，向集团商业管理部备案。

5.4　开业筹备计划编制的时间安排

5.4.1　开业前13个月项目从前期进入筹备期，但项目商业公司总经理应当在此前到位，并参考《商业项目开业筹备计划参考文本》完成该项目开业筹备计划的首次编制工作，并完成计划的签报签批工作；

5.4.2　在筹备期之前的前期，项目商业公司总经理组织集团各部门协同进行项目前期的各项工作。

5.4.3 开业筹备期中，项目商业公司总经理根据开业筹备工作实际开展的情况，每两周到一个月对开业筹备计划修订一次，修订周期最长不得超过两个月，在整个开业筹备期，最长修订周期不得出现两次以上。

5.4.4 项目商业公司总经理转达修订意见时，集团各部门讨论、修改、回复的时间不得超过48小时。

5.5 开业筹备计划的执行和考核

由集团投资发展部对开业筹备计划的执行和完成对商业项目及项目商业公司总经理实施考核。由项目商业公司总经理对商业事业部各部门执行开业筹备计划的结果向集团投资发展部提供情况，以便集团对各部门进行考核。

6. 相关文件

6.1《商业项目开业筹备工作指引》

7. 附件

7.1《商业项目开业筹备计划参考文本》

8. 附则

8.1 集团商业管理部是本指引的建立维护和贯彻执行的责任部门，并负责本制度的解释工作。

8.2 本指引自发布之日起执行。

该文件很清晰地表达了两点，一是给开业筹备计划的编制执笔人以开业筹备工作最高指挥权的授权；二是明确了开业筹备计划的最高效力，高于有关开业筹备工作的任何调度安排、指令。

（二）开业筹备计划的层次、要素、结构和内容

1. 开业筹备计划的层次

开业筹备计划包含两个层次：开业筹备总体计划、开业筹备执行计划。

（1）开业筹备总体计划

开业筹备总体计划是开业筹备计划的总体大纲，规定开业筹备工作25个工作项目中具体阶段中的各个任务，确定各个任务的完成目标和标准，并把这些任务划归到各个部门、各个工作模块，描述各个部门在各任务的主责、配合和监督角色。

开业筹备总体计划的特点是：

①具有总体性，开业筹备总体计划应覆盖到开业筹备工作的全过程；

②具有全局性，开业筹备总体计划侧重于各个任务相互的逻辑关系；

③具有统筹性，开业筹备总体计划比较重视各领域、各部门和各工作模块之间的相互关系；

④开业筹备总体计划通常以一览表的形式呈现；

⑤开业筹备总体计划的编制过程以自上而下为主。

（2）开业筹备执行计划

开业筹备执行计划是以开业筹备总体计划为依据制订的具体执行计划，是对开业筹备总体计划的分解和细化。

与开业筹备总体计划相比，开业筹备执行计划有几个特点：

①具有阶段性，开业筹备执行计划一般按阶段制订；

②更加细化，开业筹备执行计划对各个工作任务的具体步骤更加细化，工作任务的要求更加具体；

③更具有可执行性，开业筹备计划是个执行计划，与开业筹备总体计划作为统筹不同。因此，其列表形式更注重于让执行者对于任务的理解更直观；

④开业筹备执行计划通常以部门或工作模块列表的形式呈现；

⑤开业筹备执行计划的编制过程以自下而上为主。

关于在开业筹备总体计划和开业筹备执行计划，关于任务细化和分解尺度，可按两种方法进行度量。

一是按照任务的繁简程度进行度量。动作过程复杂的，开业筹备执行计划中动作更应予以分解。

二是采用时间长度进行度量。凡具体动作时间长度短于一个月的，宜在开业筹备执行计划中予以分解。

2. 开业筹备计划的要素

做任何一件事情，我们通常都要涉及5W1H，即What（做什么）、Why（为什么做）、Who（谁来做）、When（什么时候做）、Where（在哪里做）、How（怎样做）这6个要素，进行开业筹备工作也是一样：

（1）What（做什么）——任务是什么？

开业筹备工作的某个工作事项的名称和内容。例如："多种经营规划：多种经营点位规划统计"。

（2）Why（为什么做）——任务的目标和达到的要求是什么？

开业筹备工作的某个工作事项的目标和需要达到的要求。例如，"以彩图形式绘制规划点位图，包括：①非铺租赁点位图，②旗杆广告点位图，③灯箱广告点位图，④售货亭点位图，⑤仓库点位图，⑥编制点位表，要求：表中需体现编号、规格、大小、形式、数量等要素。"

（3）When（什么时候做）——什么时间开始，什么时点完成？

开业筹备工作的某个工作事项的启动时间和完成时间。例如："2017年3月1日开始，2017年6月30日完成"。

（4）Who（谁来做）——谁负责实施，谁提供条件，谁确认成果？

开业筹备工作的某个工作事项的责任人、配合人、确认人。例如，实施人："营运部；配合人：地产工程部（提供最新版各层平面图）；确认人：招商部、地产工程部、招商运营副总。"

（5）Where（在哪里做）——条件、范围、边界条件是什么？

开业筹备工作的某个工作事项的条件、范围、边界条件。例如，"根据建筑结构及商业业态定位情况，搜集资源，区分类型，注重楼梯下、通道、主力店界面交界处等场所，合理规划并设置固定点位。"

（6）How（怎样做）——方法、工具、前提是什么？

开业筹备工作的某个工作事项的方法、工具、前提。例如，"根据业态规划方案，在建筑平面图上，进行初始规划，与招商和地产工程部讨论方案的招商和工程条件的可行性，绘制正式文件，由招商部、地产工程部确认后交招商运营副总确认审核，上报。"

可见，开业筹备计划要素的梳理，就是开业筹备工作各项工作的策划。

3．开业筹备计划的结构

开业筹备计划的结构，即以工作模块为组织基础，以工作项目为基准轴，将工作内容和要求、实施进度、责任人、前置条件和工作方法逐一加以展开的二维表单。

表2-6-1和表2-6-2分别表示开业筹备总体计划和开业筹备执行计划的不同结构形式。

《开业筹备总体计划》表样 表2-6-1

工作模块	项目	内容和标准	进度时间轴	责任部门			前置条件	工作方法和过程
				条件提供部门	实施部门	结果确认部门		

商业地产运营管理

《开业筹备执行计划》表样   表 2-6-2

项目	内容和标准	进度时间轴	责任人			前置条件	工作方法和过程
			条件提供人	实施人	结果确认人		

开业筹备总体计划和开业执行计划在结构上有差异：一是开业筹备执行计划以部门或工作模块为单位编制；二是由责任人由部门转变为人员，符合工作落实到人的原则，更便于执行。

4. 开业筹备计划的内容

开业筹备计划的内容即由开业筹备工作25项工作中的具体任务所构成。将上述任务分解得越细，开业筹备工作的受控程度就越高。

（三）开业筹备计划的编制过程

开业筹备计划的编制包含制订和修订两个环节。

其中，开业筹备总体计划在开业筹备工作开始时（一般在开业前13个月之前）应予以制订，之后根据工作的开展进行修订，一般以三个月修订一次为宜。

开业筹备执行计划也在开业筹备每个阶段工作开始时进行制订，可按工作的具体阶段和周期分步骤制订，一般情况下可以将三个月作为一个制订周期。根据工作开展的具体情况进行修订，一般以一个月修订一次为宜。

1. 开业筹备总体计划的编制过程

开业筹备总体计划宜以自上而下的方式进行编制。

（1）项目商业管理公司总经理应首先制订并下达编制大纲。

①将开业筹备的工作项目进行分解，分解的程度越细越好，以便各部门比较清晰地理解，尽量避免疏漏；

②提出这些任务的具体目标和要求；

③提出这些任务的进度要求，即启动时间和完成时间；

④将任务主责落实到具体部门或工作模块，明确负责验收的确认人。

（2）接到任务的部门或工作模块进行策划。

①将任务项目进一步分解。同样，分解的程度越细越好，以便策划，有利于执行计

划的编制；

②按照5W1H法，对任务的要素进行梳理，对其工作方法和过程进行策划，提出完成任务的前提条件和需要上级领导和兄弟单位帮助解决的困难；

③编制本部门或工作模块的计划；

④将计划、完成任务的前提条件和需要上级领导和协作单位帮助解决的困难汇总上报项目商业管理公司总经理。

（3）项目商业管理公司总经理组织会议进行讨论，并形成开业筹备总体计划草案。

①确定工作任务的项目、内容的要求、进度要求、责任部门；

②根据各部门提出完成任务的前提条件和需要上级领导、兄弟单位帮助解决困难的意见，进行协调，落实解决这些前提条件和困难的措施；

③将解决这些前提条件和困难的措施，补充到对各部门或工作模块的任务中去，并明确前提条件和提供前提条件的责任人；

④根据会议成果，整理成开业筹备总体计划草案；

⑤征求各部门或工作模块，直到无异议后，提交上级领导审批。

（4）项目商业管理公司总经理对审批完成的开业筹备计划签署执行令。

开业筹备总体计划的修订也可参照这个方法进行。

2. 开业筹备执行计划的编制过程

开业筹备执行计划的编制过程可以按照自下而上的方式进行。

（1）各部门或工作模块编制开业筹备执行计划的草案：

①依照项目商业管理公司总经理下达的执行令，依据开业筹备总体计划，按目前阶段，将近期（三个月左右）的任务按照步骤、细项再次分解，分解到可作为本部门或工作模块周工作计划可编制的程度；

②主动与相关部门就需要衔接、落实的关联事项进行落实，落实实施措施和责任人。

（2）项目商业管理公司总经理牵头组织会议，对各部门或工作模块提交的开业筹备执行计划以及跨部门关联事项进行协调。协调完成后，结合协调成果及开业筹备执行计划交还各部门或工作模块进行完善；

（3）项目商业管理公司总经理签署开业筹备执行计划；

（4）各部门或工作模块根据项目商业管理公司总经理签署的本阶段开业筹备执行计划，制订本部门或工作模块的周工作计划。

开业筹备执行计划的修订，可按照上述方法进行。

（四）开业筹备计划实施情况的检查和控制

开业筹备计划实施情况的检查和控制，可采用周工作例会和日常检查的方法进行。

1. 周工作例会

开业筹备计划是召开周工作例会的依据。周工作例会的任务：

（1）就开业筹备总体计划和开业筹备执行计划，对上一周的工作进行总结；

（2）通报上周日检和周检情况；

（3）研究、协调和解决执行开业筹备执行计划下一周相关任务和事项将要出现的问题和困难，落实解决措施；

（4）为修订开业筹备执行计划和开业筹备总体计划，做相关准备。

2. 数据统计和画板上墙

按阶段和周期，对开业筹备总体计划的执行情况和开业筹备执行计划的执行情况，进行统计，可以画板形式上墙（图2-6-1）。

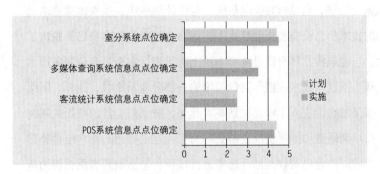

图2-6-1　某商业项目《开业筹备开办执行计划实施控制展板》

数据统计和画板上墙，即可一目了然地展示开业筹备工作的进展，也可对员工的工作起到监督、考察的作用。

3. 日常检查

除了通过周工作例会和业务管理流程中的程序性检查，项目商业管理公司总经理应通过执行资料和现场的日检、周检和月检制度等方式，检查各部门或各工作模块执行开业筹备计划的情况，及时发现并纠正。

二、开办费测算

（一）开办费的概念

开办费用一般是指开业日之前的筹备过程的费用。

然而，在实际工作中，不同的企业对项目筹备开办费用的定义是不同的。通常有下列定义方法。

（1）传统房地产企业的方法

沿袭物业管理企业的开办费定义方式，仅把为物业管理准备的工程工具和安保器材的采购费用、为开业进行的保洁开荒及绿植租用费、办公用房装修及采购的办公设备和办公用品、开业前的人员工资及福利以及开业前的行政性开支，再加上为运营管理准备的设备、道具和器材的采购费用作为开办费。

至于市场调研费、招商代理费、印刷费、各类推广费、开业庆典费用和美术陈列费用，都划归房地产营销费用。

把信息技术系统和收银系统等设施建设所发生的费用和商户装修补贴划归工程建设成本。

显然，这种定义方法，并没有把商业运营作为一种独立的经济活动。从主观上，是受到传统的销售型房地产企业的会计核算办法所限；客观上，既无法反映商业服务经济活动的内在机制，也无法反映不动产资产经营的经济活动的内在机制。

从技术角度讲，包括POS收银系统、客流计数系统、多媒体商业信息系统在内的技术信息设施和舞台灯光等其他商业技术设施本身**已经脱离了物业概念**，与建筑物及其附属设施有本质上的区别，完全是商业服务技术设施的范畴。把这些技术设施作为建筑物的一部分非常牵强，此外，网络宽带月租费又怎么能进入工程建设费呢？此外，被划归为营销费用的招商代理费、市场调研费和推广费以及被划归为工程建设费用的商户租金补贴这些费用本应同商业经营收入结合起来进行核算，怎么能同房屋销售的范畴混为一谈呢？

而且，这些被列入营销费用和工程建设成本的费用一次性列入工程建设成本，便已经与商业不动产资产经营活动相脱离了。

（2）商业地产资产经营和商业运营管理经营的方法

将上述费用统一纳入开办费，该直接发生的直接发生，用商业不动产资产管理的方式该计提折旧的计提折旧，用商业不动产资产管理的方式该摊销的计提摊销。

（二）开办费测算的组织

项目筹备开办费用的测算、审核、批准工作一般依照企业计划、财务的有关规定进行。其职能分配一般是，在计划管理部门、财务管理部门和成本管理部门指导下，由商业运营管理机构负责组织。

（1）筹备期的人员工资及福利

由人力资源部门按照人员编制方案、薪酬方案和福利方案及预算进行测算。

（2）办公用房费及相关水电费、办公设备费用的摊销、管理用品等消耗费用

由行政管理部门按照办公用房（已摊入公摊面积的物业管理用房除外）的租金标准，办公用房装饰装修的递延资产摊销，办公设备的折旧，水电费、办公用品、管理费用的预算发生金额，进行测算。

（3）行政性开支，如办公费用、差旅费、招待费等费用

由行政管理部门按照企业确定的控制标准和预算，进行测算。

（4）市场调研费

由招商部门按照市场调研的方案和预算，进行测算。

（5）招商代理费

由招商部门根据招商方案、招商政策及租金方案所确定的委托代理行代为招商的面积、租金标准和代理费取费标准的预算，进行测算。

（6）信息技术系统及收银系统建设应当摊销的费用

由信息管理部门根据信息技术系统建设方案，除附属在建筑物的弱电工程（设备和管线）之外的信息技术商业服务专用设备、收银系统专用设备的购置费计算折旧，对信息技术专用工具计算摊销，计算各种物料消耗，进行测算。

（7）楼书、沙盘、各类文件的印刷费

由营销推广部门根据其印制计划和预算进行测算。

（8）招商推介会、运营说明会及各类推广费用

由营销推广部门根据活动方案、推广方案及预算，进行测算。

（9）开业庆典及美术陈列布置费用

由营销推广部门根据活动方案和设计施工方案及预算，进行测算。

（10）工程工具、安保器材、保洁开荒及绿植租用费

由物业管理部门根据采购方案、分包方投标方案及预算，进行测算。

（11）运营类各类物品、器材、装备、道具等费用

由营运部门根据采购方案、制作方案及预算，进行测算。

（12）商户装修补贴或其他商户优惠补贴费用

由招商部门根据招商方案、招商政策及租金方案所确定的方案及其预算进行测算。

（13）应摊入开办费的其他费用

均以工作方案及预算方案，由经办部门进行测算。

（三）开办费预算的编制方法

1．财务部门编制模板

根据企业财务管理的规定、经营计划编制的要求，由财务管理部门按照会计科目划分的方法，制订开办费预算编制方案和开办费预算编制模板。

开办费预算编制模板设计的一般方法为：横坐标轴为时间轴，按费用使用的年度、月度排列；纵坐标轴为费用项目轴，按企业会计科目设立的费用类型和属性排列。

2．业务部门编制预算底稿

各业务部门根据开办费预算编制模板，编制预算底稿（表2-6-3）。预算底稿按不同科目，根据实际需要科目名下扩展费用的项目序列，并逐项填入数据。

某商业项目开办费商业信息技术板块预算底稿　　　　表 2-6-3

序号	费用类型	项目	用途	数量	单位	单价（万元）	合计（万元）	2013年合计	2013年1月	2013年2月
1	固定资产购置	网络交换机	网络接入	36	台	0.5	18.0	18.0	18.0	0
2		核心交换机	网络接入	1	台	4.0	4.0	4.0	4.0	0
3		光纤模块	光纤接入	60	个	0.2	12.0	12.0	12.0	0
4		机房机柜	设备摆放	5	个	0.6	3.0	3.0	3.0	0
5		显示器	Kvm 使用	1	台	0.2	0.2	0.2	0.2	0
6		业务应用服务器	业务服务器备份及测试	1	台	4.0	4.0	4.0	4.0	0
7		UPS 主机	机房供电	1	台	5.0	5.0	5.0	5.0	
8		UPS 电池柜	存放蓄电池	4	个	0.3	1.2	1.2	1.2	
9		KVM 切换器	机柜设备管理	1	台	0.8	0.8	0.8	0.8	
10		多媒体播放服务器	多媒体广告播放	1	台	4.0	4.0	4.0	0	4.0
11		频道服务器	多媒体广告播放	5	台	2.0	10.0	10.0	0	10.0
12		多媒体播放终端	多媒体广告播放	6	台	1.0	6.0	6.0		6.0
...		...	...	...	...	...	...	...	...	...
		固定资产购置费用小计					101.0	101.0	63.0	36.0
1	商业设施工具	分柜机	楼层网络设备摆放	30	个	0.15	4.50	4.50	0	4.50
2		PDU	机柜设备电源	40	个	0.05	2.00	2.00	0	2.00
3		网络信号防雷器	防雷	5	个	0.10	0.50	0.50	0.50	0
...		...	...	...	...	...	...	...	...	...
		商业设施工具小计					8.42	8.42	0.90	7.52
1	低值易耗品	UPS 电池	蓄电池	64	块	0.09	5.76	5.76		5.76
...		...	...	...	...	...	...	...	...	...
5		其他辅助材料	系统集成	1	批	4.00	4.00	4.00	0	4.00
		低值易耗品小计					15.26	15.26	5	10.26
1	信息化费用	商业 WiFi 专线费用	网络光纤首年费用	1	年	30.0	30.0	30.0	0	0
...		...	...	...	...	...	...	...	...	...
		信息化费用小计					233.35	70.00	40.00	0
		...								
		合计					396.45	246.45	181.23	31.78

138

3. 汇总编制

各业务部门将开办费预算底稿中的各项小计数据链接入开办费预算编制模板。

商业运营管理机构或综合业务部门将各部门编制的开办费预算编制模板中的数据进行链接汇总。

测算汇总完成后，应组织项目专题会议进行讨论平衡。由项目商业管理公司总经理提出申请，经企业计划、财务、成本等职能管理部门审核，由企业负责人批准，并列入经营计划。

（四）开办费测算过程中的注意事项

采购物资均形成有形资产。对采购物资的费用，按其物资的资产管理属性划分为不同的类型：

（1）单位价值超过规定金额（2000元），使用年限超过一年的设备、装备等，属固定资产，应纳入固定资产管理，在经营计划中应计算其折旧费；

（2）单位价值未超过财务制度规定为固定资产价值金额（2000元），使用年限超过一年的工具、器材、道具等，应纳入工具管理，在经营计划中根据财务制度确定其年度摊销费用；

（3）单位价值未超过财务制度规定为固定资产价值金额，使用年限不超过一年的物品、材料等，应纳入低值易耗品管理，根据财务制度应在发生时，按期计算发生。

区分采购物资资产的不同属性，进行开办费预算的编制，是本着不动产管理的原则。

商业地产多属持有不动产，采购物资费用的消耗过程必然带来资产存量的沉淀，这与传统的销售型房地产开发对于成本和费用的处理思维是不同的。不是一次性计为消耗而是作为资产进行逐年折旧和摊销，不仅保持了作为资产存量的存在，而且将其价值逐年转移到使用过程的各个年度（包括运营期），也是符合经济规律的。可以避免项目竣工结算时，本应逐年折旧和摊销的成本和费用却被当年一次性计为消耗，造成该年度财务报表中投资成本发生出现错误的可能性突然增大。因此，按照不动产管理原则，对于持有资产的财务管理也是有利的。

商业地产应该是开发建设单位为商业经营机构代建的建筑物。但由于我国国内的商业地产大都为房地产开发企业主导研发和建设的项目，在这种情况下，按目前的工业与民用建筑的设计规范所进行的商业地产的研发建设，都很难真正符合商业运营的功能需要。

为了尽可能满足商业运营和管理的需要，在筹备期，商业运营管理人员必须全程介入项目的设计和工程建设。

一、规划技术条件和房产技术条件

商业运营管理人员应同开发建设单位的工程设计技术人员一起，共同制订商业地产的规划技术条件和房产技术条件。

（一）商业地产规划技术条件

商业地产规划技术条件是商业地产规划设计的技术指南，是工程设计管理部门向设计单位下达设计任务书的重要依据。

商业地产规划技术条件的内容应该包括：

（1）总平面设计要求：商业面，入口，退界指标，竖向设计，与城市交通的泊接，停车场，建筑密度，停车场出入口，人防，总平面图需明示的内容；

（2）商业地产设计要求：空间形态，人流轴线，主力店与步行街业态配建指标，主力店布局，入口，首层内装特殊要求；

（3）室内步行街设计要求：业态配建指标，中庭，门廊，步行街层数以及各业态的布置位置，室内步行街使用率，步行街的尺度，柱网布局方式，卫生间，采光廊和中庭悬挂物的吊挂件、广告和遮阳节能，地面，电梯和扶梯，主力店对步行街的开口设置，人流计数系统，室内广告，商铺尺度；

（4）百货主力店设计要求：主入口，面积，与室内步行街的接驳；

（5）影院主力店设计要求：主入口，面积，与室内步行街的接驳，影院规模与配置；

（6）酒楼主力店设计要求：主入口，与室内步行街的接驳；

（7）超市主力店设计要求：主入口，面积，与室内步行街的接驳，外租区；

（8）室外步行街设计要求：户型，街宽，室外步行街卫生间，商铺的开间和进深，室外步行街的节点空间；

（9）服务设施设计要求：停车场面积，变电所，中央空调机房，卸货区，垃圾房，仓库，隔油池；

（10）共用设备配置设计要求：中央空调方式，配电容量；

（11）辅助设施及服务技术设施设计要求：高空检修通道，环保设施；

（12）立面的设计要求：商业项目展示，室外广告位；

（13）照明设计要求：步行街公共照明，中庭和采光廊夜间照明，外立面景观照明，城市灯光亮化；

（14）景观系统设计要求：铺装，水景和绿植，给水点；

（15）管理用房设计要求：办公区、保安宿舍和员工餐厅的位置，规模。

（16）导视系统设计要求。

（二）商业地产房产技术条件

房产技术条件是商业地产的建造标准，是商业地产工程设计和开发建设的重要技术标准，同样是工程设计管理部门向设计单位下达设计任务书的重要依据。

商业地产房产技术条件的内容应该包括：

1．商业步行街建造标准

（1）商铺建造标准，包括零售类商铺建造标准、餐饮类商铺建造标准、服务类商铺建造标准；

（2）公共通道的建造标准，包括顾客通道建造标准、员工通道建造标准、货物通道建造标准、垃圾通道建造标准；

（3）洗手间及婴儿房的配置及建造标准；

（4）服务台、咨询台和VIP服务中心的设置及建造标准；

（5）员工休息室的配置及建造标准；

（6）顾客休息区的配置及建造标准；

（7）开水间的配置及建造标准；

（8）室内景观设置及建造标准；

（9）背景音乐和消防广播系统的设置及安装标准。

2．商业配套设施建造标准

（1）停车场建造标准；

（2）设备房建造标准，包括高低压配电房、配电井、空调主机房、楼层空调风机房、锅炉房、生活和消防水泵房、发电机房、消防监控中控室、电梯机房、智能化设备机房等机房的建造标准；

（3）垃圾房配置及建造标准，包括综合垃圾房、百货餐饮超市建材等专用垃圾房、危险品垃圾房的建造标准；

（4）卸货区配置及建造标准；

（5）仓库建造配置及建造标准，包括商户库房、危险品仓库、物业库房的建造标准；

（6）设备及系统功能配置及技术标准，包括电梯和扶梯、空调系统、配电系统、弱电系统、消防系统、燃气系统、保安报警监控及门禁系统等设备设施的功能配置及技术标准；

（7）计量配置及技术标准，包括空调系统、燃气系统、照明系统、动力系统、给水系统的物理量和能源消耗计量器具的配置及技术标准；

（8）楼宇自控系统配置及技术标准；

（9）空气净化设备配置及技术标准；

（10）高空维修及保洁辅助设施的配置标准；

（11）室内外促销活动及多种经营需要提供的基础技术条件。

3．商业管理用房建造标准

4．室外景观建造标准

5．商业元素设计及建造标准

（1）店招设置基础技术条件、设置要求及安装标准；

（2）商业照明设置及技术标准，包括步行街公共照明、中庭和采光廊夜间照明、外立面照明、路灯、城市亮化照明等照明设置及技术标准；

（3）广告位设置及安装标准；

（4）商业项目主入口建造标准；

（5）室外商业设施建造标准；

（6）导视系统的设置、制作及安装标准；

（7）人流量统计系统设置及安装标准；

（8）停车场智能管理系统设置及安装标准；

（9）信息发布系统设置及安装标准；

（10）吸烟区或烟柱设置及安装标准；

（11）顾客消毒机设置及安装标准。

建造标准中应对建筑（包括平面、立面和剖面）、消防（包括防火分区、疏散）、结构（包括载荷和降板）、电气（包括配电、负荷、计量、回路控制）、弱电智能（包括综合布线、有线电视、移动通信覆盖）、给水排水（包括给水点、用水量、水压、计量、排水、管道、管材）、供暖通风（包括空调设置、冷负荷及计量、供暖方式、通风）、装饰（包括元素及材料）、标识（包括识别、指示、警示和状态表示）等关键数据和信息进行描述和规定。

二、规划设计阶段的介入

（一）设计建议书

在完成项目所在城市主要经济指标、商圈状况分析、个案分析和项目地块分析以及周边交通规划的基础上，应向工程设计管理部门提出设计建议书和主力店预招商情况报告。

设计建议书按照商业地产规划技术条件和房产技术条件，针对项目本身的定位和商业运营管理需求所提出。尤其需要重视以下内容：

（1）要根据地块交通环境和商圈状况提出商业面的方向要求、入口要求、退界要求、与城市交通的接驳要求；

（2）停车场的位置、规模、出入口位置以及进出交通道路；

（3）商业区域如何进行功能分区；

（4）商业空间形态和层数，尤其是采用开放式街区还是封闭式BOX，地上商业空间与地下商业空间，各层商业空间如何产生联系；

（5）主要业态结构和规模、空间布局，包括主力店与步行街业态配建比例、步行街各业态配建比例；

（6）步行街设计规模和整体布局的要求；

（7）主力店布局以及对应步行街的开口；

（8）动线规划要求，包括人流的轴线、步行街中庭、通道的宽度和层高、手扶梯位置；

（9）内部经营服务设施的配置要求，包括卫生间设置要求、广告位设置及规格、预留餐饮点位、烟道设计要求等；

（10）商铺的设计要求，如商铺划分（开间和进深）、商铺门头标准；

（11）结合主力店预招商报告，提出主力店的位置、空间、结构等要求；

（12）室外步行街的规模、位置；

（13）商业项目形象展示，室外广告；

（14）商业区域的主题文化内涵设计的要求；

（15）商业管理用房的设计要求。

设计任务书编制，应以设计建议书为依据。设计任务书编制后，应经由商业专业管理部门和物业专业管理部门确认。

（二）设计成果确认

商业专业管理部门和物业专业管理部门应当对规划设计成果进行确认。确认的具体内容为：

1. 平立面图设计确认

商业专业管理部门和物业专业管理部门应确认的内容除层高、平面布局、功能区域设置、机房管井布局、人流物流动线是否满足招商营运和物业管理要求外，还包括：

（1）主入口；

（2）主出入口商铺；

（3）避风阁；

（4）室内通道；

（5）次主力店；

（6）出入口交通；

（7）客流计数系统；

（8）采光廊结构和顶棚；

（9）LED屏幕；

（10）商铺装修标准；

（11）商铺面积；

（12）商铺开门；

（13）商铺层高；

（14）商铺顶棚；

（15）商铺铺位调整的条件；

（16）扶梯；

（17）垂直梯、观光梯；

（18）电梯厅（含地下室）；

（19）中庭；

（20）卫生间；

（21）顾客通道；

（22）夜间通道；

（23）货物通道；

（24）地下设施；

（25）配套设施，包括服务台区、会员服务中心、母婴室、员工休息室、垃圾房、开水间；

（26）室内步行街油烟排放；

（27）空调（包括分区开启、计量）；

（28）用电设施、屋顶设施、系统计量；

（29）设备房和商业信息机房；

（30）地下停车场；

（31）地下室广告；

（32）卸货区；

（33）商户库房；

（34）商业物业管理库房；

（35）地下餐厅；

（36）地下室附属功能；

（37）管理用房及管理用房设施。

2．消防设计确认

商业专业管理部门和物业专业管理部门应确认的内容包括：防火分区设置、疏散出口设置、疏散楼梯布局、疏散宽度对业态、铺位及人流导向产生的影响。

3．外立面设计确认

商业专业管理部门和物业专业管理部门应确认的内容包括：

（1）墙体颜色、材质；

（2）广告位；

（3）商业项目出入口；

（4）商铺对外采光；

（5）橱窗设置。

4．夜景照明设计确认

商业专业管理部门和物业专业管理部门应确认的内容包括：

（1）泛光及照明设计包含商业氛围和泛光效果；

（2）照明方式；

（3）控制方式。

5．园林设计确认

商业专业管理部门和物业专业管理部门应确认的内容包括：

（1）交通流线；

（2）坡道及无障碍设计；

（3）功能分区；

（4）竖向及坡度设计；

（5）铺装；

（6）小品；

（7）绿植；

（8）给水排水及强、弱电；

（9）商业辅助设施。

6. 精装设计

商业专业管理部门和物业专业管理部门应确认的内容包括：

（1）商铺立面；

（2）室内步行街通廊地面；

（3）电梯及其装饰、灯饰和防护；

（4）商铺；

（5）广告；

（6）中央大厅；

（7）卫生间；

（8）穹顶设计；

（9）空调设施；

（10）服务台及其他运营服务设施；

（11）休闲设施；

（12）卫生设施；

（13）美术陈列设施；

（14）室外导示；

（15）室内导示；

（16）智能化系统。

7. 施工图

可由工程设计管理部各专业技术人员对系统、材料、工艺做法进行审图确认，商业专业管理部门和物业专业管理部门会签。

（三）规划设计过程中图纸审核的关注点

根据商业地产房产技术条件，结合项目实际情况，商业运营管理机构会同物业专业管理部门应参与图纸会审。主要关注点是：

（1）配电容量是否足够，双回路供电中任何一路断电时商业项目能否正常运营；

（2）主力店租用设备、公共区域照明供电是否接入主力店自用回路；

（3）公共区域照明的开闭是否能自动控制，是否采取了节能措施；

（4）计量方式关注各主力店是否可以独立计量，尽量减少代收、代垫情况；

（5）水系统考虑不同高度分段加压、低层市政直供旁路；

（6）空调系统要是否根据业态的分布，合理进行系统组合划分和机组制冷量的选择；

（7）外立面关注材质的选择，广告位和墙面的占比、安装方式；

（8）库房、垃圾房的储量是否充分，垃圾房位置、竖向和平面通道设计是否合理，对各业态商业功能发挥是否存在障碍；

（9）空间和交通流线设计是否满足聚客业态的吸虹效应，能否满足各业态不同时段营业的要求；

（10）照明设计中照度、色温、显色指数等技术指标是否满足不同业态的商业功能需要；

（11）美术陈列相应的技术条件是否充分；

（12）地面装饰设计时，是否充分考虑了砂石造成的损坏，有没有铺设相应的防范条件；

（13）设备房的房间规划、预留位置是否合理，设备房预留的设备位置是否符合后期管理使用需要；

（14）地下室汽车坡道的宽度、坡度、转弯半径是否符合使用要求，地下室车位画线及流向设置是否合理，停车收费系统设置的建议；

（15）外墙广告位预埋件的设置是否满足使用要求，照明、供电、计量方式是否合理；

（16）建筑材料的选用、设备设施的性能特点、使用效果、养护、维修乃至更换的成本费用是否能做到节能、可靠、便于维修且费用合理；

（17）商铺内上下水、供电、燃气、空调、通信、新风、排烟、厨房降板等的容量预留、分配、管线布局、配置走向等是否满足业态使用需求；

（18）隔油池、化粪池、排油烟井等设施是否满足餐饮业态需要；

（19）在房产技术条件确定计量装置标准时，应该使计量体系按整个能源供应体系具体到界面以内用能单元的最后一个环节，确保在运行过程中能够对每一个用能单元进行统计核算。

三、工程建设阶段中的介入

在工程建设阶段中，物业管理人员应当积极介入，对施工工艺和施工质量进行巡检，如发现问题，提醒开发建设单位及时解决。

1．在地下室施工阶段需要关注的问题

关注地下水冒溢点位。

2．在正负零到裙楼封顶阶段需要关注的问题

（1）消防预埋管线、防雷引下线的施工质量；

（2）主力店防水施工工艺、质量；

（3）防水施工时物业管理人员应重点蹲守。

3．在内装施工阶段需要关注的问题

（1）外墙防漏措施；

（2）多种经营供电、通信点位的合理设置；

（3）设备设施安装位置是否合适，安装顺序、质量是否合格。

4．在暖通设备安装调试接管阶段需要关注的问题

设备、管路安装质量，安装情况是否满足使用需求，如凝结水管材质、管径、坡度等。

5．设备、材料选型及招投标阶段的介入

（1）在暖通设备招投标及预埋阶段要求设备免费保养及维修时间至少为两个供冷/供暖季；

（2）在供配电设备招标阶段关注高低压配电柜选型是否满足质量可靠、使用维护方便、维护费用低等；

（3）精装主材（墙顶地材料、灯具、洁具）及样板确认，应由商业专业管理部门和项目商业管理公司随同检查、确认。

四、商户承建工程介入

商户承建工程介入包含三个方面的工作：特定商户的房产技术条件对接、主力店房产技术条件对接和商户代建工程的介入。

1．特定商户的房产技术条件对接

普通商户的房产技术条件，通常就是按照商业地产规划技术条件和商业地产房产技术条件进行规划设计而形成通用的房屋交付标准。例如，表2-7-1展示了某企业制订的餐饮商铺房屋的通用技术标准。

餐饮商铺房屋通用技术标准　　　表 2-7-1

项目	咖啡厅 / 酒吧	各类快餐	西式餐饮	大型中餐
面积	100 ～ 200m²	100 ～ 200m²	300 ～ 600m²	1000m² 左右
层高	4m 以上	4m 以上	4.5m 以上	4.5m 以上
上水	管径 φ20mm	管径 φ15~φ20mm，压力 2kg	管径 φ30~φ40mm，压力 4 ～ 6kg	管径 φ40mm
下水	管径 φ100mm	可接入市政管线	管径≥ φ150mm	管径 φ150mm
天然气	可不用天然气或管径.30mm 左右	管径 φ50mm 左右	管径 φ50mm 左右	管径 φ80mm，100m³ / 小时
排烟量	—	14000 ～ 16000m³/h	≥ 1000m³/h	≥ 2000m³/h
鲜风量	—	4000 ～ 5000m³/h	≥ 1100m³/h	≥11000m³/h
电量	三相电，40kW	三相电，100kW	三相电，200 ～ 250kW	三相电，250 ～ 400kW
招牌 / 灯箱	必备	必备	必备	必备
地面荷载	350kg/m²	350kg/m²	450kg/m²	450kg/m²
隔油池	必备	必备	约 1.5m³（长 2000mm，宽 1000mm，高 1000mm）	≥ 2m³

注：以上数据仅供参考，请以工程技术人员意见为准，并根据实际经营商户的要求进行调整。
餐饮行业一般营业时间较长，所以相关的机电配套设备亦应可按地区分开独立运作

但在实际工作中，在招商签约谈判时，某些特定的承租者会提出根据其自身的经营管理需要，对通用的房屋交付标准进行调整，例如承载加载、电量增容、加设燃气等。为此，在不妨碍建筑安全和商业项目经营秩序的情况下，可以对商户租赁的物业量身定做。这就需要对特定商户的房产技术条件进行对接。

开展特定商户的房产技术条件对接工作，有以下步骤：

（1）商户提出房产技术需求；

（2）招商人员将商户房产技术需求提交给商业运营管理机构；

（3）商业运营管理机构组织招商人员、开发建设单位和物业管理部门，对商户房产技术需求进行评估；

（4）评估完成可行的，由招商人员发起签报流程，经项目商业管理公司、开发建设单位会签，交企业商业专业管理部门、工程设计管理部门和成本管理部门审核，由企业授权的机构或人员批准；

（5）商户房产技术条件需求被批准后，招商人员方可就此条件与商户订立租赁协议；

（6）开发建设单位根据批准文件，组织图纸变更，作工程预算修改并

组织施工；

（7）交房时，按确认的商户房产技术条件交付并验收；

（8）如商户房产技术条件需求经评估认为不可行，或不被审核批准，招商人员将意见反馈给商户。

需要注意的是这项工作的启动时间起点。招商人员应在相关建设安装工程启动前启动实施。

表2-7-2是部分餐饮品牌物业要求。

<table>
<tr><td colspan="3" align="center">部分餐饮品牌物业要求</td><td align="right">表2-7-2</td></tr>
<tr><td>类型</td><td>品牌</td><td colspan="2">物业要求</td></tr>
<tr><td rowspan="6">大型餐饮</td><td>美林阁</td><td colspan="2">3000m² 以上 / 楼层不限 / 水 4 寸管 /350kW 电力 / 燃气 100m³</td></tr>
<tr><td>汉通海鲜城</td><td colspan="2">10000m² 以上 / 水 4 寸管 /500kW 电力 / 燃气 300m³</td></tr>
<tr><td>红子鸡</td><td colspan="2">2000m² 以上 / 水 4 寸管 /250kW 电力 / 燃气 200m³</td></tr>
<tr><td>席家花园</td><td colspan="2">1000m² 左右 /1 层 / 水 3 寸管 /100 ～ 150kW 电力 / 燃气 100m³</td></tr>
<tr><td>鸭王</td><td colspan="2">1500m² 以上 / 楼层不限 / 水 3 寸管 /100 ～ 150kW 电力 / 燃气 100m³</td></tr>
<tr><td>苏浙汇</td><td colspan="2">1500m² 以上 / 水 3 寸管 /200kW 电力 / 燃气 200m³</td></tr>
<tr><td rowspan="6">中小型餐饮</td><td>季诺</td><td colspan="2">250m² 左右 / 水 2 寸管 /100kW 电力 / 燃气 9 ～ 15m³</td></tr>
<tr><td>棒约翰</td><td colspan="2">100 ～ 200m² / 水 2 寸管 /250kW 电力 / 燃气不需要</td></tr>
<tr><td>西堤牛排</td><td colspan="2">500m² 左右 / 水 2 寸管 /250kW 电力 / 燃气 40m³</td></tr>
<tr><td>金钱豹</td><td colspan="2">700 ～ 1000m² / 水 2 寸管 /120kW 电力 / 燃气 90m³</td></tr>
<tr><td>必胜客</td><td colspan="2">500m² 左右 / 水 2 寸管 /250kW 电力 / 燃气不需要</td></tr>
<tr><td>避风塘</td><td colspan="2">500m² 左右 / 水 2 寸管 /80kW 电力 / 燃气 40m³</td></tr>
<tr><td rowspan="4">快餐及休闲餐饮</td><td>味千拉面</td><td colspan="2">100 ～ 200m² / 上水 φ50mm/ 下水 φ160mm/ 大于 80kW 电力 / 燃气 40m³</td></tr>
<tr><td>麦当劳 /KFC</td><td colspan="2">300 ～ 500m² / 水 2 寸管 /250kW 电力 / 燃气不需要</td></tr>
<tr><td>星巴克</td><td colspan="2">100 ～ 200m² / 水 2 寸管 /50kW 电力 / 燃气不需要</td></tr>
<tr><td>东方既白</td><td colspan="2">300 ～ 400m² / 水 2 寸管 /200kW 电力 / 燃气 16m³</td></tr>
</table>

2. 主力店房产技术条件对接

在主力店招商签约过程中，应就主力店有关建筑、结构、电气、消防等相关承建工程，与商家和工程设计管理部门进行沟通，在就承建工程的房产技术条件被出租和承租双方确认的前提下，订立租赁合同。在租赁合同有关承建工程项目履行的过程中，应注意以下问题：

（1）承建工程的图纸及相关技术文件应该交由主力店确认后方可施工；

（2）由主力店出具设计标准或设计方案而由出租方承担施工的承建工程项目，其标准和方案应由工程设计管理部门与相关管理部门确认。

表2-7-3为沃尔玛超市的物业要求。

沃尔玛超市的物业要求　　　表2-7-3

项目	物业要求
地块	地块形状：矩形或梯形； 临街面至少80m；通道不小于80m；深度宜为120～250m； 地块面积宜为25000m² 以上
柱距	专用独立建筑：钢筋混凝土结构，柱网距离为10.8m×10.8m；若钢结构，柱网距离至少为10.8m×10.8m；若租用下层，业主在上层，单层店的柱网距离应保持在10.8m×10.8m；若租用多层，柱网距离应保持在8.4m×8.4m
楼层层高	平顶建筑：卖场净高不小于5.3～5.5m，后仓净高不小于6.8m，不大于7.5m； 斜顶建筑：边部梁下净高4.5～4.8m，顶部梁下净高6m，后仓净高不小于6.8m
墙	外墙为实墙面，抹灰后，可喷涂料或铺贴瓷砖。尽量减少使用玻璃幕墙
楼板荷载	卖场800kg/m²，后仓与冷库1000~1200kg/m²； 钢筋混凝土地面（200mm 厚 C30 内配 φ12@150 双向双层，卖场区及出租区耐磨粉3kg/m²，后仓区耐磨粉5kg/m²，平整度要求为6m±2mm）； 钢筋混凝土楼面（70厚 C30 内配 φ6@150 双向，含耐磨面层，卖场区及出租区耐磨粉3kg/m²，后仓区耐磨粉5kg/m²，平整度要求为6m±2mm）； 地板表面：仓库及生鲜后仓通道硬化耐磨，卖场及出租区内铺 PVC 地板，办公区及设备用房铺瓷砖，生鲜加工间铺瓷砖
卸货区	考虑 2 或 3 辆 40 英尺 35t 集卡和 4 辆小卡车满载重量及回车空间，集卡旋转半径 15m
停车位	400～600 车位（上海，北京，广州）；150～300 车位（上海、北京、广州以外）；600～1000 自行车位
货梯	两层：2 部 5t 货梯； 三层：2 部 5t 货梯，1 部 3t 货梯； 如果有地下室，必须有一部货梯直达地下室
自动人行步道	二层：2 部，三层：4～6 部（如有地下室或楼面停车场，则必须有上下的自动人行步道）
供水	200（小店）～250（大店）t/天
供气	通常 320m³/h（不包括空调用气）
排水	配有化粪池、隔油池、排油烟装置等，符合国家及当地标准，能最终通过当地验收
消防	满足营运要求，符合国家及当地标准，能最终通过当地验收（由业主负责），要求设置煤气报警与联动装置
空调通风	管道式分体空调（60kW）还是中央式空调要根据当地情况确定。 卖场正气压，卖场和出租区的新风，排烟要符合消防要求
温度要求	夏天 24℃；冬天 18℃
电话	100 对通局电缆到交换机房，并开通 36 门直线，2 条数据线，其中继线 16 条，交换机容量 128 门
店招	免费广告牌位置分配：高炮占用 2 个位置；门头占用 2 个位置
出租区域	4000～7000m²
后仓	上海、北京、广州：800m²； 其他地方：1000～1200m²
供电方式及变压器	2 of 2500kVA dry transformers 干式变压器； 10/0.4kV Dyn11 50Hz； 双电源双回路供电

3．商户代建工程介入

商户代建工程是指按照租赁协议由商户委托出租方建设的商铺内部装饰工程和专用机电工程项目。代建工程由承租方出资的，其业权归出资方所有。

商户有委托出租方代建其内部装饰或专用机电工程项目需求的，由租赁合同约定其设计和施工的职责以及费用标准。在招商签约过程中，招商人员应报请项目商业管理公司组织开发建设部门及相关管理部门共同参加合同相关条款的谈判。

一、运营管理手册的编制

运营管理手册，即《商户手册》《装修手册》《营业员手册》是商业运营管理重要的公约性文件。它具有以下作用：

（1）运营管理手册是商业项目运营的基本规章制度，是建立商业运营管理制度、标准和方法的依据；

（2）运营管理手册是租赁合同、物业管理合同文件及相关协议、协定标准文本制订的重要基础；

（3）运营管理手册是商户及相关机构和人员开展日常经营和日常活动的指南和准则；

（4）经过签署的运营管理手册是商业项目内部的法律文件，是所有相关方必须共同遵守的准则和规范。

因此，运营管理手册的编制，是商业项目运营管理体系建设过程中最重要的立法活动。

（一）《商户手册》的编制

《商户手册》是商户租赁并使用租赁场地的说明书和行为指南，也是出租承租双方确保项目正常运营的行为规范。

《商户手册》的内容和描述重点如下：

1. **致商户书**，简要描述《商户手册》的性质和用途，描述商业服务机构以及联络方式。

2. **项目简介**，简要描述项目的位置、规模、定位、功能和经营方式。

3. **定义**，简要描述手册各种术语的准确含义，避免出现歧义。

4. **商户须知**，详细描述商户在使用租赁物时应当获知的信息，是商户手册重要和核心内容之一。

（1）**通信地址**，描述项目的地址和邮政编码；

（2）**交通**：描述到达项目的公共交通线路及起始站点，轨道交通线路及起始站点；

（3）**租赁须知**，描述商户租赁场地的须知事项，根据招商流程商户应知的内容编写；主要内容是商户的进场条件（主要是经营商品符合业种规划要求、具有合法证照、承诺遵守商户手册）、承租者需准备的资料、订立租赁合同及相关协议等内容；

（4）**迁入手续**，详细描述商户办理正式入驻手续的须知事项，根据商户入驻流程中商户应知的内容编写；主要内容是发出入驻通知、商户携带合法证照、填写入驻登记表、文件签署、缴纳费用、验收商铺、抄读水电气表、资料领取、办理装修申请、陌生环境熟悉、开业申请到证照公示和备案等商户办理入驻手续的全部流程和注意事项；

(5) **迁出手续**，详细描述商户办理退场手续的须知事项，根据商户撤场管理流程商户应知的内容编写；注意，应描述清楚申请迁出的时间、结清费用和扣除违约金及保证金、撤场不得妨碍商业项目正常营业、撤场遗留物资的处理等事项。尤其，要注意描述商户清算其租赁期间与第三方发生的债权债务；

(6) **商户雇员**，描述商户与雇员的劳动关系、责任连带关系、商户雇员应办理相关身份、健康等证明文件、商户雇员的服饰和标记、商户雇员遵守制度的约定、商户雇员入离职时《出入证》的办理和清还等事项；

(7) **员工通道**，描述员工开闭店时进入和离开商业项目的路线和时间；

(8) **停车通道**，描述客用车辆和货用车辆及非机动车行驶和停留在商业项目的指定路线和停放区域，注意描述对车辆保管的免责内容；

(9) **货物运输**，描述商户货品运输的时间、路线、卸货地点、运输工具的限定，描述大批货品运输时的手续，描述大批货品离场时使用放行条的规定；

(10) **商户钥匙、邮件**，描述商户钥匙委托代管的方式，描述商户邮件邮发的方式；

(11) **营业时间**，明确营业时间，描述营业时间调整的条件和权利，商户改变营业时间或延长营业时间的手续；

(12) **客梯使用**，描述客梯的运行时间和用途，商户需要延长客梯运行时间的手续；

(13) **货梯使用**，描述货梯的保护、货梯使用的申请以及装运易污染货物和垃圾时的密闭保护要求；

(14) **安全管理**，作为商户须知的要素，填写标题，填写参照相关章节；

(15) **维修**，告知公共部分维修的部门，描述商户内设施维修的报修方式和有偿服务性质；

(16) **通告、告示**，描述张贴通告、告示的权力归属单位，商户如张贴通告应办理的手续；

(17) **保险**，告知商户应对自有财产履行投保手续；

(18) **空调供应**，描述空调供应的季节、时间、温度标准，描述商户另外时间使用空调应办理的申请、申请时间和费用等相关事项和手续，描述商户对于空调末端设备保养和维护及例行检查时应履行的责任；

（19）**结构和外观**，描述商户为维护建筑物结构和外观所承担的责任，包括不可更改结构及影响建筑物外立面、不可占用公共地方或铺设安装设施及物品、不可损毁或涂污商业项目公共区域及设施的任何装饰外貌，描述相关管理责任；

（20）**商户关系**，描述接受商户投诉和建议的方式。

5. **顾客服务**，描述商业项目主要服务设施和服务项目及注意事项。

（1）**服务台和VIP服务中心**，列举服务项目，包括商户服务项目和顾客服务项目；

（2）**洗手间**，提醒洗手间的注意事项；

（3）**自动取款机**；

（4）**失物招领**，注意描述：商户如发现失物，应交给总服务台，并提供失物发现的时间、地点和发现人的姓名和联络方式，以及商户如发现失主，告知其到总服务台认领。

6. **物业管理**，详细描述商业运营的各项服务和管理项目，是商户手册重要和核心内容之一。关于这一部分内容，应该按照商业运营管理和物业管理规定为依据进行编写，其中包括商户有特殊要求时相关服务的申请和费用缴纳时的办事流程。

（1）**营业时间和开闭店**，描述若干规定，例如：

1）商户须于营业时间内准时营业；

2）开店前商户完成早会、货品道具整理、店铺清洁卫生等准备工作；

3）闭店之后商户方可进行上货、盘点、清运垃圾等营业后善后工作；

4）商户营业员开店迎宾和闭店送宾等。

（2）**垃圾、废物处理**，描述若干规定，例如：

1）垃圾及废物以干湿区分和包装要求，按照指定的地点、时间、容器和路线转运及放置于规定地点；

2）餐饮商户餐厨垃圾的相关要求；营业期间不得转运垃圾；不得把废弃物弃置于公共区域的废物箱和公共区域或服务通道；

3）闭店后垃圾清空，垃圾不得在商铺内过夜等。

（3）**清洁卫生**，描述若干规定，例如：

1）对商户陈列用的橱窗或其他玻璃表面、橱窗内的展台模特、光滑表面、墙面、柜台地面提出卫生标准，并要求清洁工作不得于营业时间进行；

2）对餐饮商户提出铺设和清洁防滑毯、厨房油烟机的防火板清洗、清洗地面和地沟、清洗油烟管道的要求；

3）对商户提出商铺四周应保持清洁及畅通，不得陈列货品和放置废品或其他阻碍通道的物品的要求；

4）要求商户不可将商铺内灰尘扫至公共通道堆放，不可将垃圾弃于公共区域；要求商户经常检查并清洁招牌；

5）要求商户履行虫控责任等。

（4）**店面陈列**，描述若干规定，例如：

1）顾客视线范围内的区域不得摆放非工作用品和清洁工具；

2）货品的堆放及陈列要丰满整齐，保持美观，带包装的要保证包装物的干净、完好无损；

3）商铺内营业现场不得出现整箱的货品堆放；

4）商铺内不得陈列过季商品；

5）模特的陈列保持经常更换等。

（5）**商品**：描述若干规定，例如：

1）商品质量合法性要求和不危害人身和财产安全的要求；

2）商户应提供销售商品所必须具备的有关证件；

3）上架商品的合法性要求和具有合法标识以及有质量标准的证明文件，食品类商品必须标注生产日期、有效期和保质期的要求；

4）商品标识合法，商标使用合法的要求；

5）上架商品应有正规合法的进货渠道，无假冒伪劣、以次充好及法律法规禁止上市的其他要求；

6）上架商品按照有关法律进行检验、检疫或检测的要求；

7）商户销售的各类具备保修期的商品，必须建立维修卡和相应的维修机构，并配备售后服务条件的要求；

8）商户各种检测计量工具，必须符合计量检测部门要求进行操作的要求；

9）商户遵循国家商品价格的法律法规，并执行物价部门的商品价格制度的要求；

10）商品按品类及购物习惯分类布置、分价格陈列，陈列有序，明码标价，有偿使用统一制作的商品标价签，物价签管理规范的要求等。

（6）**营业员**，描述若干规定，例如：

1）营业员应按照《营业员手册》的规定，身着统一的工装，保持统一的仪容仪表以及服务行为；

2）营业员进出商场、上岗前必须佩戴统一发放的工号卡等。

（7）**用水用电**，描述若干规定和方法，例如：

1）商户电表和水表安装方式；

2）商户对用电用水进行实数查询的方式；

3）商户遇到电源线路故障、给排水系统故障时的处置方式；

4）每月商户凭水电费用交纳明细表交纳水电费用。

(8) **车辆停放**，描述若干规定，例如：

1）机运车时速限制的要求；

2）载有易燃易爆物品，对环境造成污染车辆限制的要求；

3）不得在停车区域范围内造成路面和环境污染的要求；

4）长期停车卡的办理方法；

5）非机动车停放的要求和方法；

6）车辆应办理各项保险事宜的要求；

7）车辆及车内物品保管免责等。

(9) **外墙**，描述若干规定，如：商业项目外墙不允许商户做出任何改变，以致影响商业项目建筑的整体外观。

(10) **招牌和指示牌**，描述若干规定，例如：

1）商户商铺的门头招牌需经审核；

2）不得摆放、陈列其他宣传物品于墙身、公共区域、铺门及橱窗或外墙；

3）宣传横幅不得妨碍铺内的视线；

4）自立式招牌应放置于商铺内经营区域内；

5）不得张贴任何招牌或涂漆、喷漆于商铺的门或橱窗上；

6）信用卡标记及其他宣传招贴纸不得粘贴于商铺的门或橱窗上；

7）安装的招牌不能妨碍商铺的出入口及妨碍视线；

8）宣传招贴不得出现类似"清场，清仓，甩卖"等违反价格法规、影响商场形象的用语；

9）不得使用商场公共区域内、外墙壁及玻璃窗作招贴或悬挂广告牌及宣传品等。

(11) **照明**，描述若干规定，例如：

1）商户商铺内的照明及店招照明须妥善管理，保证灯具正常适用；

2）所有陈列橱窗及招牌的照明须于营业时间全部开启；

3）为节省能源，照明灯应于营业结束后关闭；

4）商铺内闪灯不得影响公共区域的正常照明。

（12）**推广**，描述若干规定和方法，例如：

1）应配合统一安排的商业推广活动并缴付相关费用；

2）根据商业项目整体商业活动推广需要，需商户提供品牌宣传片、品牌LOGO图片等，商户具有配合义务；

3）凡以商业项目名义发布的媒体广告，均统一管理；

4）如需在公共区域进行商业推广活动，事先提出申请并缴付费用；

5）商户推出促销或优惠活动，应提前将活动方案予以报告；

6）租赁广告位用于品牌宣传的，商户可提出租用申请；

7）需要利用外广场及中庭进行推广的，商户可提出租用申请；

8）商户进行特价促销，必须使用商业项目统一的POP纸张；

9）商业项目为商户附加、修理、改变或更换商场指示牌凡涉及商户的品牌的，商户应支付相关服务、制作费用；

10）商户制作、使用灯箱广告及平面喷绘广告，广告方案必须申报，制作的灯箱广告、平面喷绘广告须符合规定的安装和使用要求；

11）户外广告发布须经国家相关行政部门审批。

（13）**橱窗门头**，描述若干规定，例如：

1）商户铺位门头广告的内容、款式、材质、工艺须经过审核批准；

2）商户铺位门头广告在营业时间内须保持光亮状态，如灯管有损坏，须及时抢修，杜绝门头广告有黑暗现象；

3）商户铺位门头广告须保持清洁、美观。

（14）**兜售商品，派发宣传品**，描述若干规定，如：未经书面批准，商户不得在商铺外及公共区域作出任何兜售行为及派发传单，广告，赠品及招工等。

（15）**音乐噪声气味**，描述若干规定，例如：

1）铺内所播放的音乐等的音量须调低至规定分贝，并不影响其他商铺；

2）铺内闪灯不至于铺外看到；

3）严禁燃放爆竹，焰火；不得于商铺内或附近地方放置散发刺激性气味的物品；

4）不得在租赁商铺内制造振动。

（16）**盘存**，描述若干规定，如：须于非营业时间清点存货，不可停业盘存。

（17）**安装电话**，描述若干规定和方法，例如：

1）如需安装电话，请直接向电信服务商提出申请办理；

2）商户在迁出时，需同相关电信服务商结清全部费用，在出示费用全部结清的相关证明后，方可办理迁出手续等。

(18) **维修服务**，描述若干规定和方法，例如：

1）商铺交付后，商铺内的装修、设施的维修保养由商户自行安排，以及对此的后果承担责任；

2）商户设施有偿维修服务的办理方法；

3）管理公司对商铺内的专用装置、设施设备进行日常维护、保养、维修、检测，商户的协助义务；

4）商户发现商铺内公用装置、设施破损或故障的报告义务；

5）紧急情况下，管理公司进入商铺采取紧急避险措施的权利。

(19) **手推车**，描述若干规定和方法，例如：

1）商户须使用软胶皮或充气胶皮轮胎手推车；

2）在使用手推车运送物件时，必须尽量小心，避免损坏电梯、墙壁、地板、走廊等公共区域；

3）手推车不得在客梯及自动扶梯上使用。

(20) **进货管理**，描述若干规定，例如：

1）商户应按照业态规划确定的商品品牌进货经营，如需增加经营品牌，必须经书面批准；

2）各商户间不得经营相同品牌的同类商品，商户间发现经营同品牌的同类商品，以登记时间在前者优先经营，其他商户商品必须下架。

(21) **更换道具**，描述若干规定，如：商户需要更换、增减道具的，需要提前以书面形式申请，经同意后在营业时间以外从专用通道进出等。

(22) **销售保证**，描述若干规定，例如：

1）商户的经营活动必须严格遵照法律法规，不得出售假冒伪劣、过期变质及"三无"商品；

2）不得欺骗消费者非法牟取暴利，商品标识必须符合国家规定，对售出商品实行"三包"；

3）顾客对商户的商品或提供的服务提出投诉的，商户须按照有关法律法规的规定妥善处理；

4）商户不得出现强买强卖等有违商业道德的行为。

(23) **摄/录影**，描述若干规定，例如：

1）不允许摄影、录影，但商户针对自己承租商铺的摄影需提前申请；

2）管理公司用于商业项目商业推广需要对商铺进行拍摄，应告知商户，商户应尽量予以配合。

（24）**商铺用途**，描述若干规定，例如：

1）商户办理在商铺营业所需之批准、营业执照、经营许可、卫生许可等批件，并提供上述批件；商户须以正当手法经营其业务，不得对商场名声造成不良影响；

2）未经同意，商户不得转让、分租、停止使用或转租其任何部分及权益予以第三者；

3）商户不得在商铺内经营《租赁合同》约定以外的商品和服务；

4）商户不得或允许将商铺用作违法、不道德等用途；

5）商户不得或允许将商铺用作办公或住宿等用途；

6）商户不得或允许将商铺用作储存易燃易爆或危险物品等用途；

7）商户不得或允许在商铺收留或饲养宠物；

8）商户不得发出、产生或允许发出、产生违反环保部门所规定的相关标准的噪声、振动、气味；

9）商户不得安装、放置任何超出该商铺楼板承载重量标准的物品或设备；

10）商户不得擅自对商业项目的结构、地面、顶棚或墙身等做出任何破坏、更改或附加建筑物等；

11）除餐饮行业外，商户在商铺内不得预备食物或进食，不得使用器具烹煮加热任何食物；

12）商户不得擅自改变、改装商铺门头、消防出入口、消防卷帘门、现有的门锁及装配。

（25）**节日布置**，描述若干规定，例如：节日期间管理公司将在中庭等公共区域布置灯光及其他装饰物增加节日气氛。商户按需要可自行在商铺内布置，但不得在任何公共区域进行任何装饰。

（26）**仓储**，描述若干规定和方法，例如：

1）如需要管理公司提供仓储用房的，商户应向管理公司提交申请，并支付费用，管理公司根据申请次序提供；

2）商户应保证货物仓储过程中的防火措施等。

（27）**装修**，填写标题，并注明"商户对商铺进行装修，请详阅《装修手册》。"

（28）**灭火措施**，描述若干规定和方法，例如：

1）描述A类、B类、C类、D类四种火情并可采用的灭火器材；

2）规定"商户须按50m²（含50m²以下）商铺内配备两只8kg干粉灭火器；

3）租赁面积每增加50m²增加一只8kg干粉灭火器"；

4）提示"餐饮商户厨房灶台起火，应在第一时间内切断抽排油烟机电源，防止火势从管道蔓延。任何已扑灭的火警，必须向物业服务中心工作人员报告，以便进行调查"。

7. **财务管理**，描述各种费用缴付的责任和方法。包括缴付费用的种类、费用项目、费用缴付的方法，以及费用缴付的责任。

8. **安全措施**，描述商场安全管理的内容、商户安全管理的任务和责任、商户紧急联络名单、非营业时间进出商业项目的规定和方法，以及商户发现偷窃、迷失孩童或智障人员、伪钞和伪造信用卡时所采取的措施、商户的防火安全责任、商户对有组织罪案及勒索的防范措施。

9. **紧急程序**，描述发生火警、受伤、食品卫生安全、传染病及动物疫情、停电、煤气泄漏、电梯困人、水浸、台风及灾害性天气、地震、消防喷淋头被打碎、接听恐吓电话、发现可疑物件或爆炸物、盗窃或打劫、公众游行和集会、交通意外等各种灾害和意外事件的应急处理方法和疏散撤离程序。这一部分的内容应详细按照物业管理部门制订的各种灾害和意外事件的应急处理方法进行描述。

10. **管理责任**，商品管理、经营秩序、顾客投诉和广告促销是商户管理的四个核心内容。在这个章节中，分别就这四个核心内容，详细描述商户的具体管理责任和处罚细则。这也是商户手册重要和核心内容之一。在编写时，按照所编制的商户须知和物业管理章节中的相关规定，逐条制订出管理责任和相应的处罚细则。

11. **其他**，描述手册的效力，包括与租赁合同效力的关系。

12. 签署页，商户在这里签署履行《商户手册》的承诺。

（二）《装修手册》的编制

《装修手册》是对商户进行室内装修管理的规范性文件和行为指南。

《装修手册》一般包含以下内容：

1. **前言**。包括：目的、声明、定义和解释、咨询联络方式。

2. **房产技术条件和设备说明**。房产技术条件和设备说明建筑的技术现状。房产技术条件和设备说明可向所在项目的开发建设单位技术部门索取。

3. **装修管理流程**。装修管理流程描述装修管理过程中的办事程序、方法。包含装修方案初审、装修方案详细审核、装修管理费用、进场手续办理、隐蔽工程验收和表面工程验收、退回押金等内容和要素。装修管理流程根据所制订的装修管理工作流程，就商户应知的有关规定和方法进行描述。

4. 装修设计技术标准。 装修设计技术标准是本书建议增加的一个内容。装修设计技术标准是商户组织设计师进行装修设计的依据，是装修方案审核的依据，是装修期间技术监管的依据，是装修验收的依据。其内容一般包括隐蔽工程设计施工技术标准和表面工程设计施工技术标准：

（1）房屋结构隐蔽工程设计施工技术标准；

（2）供暖通风系统隐蔽工程设计施工技术标准；

（3）给水排水系统隐蔽工程设计施工技术标准；

（4）强电系统隐蔽工程设计施工技术标准；

（5）弱电系统隐蔽工程设计施工技术标准；

（6）消防系统隐蔽工程设计施工技术标准；

（7）厨房抽油烟系统隐蔽工程设计施工技术标准；

（8）供暖通风系统表面装修工程设计施工技术标准；

（9）给水排水系统表面工程设计施工技术标准；

（10）强电系统表面装修工程设计施工技术标准；

（11）弱电系统表面装修工程设计施工技术标准；

（12）消防系统表面装修工程设计施工技术标准；

（13）装潢工程表面工程技术标准；

（14）形象表面装修工程设计施工技术标准。

除形象表面装修工程技术标准由营运人员和营销推广人员编制之外，其余部分由物业管理部门按照相关技术规范编制。

形象表面装修工程技术标准一般包含以下内容：

1）**整体设计**：对商铺保持视觉通透性，对于立面设计提出的要求；对休闲类服装、女装和男装等服装类商铺的装修，在形象定位、风格、色彩等元素所提出的要求。

2）**店招**：对店招的LOGO设计、店招尺度、选材、门头装饰灯箱的方式、招牌的字体颜色等设计元素和安装方式提出规范要求。

3）**货架**：对货架的形式、尺度和安全性等要素提出规范性要求。

4）**试衣间**：对试衣间的选材等要素提出规范性要求。

5）**橱窗**：对橱窗的设置位置、形式、通透性、色彩、灯光等提出规范性要求。

6）**照明**：根据商品属性和消费属性，对照度、色温、显色指数和重点照明系数以及灯具提出规范性要求。

7）**地面**：重点是与公共部分的衔接和美观性。

8) **门面**：对门面规格、造型等要素的规范性要求。

9) **围挡**：对围挡的形式、画面的规范性要求。

下面介绍某商业项目装修手册中的形象表面装修工程技术标准。

形象表面装修工程设计施工技术标准

3.7.1 整体设计

3.7.1.1 各商铺朝向内通道的立面须有三分之二的立面宽度保持通透，可采取以下方式：

（1）可设置高度在1.5m以下的单面货架、双面货架或模特台。

（2）可设置吊杆拉丝架陈列货品。

（3）可设置落地透明钢化夹胶玻璃（厚度在12mm以上、玻璃外露边缘须经过磨边处理），铺内靠落地透明钢化夹胶玻璃处可设置不带背板的货架或高度在1.5m以下的模特台。

（4）可设置以透明玻璃为背板的货柜。

3.7.1.2 服装类商铺的形象和风格定位要从客户群分类出发，区分不同风格应用不同的宣传方式。

休闲服装的商铺装修应该给人以随意、轻松的感觉，有对比强烈的色彩和绚烂的灯光，折放、正面展示、侧面展示要互相穿插，货架的摆放要在随意中又有整体的感觉。

女装商铺的色彩要有女人味，淡蓝+白、红+白、紫红+白、驼色+白、白、黑+白等都是不错的选择，商铺整体装饰的线条要流线、纤细，灯光柔和，多点镜子（女人天生爱照镜子，当你这里镜子多的时候，就算没有看你的衣服也会把她们吸引过来。）

男装商铺则以粗犷的线条，深沉的色彩为主，多用胡桃木等材料制作。

3.7.1.3 根据主副通道，设定卖场蛇行线。

全面有效的展示商品，使顾客在店内滞留时间延长是行销的关键所在。所以，在进行设计时我们首先应当考虑到如何最大化的展示商品，并使商品形成对顾客心理与视线的双重包围，从而促使其完成购买过程。一般来说，顾客习惯浏览的路线即是店内的主通道。大型店铺常为环形或井字形；小型店铺则为L或反Y字形。其中，热销款及流行款应摆放在主通道的货架上，以便使顾客容易看到、摸到。至于副通道，一般由主通道所引导，用于布置辅助款及普通款商品，具体的方案一般参照店铺自身的需求及空间特点所决定。收款通道则应置于主通道的尾部，同时结合对LOGO、代言人等品牌标志物进行重点宣传，在最后一关对顾客的脑海形成冲击。

3.7.2　店招

3.7.2.1　各商铺大门原造型不得随意改动和在地面上打孔及上螺丝，店招的LOGO设计要按统一尺寸、与邻铺店招的颜色要有对比度。

3.7.2.2　内铺店招的LOGO设计要具有突出特点，要明白易懂，造型别致，品质优良的材料制作，统一为内打灯设计；外铺店招按规定要求来设计LOGO，不得加任何牌匾及装饰物。门面、公共区域及广场墙面不得张贴和悬挂任何宣传品和装饰物，要保持广场外形象完美性。

3.7.2.3　门头装饰不得凸现出基准面，不得做店铺侧招：

方案一：可使用铝塑板、压克力或镜面玻璃饰面，加装发光字，字体凸出基准面不得大于10cm。

方案二：亦可做嵌入式灯箱（内打光，门头嵌入部位有喷淋下支管请商户告知设计师，以便设计时做适当处理），灯箱面板不得凸出现有基准面。

3.7.2.4　招牌应严格按原制作好的招牌框架尺寸进行设计，并须说明字体、颜色，取材统一采用内打灯灯箱片。

3.7.2.5　店招高度：

一楼店招高度：900mm，二楼三楼店招高度：800mm。

3.7.2.6　商铺门头应当只显示名称、字号和标志，不得安置其他含有商业性宣传内容。商铺必须安装在指定位置，不得以垂直于门楣的方式安装或悬挂商铺铭牌。

3.7.2.7　门头制作材质、厚度、固定方式等必须接受管理公司统一管理，不得选用苯板、KT板等低档材料。不允许粘贴字、及时贴等。铭牌字体应当规范完整，字序应当遵守国家的语言文字排列顺序。同时，字体的材质、凸凹、色彩、字形、大小、组合等需要通过管理部门的审核。

3.7.2.8　门头不得用霓虹灯、射灯、彩灯、反光灯等来加强效果，或用彩带、旗帜、鲜花等来衬托。

3.7.3　货架

3.7.3.1　服饰类店铺店内设计两侧的柜台及陈列货架高度为2400mm，铺中有立柱的，装修面高为2600mm。

3.7.3.2 中岛货柜及陈列架高度为1350mm，正面的主形象板高度可为2400mm，背柜、形象柜不得遮挡通道走向及视觉走向。要求主形象板LOGO要突出品牌特点（禁止使用喷绘图片）。中岛店外延与各边店铺保留2.4m的主通道，1.6m辅通道。中岛店铺不得遮挡防火卷帘门、消火栓及各类消防控制按钮，顶部喷淋、烟感。中岛店铺进行安装时要注意背面及侧面的装饰，不得裸露。地面和顶棚不得在装修或安装道具时予以破坏。商铺撤离时须将承租区域恢复原状。

3.7.3.3 品牌店货架及展柜等如涉及用油漆方面的必须在场外加工，喷完漆再进店组装，商场内部不准进行与油漆有关的任何作业。

3.7.3.4 服装类店铺必须在店铺面有形展示台，各展台要求有模特不少于2~3个，条件好的店要有背景衬托处理，必要时要请相关陈列设计公司设计，严禁模特无艺术衬托处理。

3.7.3.5 防火卷帘门下方不宜堆放桌椅等杂物，两侧0.5m以内不得设计高橱柜或货架遮挡设施，影响其正常使用；控制按钮面板不得拆除、遮挡、喷涂；

3.7.3.6 展柜（展架）的设计应考虑顾客视觉，便于购物的配置，高度要与人体高度相适应，以方便顾客购物。不得在距离商铺的入门处2米以内安置任何陈列用具，陈列用具的摆放不能影响通道的宽度。陈列用具应该注意多样化，要有高低、大小等各种式样的。大展柜或高展柜不得安置于靠近商铺玻璃处，而应以低柜或低架的形式陈列商品。陈列用具不应过多。建议在展柜（展架）的下方最好安装照明。

3.7.4 试衣间

3.7.4.1 服饰类店铺店内的试衣间和库房的间隔墙必须要用金属龙骨，并用双层石膏板，严禁用三合板等木材。

3.7.4.2 应设置为封闭式独立试衣间，试衣间的尺寸原则性不统一，但要求根据本店的面积比例来考虑。根据客流量可做两个以上试衣间。

3.7.4.3 试衣间应设有明显的标识或标志牌，其大小、形状、颜色及材质应相对统一。试衣间门向内开，门宽度建议在800~900mm，试衣镜在进门正面和侧面，镜子建议800mm×1600mm。门上需有可内锁的门销，并配置挂物钩、衣架、置物台。

3.7.4.4 照明安装位置应在顾客面向镜子的前面，灯光建议安装有滑轨射灯，试衣间内壁应保证光滑平整，并应标有"请您注意携带好自己的财物"等提示性的语言。试衣间内的地面应与卖场地面水平为宜，地面应铺地毯或地板砖。试衣间外配有品牌软包全长椅，不得选用普通办公椅凳或折叠椅。试衣间内必须有40W以上灯具照明，如果试衣间内安装有空调开关时必须将所有线路隐藏于夹层内。

3.7.5 橱窗

3.7.5.1 商铺橱窗的设置位置必须经过管理公司审核通过，商铺橱窗的设置位置应考虑到客流动线的布置，原则上相邻的商铺橱窗的设置位置应当一致。同时，

3.7.5.2 必须保证朝向通道的立面有三分之二的立面宽度通透，玻璃上一律禁止粘贴指示牌、装饰物、广告或类似的设施，不得悬挂任何灯箱、安装霓虹灯。

3.7.5.3 采用的色彩要利于表现商品的陈列，橱窗的陈列设计不得使用滚动、旋转、振动的道具，不得发出声响。道具或商品的支架应隐蔽摆放，商品名称、企业名称或简捷的广告用语，统一安排在台架上。一个橱窗只做某一厂家的某一类产品广告。

3.7.5.4 对橱窗灯光的基本要求是光源隐蔽，色彩柔和，必须在色温、照度上与商场公共区域照明条件以及商品档次相协调。避免使用过于鲜艳、复杂的色光。同时，注意避免通过商铺玻璃投向商场公共区域。

3.7.6 照明

3.7.6.1 服饰类店铺内必须能够保持足够的灯光，主要做到店内明亮（除特殊需要，可另作考虑），并从人性理念方面考虑必须设计有特性化的休息椅。

3.7.6.2 内铺店招灯箱要求内打灯，外铺使用外打灯，禁用霓虹灯，内打灯箱灯管与灯箱布距离应保持在100～150mm。

3.7.6.3 所有装饰灯的安装位置与喷淋头的水平距离为300mm以上。

3.7.6.4 凡由商户提供的各类型灯具及配件，应经工程部验收合格后才能使用；禁止使用电感镇流器、220V石英灯杯、碘钨灯以及无产地、无合格证的灯具及光源。

照明灯具指定使用以下品牌和型号：

（1）日光灯：指定为欧司朗、飞利浦、雷士电子式镇流器，荧光灯管为飞利浦、欧司朗、雷士灯管，提倡使用T5节能型灯

管；严禁使用散装的日管灯架。

（2）冷光灯：指定为飞利浦或欧司朗12V灯杯及电子式变压器；

（3）金卤灯：指定为飞利浦或欧司朗灯管；

（4）节能灯：指定为飞利浦或欧司朗；

3.7.6.5　灯具安装必须牢固，特别是大型装饰吊灯安装后要对其牢固性能进行检查

3.7.6.6　光线设计

对于人工照明宜采用以下三种方式进行设计：

基础照明：基础照明主要是为了使整体店铺内的光线形成延展，同时使店内色调保持统一，从而保证店铺内的基本照明。其中，主要运用模式有嵌入式（如地灯、屋顶桶灯）、直接吸顶式照明两种方案。

重点照明：对于流行款及主打款产品而言，应用重点照明就显得十分重要。其中重点照明不仅可以使产品形成一种立体的感觉，同时光影的强烈对比也有利于突出产品的特色。当然，重点照明还可以运用于橱窗、LOGO、品牌代言人及店内模特的身上，用于增强品牌独特的效果。至于设备方面，常用的器材主要为射灯及壁灯，可以根据产品的具体特点而选用相关设备。

辅助照明：辅助照明的主要作用在于突出店内色彩层次，渲染五彩斑斓的气氛与视觉效果，辅助性的增强产品吸引力与感染力。

总体而言，店内照明应使店铺富有个性化与艺术气息，通过各种光线的交叉性照射消除视觉死角，保证陈列的最佳效果，从而突现品牌的特色与产品的魅力。

3.7.7　吊顶

3.7.7.1　为最大程度保障商业整体形象的协调、统一，商铺吊顶装修设计原则为：商铺均应采用与各楼层公共区域相协调的吊顶。如确因经营特点而需要变更设计的商户必须向管理公司相关部门书面申请，在与周边商铺协调统一的前提下，方可能获得许可变更吊顶。商铺吊顶的排布、色彩、规格必须接受统一管理，如采用格栅吊顶者不得裸露管路。且应将商铺与公共区域上方用石膏板封死，以控制商铺内温度。

3.7.7.2　本着有利于卖场内视觉上的整洁性的原则，各类吊顶必须与公共区域吊顶高度一致。吊顶内设施（烟感、温感、消防喷淋等公共设施）不允许拆除破坏。

3.7.7.3 石膏板吊顶需在空调风管安装到位调试后运行正常，烟感，喷淋器安装到位调试正常的情况下进行施工。吊顶应先安装龙骨架，保留检修口。同时按照电路图所绘制的灯路位置进行灯线的铺设，所有线路都应按照配电箱的位置进行铺设，如有网络线、电话线、音响线，应同时进行分线槽或线管铺设，有利于后期电源控制总开关的安装

3.7.8 地面

3.7.8.1 地面应与公共区域的水平高度保持一致，衔接处不得有缝隙，且必须用不锈钢条填实或铝合金压条扣住。

3.7.8.2 建议如果非经营特殊需要，商铺原则上均应铺装石材地面或地板，应尽可能选用与公共部位色彩一致（或协调）的材料。建议地砖尺寸为600mm×600mm。如采用地板铺装，但只限于复合地板或实木地板，禁止采用地板革、地板胶、纯毛/化纤地毯。其中，复合地板的铺设要注意地板材质的选择，应充分考虑地板材质的耐磨性，防水性，使用寿命等相关技术性能指标。为保证整体商业品质形象，保留要求商家更换严重磨损、破损、起翘变形的地材的权利。同时还应注意铺设电源地插线、地插的安装，道具所用电线路的铺设。

3.7.9 门面

3.7.9.1 商铺门面禁止搭建任何形式造型，玻璃上一律禁止粘贴指示牌、装饰物、广告或类似的设施，不得悬挂任何灯箱、安装霓虹灯、射灯。

3.7.9.2 商铺玻璃朝向内通道的立面须有三分之二的立面宽度必须保持通透，禁止任何形式的遮盖（如喷涂、贴膜等）。铺门统一向铺内开启，不得私自改变铺门开启方向，同时不得拆改铺门把手（包括铺门把手的安装方向）与更换铺门把手。面积在100m^{2}以下的商铺原则上不允许改动铺门位置。如因品牌经营确实需要改动铺门位置，须提前向商城运营管理部门书面申请批准。

3.7.10 围挡

3.7.10.1 所有装修和装饰活动施工前必须设置围挡；采用幕帘的围挡方式是指将喷绘的喷绘布直接遮挂在店外面玻璃前。采用幕帘的的条件是装修装饰时间少于7天的以及只涉及局部简单的装饰活动，不产生大量垃圾、灰尘和噪声的；

3.7.10.2 采用挡板的围挡方式是指在要装修的店面200mm前用石膏板进行围挡，在挡板上覆盖写真或喷绘画面的图片，在挡

板上另行开门（原有玻璃门前）供施工人员及材料进出。采用挡板的的条件是装修时间在7天及以上的，装修可能产生大量垃圾、灰尘和噪声的，工程量较大，材料进出频繁的；

　　3.7.10.3 围挡外观制作要求：

　　围挡必须进行喷绘装饰，喷绘图案采用管理公司统一审批后进行施工。

　　围挡粘贴必须保证连接紧密，无缝隙。

　　5. **施工现场管理规定**。施工现场管理规定描述涉及装修过程包括安全、公共设施、环境保护、公共利益的管理制度。这一部分可由物业管理部门依照物业管理制度进行编写。

　　6. **装修手册确认书**。商户在这里签署履行《装修手册》的承诺。

　　7. **违规处理规定**。描述了商户在施工中未按照管理部门审核批准的图纸施工，损害建筑安全，违反施工现场管理规定所应承担的责任和处罚细则。

(三)《营业员手册》的编制

　　《营业员手册》是对商业项目营业员日常经营管理，规范营业员服务行为的制度性文件。

　　《营业员手册》一般应包含以下内容：

　　1. **工作规范**。规定营业员人员基本要求，对营业员包括货品管理、索证、现场问题发现及解决、安全防范、调换货、交接工作、物品放行、开闭电源、开闭店等各种基本作业活动提出规范要求。

　　2. **服务规范**。规定营业员包括个人仪表仪容、营业礼貌用语、店柜物品摆放、店柜清洁卫生、工作纪律的规范要求，并规定奖罚细则。

　　3. **服务知识和技能**。服务知识和技能主要描述了主要包括商品知识、业务知识、导购知识和操作技术。

　　4. **承租人签署页**。商户在这里签署履行《营业员手册》的承诺。

二、运营管理体系建设

　　开业筹备工作中的运营准备，包括建立运营管理体系。

　　所谓运营管理体系，也就是商业运营管理各种规章、制度、标准和流程。

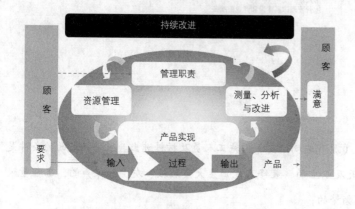

图2-8-1 某商业项目管理
体系示意图

图2-8-1反映了某商业项目管理体系的运行方式。

建立运营管理体系的工作，既有为运营期商业运营管理所作出的准备工作，包括各种规章、制度、标准和流程文件资料的准备，基本上是为运营期而准备的；但也有许多工作是为开业筹备期的工作服务的。各种规章、制度、标准和流程文件资料，在等运营管理手册的编制中要使用，在商户入驻和装修管理工作中要使用，在信息技术系统建设过程中要使用，在新员工岗前培训中要使用，而且如果准备在商户入驻前举行运营见面会的活动，在资料中也要使用。

所以，运营管理体系在开业筹备期的提前启动和认真开展是十分重要的。

运营管理规章、制度、标准和流程涵盖了包括商业运营管理13个活动和过程的各个领域。这里，我们重点讲述这些规章、制度、标准和流程的编制方法。

（一）编制运营管理规章的思想方法

任何一项管理工作，任何一个业务和作业活动，任何一个过程，我们都要把握三个原则：即**活动必须受控；过程必须可追溯；标准必须可衡量**。

1. 系统受控

管理系统必须受控，目标必须受控，过程也要受控。控制有两种方法，一种是目标控制，例如所谓的目标责任制，只要完成规定的目标，具体过程和手段一般不太讲究，就是所谓的"只要结果，不问过程"；一种是过程控制，要求对整个过程要进行精确制导。越是现代化的管理越是需要过程控制，例如商业运营中的开闭店管理作业，就不能采取目标管理，而必须实行过程控制。

要使目标和过程受控，各项工作就必须有布置、有实施、有检查、有总结。不能采取放羊方式，而是要追踪到每一个节点、每一个结果。

2．过程可溯

所谓过程可以追溯，就是每一件事情都需要留下证据、痕迹。管线挪动了，图纸就必须更新，作出某项决定了，必须有记录。记录就是痕迹，记录就是证据。经营过程尤其需要各种记录。俗话说"好记性不如烂笔头"，到了诉讼阶段，口说无凭，只有记录才是最硬的证据。

3．标准可衡量

布置一项任务，完成的程度如何，要有个标准。而标准是否达到，必须有一把尺子去衡量。所以，我们制订的每一个标准，每一项指标都应该能够衡量。

（二）运营管理规章的结构组成

图2-8-2展示了某商业项目运营管理规章、制度、标准和流程结构组成。

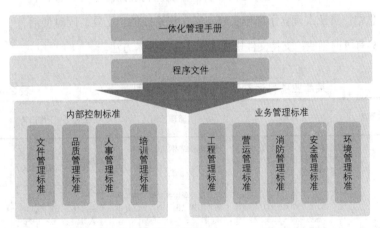

图2-8-2　某商业项目管理体系文件架构

管理手册确立管理的方针目标，梳理资源和管理要素，确立管理架构，明确职责和权限。

程序文件提供对管理活动中的各种输入变量、输出变量、状态变量、控制变量和边界条件等变量，进行联系和控制，构成管理系统目标函数的方程式。

同时，作为支持性文件的企业技术标准和业务作业规范，就是开展工作的技术方法。

1．各类业务管理标准的展开

通过表2-8-1，我们来看看该商业项目各类业务管理标准是怎样展开的。

业务管理标准由若干个具体项目的业务管理标准所组成，有独立运行的，有各部门关联运行的。

某商业项目业务管理标准的划分	表 2-8-1

各部门和岗位的工作标准和流程	各部门关联的工作流程
1. 营运管理标准 2. 企划管理标准 3. 客户服务管理标准 4. 招商管理标准 5. 安全管理标准 6. 环境管理标准 7. 交通管理标准 8. 工程管理标准 9. 人事控制标准 10. 行政控制标准 11. 培训控制标准 12. 品质控制标准 13. 外包控制标准 14. 物资采购和库存控制标准 15. 其他	1. 装修管理标准 2. 消防管理标准 3. 报修管理标准 4. 顾客广场财产安全管理控制标准 5. 收费控制标准 6. 其他

2. 业务管理标准作业文件的要素

业务管理标准作业文件的要素是什么？我们还是采用"5W1H"的方法，回答五个问题：做什么？为什么做？谁来做？什么时候做？在何处做？怎样做？

表2-8-2是运营管理策划的一个表例。其中，工作项目、工作要点把具体工作进行了细化；工作标准明确了具体工作的标准，有时间要求的规定时间要求，有地点要求的规定地点要求；管理控制确保工作有布置、有检查、有总结；责任人确立了岗位责任，工作记录提供了工具，同时使活动的结果具有可追溯性；支持文件则提供了工作的技术方法。

某商业项目运营部分工作的管理策划						表 2-8-2

项目	工作要点	工作标准	管理控制	责任人	工作记录	支持文件
经营环境管理	基本经营环境（灯光效果、听觉效果、商业气氛的营造等）	营造商场内外环境的灯光效果，值班人员每天应注意泛光设备的正常使用效果	通过日常巡视检查进行管理	现场主管	《日常运营巡视记录表》	
		按《广播工作指引》制订每日固定广播、促销信息的次序和播放时间。服务总台人员每星期一应对背景音乐进行更新调整	营运部经理监控背景广播与商场的整体氛围协调一致，并审批广播内容	服务总台人员	《广告播出审批表》《广告播出汇总登记表》	《广播工作指引》
		严格控制各商铺私装音响，以避免各类噪声	营运部经理负责审批商铺安装音响的申请	现场主管		
		重大节假日及季节变化时应对商场内外的氛围布置进行更新变换	企划人员负责商场氛围的设计与维护、吊旗的设计与维护	企划人员		
		每日检查库房的卫生、货品码放、电器使用、消防、防水防潮等。	巡视时发现不合格现象时须发《整改通知单》	现场主管	《整改通知单》	
	商铺环境	①关注商铺内灯光、色彩、内部的装饰效果。 ②依据《营业管理守则》进行商铺管理，内容包括： 营业员管理； 商品陈列管理； 卫生管理； 商品进出	①营运部人员填写《日常运营巡视记录表》。 ②营运部现场主管负责《日常运营巡视记录表》记录问题的协调、处理及结果跟踪。 ③根据商铺违纪情况发放《营业员奖罚单》，经营运经理签字后，由客服人员下发。 无法现场处理的情况发放《整改通知单》，经营运经理签字后，由客服人员下发	现场主管	《整改通知单》《营业员奖罚单》	《营业管理守则》

续表

项目	工作要点	工作标准	管理控制	责任人	工作记录	支持文件
巡场管理	制订巡场路线	根据商场的格局、商铺分布情况制定巡场线路和明确巡场监控内容	由营运副总负责审核、批准	营运经理	《巡场点位路线图》	
	巡场要求	①每日保证巡场4次：营业准备巡视、营业巡视（上午、下午各一次）、营业后巡视。②巡场中发现的问题需通知相关责任方立即解决，无法立即解决的问题填写《整改通知单》。③每次巡视填写《日常运营巡视记录表》。④巡场范围：开闭店情况、经营环境、商铺情况、营业员情况	①《整改通知单》需注明：问题、责任人、整改要求、完成时限等项内容，送达责任人或其代表并要求其签收②重大共性问题及时向营运部现场主管汇报解决	客服人员	《日常运营巡视记录表》《整改通知单》	《巡场工作指引》

三、开业前运营准备

开业筹备工作中的运营准备工作包含四个内容，即物料及设施准备、模拟演练开业试运转、内外环境布置、开业前检查。

（一）物料及设施准备

物料及设施设备在开业筹备工作中，要认真筹划和准备并纳入开办费计划。物料及设施设备的内容包括：

1. 总服务台，按照VI要求进行设计施工，有显著的标识。

2. 总服务台的物料、设施设备

（1）商业广播有关物资和资料，如广播设施、电脑设备、广播稿等；

（2）礼品包装用品，如包装纸、丝带、备用礼盒等；

（3）服务用品，如针、线包等；

（4）紧急用品，如急救药品等；

（5）背景音乐资料，如磁带、光盘等；

（6）顾客服务用品，如婴儿车、残疾人车；

（7）运营管理用品，如营业员打卡机等。

3. 在总服务台有服务项目、服务承诺等公示。

4. 办公设备和用品，如办公用电脑、工牌、对讲机等。

5. 商户管理用品，如物价签、价签托、销售小票、员工牌等。

6. 营销推广用品，如花车、速卖房、各种规格的POP、POP支架、手提袋、促销证、隔离线、围挡布、公告牌、易拉宝等。

7. 经营管理用的印刷品，各类表单的制作与交付印刷。

8. 为全职服务人员统一配备着装。

（二）对开业试运转进行模拟演练

在开业前，根据所编制的运营管理的标准、方法和流程，组织员工和相关部门就开业试运转进行模拟演练。内容包括：

1. 开闭店流程的模拟演练；

2. 总服务台各项工作的模拟演练；

3. 根据所制订的巡场路线图，模拟开业前期商场的运营巡查。

（三）在开业前组织商户及各有关部门进行内外环境布置

1. 各种功能性小品及服务设施全部到位；

2. 精开荒和保洁已经完成，绿化景观布置完毕；

3. 美术陈列全部到位；

4. 景观照明、商场照明完好正常；

5. 广告宣传和广告位照明就绪；

6. 商铺商品、陈列及宣传已经到位；

7. 所有设施设备运行正常，通风良好。

（四）开业前检查

在开业前跟进检查开业筹备最后阶段的工作，其重点是：

1. 商铺开业的跟踪：装修完工、设施设备进场、货物商品进场、商品陈列、价签到位、合同备案、证照办理、服务见面洽谈会等；

2. 主力店：装修进展跟踪、开业前界面协调等；

3. 多种经营的招商：签约、装修、确定开业日期等；

4. 室内外广告位：签约、收集确定样稿、制作安装到位等；

5. 收费情况：合同尾款、广告费用、装修费用、租金、物业管理费用的收取等；

6. VI导视系统设计报批、制作完成、安装到位的时间等；

7. 开业物料设计、购置、制作安装到位。

第九章

一、信息技术系统建设

(一) 信息技术系统的特殊属性

我们首先需要澄清一个概念，这个概念就是，**商业运营技术设施不是商业物业的技术设施。**

1. 什么是商业物业的技术设施

在传统类型的物业中，技术设施就是物业，就是建筑及其附属设施，包括供配电设备、给排水设备线、暖通设备、电梯、消防设备、红外线报警和监控设备、楼宇自动控制设备等。这些都是商业物业技术设施。商业物业技术设施的基本特征就是，它们都是建筑功能的载体。这些技术设施如果缺乏了，建筑功能就缺失了。

围绕这个技术设施以及为这些技术设施所承担的建筑功能的实现所开展的技术工作，无论是建筑、结构、装饰装修，还是电气、消防、给水排水、供暖通风和电梯，就属于工业与民用建筑专业技术的范畴。对物业进行的管理，就是对上述建筑物及相关附属设施的管理。

2. 为什么商业运营技术设施不是商业物业的技术设施

商业地产与其他类型的物业如住宅、办公楼等不同。它不仅在建筑专业技术方面呈现出更明显的技术复杂程度，而且出现了**独立于建筑专业技术范畴**的商业运营技术设施系统。

这个技术系统已经离开了建筑物本身，不承担建筑功能载体的作用，因此不能叫作建筑的附属物。

例如商业项目的多媒体技术，例如商业的舞台灯光，例如客流计数系统，例如商业运营数据管理系统，它不承担建筑功能，而是承担商业运营的技术功能。

不仅如此，它们从专业上已经离开了工业与民用建筑技术中的技术范畴，采用了声学、光学、网络和数据处理等技术，无法归类于建筑、结构、电气、消防、给水排水、供暖通风、电梯等任何一个专业。

3. 什么是商业运营技术设施专有属性

商业运营技术设施对于商业运营，就如同电信枢纽技术设施对于电信运行，就如同无线电发射技术设施对于无线电发射运行，既不是建筑功能范畴，也不是建筑技术范畴。

商业运营技术设施不是商业物业，电信枢纽技术设施也不是电信大楼；同样，无线电发射技术设施也不是无线电发射塔。

物业管理只能管理建筑物的基础保障，而不能管理商业运营技术设施，不能管理电信技术枢纽设施，也不能管理无线电发射技术设施。

传统的商业项目，没有多媒体技术，没有智能化商业经营数据管理系统，没有客流计数系统，甚至也没有舞台灯光，大部分商业活动都靠手工作业。所以，这个时候的商业项目唯一的技术设施就是建筑，有建筑有照明有给排水有消防有通风就可以了，以后又增加了空调，增加了电梯，但都是建筑技术。这些建筑技术只承担建筑功能，不承担商业运营功能。

所以，所谓商业运营技术设施，承担商业运营功能，不承担建筑功能。一句话概括，商业运营技术设施，是指承担商业运营功能的技术设施。

现代商业的发展，商业运营的技术创新日新月异，商业运营中的自动化、智能化愈演愈烈，功能愈加丰富和复杂，商业运营技术设施得到飞速发展。在短短十年以内，客流计数技术、多媒体技术、商业经营中的智能化数据信息技术系统蓬勃发展，商业运营工程技术以一个独立而新兴的领域产生并发展起来。

所以，商业运营技术设施的建设并不是房地产开发建设，而是商业投资经营活动的组成部分；商业运营技术设施的管理也不是通常的物业设施设备管理，而是商业运营本身的技术保障。

所以我们说，商业运营技术设施具有专有的属性。而在这个领域中，最先广泛开发和运用的，就是商业信息技术设施，也就是信息技术系统。

（二）信息技术系统的功能和构成

信息技术系统是为商业运营和顾客服务提供智能化信息服务的技术系统。

1．信息技术系统的功能

在目前阶段商业运营活动的运用领域里，信息技术系统传递、加工和服务的功能性要求主要是：商品信息、促销信息、服务信息的传播和查询；服务导航；各种经营数据的采集、传递、加工和使用。简单地说，信息技术系统的功能包含服务功能和管理功能。

（1）服务功能（图2-9-1）

（2）管理功能

信息技术系统的管理功能主要表现在经营管理中对重要的经营基础数据进行采集、汇总、加工，起到指导经营决策和经营管理的作用。

2．信息技术系统的构成

信息技术系统由终端、服务器、采集器（包括传感器）以及支持技术系统几个部分构成。

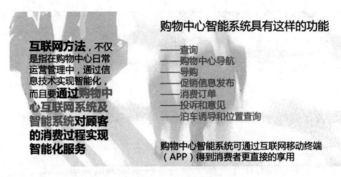

图2-9-1　信息技术系统的服务功能示意图

信息技术系统的基本构成：

（1）终端：包括多媒体导购查询终端、多媒体播放机等固定服务终端，APP用户移动终端，经营数据查询终端等；

（2）服务器：对各种商业信息、促销信息、服务信息和经营中的基础数据进行整理和处理并传递的系统等；

（3）传感器或数据信息采集器：客流计数装置，收银机，各种经营基础数据和场地基础数据输入设备，各种商业信息、促销信息、服务信息的输入设备等；

（4）支持技术系统：综合布线，有线局域网，无线局域网等。

（三）信息技术系统建设工作步骤及应关注的事项

1．信息技术系统的主要工作步骤

（1）梳理信息技术系统的服务需求和经营管理需求，完成需要通过智能化手段实现的用户服务功能设计和经营管理功能设计，确定其逻辑关系。做好相关的基础资料准备工作。

（2）确定信息技术运营的载体形式，如调研、选择和确定采用客流计数技术及产品；调研、选择和确定新媒体技术及产品；调研、选择和确定商业管理软件设计供应商和具体采用的商业管理软件。

（3）建立商业经营管理数据模型。

（4）对合作银行进行比选和确定。

（5）完成网络点位规划，包括收银台、总服务台、VIP服务中心、办公室、多媒体播放、多媒体查询、客流统计、室分系统及wifi点位等位置的规划。

（6）对服务器、网络设备、POP机、广播、室分系统、WiFi的硬件进行采购和网络布线。

（7）信息技术系统安装调试，并进行基础数据录入；就信息技术系统的使用对相关人员进行相关培训；组织高峰期收银服务器模拟压力试验。

2. 信息技术系统建设过程中应注意的事项

（1）网络点位规划，应在强弱电施工图完成之前完成。

（2）服务器、网络设备、POP机、广播、室分系统、WiFi的硬件采购和网络布线，在强弱电工程施工过程中同时进行。

（3）注意与停车场管理系统，就车流量等数据传递和共享的数据接口等事项进行衔接。

（4）注意与合作银行之间就POP机及其数据接口等事项的衔接，合作银行的比选和确定，一般应当在开业前五个月之前完成。

（5）信息技术系统一般应在开业前一个月之前安装调试完毕。

二、数据信息模型建立

数据信息，是指商业项目经营管理过程中通过电子信息技术或手工技术收集、整理、加工的有关商铺面积、业态及品类、商户销售额、营业坪效、客流量、车流量等信息。

数据信息模型，是指按照商业运营管理的需要，以经营分析报告、报表、台账和记录为基础，通过数据信息特征和相互联系，表达商业运营管理功能模型的一种数学模型，是商业数据信息技术系统数据库建立的基础。

（一）数据信息模型建立的前提和基础工作

1. 数据信息模型建立的前提

数据信息模型建立，以下列工作完成并形成成果为前提：

（1）经营模式已经确定，例如是否采取统一收银；

（2）计租方式已经确定，例如是否采取固定租金和营业流水分成计租等方式；

（3）财务核算方式已经确定；

（4）经营分析的方法已经确定；

（5）业态及品类划分标准已经确定，以便于对业态和品类进行编码；

（6）经营管理过程的各类台账、记录和报表已经设计完成。

2. 数据信息模型建立的基础工作

数据信息体系应该能够支持租赁报表、经营分析报告有关数据的需要。

因此，必须组织起下列数据：

（1）租赁报表上所需要的数据

1）基础数据：包括零售、餐饮、娱乐、服务及其他业态在地上地下各层的建筑面积、单元内建筑面积和总面积；包括库房、车位和人防车位在地上地下各层的数量和面积及总数量和总面积；设备用房、管理用房、自行车库、垃圾房、卸货区在地上地下各层的数量、面积及总数量和总面积；广告位、多种经营摊点等可经营资源在地上地下各层的数量和面积以及总数量和总面积；

2）商铺租赁数据：租金收入；租赁面积数据；日租金数据；出租率数据；其他指标，包括累计已签约商户数量、累计已签约商户面积、累计已开业商户数量、累计已开业商户面积、总开业率、签约商户开业率（按数量计算）、签约商户开业率（按面积计算）、商户签约率（按面积计算）。

3）广告位租赁数据：广告位租金收入；广告位租赁面积，包括可经营总面积、累计签约面积、累计空置面积、到期面积、退租面积、新签约面积（其中有续租面积、换租面积、新签约面积）；广告位出租率（累计出租率、年度平均出租率）；

4）多种经营点位租赁数据：多种经营点位的租金收入；多种经营点位租赁面积，包括可经营总面积、累计签约面积、累计空置面积、到期面积、退租面积、新签约面积（其中有续租面积、换租面积、新签约面积）；多种经营点位出租率，累计出租率、年度平均出租率。

（2）经营分析报告上所需要的数据

1）基础数据：租金收入、租金收缴率、租金环比增长率；销售额、销售额环比增长率、销售额同比增长率、平时平均销售额、节假日平均销售额；客流量、客流量环比增长率、客流量同比增长率、平时平均客流量、节假日平均客流量、平均客流驻留时间；品牌数量、品牌数量环比增长率、品牌数量同比增长率、各楼层品牌数量、业态品牌数量；租赁区域经营面积数量、经营面积数量环比增长率、经营面积数量同比增长率、空铺面积数量、空铺面积数量环比增长率、空铺面积数量同比增长率、各楼层经营面积；

2）分析数据：营业额租金比、营业额租金比环比增长率、各楼层营业额租金比、各业态平均营业额租金比；客单价：客单价环比增长率、客单价同比增长率、平时平均客单价、节假日平均客单价、各业态平均客单价；提袋率、提袋率环比增长率、提袋率同比增长率、平时平均提袋率、节假日平均提袋率、各业态平均提袋率；租金坪效、租金坪效环比增长率、租金坪效同比增长率、各楼层平均租金坪效、各业态平均租金坪效；营业坪效、营业坪效环比增长率、营业坪效同比增长率、各楼层平均营业坪效、平时平均营业坪效、节假日平均营业坪效、各业态平均营业坪效；空铺比例、空铺比例环比增长率、空铺比例同比增长率、各楼层空铺比例；

3）营销推广：推广活动次数、活动导入的客流数量；促销活动次数、各业态促销结构及比例、促销导入的客流数量；投放广告数量；

4）会员营销：会员数量、会员消费额、会员消费在总销售额的比重；

5）停车：停车数量、车辆停放时段比例结构；

6）客户关系维护：商品投诉件数、服务投诉件数；

7）异常商户经营状况：各业态营业坪效最高前五位的经营状况；各业态营业坪效最低前五位的经营状况。

（3）品牌资源报表上所需要的数据：

主要包括储备品牌的品牌名称、经营业态、经营品类、意向面积、意向租金标准、储备日期、公司名称、公司简述、品牌描述、物业需求、接洽跟踪记录、联系人姓名、联系人职务、联系人电话等。

要完成形成上述数据信息需求的组织，一定以要通过建立台账和记录，如合同台账、租费台账、铺位台账、客流统计台账、车流统计台账、气候疫情记录、营销活动记录、突发事件记录等来组织原始数据。

这些台账和记录能够进入信息技术系统的，应当将台账或记录纳入信息技术系统；无法进入技术系统的，应该建立手工台账和记录。

（二）基础数据模块的设计和优化

目前，商业管理软件市场比较成熟的技术软件都有基本的基础数据模块设计，包括铺位数据、商户数据、合同数据、租费数据等，但数据模块的种类、数据模块内的数据项目数量、数据展示方法都是最基本的，也是最简单的。因此，对于特定的商业项目，应该按照自己的商业经营管理需要，对基础数据模块提出深化研究和优化设计的要求。一是增加数据模块的种类，二是增加数据模块内的数据项目数量，三是增加数据展示方法。

数据模块的种类，就是根据不同属性的数据类型。重要的经营基础数据种类至少应该包括：

1.场地原始数据信息

（1）场地基础原始数据信息，包括总建筑面积、地上地下建筑面积、地上地下各层建筑面积；可经营总面积、地上地下可经营面积、地上地下各层可经营面积；其他经营总面积、地上地下其他经营面积、地上地下各层其他经营面积；其他总面积、地上地下其他面积、地上地下各层其他面积等；

（2）商铺原始数据信息，包括地上地下各层商铺数量、地上地下各层商铺面积；地上地下各层零售商铺数量、地上地下各层零售商铺面积；地上地下各层餐饮商铺数量、地上地下各层餐饮商铺面积；地上地下各层娱乐商铺数量、地上地下各层娱乐商铺面积；地上地下各层服务业态商铺数量、地上地下各层服务业态商铺面积；地上地下各层其他业态商铺数量、地上地下各层其他业态商铺面积等；

（3）广告位原始数据信息，包括点位位置、数量、规格、面积、类型、性质（经营性和宣传性）等；

（4）多种经营点位原始数据信息，包括位置、数量、面积、类型；

（5）库房原始数据信息，包括位置、数量、面积；

（6）停车位原始数据信息，包括数量、面积；

（7）其他原始数据信息，包括设备用房、管理用房、自行车库、垃圾房、卸货区的位置、数量和面积。

2．合同原始数据信息

（1）商户原始数据信息，包括品牌名称、铺位位置（编号）、合同面积、经营业态、经营品类、租赁时限、约定租金标准、约定其他费用标准（物业管理费、运营管理费、推广服务费等）、签约名称、负责人姓名、负责人电话、联系人姓名、联系人电话、公司地址等；

（2）广告承租商原始数据信息，包括品牌名称、广告位位置（编号）、合同面积、租赁时限、约定租金标准、约定其他费用标准、签约名称、负责人姓名、负责人电话、联系人姓名、联系人电话、公司地址等；

（3）多种经营摊点承租商原始数据信息，包括品牌名称、多种经营点位位置（编号）、合同面积、经营业态、经营品类、租赁时限、约定租金标准、约定其他费用标准（物业管理费、运营管理费、推广服务费等）、签约名称、负责人姓名、负责人电话、联系人姓名、联系人电话、公司地址等；

（4）库房承租商原始数据信息，包括品牌名称、库房点位位置（编号）、合同面积、租赁时限、约定租金标准、约定其他费用标准（物业管理费、运营管理费、推广服务费等）、签约名称、负责人姓名、负责人电话、联系人姓名、联系人电话、公司地址等。

3．客流原始数据信息

客流原始数据信息，包括每日、每个时段，在各个出入口进出的客流数据，以及在主要交通节点上统计的客流数量。

4．车流原始数据信息

车流原始数据信息，包括每日、每个时段进出停车场的车流量。

5．销售额原始数据信息

销售额原始数据信息，由营业报表和收银机端口统计的商户每日营业额。

6．租费原始数据信息

租费原始数据信息，即每月收款日结清的租赁物的租赁及各类管理费用。

7．经营管理中的其他重要基础原始数据信息

经营管理中的其他重要基础原始数据信息，包括如交易笔数、营销活动数据、促销数据、广告投放数据、会员数据、商品投诉数据和服务投诉数据等。

在进行原始数据信息体系的策划过程中，要认真梳理数据模块内的数据项目数量。

数据模块内的数据项目数量，主要是指数据指标所包含的要素维度数量，例如一个商户这样一个数据，就包含了名称、住所、联系方式、经营品牌、进场时间、退场时间、经营保证金等众多要素。要素维度越多，指标就越清晰。

数据展示方法，就是包含数据用表单、图形等多种表示方法。

经营管理过程的各类台账、记录，所反映的就是基础数据。所以，在开业筹备工作所设计的各类台账和记录越完善，对信息技术系统中的基础数据模块设计越有利。

所有基础数据，是直接输入而非加工的数据，通过传感设备、数据采集设备（如客流计数系统、停车场管理系统、收银系统）输入，或者手工输入。

（三）数据信息统计模型的建立

根据经营分析工作的要求，按照经济分析报表及其他各种报表所建立的统计方法，建立数据信息统计模型。

数据信息统计模型建立，有四方面的内容：

1．基础数据扩展

基础数据扩展，就是将基础数据进行扩展（表2-9-1），作为统计的基本数据，如客单价、提袋率、营业额坪效、租金坪效、空铺比例等指标，以及各类基础数据和上述扩展的指标计算月度、年度增量值。

经营分析基础数据要素列表　　　　　表2-9-1

指标类型	指标	基本数据值			
		日统计值	月统计值	月增量值	年度累计额
基础指标	租金		月租金	月环比增长率	年度累计租金
	销售额	日销售额	月销售额	月环比增长率	年度累计销售额
	客流	日客流量	月客流量	月环比增长率	年度累计客流量
	交易笔数		月交易笔数	月环比增长率	年累计交易笔数
	品牌数量		月品牌数量	月环比增长率	
	铺位数量		经营面积	月环比增长率	
			空铺面积	月环比增长率	
分析数据	营业额租金比		月营业额租金比	月环比增长率	年累计均营业额租金比
	客单价		月平均客单价	月环比增长率	年度累计平均客单价
	提袋率		月均提袋率	月环比增长率	年度累计平均提袋率
	租金坪效		月均坪效	月环比增长率	年累计平均坪效
	营业额坪效		月均坪效	月环比增长率	年度累计平均坪效
	空铺比例		空铺比例	月环比增长率	

2. 按特征值对基础数据和统计的基本数据进行扩展

对各种基础数据及增量按部位特征、时间特征、客源特征、业态特征，进行扩展，以及比较分析统计。

（1）部位特征即各类数据在不同楼层、不同位置的表现；

（2）时间特征即各类数据高峰、非高峰、节假日的表现；

（3）客源特征即各类数据尤其是营销推广数据对于不同客群的表现；

（4）业态特征即各类数据对于不同业态、不同品类的表现。

表2-9-2表示对各种数据按部位特征、时间特征、业态特征进行的扩展；表2-9-3表示对各种数据按客源特征进行的扩展。

经营分析数据部位特征、时间特征、业态特征要素列表　　表2-9-2

指标类型	指标	部位特征值		时间特征值			业态特征值	
		楼层	部位	时段	节假日	客流粘合度	业态	品类
基础指标	租金	楼层平均租金	部位平均租金				业态平均租金	品类平均租金
	销售额	楼层平均营业额	部位平均营业额		节假日平均营业额		业态平均营业额	品类平均营业额
	客流	楼层客流密度	部位客流密度	各时段客流	节假日客流量	客流粘合度		
	交易笔数	楼层交易笔数	部位交易笔数		节假日平均交易笔数		业态月平均交易笔数	品类月平均交易笔数

指标类型	指标	部位特征值		时间特征值			业态特征值	
		楼层	部位	时段	节假日	客流粘合度	业态	品类
基础指标	品牌数量	楼层品牌数量	部位品牌数量					
	铺位数量	楼层经营面积	部位经营面积					
		楼层空铺面积	部位空铺面积					
分析指标	营业额租金比	楼层营业额租金比	部位营业额租金比				业态平均营业额租金比	品类平均营业额租金比
	客单价				节假日均客单价		业态平均客单价	品类平均客单价
	提袋率				节假日均提袋率		业态平均提袋率	业态平均提袋率
	租金坪效	楼层平均租金坪效	部位平均租金坪效				业态平均租金坪效	品类平均租金坪效
	营业额坪效	楼层平均营业额坪效	部位平均营业额坪效		节假日均营业额坪效		业态平均营业额坪效	品类平均营业额坪效
	空铺比例	楼层空铺比例	部位空铺比例					

经营分析数据客源特征要素列表　　　　　　表 2-9-3

指标类型	指标	数量	日客流增量	客源特征					
				区域	文化结构	收入结构	年龄结构	职业结构	消费结构
服务指标	营销推广 大型活动	活动次数	活动导入的日客流量	区域1比例	大学以上比例	高收入比例	60岁以上	退休或无业者	零售比例
				区域2比例	中专至大专比例	中等收入比例	40～60岁	学生	餐饮比例
				区域3比例	中学比例	低收入比例	18～40岁	工人	娱乐比例
				区域4比例	小学比例		8～18岁	公务员、教师、医生	
							8岁以下	企业管理人员	
	促销	促销次数	促销导入的日客流量	区域1比例	大学以上比例	高收入比例	60岁以上	退休或无业者	零售比例
				区域2比例	中专至大专比例	中等收入比例	40～60岁	学生	餐饮比例
				区域3比例	中学比例	低收入比例	18～40岁	工人	娱乐比例
				区域4比例	小学比例		8～18岁	公务员、教师、医生	
							8岁以下	企业管理人员	
	广告投放	广告投放数量							
	会员营销 会员	会员数量							

续表

指标类型		指标	数量	日客流增量	客源特征					
					区域	文化结构	收入结构	年龄结构	职业结构	消费结构
服务指标	交通	停车	月停车量							
	客户管理	商品投诉	投诉件数							
		服务投诉	投诉件数							

3. 对上述各种数据的比较分析统计

特别要针对各种特征，对优质营业表现、劣质营业表现和平均营业表现，进行比较分析扩展（表2-9-4）。

经营分析数据比较分析要素列表　　　　　　表2-9-4

指标类型	指标	比较值			
		业态营业额坪效前五名		业态坪效后五名	
		发生值	与平均值差异比值	发生值	与平均值差异比值
基础指标	租金	月租金	月租金差值	月租金	月租金差值
	销售额	月营业额	月营业额差值	月营业额	月营业额差值
	客流				
	交易笔数	月交易笔数	月交易笔数差值	月交易笔数	月交易笔数差值
	品牌数量				
	铺位数量				
分析指标	营业额租金比	营业额租金比	营业额租金比差值	营业额租金比	营业额租金比差值
	客单价	客单价	客单价差值	客单价	客单价差值
	提袋率				
	租金坪效	租金坪效	租金坪效差值	租金坪效	租金坪效差值
	营业额坪效	营业额坪效	营业额坪效差值	营业额坪效	营业额坪效差值
	空铺比例				

4. 建立数据模型

完成基础数据扩展、完成数据的特征值扩展、完成数据的比较分析扩展的梳理之后，建立各种数据的统计方法即运算公式。

根据基础数据模块的设计和优化、数据统计的模型的建立的成果，向商业管理软件供应商提出软件升级和功能优化要求。

（四）数据信息模型建立所需要关注的问题

在数据信息模型建立的过程中，应重点关注以下问题：

1. 数据模型必须以形成经营报表为目标，在完善基础信息数据的基础上，链接形成统计加工的数据处理功能；

2. 业态和商品类别采用树形结构；

3. 如一个商户旗下有若干个品牌，应以品牌为索引进行相关数据的统计；

4. 如一个商户签订若干个铺位的租赁合同，在铺位统计中以铺位为索引。

第十章

商户入驻和装修管理

一、商户入驻管理

（一）开业前入驻商户运营说明会

作为一种与入驻商户建立感性联系，向入驻商户展示项目运营能力，提升商户信心，并向社会传递积极信息，同时也是营销推广手段，商户入驻前的营运说明会在一些商业项目得以积极推行，但普及度不够。

1. 开业前入驻商户运营说明会的作用

开业前入驻商户运营说明会具有这样的作用：

（1）从功能上讲，这是对入驻商户的一次培训。让商户了解商业项目的概况、经营理念、经营方针和办事流程，告诉他们在经营活动中的方法和规则。以便入驻商户尽快进入角色，使他们成为这个商业项目积极的组成部分。

（2）从心理上讲，这是对商业项目新成员的一次陌生环境引导。管理者对被管理者主导性的心理支配，就是在陌生环境引导这个环节实现的，很微妙也很有效。

（3）也从心理上讲，这是管理者同被管理者之间的一次感性沟通，有助于双方建立起友好的联系。

（4）通过这样的活动，能向商户集体展示出运营团队的专业能力，从而增强商户经营的信心。

（5）开业前举行这样的活动，也向社会传达积极的信息，是营销推广活动的重要组成部分。

2. 开业前入驻商户运营说明会的内容

（1）商业项目状况介绍，包括项目建筑状况和建筑指标，商业项目区位及区位特点，开业宣传的主要形式和特色，商业项目的经营理念和经营方针。

（2）商业项目运营规则，包括开业的具体安排，商户及营业员入驻的手续及相关证件办理方法，营业资质及相关法定文件，保险，通道、库房、停车位、员工食堂等服务设施的使用须知，物业管理须知，消防安全须知等。

（3）商业项目财务规则，包括销售额的统计、结算、确认的方法，指定收银机的介绍，费用标准和缴纳方法等。

（4）根据《商业手册》，介绍商业项目的营业制度和注意事项。

（5）商业项目营销推广规则，包括整体营销、合作营销和个别营销的组织以及相关费用，利用公共场地进行促销的注意事项，商业项目宣传使用标准范本、样式展示。

（6）DM单管理、商品搬入、物价签使用等商业项目营运管理的服务项目和管理要求介绍。

（7）安防、消防、维修、设备运行等物业服务及管理要求介绍。

（8）银行业务介绍。

（9）信息技术系统及使用说明介绍。

（10）装修管理情况介绍。

（11）其他有关服务和管理的情况介绍。

3．开业前入驻商户运营说明会的形式

（1）开业前入驻商户运营说明会一般在即将集中办理商户入驻时举行。

（2）开业前入驻商户运营说明会在商业项目地或就近的会议中心举行。

（3）开业前入驻商户运营说明会可邀请合作银行及其他服务机构参加。

（4）开业前入驻商户运营说明会应发出请柬或邀请函，邀请全体入驻商户参加。

（5）总经理和各专业负责人在开业前入驻商户运营说明会上均应负责就分管事项作出介绍和讲解。

（6）开业前入驻商户运营说明会所有介绍均应制作为PPT或视频文件播放。

图2-10-1展示了某商业项目开业前入驻商户运营说明会使用文件的样图。

1．销售额确认的介绍

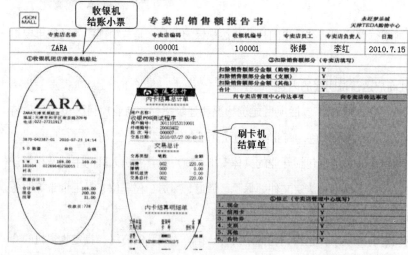

图2-10-1 某商业项目开业前入驻商户运营说明会资料样图

（二）商户入驻管理的流程

商户入驻管理包含合同和商户资料接收、商户入驻通知发放、商户入驻手续办理、商户费用缴纳、商铺交接、商铺技术整改、资料归档七个环节。

　　如图2-10-2所示的是从商户入驻通知发放开始到资料归档结束的商户入驻管理流程。

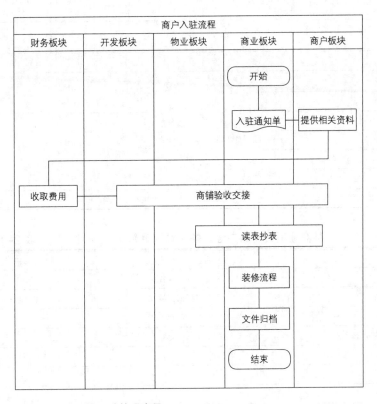

图2-10-2　商户入驻管理流程

1. 合同和商户资料接收

（1）招商部门向营运部门发放合同和商户资料移交通知书。

（2）营运部门检查合同和商户资料是否具备接收条件。

1）《租赁合同》及补充协议是否加盖了合法的合同章及骑缝章。

2）合同移交时是否附带有商户租赁申请表（表2-10-1）或规章流程所规定的文件，这个文件是否由商户所确认。

3）合同移交时是否附带有作为合同重要商务条件、技术条件的商户商务条件确认单、商户经营条件确认单（表2-10-2）、商户房产技术条件确认单、商户财务条件确认单，这些资料是否按照规定和流程，在合同签批前已得到财务管理部门、营运管理部门、营销推广部门、物业管理部门和开发建设单位的会签。

商户编号												
商户资料	商户名称		商户性质		联系人				提供资料		□营业执照 □税务登记证	
	经营类别		合作方式		联系电话						□质检报告 □商标注册证	
	品牌		产地		传真号码						□授权书	
	市场分布				联系地址						□其他:	

条件	位置	计租面积（m²）	日租金（元/(m²·日)）	签约月租金（元/(m²·月)）	销售额扣率租金(%/月)	履约保证金（元）	物业管理费（m²/月）	运营管理费（m²/月）	推广费（m²/月）	POS押金（元))	付款方式	合同期限	装修期	其他
商户											押付	年	天	
金额大写:														

其他:		招商总监:	
经办人:			
申报日期:	业态负责人:		
商户确认:		商业总经理:	
以上洽谈条件，我公司已确认。			
商户签名（签章）:		集团主管高管:	

商铺编号		楼层		面积	
商户		品牌名称			
物业管理费		推广服务费		装修保证金	
装修管理费		运营管理费			
经营服务条件（可附表）					
信息经理意见:					
营销经理意见:					
营运经理意见:					
物业服务中心意见:					
运营副总意见:					
总经理意见:					

（3）相关资料信息如符合接收条件，招商人员和营运人员做交接人登记记录。表2-10-3是某商业项目签约商户合同移交登记表表样。

序列号	合同编号	签约商户名称	移交人	收取人	接收日期	备注

（4）营运部门对合同进行妥善保管，并建立租赁合同管理台账（表2-10-4），将合同和商户资料录入信息技术系统。

某商业项目《租赁合同台账》　　　　表2-10-4

| 商户 | 租金基本情况 | | | | | | | | | | 租金递增率 | 租金递增时间 | 租期 | 履约保证金 | 物业管理费 | 运营管理费 | 推广服务费 | 店招 | 免费停车位 | 免费广告位 | 重要违约条款 |
	租赁面积(m²)	租金标准(元/月㎡)	月租金	物业交付时间	免租期	开业日	起始计租日	租金支付方式	租金支付时间	滞纳金(%/天)											
小计																					
合计																					
制表人							部门经理					分管副总					总经理				

2. 商户入驻通知书发放

商户入驻通知书应清楚载明以下内容：

（1）入驻手续办理的时间、地点、服务部门；

（2）商户应携带的文件和资料名称，如租赁合同及补充协议，营业执照（副本）、组织机构代码证原件及复印件，税务登记证原件及复印件，商标注册证、授权书等其他合法经营应具备的相关有效证明资料，商户法定代表人身份证明及身份证原件和复印件、照片，委托他人办理的有委托书的原件及复印件、受托人的身份证原件及复印件，履约保证金单据复印件等；

（3）商户进场时须缴纳的费用的项目和金额明细。

下面介绍某商业项目商户入驻通知书的文本。

商户入驻通知书

尊敬的××××××广场商户：

您好！您所签署的铺位经有关部门验收合格，现已符合交付条件，准予入驻。为了方便您办理手续，现将办理入驻手续的有关事项通知如下：

一、办理入驻手续时需要准备的资料

1. 商户法定身份证明及身份证原件、复印件（正反两面）各1份（复印件加盖公章）；一寸免冠照片两张。

2. 营业执照、组织机构代码证、税务登记证原件及复印件（复印件加盖公章）。

3. 商户委托他人办理的需递交商户《委托书》原件及复印件，受托人身份证原件及复印件（复印件加盖公章）。

二、办理入驻手续时需要缴纳的费用

您办理入驻手续时，需准备一定的费用（含代收费用），相关费用的金额及明细详见附件一《商户进场收费明细表》，如有疑问，请提前与我司联系。

三、时间及地点

1. 办理入驻手续的时间：20××年××月××日，至20××年××月××日。

2. 地点：

请您按照我司营运管理人员的要求，向我司缴纳有关费用（含代收费用）；领取《商户手册》《装修手册》《营业员手册》。

3. 签署《商户手册》承诺书、《营业员手册》承诺书、《装修手册》承诺书、《商户情况登记表》《商铺验收交接表》。

4. 商户可根据实际情况，在办理入驻时一并办理有关装修申请。

请您按约定的时间到指定地点办理入驻手续，逾期未办理者，我司将按照租赁合同的相关条款约定处理。

感谢您对我们工作的支持，诚挚地恭候您的光临。

附件1.《商户收费通知单》。

××××××××商业管理有限公司

20××年××月××日

3. 商户入驻手续办理

（1）营运人员确认商户身份。

（2）商户填写《商户登记表》（表2-10-5）和商户紧急联系人登记表。

（3）商户提交资料。在商户所提交的资料中，营运部门应当留存的资料包括：营业执照（副本）、组织机构代码证复印件，税务登记证复印件，商标注册证、授权书等其他合法经营应具备的相关有效证明资料复印件，商户法定代表人身份证原件复印件、照片，委托书复印件、受托人的身份证复印件，履约保证金单据复印件等。

某商业项目《商户登记表》　　　　　表 2-10-5

填表人：		填表日期：		
序号	内容			
1	商铺位：_____ 层 _____ 号铺			
2	商户详细资料：			
	身份证号码：			
	公司（商号）名称：			
	负责人姓名：			
	通信地址：			
	公司性质：中资□　　外资□　　独资□　　民营□			
	电话（办公室）：		传真机（办公室）：	
	电话（家庭）：		电话（手机）：	
3	紧急事故联系人：			
	办公时间内（日间）			
	姓名：	电话：		移动电话：
	姓名：	电话：		移动电话：
	办公时间外（晚间）			
	姓名：	电话：		移动电话：
	姓名：	电话：		移动电话：
4				

备注：如上述资料变动，请即时通知运营部更新

（4）商户签署并领取文件，包括《商户手册》《装修手册》《营业员手册》《安全消防协议书》等。

4．商户费用缴纳

营运人员负责引导商户到财务管理部门缴纳租金、物业管理费等相关款项；财务部门按照《租赁合同》审核、收取各种款项，开具发票、收据。

5．商铺交接

（1）营运人员负责组织开发建设单位、物业管理部门有关人员与商户共同验收商铺。（表2-10-6和表2-10-7分别是某商业项目商铺验收交接表和商铺整改报告）。

（2）商户由营运人员和物业管理人员陪同下进行读表（水、电、燃气）工作；

（3）商户在营运人员陪同下熟悉公共设施、人员、物品运输通道，营运人员根据营运说辞解答商户疑问。

某商业项目《商铺验收交接表》   表 2-10-6

序号	类别	项目	交付标准	状况	备注
1	一般事项	竣工验收备案手续			
2		图纸提供			
3	建筑结构及内装饰	外墙			
4		商铺地面			
5		内墙或间隔			
6		顶棚			
7		结构柱			
8		楼板承载力			
9		门窗			
10	空调系统	冷负荷设计标准			
11		空调设备			
12	厨房煤气排水	厨房排烟管道接口			
13	橱窗和标牌	橱窗/店面			
14		商铺标牌			
15	消防系统	喷淋系统			
16		消防报警系统			
17		便携式灭火器			
18		消火栓箱			
19		防火卷帘门			
20	电器和弱电系统	进线电缆和负荷分配			
21		应急电源			
22		广播系统			
23		通信系统			
24		互联网连接			
25		电视和有线电视接收点			
26	计费表底数	电表：　　水表：　　煤气表：			
27		注：所有提供的电量、燃气量、给水、排水、空调等系统参数均按商业业态的相关国家标准进行预留，详见设计任务书；（零售商户不涉及燃气\上下水\排油烟）			
28		备注：如交接双方在对商铺交接条件存在分歧，依据国家及行业相关规范协商解决			

某商业项目《商铺整改报告》   表 2-10-7

商铺整改报告			
经验收，需要建设单位继续整改的情况如下：			
序号	整改项目	整改内容	计划完成时间

6、商铺技术整改

对不符合交接条件的商铺根据商户及开发建设单位的意见，应填写商铺整改报告，确认商户和开发建设单位签字。营运人员应跟进整改过程直至符合收铺条件，请商户在商铺验收交接表上签字确认。

7. 资料归档

营运部门将商户所提交资料及商户入驻过程的工作记录归档留存。

（三）商户入驻管理的重要关注点

商户入驻管理，需要注意关注以下问题：

（1）在合同和商户资料接收阶段，合同及相关资料如果不完善，营运部门则应该与招商部门沟通，暂时不能接收。在合同和商户资料接收阶段，合同及相关资料如果完善，则交由项目商业管理公司总经理最后确认合同的履约能力。

（2）要确认入驻通知书发放时间与租赁合同的约定是否一致；如实际交付日与租赁合同约定不一致，应与商户在一个月内签订补充协议，变更租赁起止日、起租日、装修期等信息，经审批后盖章签署。

（3）在入驻通知书发放之前，营运部门务必请财务管理部门核实收费金额。

（4）入驻通知书发放之后，招商人员应当协助确认商户是否收到《入驻通知书》。招商人员对逾期未办理入驻手续的商户，要制定预案，随时跟进。

（5）商户如委托他人收房验房的，必须提供法定委托证明。

（6）财务管理部门要认真审核商户进场收费明细是否与租赁合同相符，确保费用收取无误。商户未按租赁合同交费，不得为该商户办理入住手续。

（7）商铺交接阶段的验收单位是项目开发公司、商户、物业管理公司三方。

（8）应注意检查符合交接条件的商户是否在商铺验收交接表签字确认。

（9）商铺验收交接时，应该办理复尺。

（10）在房屋标准交付条件之外商户要求订制的工程项目，应核实招商谈判签约时是否履行完毕审批流程，并按照租赁合同及审批结论进行交验。

（11）营运人员必须严格核实，确认商户及相关办事人员在入驻流程中每一个环节中在《入驻流程确认单》（表2-10-8）签字或印章。

某商业项目商户入驻流程确认单　　　　　　　表 2-10-8

商户身份及入伙资格已确认并留存以下资料	签收	备注
①入驻通知书（验、留原件）		
②商户有效身份证／护照（验原件，留复印件）（自然人）		
③法人营业执照／（验原件，留加盖公章的复印件）（法人）		
④委托办理入驻的《授权委托书》（验、留原件）		
⑤入驻代理人有效身份证／护照（验原件，留复印件）		

商户身份及入伙资格已确认并留存以下资料	签收	备注
⑥商标注册证、授权书等其他合法经营应具备的相关有效证明资料（验原件，留复印件）		
⑦《商户情况登记表》		
已签署的资料		
①《商户手册》		
②《装修手册》		
③《营业员手册》		
④《消防安全协议书》		
已发放的资料		
①《商户手册》		
②《装修手册》		
③《营业员手册》		
④《消防安全协议书》		
已收到上述资料。　　　　　　　　**商户签章：**		
□款项已缴清，共计_____元。 □款项未缴清，应收_____元，欠_____元。	财务确认：	
房间设备设施已验收完毕。 □无工程质量问题 □存在工程质量问题	地产确认： 物业确认： 商户确认：	

二、商户装修管理

（一）商户装修过程中的安全性审核和功能性审核

与住宅和办公楼的用户装修管理中只进行图纸和工程的安全性审核不同，商业管理中的商户装修管理中的图纸和工程审核，包含安全性审核、功能性审核。

1. 安全性审核

所谓安全性审核，就是针对商户就商铺的装修就"商业物业"（即建筑和共用设施设备）的安全及正常运行是否构成危害进行审核。安全性审核的范畴就是商业物业的管理。具体审核范围，涉及结构、机电和消防安全。

2. 功能性审核

所谓功能性审核，就是对商户就商铺的装修对商业运营的功能产生怎样的作用进行审核。具体审核范围涉及其商铺门面（门头、店招和橱窗）、内部陈列和功能性照明以及围挡美化功能。

3. 安全性审核和功能性审核的审核职责

就审核职责而言，对于住宅和办公楼，只需要物业管理部门开展用户装修管理的技术性工作就可以了，客户服务部门在用户设施装修管理中做的只是对用户的衔接和协调工作。

但是对于商业项目这样做就不行了。对商业项目，物业管理部门做商户装修管理中安全性审核的技术性工作，而功能性审核的技术性工作必须由营运部门和营销推广部门进行。

（二）商户装修管理的内容和流程

商户装修管理的工作包含图纸审核，办理商户装修手续、商户缴纳相关费用，装修现场监管，装修工程验收，装修退场、并办理相关手续，资料使用和管理这样六个环节。图2-10-3是从商户装修管理流程。

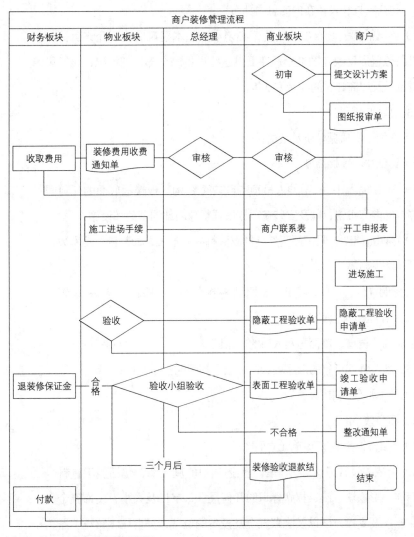

图2-10-3　商户装修管理流程

1. 图纸审核

商户组织设计师组织设计方案和图纸，是一件繁重的工作。避免反复修改，提高设计方案和图纸一次合格率是十分重要的。为此，建议在《装修手册》中包含详尽"装修设计技术标准"，这样做的目的，就是在设计师正式开展图纸设计之前，对其做比较透彻的技术交底。

经过设计师就装修技术标准作了比较深入的理解后，设计师完成图纸设计，商户就可以报送图纸资料，营运部门就可以组织商户装修设计方案审核。

商户提出装修申请并填写图纸报审表，应同时提供加盖公章的以下图纸：

（1）装修设计说明书：包括主要建筑材料和重型设备的清单、工程进度表、配套事项等。

（2）装修平面图：

1）包括家具和设备在内的总内部布置；

2）确属需要安装重型设备的，必须小于基本建筑结构所允许负荷。重型设备位置应反映在图纸上，并提供这些设备的全部详细情况，包括尺寸、重量以及厂商建议的安装方法等。

（3）顶棚平面图：

1）详细注明顶棚材质及做法；

2）详细注明顶棚高度；

3）顶棚布置图：标明伸入吊顶空隙内至结构平板楼板底面的任何间隙或隔墙的内部布置，以及安装在顶棚吊顶空隙内部的型架和设施；

4）照明电路图，附带照明灯具供应资料的明细表，如数量、功率数、照度设计和说明等；

5）标明灯位、风口、喷淋头、烟/温感探测器、广播、检查口的位置。

（4）剖面图和立面图：

标明商户橱窗、剖面图及入口的施工图。

（5）涉及外部形象的形象墙、门、招示招牌的技术文件：

1）整体形象效果图；

2）橱窗效果图；

3）有比例标识的房屋单元立面图；

4）店招的设计方案和效果图。上述项目的施工图，包括施工材料、灯光标准、形象墙、门、招牌标识的几何尺寸、字形及大小、装饰五金、颜色、连接及支撑方法以及隐藏五金及设备的位置，如变压（镇流）器、电线护管、检修板的位置。

（6）地面装饰平面图：

1）地面做法；

2）标明卫生间、厨房位置、标高，防水部位和做法。

（7）电器系统布置图及示意图：

1）用电容量；

2）确属改变原设计整体电气系统的，必须有标明所有主要负载和设备回路的电气系统图；

3）确属需要改变原设计整体电气系统的，在电气设计方案中必须有标明主配电板和任何副配电板或面板的额定值、型号以及位置；

4）确属改变原设计整体电气系统的，在电气设计方案中必须有详细的电气需求计算，包括详细的用电设备及照明用电负荷统计表；

5）所有照明开关的位置，壁灯和落地灯、电话、通信等布置，要在平面图上标明任何暗管和明管；

6）所有照明和动力用电回路以及相关联的控制开关的布线图；

7）灯具和灯箱规格（包括功率、功率因数、额定电压、色温、发光效率等）、型号、品牌、数量，标明镇流器安放位置及型号规格；注明电线规格及线路敷设方法；

8）道具用电。

（8）空调图：

1）确属需要改变原设计空调系统的，在空调设计方案中必须有空调图（包括水管、风管图及空调技术参数资料）；

2）送风分配系统布置，标明管道系统的尺寸，供气和回风百叶窗尺寸以及绝热材料的使用等；

3）空调系统的控制简图；

4）餐饮类商户需提供厨房厨具、油烟净化器的安装方式，管线安装平面图，并提供产品合格证。

（9）给水排水系统图：

1）给水、排水点位图，标注管线材料名称及规格；

2）确属需要改变原设计整体给水排水系统的，在给水排水设计方案中必须有排水明沟平面图，材料名称、规格型号，防水处理方式。

（10）餐饮商户有关厨房等技术资料：

1）厨房平面图以及燃气灶具平面布置尺寸图和燃气设备详细数据清单；

2）厨房防水系统及安装详图；

3）污水及排油烟设计图；

4）第一级隔油装置及第一级油烟净化装置的管道设计图。

（11）消防系统图（包括应急照明、喷淋、烟感、广播系统、疏散标志等）包括应急照明及出口的位置，特别是消防疏散出口处。

（12）材料清单及说明（阻燃材料证书或说明）。

（13）施工资质证（含电气、空调安装资质证书，装修店铺的装修单位资质为二级以上）。

（14）施工进度计划表及施工材料、设备设施到场计划表。

（15）消防报审图纸：

1）厨房平面图以及燃气灶具平面布置尺寸图和燃气设备详细数据清单；

2）装修设计平面图、立面图、剖面图（用标准档案夹装订并打印图册目录，加盖设计院设计专用章，晒成蓝图，随图附电子版图纸，图纸不可缩印）；

3）室内有关自动消防设施部分的设计图（用标准档案夹装订并打印图册目录，加盖设计院设计专用章，并晒成蓝图，随图附电子版图纸，图纸不可缩印）；

4）应急照明、疏散指示图纸；灭火器平面布置图（用标准档案夹装订并打印图册目录，加盖设计院设计专用章，并晒成蓝图，附电子版图纸，图纸不可缩印）。

商户呈送的装修设计图纸齐备后，填写图纸报审表。

营运人员将图纸报审表和装修设计文件送交开发建设部门工程部、物业管理部门、营销推广部门及本部门技术人员进行审核。

经审核对符合要求的，由营运人员提示商户向消防主管部门申报，涉及结构的提示商户必须向房屋行政主管部门申请审查；对不符合要求的，营运人员应向商户具体说明，必要时相关审核人员配合向商户解释，及时提出整改建议。

对重大装修项目，可以召开技术方案会审会议对装修技术方案进行会审。会议由审核人员和商户、商户聘请的设计单位、施工单位参加。根据装修项目的审查难度和审查资格，会议可以邀请商业项目原设计单位参加。

表2-10-9和表2-10-10分别是某商业项目商户装修申请表和图纸报审表的表样。

某商业项目《商户装修申请表》　　表 2-10-9

商户名称						
施工单位		进场人数		负责人		联系电话
装修施工项目内容	装修地点楼区铺 水电顶棚板 空调照明 消防墙面 地面其他 以上共＿＿项			提交施工图纸及资料	图纸部分： □综合天花图 **2** 份□地面铺装图 **2** 份 □空调系统图 **2** 份□给水排水平面 **2** 份（附给水排水材料明细表） □厨房灶具平面布置图、设备清单 **2** 份 □燃气灶具、设备平面布置尺寸图 **2** 份 □进度表 **2** 份□消防系统图 **2** 份 □材料表 **2** 份□插座平面图 **2** 份 □用电功率 **2** 份□电气系统图 **2** 份 □功能平面图 **2** 份□施工资质证明 **2** 份 □平面图 **2** 份□效果图 **2** 份 □天花照明连线图 **2** 份 □装修立面图 **2** 份□设计说明 **2** 份 其他： □税务登记证复印件（与原件核对） □负责人身份证复印件（与原件核对） □营业执照复印件（与原件核对） （注：图纸部分需提交纸版 **2** 份及电子版文件）	
装修时间	开工时间　　年 月 日			竣工时间　　年 月 日		
申请商户	施工队签字（盖章）：商户签字（盖章）： 施工防火负责人： 　　　　　　　　　　　　　　　　　　年　月　日					
营运部	营运部签收说明： 经办人签名： 　　　　　　　　　　　　　　　　　　年　月　日					

某商业项目《图纸报审表》　　表 2-10-10

商铺编号		施工队名称	
施工队负责人		联系电话	
图纸接受时间		审批完成时间	
施工图纸及资料		审核意见	审核人员
顶棚照明连线图			
综合顶棚图			
地面铺装图			
空调系统图			
给水排水平面图（附给排水材料明细表）			
厨房灶具平面布置图、设备清单			
燃气灶具、设备平面布置尺寸图			
消防系统图（喷淋、烟感）			
插座平面图			
电气系统图			
功能平面图			
装修立面图、剖面			
整体设计说明			
效果图（门楣、店面整体）			

用电设备功率			
围挡画面图			
审核结果	审核综合意见	□同意开始装修 □不同意，修改项目（附件） □其他意见	
营运部意见：			
物业服务中心意见：			

2. 办理商户装修手续，商户缴纳相关费用

图纸审查通过后，营运人员协助商户办理装修施工前的各项手续。装修施工前的手续包括：

（1）向财务部缴纳装修保证金及用电预付金及其他费用；

（2）向消防主管部门和有关行政主管部门申报的装修项目，营运人员向商户收取主管部门审核意见书复印件；

（3）商户申报施工队伍，在营运部门填写商户联系表，办理施工人员出入证、外来施工人员出入登记表；

（4）商户到财务管理部门缴纳全部费用后到营运部门登记填写保险承诺书、装修管理承诺书、防火责任人登记表、防火责任人承诺书；

（5）需要时，商户到物业管理部门办理临时用水、用电申请；

（6）需要动火作业的，商户须提前办理动火申请，物业管理部门颁发动火许可证。

上述全部手续完成后，营运人员向商户发放总经理签发的施工许可证，明确约定装修开工时间、隐蔽工程完工时间和竣工时间，并由装修管理人员对外来施工人员进行必要交底，内容包括商业项目装修管理规定、行为规范、消防安全及施工作业安全规范、环境保护要求等。表2-10-11是某商业项目装修费用收缴通知单表样。

某商业项目《装修费用收缴通知单》

表 2-10-11

商户名称			面积	
施工单位名称		负责人	联系电话	
收缴费用	装修押金（RMB）	店铺面积小于 50m²（含50m²）按元收取		
		店铺面积 50 ~ 100m²（含100m²）按元收取		
		店铺面积 100 ~ 500m²（含500m²）按元收取		
		店铺面积大于 500m²按元收取		
		主力店收费标准参照合同约定执行		
	装修管理费（RMB）（按铺位面积收取）15 元 /m²			
	装修垃圾清运费（RMB）最低收费元 / 户 10 元 /m²			
	出入证工本费（RMB）　10 元 / 证			
	出入证押金（RMB）　20 元 / 证			
	装修临时用电费（RMB）1.2 元 / 度			

续表

收缴费用	装修临时用水费	餐饮商户按照：1.5 人民币元 /m²		
		非餐饮商户按照：3.5 人民币元 /m²		
	消防 / 空调泄水费（RMB）500 元 / 次			
	其他（RMB）			
	合计（RMB）			
填单人			填单日期	
商户 / 装修方签字			年　　月　　日	
营运部经理签字			年　　月　　日	
物业财务经理签字			年　　月　　日	
财务部意见	□以上费用已经收取		□以上费用有误，请核实	
财务收款人签字			年　　月　　日	
备注：此表一式三份，运营部门一份、物业服务中心一份、财务部门一份				

3．装修现场监管

（1）商户装修施工过程中，营运部门装修管理人员、物业管理部门保安和消防管理人员、工程部专业工程技术人员按不同职责分别进行巡视监控，并协助商户顺利完成装修施工。

1）营运部门装修管理人员负责了解装修进度、装修项目是否超出申报范围、控制现场对经营环境影响，协调与商户的关系等；

2）工程技术人员负责了解装修进度、是否擅自改动原有系统、施工是否按图施工、作业安全及违章施工等；

3）保安和消防管理人员负责巡视了解现场防火措施、施工人员出入证件、环境污染、灭火器配置情况、动火情况、施工时间、人员物资出入控制。

（2）施工单位应在装修现场门口显眼处悬挂装修施工许可证、动火许可证，在场内张贴施工现场管理规定及统一的禁烟标识。

（3）营运人员、技术人员、保安消防人员职责和内容，应合理安排施工现场监督检查频次，做好各自的装修现场检查记录表，并由检查人员签字确认。

（4）检查中发现违章作业及其他不符合管理规定的情况，应及时要求商户和装修单位整改，整改的结果应记入检查记录。不能及时整改，或未得到商户和装修单位明确承诺整改的，应发出书面整改通知书，并跟进督促整改。

4．装修工程验收

（1）商户应当在隐蔽工程完工前，提交隐蔽工程验收申请单。物业管理部门组成验收小组，按照"装修技术标准"对隐蔽工程进行验收，填写隐蔽工程验收单。不合格的项目要求商户在规定时间内进行整改，没有达到验收标准的，不得进行表面工程施工。

（2）商户应当在表面工程完工后，提交装修表面工程验收申请单。商业管理公司和物业管理部门组成联合验收小组，按照"装修技术标准"，对表面工程进行验收，填写装修表面工程验收单，不合格的项目发出整改通知单，逾期不进行整改的，按约定扣罚装修保证金。

5. 装修退场，并办理相关手续

（1）在办理装修保证金退款前，营运人员负责协助商户办理以下手续：

1）收回施工人员施工许可证；

2）建筑垃圾排放情况和费用清缴；

3）检查、确认整改结果是否符合要求；

4）与商户核算、确认临时用电量及金额；

5）与商户确认施工过程违章扣款事项及金额；

6）填写装修验收退款审批表。

（2）装修验收退款审批表经各有关部门负责人签字后，报有关分管领导审核批准，财务部予以退款。

6. 资料使用和管理

经审核批准后的图纸及技术文件，一件交营运部门留存到《用户档案》，一件交监管及验收相关部门技术监督使用。

营运人员在跟进装修商户装修手续流程过程中，确认商户及相关办事人员在装修管理流程中每一个环节都在《装修管理流程确认单》（表2-10-12）签字或印章。

某商业项目商户装修管理流程确认单

表 2-10-12

商户名称			铺位号		
图纸审核	装修申请	（附装修申请书　件）			营运部经办人： 　　　年　月　日
	图纸审核意见	（附《装修图纸审批表》）			营运部经办人： 　　　年　月　日
	行政机关审核情况	□消防行政机关出具的《审核意见书》（如装修申请中包含消防系统改变） □房管行政机关出具的《审核意见书》（如装修申请中包含房屋结构改变）			营运部经办人： 　　　年　月　日
办理商户装修手续，商户缴纳相关费用	费用交付要求及缴纳情况	①预收物业服务费＿＿＿已交付； ②施工人员工本、押金费＿＿＿已交付； ③垃圾清运费＿＿＿已交付； ④预收临时用电、用水费＿＿＿已交付； ⑤装修保证金＿＿＿已交付；			财务部经办人： 营运部经办人： 　　　年　月　日

续表

办理商户装修手续，商户缴纳相关费用	现场防火责任手续办理	（附《防火责任登记表和责任书》）	物业部经办人： 营运部经办人： 年 月 日
	外来施工人员手续办理	（附《外来施工人员出入证登记表》） （附《出入证》）	物业部经办人： 营运部经办人： 年 月 日
	临时施工用水用电	□临时用水办理 □临时用电办理	物业部经办人： 营运部经办人： 年 月 日
	动火管理	（附《动火申请／检查表》）	物业部经办人： 营运部经办人： 年 月 日
	施工许可证发放	（附《施工许可证》复印件）	营运部经理： 营运部经办人： 年 月 日
	加时施工许可办理	（附《加时工作单》）	营运部经理： 运营部经办人： 年 月 日
	临时施工许可办理	（附《临时出入证》相关文件__件）	物业部经办人： 营运部经办人： 年 月 日
装修现场监管	装修现场整改记录管理	（附《整改通知书》__件）	营运部经理： 营运部经办人： 年 月 日
装修工程验收	隐蔽工程验收	（附《隐蔽工程验收单》）	物业部经理： 营运部经办人： 年 月 日
	表面工程验收	（附《表面工程验收表》）	营销部经理： 物业部经理： 营运部经理： 营运部经办人： 年 月 日
装修退场，办理相关手续	回收施工出入证	结果：	物业部经办人： 营运部经办人： 年 月 日
	清缴装修垃圾费	垃圾数量： 应收垃圾清运费： 实收垃圾清运费：	物业部经办人： 财务部经办人： 营运部经办人： 年 月 日
	工程整改结果确认	结果描述：	营销部经理： 物业部经理： 营运部经理： 营运部经办人： 年 月 日

	核算临时用水用电费用	应收水费　　费　，实收水费　　　； 应收电费　　费　，实收电费　　　。	物业部经办人： 财务部经办人： 营运部经办人： 　年　　月　　日
装修退场，办理相关手续	装修违章扣款处理	扣款事宜，以及扣款数额	拟提出扣款事项的相关部门经理： 营销部经理：　　　　信息部经理： 物业部领导：　　　　营运部经理： 财务部经理：　　　　总经理： 营运部经办人： 　年　　月　　日
	装修保证金退款	结果描述：	财务部经办人： 财务部经理： 营运部经办人： 　年　　月　　日

注：装修管理流程按顺序进行，未完成上一流程的不得流转入下一流程

（三）筹备期商户装修管理的注意事项

商户装修管理，要注意关注以下问题：

（1）开业前3~6个月，应由项目商业管理公司组织，成立由营运、招商、物业管理、营销推广及开发建设单位工程部等部门人员组成的跨部门装修管理小组，对商户装修实施统一管理。

（2）应要求商户在开业前5个月~3个月提交装修图纸，以保证留有充足时间进行装修。在收到商户提交的装修设计方案后，应及时对这些初步方案、设计图纸进行审阅。如果初步方案设计图需要修改，则退回商户，商户应按照要求修改初步方案设计图，并约定时间，重新提交进行审核。

（3）商户须自行向消防局等政府有关部门申请审批，并应获得批准。

（4）所有运进运出施工场所的施工设备必须经过物业管理部门的批准。装卸货物和运输物品必须按指定的路线与时间进行；进入地下室装卸货物区的运输车辆不能超过地下停车场的入口限高。在装修过程中，应做到严格避免损坏商场电梯、楼梯、公共区域、通道、墙或隔板、出口、大门及其他商场内外设施。物业管理部门应要求商户对商场公共区域及货梯做出保护装置。

（5）特别要关注内装交叉施工，着重控制施工安全和成品保护。

（6）根据开业时间的安排，合理控制装修工期，及时提醒商户及早完成装修。营运部门必须跟踪商户的装修进度，协调相关方面。

（7）商户须于开业前获得政府有关部门报审通过的意见书。

（8）应保证所有商户在开业时同时开业。因此，为避免出现不利情况，应当尽早控制工程和装修进度，制定严格的开业计划和装修时间表。

第三篇

运营期商业运营管理的方法

第十一章

运营期商业运营管理概述

一、运营期的概念

运营期，是指从商业项目开业日到其运营终止的整个时期。

（一）运营期的生命特征

运营期有一个显著的特征，就是生命特征。

就像一个婴儿经过漫长的等待，在啼哭声中脱离母体降临人世，这个生命就开始存在那样，商业项目在经历了艰苦的筹备期，从开业的那一时刻开始，就赋予自己一个神圣的使命，那就是自身价值的实现。

把商业项目比喻为一个生命是毫不过分的，因为其运营期绝不是一个机械的过程，而是一个活生生的由出生到成长，再到成熟，然后逐渐衰老乃至死亡的生命过程。刚开业不久的商业及其市场需要培育，就像一个婴幼儿也需要精心呵护一样。婴幼儿呵护得越好，生命机能就越强大，他的寿命就越久，他所创造的价值也就越大。

图3-11-1是某商业项目10年期现金流量表及客流营业额流量表，表明运营期的一个经营动态变化过程。

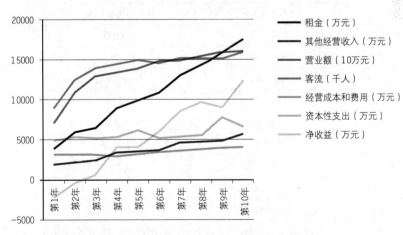

图 3-11-1　某商业项目 10 年期现金流量表及客流营业额流量

（二）培育期是运营期中的关键时期

运营期的关键在它的培育期，一般在它开业后的三到五年期间。这是决定其一生命运的关键时期。

帮助孩子长大的过程，就叫培育期。生养过孩子的人都知道，孩子在婴幼儿期，除了会吮吸、会哭闹，不会咀嚼、不会说话、不会翻身、不会走路。等到会咀嚼、会说话、会翻身、会走路的时候，我们还要教会他识字、算术，还要教他如何掌握自己的情绪，掌握自己的行为，如何辨别周围的人和事，教会他知识和技能，教会他各种概念，教他如何判断。所有这些为孩子所做的事情就叫培育，做这些事情的阶段就叫培育期。

培育期，业内许多人把它又称为养商期。所谓培育期，是指商业运营活动所针对的市场还没有发育成熟，商业运营的整体机能也没有发育成熟的阶段。

培育期的商业越是得到精心的培育，它的运营状态就越好，它的生命周期就越长，所能产生的经济价值就越大。

从表3-11-1中，我们可以看出在开业后培育期里，以租金收入和其他经营收入（物业管理收入、广告经营收入、停车场收入）明显低开；走势相对平稳的是经营成本费用和资本性支出；而培育期需要强力拉升的是营业额和客流量，尤其是客流量；净收益在培育期初期是非常不好的。

（三）运营期及培育期的主要特征

表3-11-1概括了运营期及培育期中商业的一些主要特征。

培育期和培育期之后运营期商业物业的特征　　　　表 3-11-1

特征值	培育期	培育期之后的运营期
市场认知度	开始建立	形成市场认知，或者是成见
市场判断	敏感，但是不确定	确定，但是相对迟钝
业态布局及结构	不成熟	趋于成熟
品牌表现	不成熟，不稳定	趋于成熟和稳定
客流表现	状态不确定	状态趋于确定
顾客购买行为	状态不确定	状态趋于确定
营业表现	状态不确定	状态趋于确定
承租能力	弱，不确定	趋强，趋于确定
物业技术状态	从磨合趋于稳定	稳定，趋于老化
服务行为	不成熟，但是意识强烈	成熟，但是意识趋于迟钝
管理行为	不成熟	成熟，但是趋于僵化
战略和战术选择	战略意识强烈，战术能力不足	战术能力增强，但战略意识和行为迟缓
抗风险意识和能力	抗风险意识强，抗风险能力弱	抗风险能力强，抗风险意识弱

无论是对于市场，还是对于物业本身，从上述特征来看，培育期的各项特征值，有明显的特点，关键词如弱、不确定、不稳定、不成熟、敏感；相反的，成长期、成熟期之后，其各项特征值的关键词则是强、确定、稳

定、成熟、迟钝（僵化和老化）。

可见，商业地产与一般事物的生命特征都是相似的。

二、运营期商业运营管理的概念

运营期的商业运营管理，既包含对商业地产本身的资产运营管理，也包含对物业载体之上商业运营的经营管理。

（一）商业运营管理的目标

在商业地产赢利模式中，租金净收益是十分重要的指标，但不是唯一的指标。不同的运营模式，应当按不同的方法来评价综合效益。例如，对于房地产发展模式应当以资产沉淀量、资产溢价能力以及所推动的房地产综合销售收入来进行评价；而对于资产运营模式，则应当以资产沉淀量、资产溢价能力以及基金收益来进行评价。

但无论是房地产发展模式还是资产运营模式，在商业地产的赢利模式中，租金收入、租金净收益和资产溢价能力始终是其赢利模式的核心，其中，租金收入是租金净收益和资产溢价能力的基础。

因此，商业运营管理的关键目标就是尽可能增大商业地产的租金收入。

此外，要通过增加其他经营收入，有效控制经营成本和经营费用，从而实现租金净收益的最大化。最后通过租金收入水平、项目良好的市场形象和物业优质的技术状态，实现商业地产资产的溢价。

（二）运营期商业运营管理不同时期的战略行为

运营期商业运营管理战略行为，是指为了实现商业运营管理的目标，在不同的时期，抓住主要矛盾和矛盾的主要方面，确定不同时期的工作方针、工作目标、工作策略和战术原则，从而实现各个阶段的战略任务。

根据运营期的特征分析，我们已经了解了运营期的一些规律和特征。这个规律和特征展现的就是不同时期商业运营的主要矛盾。

在培育期，我们应抓住弱、不确定、不稳定、不成熟、敏感的这些特征，对症下药；而在成熟期，我们要抓住强、确定、稳定、成熟、迟钝（僵化和老化）的这些特征，对症下药。

这就是在运营期商业运营管理不同时期的战略行为。

（三）全面提升运营能力

全面提升运营能力，是实现商业运营管理的目标，完成运营期商业运营管理不同时期的战略行为的重要保证和条件。

运营能力是经营管理能力和核心竞争力的总和。

1. 经营管理能力

把一辆汽车推向市场之前，需要同时解决三个问题：①能跑起来；②能跑到要去的地方；③跑起来别出事。这三个问题不能一个一个解决，必须同时解决。解决这三个问题，就是要搞好动力系统、控制（驾驶）系统和安全制动系统。

商业运营管理也是一样，也需要解决动力、控制和安全这三个问题，这三个问题同样不能一个一个解决，必须同时解决。解决这三个问题的能力，就是经营管理能力。

经营管理能力包含这样一些内容：

（1）经营能力（动力），即市场拓展和推广、产品优化、服务优化，最大限度满足客户的价值需求，能够创造经济效益。

（2）管理能力（控制），即有效掌握、利用、挖掘和整合各种资源，有效组织商业运营管理的整个过程，从而使资源组合和管理服务达到最有效、价值成本比最高的水平。

（3）风险控制能力（安全），即通过风险的识别、评价和控制，有效控制和化解决策风险、经营风险、资金风险、法律风险、声誉风险和安全风险以及其他各种风险。

2. 核心竞争力

所谓核心竞争力，就是我们有而别人没有的力量。

优势、劣势、机会、风险，存在于任何商业地产以及商业运营的各个时期，把握优势、劣势、机会和风险，筑造自己具有而别人所没有的力量，这就需要精心和细致的打造。

日本零售服务业具有无与伦比的核心竞争力。这个竞争力就是其发自内心的服务和精湛的工艺，而不是某一个产品表现，某一个噱头。服务和工艺，需要几代人持续不断深入骨髓的打造，是别人看不会或者是看懂了也学不会的东西，不是一种创意，而是一种习惯。别人学的会，不是核心竞争力；别人学不会，这才是核心竞争力。

三、运营期商业运营管理的系统控制

运营期商业运营管理包含了合同管理、市场调研、信息数据管理及经营分析、租费管理、业态规划及经营调整、营销策划、经营规范管理、商户进出场和装修管理及租赁资产管理、经营环境管理、多种经营管理、广告位的经营和管理、物业管理、客户关系管理这些重要的活动和过程。

我们在本篇第十二章"运营期商业运营日常业务管理"，讲述合同管理、市场调研、租费管理、经营规范管理、商户进出场和装修管理及租赁资产管理、经营环境管理、多种经营管理和广告位的经营和管理的业务管理。

关于信息数据管理及经营分析、业态规划及经营调整、物业管理和客户关系管理的方法，我们将在本篇第十三章到第十六章分别讲述；而营销策划的方法，我们在第四篇"全面市场营销和营销推广"中讲述。

一、合同管理

商业运营管理活动中的合同，包括以下种类：

（1）租赁类合同。租赁类合同，包括商铺租赁合同、广告位租赁合同、商铺返租合同、多种经营点位租赁合同等。

（2）管理服务类合同。管理服务类合同，包括物业服务合同、主力店物业服务协议、业权出售的物业业主或使用人与物业管理公司签署的商铺物业管理协议、与商户就销售额分成扣点的联营协议、POS机使用协议，以及消防责任书、装修协议书、商户手册、装修手册、营业员手册等。

（3）服务外包类业务合同。服务外包类业务合同，包括广告媒体和公关公司合作合同、租赁代理合同、数据信息维护合作协议、银行合作协议、物业管理服务中的服务分包合同等。

（4）物资采购类合同。商业运营管理活动中的合同管理，包含合同编制、合同办理、合同履行、合同评估、合同续签和解除五个重要环节。

（一）合同编制

合同编制，包括合同标准文本编制和合同信息编制。

1．合同标准文本编制

合同标准文本是指企业根据各种业务特点，就与合作方的权利义务而预先拟订的、经企业法务部门审核批准使用的标准格式合同文本。

合同标准文本的编制，一般是由企业法务部门主导下，各有关业务部门参与进行的标准化建设工作。

企业一旦建立了合同标准化文本，并依照企业法定程序完成评审和签批，各业务部门和经营单位应该使用这些合同标准文本。

2．合同信息编制

合同信息，是指依据特定对象产生的合同条件。一般包含两个内容：

（1）合同个性化数据信息，包括商务条件和技术条件，例如标的、数量、质量、合同期限、价格、付款方式；

（2）合同谈判过程中，合作对象要求合同标准文本进行修订或增加的条款。

修订或增加条款一般另设文本，可以约定当与合同标准文本不一致时，其不一致的条款的效力高于合同标准文本的相关条款。

在合同谈判过程中，当合同信息进行编制，应依照企业法务的规定，编制合同决策信息文件。

3．非标准合同编制

对企业尚未发布合同标准文本的，合同主办部门可以自行编制，但应确保合同的内容完整、表述准确。合同文本须经企业专业业务部门、财务管理部门和法务部门进行业务、财务和法务评审后，经过法定程序签批，方能使用。

对于合作对象提出的合同文本，也应经企业专业业务部门、财务管理部门和法务部门进行业务、财务和法务评审后，经过法定程序签批，方能使用。

4．其他情形

（1）服务外包类业务合同的编制应当充分考虑质量保证及保修的内容；

（2）物资采购合同的编制应当充分考虑质量保证、保修、退换货的内容。

（二）合同办理

1．合同谈判

合同谈判一般应由相关业务经办部门负责组织。经招标确定合作方的合同谈判，应由原招标经办部门负责。

与合同对象进行合同条件洽商后，应注意将双方洽商的结果形成书面内容，双方负责人签字确认后作为合同文本形成的依据。

2．合同报审、报批

（1）合同审批条件材料准备

合同进行报审报批前，应准备合同审批条件材料，合同审批条件材料包括：上级有关部门与此合同条件相关的批复文件，以及由项目总经理签字的合同决策信息一览表。合同决策信息一览表中应包含经确认的全部合同信息。

（2）合同审批时间预先安排

报请审批合同时，应预计充分的审批时间。

（3）合同附件

合同附件作为合同的组成部分，与主体合同文本一同上报、审批及保存。

（4）合同签审

合同经办人员应按企业法定合同办理流程及审批权限，将草拟合同及审批条件材料呈送相关授权人员审批签署。

（5）合同签审过程中的内容修订

合同经办人员根据办退的合同签批内容，与合同对象交涉修正，并填写合同会签意见落实情况表后，再行上报。

3．合同签订

（1）签订前校审

合同通过审批后，在正式签订前由合同经办人的主管负责人对合同进行签订前审稿。

（2）签订过程控制

应按照企业规定的程序及合同签订的规范要求进行合同签订，防止未经正式授权的委托签字行为，应并在签订合同时验证对方签字代表人及印章的合法性。

按双方现场签字原则，若双方无法实现同时签订，原则由对方先签。若己方先签，则注意防止己方签订且对方未签的合同文本外流。

4．合同文本的管理

（1）合同标准文本的管理

各专业业务部门和商业管理机构应指定专人管理经审核批准后的合同文本。

对发布后的标准格式合同文本实施编号管理，确保发布标准格式合同文本版本的统一和适宜。

修改后的合同标准文本发布根据编号要求进行，以防止出现新老版本混用情况。

（2）已签合同文本的保管

财务部一般为各种合同的保管部门。

应采取双本保存的方法，将合同正本与复印件共同保存。若有保密数据或条款，复印件应消除保密数据或条款。

（3）已签订合同文本的借阅

合同正本一般不得外借，消除保密数据或条款的复印件可由相关业务监管部门或人员借阅。

应建立制度，对合同文本的借阅时限、手续、借阅审批权限作出明确规定。

（三）合同履行过程中的管理

1．合同履行的相关责任

合同履行的业务部门负责人为履行合同的主要负责人。项目商业管理公司总经理是各种合同履行的指导及监督人，企业专业业务部门、财务部门和法务部门是相应业务的合同履行的监督部门。

2. 合同内容的传达与培训

合同履行负责人将相关合同内容传达到与之关联的部门和人员，并组织与合同业务相关的人员进行合同条款的培训。

3. 合同履行的检查监督

合同履行负责人按企业制度对合同对方的合同履行情况进行检查监督。发现对方不符合合同条款要求时，及时采取相应措施给予纠正。若对方达到解除合同的条件，按非正常的合同期内解除合同的要求执行。

（四）合同评估

1. 服务分包类业务合同的评估

（1）评估时机：

应进行每月定期评估、付款前评估和合同到期前评估。

（2）评估结果的处理：

评估结果作为业务改进分析、合同付款及合同续签与否的依据。

2. 租赁类合同评估

（1）评估时机：

1）每季度进行一次定期评估；

2）租金及其他费用收取达到预警程度时进行评估；

3）合同对方经营管理对商业运营管理可能造成影响时进行评估；

4）经营策略发生调整影响到合同续约时进行评估；

5）其他需要评估的时机。

（2）评估结果处理作为租金定位、商户调整的依据。

3. 一次性业务合同的评估

付款前由业务归口部门负责人组织进行业务效果评估，评估结果作为款项支付依据。

尾款支付前的质量保证评估。

4. 管理服务类合同的评估

物业管理界面发生变化时，组织进行评估，评估结果作为相关物业管理合同谈判依据。

对方不履行合同条款时由归口业务管理部门组织进行评估，评估结果作为双方交涉依据。

双方对合同条款产生重大分歧时进行评估，评估结果作为双方交涉依据。

5．供应商的采购合同评估

在以下时机，可由财务部门组织人员对供应商进行评估：

（1）物资采购金额明显比市场高时；

（2）采购货物经常性供应不足时；

（3）采购货物质量不符合要求或供应商未按合同提供维修、退货、换货时。

评估结果作为是否解除合同的依据。

6．合同记录

所有合同执行评估均需保留相关记录。

7．合同款项支付

（1）根据合同支付款项时，支付前须进行合同执行评估。合同履行负责人的书面检查评估意见，应作为上级签批合同款项支付申请以及财务部支付款项的前提。

（2）付款前评估标准须按合同约定的质量标准执行。

（3）严格执行合同中适用于质量保证的尾款延迟支付质量问题扣款的条款内容。

（五）合同续签和解除

1．合同续签

（1）外包服务类业务合同和物资采购合同的续签条件均须满足以下要求：

1）上个合同期间，客户对外包服务的满意度高于质量指标；

2）当前外包（采购）业务在同等条件下符合或低于市场价格。

（2）租赁类合同续签时应考虑以下条件：

1）上个合同期间，合同对方按时提交租金及其他费用；

2）守法经营且经营品类及档次不影响商业项目业态规划及整体品牌形象；

3）下个合同期租金符合期望。

2．合同解除

（1）正常合同到期解除

不符合或放弃续签条件的，按合同规定的时间通知对方，合同期中止合作关系，并做好代替的相关方聘请的准备工作。

（2）非正常的合同期内解除

若因对方违反合同，根据合同约定在合同期内非正常解除合同，须注意避免合同解除的经营管理风险，并做好相关方仓促离场的应急措施。

合同解除期间，须做好业务正常过渡及物资保全工作。

（六）合同履行过程中重要信息的管理和传递

按企业的规定，建立合同台账并编制收益月报表，结合经营数据及合同执行情况，定期上报合同执行的数据和信息，包括收入和支出。

（七）合同管理的管控要点

对合同管理的管控，注意以下两点：

1. 应建立包括从合同编制、合同办理、合同履行过程的监督管理、合同评价和合同善后等合同管理的工作制度和考核方法；

2. 应指定部门或专人归口监督检查合同管理工作。

二、运营期市场调研管理

对于商业运营管理来说，市场调研就是情报工作。随着市场空间越来越狭小，竞争压力越来越大，市场调研显示出的作用也就越来越大。但是，对于许多商业经营服务机构来说，到目前为止，市场信息多数采取较为原始的方式所获得，多数属于碎片化的状态，谈不上有什么系统的市场信息的搜集、分析、整理的运作体系。要想企业和项目能够生存并发展下去，这种情况需要得到改变。

（一）市场信息

市场信息包括战略经济信息和技术信息两大类。

1. 战略经济信息

所谓战略经济信息，一般是指针对行业、企业和项目具有全局性、战略性影响的经济信息，是进行战略性决策所需的信息。

在商业运营管理工作中，战略经济信息包括：人口状况及变化的信息、经济状况及变化的信息、自然环境状况及变化的信息、政策法律环境的状况及变化的信息、技术环境的状况及变化的信息、社会和文化环境的状况及变化的信息、行业状况及变化的信息等七个方面的信息。

2. 技术信息

所谓技术信息，是指作为具体战术行为依据的信息，对项目具有业务影响的信息，是进行战术性决策所需的信息。

在商业运营管理工作中，技术信息包括：商圈经济信息、竞争者信息、客群信息、市场租金状况及变化的信息、所在城市同行业经营环境的信息、城市商业项目的状况及变化的信息、竞争对手营销策略的信息、品牌状况及变化的信息等。

（二）市场调研的计划和组织

应当制订市场调研工作计划和调研方案并经审核确认后执行，并形成调研报告。

市场调研一般采取年度调研、季度调研和月度调研，把市场调研纳入经常性工作而不是阶段性工作。

1．月度调研

每月进行市场调研，内容包括：所在城市同行业经营环境信息、城市商业项目的状况及变化信息、竞争对手营销策略信息、品牌状况及变化信息的搜集、分析，提出调研报告，作为经营分析的依据。

2．季度调研

每季度应在月度调研的基础上至少进行一次市场环境调研，内容包括：商圈经济信息、竞争者信息、客群信息、市场租金状况及变化的信息，并在调研的基础上形成市场环境调研报告。

3．年度调研

每年进行战略经济信息的搜集和分析，并提出调查研究报告。内容包括：人口状况及变化信息、经济状况及变化信息、自然环境状况及变化信息、政策法律环境的状况及变化信息、技术环境的状况及变化信息、社会和文化环境的状况及变化信息、行业状况及变化信息的搜集、分析及研究。

（三）市场调研的方法

1. 应针对调研的项目，编制调研记录模板；
2. 每次调研，均应制订调研大纲；
3. 信息搜集完成或外出调研任务，应整理完成调研报告；
4. 委托专业机构进行调研的，应制订调研计划和大纲，提出调研项目、内容和要求，调研完成后要对调研数据进行复核。

（四）市场调研所获得信息的管理和传递

1. 应由专人负责保管市场调研所获得的数据和信息，并纳入档案管理。
2. 市场环境调研和宏观环境研究的数据和信息，包括形成的市场环境调研报告和宏观环境研究报告，应上报企业专业业务部门。

三、租费管理

租费管理，是指商业运营管理机构对租金及其他费用进行费用标准制订和调整，配合财务管理部门对费用进行收取，欠费处理，对费用进行减免和提增的管理行为。

（一）租费的构成

租费，包含租金、物业管理费、运营管理费、营销推广费、停车费、多种经营摊点使用费、广告位使用费、物业管理有偿服务费、代收代缴费用以及其他各种费用。

在租费系统中，应严格区分各种费用的性质。租费主要有三种类型，性质不同。

（1）受业主委托代收的投资经营性收入

这是由业主投资所产生的孳息，是业主投资经营收入，包括商铺租金、广告位使用费、多种经营摊点使用费等。总之，由建筑、设施所产生的孳息，是该建筑物或设施的业权所有者所得。**这些收入是财产性收入。**一句话，谁投资，谁受益。

（2）商业服务性收入和物业服务性收入

这是商业服务机构或物业服务单位提供商业经营、物业服务所获得的收入，包括商铺租赁代理服务费、广告位租赁代理服务费、多种经营摊点租赁代理服务费、运营服务费、营销推广费、物业管理费、停车费、物业管理有偿服务费（即空调加时费、用户设施有偿维修费等）以及商业服务机构提供POP等道具服务形成的服务收入。这些收入是服务性收入，补偿用于补偿服务性成本和服务性费用的部分以及服务酬金。谁提供服务的，谁应该受益。

（3）代收代缴费收入

这是商业服务机构和物业服务单位为其他经营或服务机构代收代缴的收入，如代收水电气费、POS机和收银机使用费等。这部分收入应该为这些经营或服务机构所得。

（二）租费的管理

1．费用标准制订和调整

在调研的基础上，结合商圈的发展态势和项目自身的经营状况（包括品牌影响力、市场认可度、销售额及客流），形成租金及各种费用的调整方案，按企业规章、制度和流程签批或者确认。

2．租费管理基础工作

应建立租费管理的台账和记录。

（1）租赁合同台账；

（2）租费收缴台账。租费收缴台账是费用收缴的依据，因此该台账应该得到财务管理部门和企业商业专业管理部门的审核通过。企业专业业务部门和财务管理部门应定期对项目的租费租费收缴台账进行稽核；

（3）租费缴纳通知书。依据租费收缴台账填写；

（4）租费核对表。财务管理部门与业务管理部门相互核对租费收取情况的报表；

（5）欠租（欠费）通知书；

（6）欠租（欠费）催缴通知书；

（7）租费周报。

3．租费收缴

租费收缴工作要重点关注：

（1）确定起始计租日，依据租赁合同确定起始计租日以及首期应付租金的支付时间。

（2）根据租费台账，由业务管理部门和财务管理部门确认和核实应缴租费的金额、时间。对于按照营业额计租的商户，还要按照合同约定与商户就收银机记载的营业数据及推算的租金应缴金额进行核实和确认，或向商户索取营业财务报表，确认当期应收租金额。

（3）财务管理部门向商户送达租费缴纳通知书，明确租金支付金额和支付时间，以及租金支付账户，并请商户签收确认，归档保留原始文件。

（4）收租人员应及时跟踪租金到账情况。如有差异，应在租金周报上说明。

4．租费催缴

如有商户发生拖欠费用逾期不交的情况，应组织催缴。

（1）在送达租费缴纳通知书后，租费未按合同约定时间足额到账，收租人员应及时与商户沟通，落实原因。在确认因商户原因租费未到账后，应立即送发欠租（欠费）通知书，并在通知书中明确拖欠租金金额及应付滞纳金的标准和缴纳时限。

（2）在欠租（欠费）通知书送达，到该通知书限定补缴期限，商户仍未缴纳租费和滞纳金，又无合法理由的，应及时发出欠租（欠费）催缴通知书要求限期缴纳欠租和滞纳金，并告知：如果在限期内拒不缴纳租金及滞纳金，业主方将采取一切合法手段清理欠租，由此产生的一切责任应由商户承担。

（3）因特殊原因引起的欠租，应定期送达欠租（欠费）催缴通知书，确认欠租金额，请商户签收确认，并归档保留确认的原始文件。

（4）如商户以对出租方或项目商业运营管理工作不满而欠租不交的，根据商户欠租原因，依据租赁合同，协调企业有关部门及业主等有关单位和部门，解决承租方提出的问题，并跟进问题解决的进程。

（5）采取法律手段催缴租金时，做好法律文件准备，提前将拟采取的方案上报企业及法务部门，经法务部门评估法律风险，并经企业主管负责人同意后实施，同时跟进过程。

5. 租费减免或提增

通过经营分析工作，对商户进行评价。对一些贡献率比较大，有经营潜力的商户，在暂时遇到经营困难时，可以采取善意的扶持，有限度有条件的延迟缴租时间，也可以适当地减免一定时段的租费。

对租费的减免或提增，应该履行品牌评价和分析程序，并制订租费减免或提增的方案，按规定程序完成审核流程后，与商户签订租赁合同和补充协议。并依照补充协议，更新合同台账和租费收缴台账，租费收缴台账按照程序进行复核确认。

（三）租费管理工作的管控

1. 企业财务管理部门、商业专业业务管理部门以及房屋租赁主体等相关单位和部门可以根据授权，通过信息技术系统，实时查询、复核租金收取情况。

2. 财务管理部门应定期核对租费明细账，租费收缴台账，确保账账相符，定期确认租金核对表。

3. 建立制度，做好台账、票据、报表和记录的稽查工作。

四、经营规范管理

就经营规范需要进行管理的项目包括：开闭店、晨会、广播、吊旗、店招、POP、橱窗、物价签、总服务台、商品和陈列及空铺。

对上述项目的管理，要采取强有力的巡场管理来加以保障。

（一）对经营规范管理项目的管理要求

1. 开闭店管理

制订开闭店管理规定及作业指引，其内容包括：营业员进场、开业前准备、迎宾、闭店前准备、送宾、闭店、营业员退场等作业内容、作业程序及作业要求及开闭店时间等。

一般由值班营运经理负责指挥整个开闭店作业过程，参与开闭店作业和管理的保安、消防管理人员、设备运行工、保洁员、楼面管理员、总服务台工作人员等现场全体商业运营管理人员、物业管理人员和各商户工作人员通过广播和对讲机直接接受值班营运经理的指挥。

开闭店作业指引的动作要领的规定应细致、准确。

商业项目应该按照统一的营业时间规定进行开闭店作业。特殊行业如影院等不按照统一营业时间营业的，应对通道、照明、设备运行、安防等作出安排。

2．晨会管理

制订晨会管理制度，对晨会的时间、频率、内容作出规定，晨会一般在开店前准备时间内举行，由营运人员和商户工作人员参加。

晨会的主要内容是：检查营运人员和营业人员的仪容仪表；练习服务用语；对存在的问题及违纪现象提出整改要求；对营运人员和营业人员进行各类专项的培训；提示、督促商户根据季节的变化及时补充应季商品，更换商品陈列和环境布置；通报相关管理规定、近期工作安排、要求及相关信息。

项目商业管理公司对参会人员出勤、会议内容进行记录、存档，并应将晨会会议涉及的重要事项书面通报给商户负责人。

3．广播管理

制订广播管理规定及工作流程，对广播播放的要求和程序进行规定。

应指定专人播音，广播音量适中，播音内容一般包括：开店广播语、天气预报、品牌推介、信息发布、整点报时、安全提示及闭店广播语等。

定期对背景音乐进行更新调整，背景音乐与时令及现场气氛应协调一致。

注意控制审批商铺装配音响申请，检查控制商铺音响音量。

4．吊旗管理

制订吊旗管理的规定和规范，对吊旗的画面、标志、悬挂尺度和更换频率等提出要求。吊旗的画面、标志必须符合VI标准。

注意季节变化、店庆、重大节日时应更换吊旗。

吊旗应保持完整、美观、整洁，不宜出现过期悬挂现象。

5．店招管理

店招的设立和改变应按照商户装修管理的规定程序进行审核。

营业期间应保证商铺店招的明亮，不能擅自关闭店招电源。

应保持店招完好，清洁。

6. POP管理

制订 POP 管理规定及审批流程，对POP用途、标志、画面和张贴摆放的位置进行规定。

POP 一般用于产品介绍、新品到货、打折信息、促销信息、招商信息等，不得出现加盟信息、夸张不实广告语。

POP 张贴、摆放须遵守规定，不应在外墙、通道柱面、商铺玻璃上等随意出现。

POP应保持完整、美观、整洁。

7. 橱窗管理

橱窗架构的设立和改变应按照商户装修管理的规定程序进行审核。

橱窗展示的内容和形式应符合经营规范、项目定位和整体经营氛围。

橱窗设计应新颖，体现品牌风格和商品特色。

模特服装展示应时应季。

橱窗玻璃上不宜张贴 POP，应保持整洁。

8. 物价签管理

物价签展示的内容应遵守当地物价部门的规定。

经营者出售商品，应做到明码标价、货签到位。

物价签严禁涂改，价签破旧、价格发生变动须及时更换。

营业员必须按照物价签标示的价格出售商品，如商品降价或打折销售的，应使用降价签。

9. 总服务台形象管理

总服务台应配备专职服务人员，统一着装，工作符合服务规范。

总服务台标识显著。

总服务台形象美观，整洁。

三包制度、服务项目、服务承诺等必须公示。

10. 商品和陈列管理

上架商品应达到质量标准，具有合法标识以及有质量标准的证明文件。

食品类商品必须标注生产日期、有效期和保质期的要求，不得销售保质期逾期和变质的商品。

商品标识合法，商标使用合法。

上架商品应有正规合法的进货渠道，无假冒伪劣、以次充好及国家法律法规禁止上市的其他商品。

上架商品按照有关法律进行检验、检疫或检测。

商户销售的各类具备保修期的商品，必须建立维修卡和相应的维修机构，并配备售后服务条件。

商品应季，不得有过季商品。

商品陈列新颖、美观、整齐，店堂照明充足，照度、色温适宜，营业期间不得出现关闭店堂全部或者局部照明的现象。

11. 空铺管理

出现空铺时，应及时进行遮挡，遮挡物所用材质、设计风格应与周围环境协调一致。应当参照装修技术标准对围挡的要求进行美化技术设计。

应定期对空铺水电气等设施进行安全检查。商户撤场前，控制内部陈列，避免造成恶劣的对外影响。

（二）巡场管理

巡场管理是对商业运营秩序和经营环境进行现场管理的基本手段。

1. 日常巡场

应制订营运人员日常巡视管理制度，明确巡场线路、巡场频率和巡视要求。一般来说，营运人员每天营业前、营业中和营业后都应巡场。

营运人员巡场，应该按照规定线路、检查事项进行巡视记录，填写日常营运巡视记录表。

巡场中发现的问题须及时通知相关责任方解决，无法立即解决的问题填写整改通知，注明问题、责任人、整改要求、完成时限等项内容，送达责任人或其负责人签收。应跟踪整改通知单的落实情况，对在规定时限未完成的整改事项上报主管领导。

2. 监督性检查

总经理和营运管理负责人应每周不少于一次组织商业运营管理人员进行集体巡场，全面检查现场营运管理情况，检查营运人员日常巡场的情况。

集体巡场发现的问题及解决措施落实，应该是周工作例会检查和部署的一个重要议题。因此，应该把周工作例会与监督性检查结合为一个联动的管理行为。

3. 管理控制

项目商业管理公司每周对日常营运巡视记录表中记录的问题进行分析，对超出时限仍未解决的问题进行跟踪，对存在的共性问题进行分析，提出解决办法，上报公司总经理，并根据企业规定上报企业专业业务部门。

五、对商户进退场和装修管理的控制

商业物业的资产安全和商业运营管理活动中经营管理的安全管理，是商业运营管理活动中的重要内容。

首先是商业物业的资产安全问题。

所谓资产的安全管理，一是不致资产的不当损失，二是不致资产的流失，三是确保资产的安全运行。

商户通过租赁合同，取得租赁物的使用权。如何避免产生商户在租赁物使用过程中对租赁物的掠夺性使用和损害租赁物的行为发生，需要通过管理来实现。

其次是商业运营管理活动中经营管理的安全问题。

商户通过租赁合同取得租赁物的使用权，目的是为了开展经营。因此必然存在与供货方、顾客产生经济交易甚至债权债务，如果出现问题，势必对出租方产生不利。避免此类问题，也需要通过管理来实现。

商户进退场和装修管理工作，在这个管理板块中，提供了一个管理环节，来确保我们实现对商业物业的资产安全和商业运营管理活动中经营管理的安全进行管理。

（1）商业物业资产的安全管理，尤其是共用设施设备资产的安全。这主要体现在商户入撤场期间的租赁物的交付和装修过程中商户对房屋及相关技术设施进行拆改时的审核和监管；

（2）商业运营管理的资金安全管理，尤其是商户入撤场时缴纳的费用和装修时缴纳的费用。加强费用缴纳过程的控制，可以避免财产流失；

（3）商业运营管理过程中的法律安全，尤其在商户在撤场时对经营期间交易往来和债权债务的清算掌控。避免商户与第三方财产纠纷的遗留，把遗留问题连带给租赁物的出租方和新的承租方。

（一）商户进退场管理

商户进退场管理，对于商业物业的资产安全和商业运营管理活动中经营管理的安全管理，可以从下列一些关键点来进行控制，这些关键点也是商户进退场业务管理的审核重点：

1. 以合同和协议为依据进行控制

商户入驻，是依据租赁合同进行的；商户退场，也是依据租赁合同终止及有关协议进行。所以，商户入驻或者退场手续的办理，必须以相关合同和协议为依据。

2．缴费管理

商户入驻，必须依照租赁合同，缴纳相关费用，包括经营保证金。商户退场，也必须依照租赁合同及相关协议，缴清相关费用。经营保证金的退还，依照租赁合同和《商户手册》《装修手册》《营业员手册》，已经扣缴了违约或违规的扣款。特别需要说明的是，在经营保证金退还的具体日期的把握上，应依据租赁合同，给一个期限，确保商户在租赁期间已经完成与供需双方的交易，并且没有相关的债权债务。或者需要商户明确这样的承诺，可在租赁合同中约定延缓退还经营保证金的时间。此外，办理退款手续时须凭注销商铺工商营业执照、税务等相关证明。

3．房屋交验

商户入驻或者退场，都必须有严格的房屋交验的过程。特别在商户退场，交还租赁物的时候，尤其需要严格的租赁物的交验。按照商户入驻时的交付条件，进行一一清点，除了依照租赁合同约定的变化外，租赁物应恢复原状并达到入驻交付时的条件，被损坏的部分应由商户修复。

商户进场管理工作的具体方法参照第二篇第十章《商户入驻和装修管理》，下面我们讲述商户退场管理工作的具体方法。

(二) 商户撤场管理

1．商户撤场的一般流程

（1）退租申请办理

商户提前或合同到期撤场需提交退租申请书至营运部门。

1）正常迁出

商户租赁合同期满不再续约，商户应按合同约定的提前量提前以书面的形式递交申请，审批后结清费用，方可办理退场手续。

2）非正常迁出

商户因违约，项目商业管理公司做出清退处理的，商户接到管理公司商户清退通知书后，结清所欠费用及违约金，并扣除经营及相关保证金，方可办理退场手续。租赁合同或相关协议另有约定的按照租赁合同或相关协议约定处理。

3）个别原因迁出

个别原因迁出，是指商户因其自身原因提前终止租赁，提出迁出。属商户个人特殊原因提出退场，应按合同约定的提前量，提前书面的形式递交申请，审批后结清所欠费用并扣除经营保证金，方可办理退场手续，否则不予办理。

（2）退租审核

项目商业管理公司应在规定时间内对承租户提出的申请进行回复，并应说明理由。

1）同意撤场的，项目商业管理公司应在规定撤场时间填写商户退租审批表，并按商户退租审批表填写的内容要求审定承租户应缴的费用或应扣费用与保证金。根据租约和《商户手册》约定，决定对提前撤场承租户的保证金是否退还。

2）各有关部门相关负责人审核撤场商户有关费用是否结清，并在商户退租审批表上签字。

3）项目商业管理公司应确认商户在租赁期间与第三方的交易及债权债务是否已经清算。如未证实无债权债务，应由商户书面承诺，解除就租赁经营期间发生的交易及债权债务与出租人的任何连带关系，或者协商商户撤场后质押商户的经营保证金的金额和期限。

（3）退租手续办理（图3-12-1）

1）物业管理人员在退租日，对商户按租赁交房时的商户商铺交接单上的项目进行清点，如水电气表、喷淋、电话、空调及相关设施设备，并确认水电气截至度数。

2）如设施设备有损坏，商户应进行维修或更换，或依照租约和《商

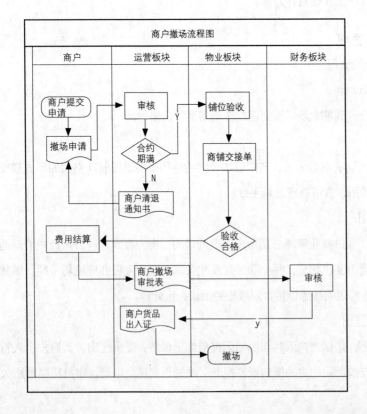

图 3-12-1 商户撤场管理流程

户手册》的约定，由物业管理部门进行维修或更换，并计算维修或更换成本，计入商户应扣的费用。

3）物业管理人员在商户退租审批表上签字，收回商铺并把表格交至财务部门。

4）财务管理部门审核商户缴款与应扣款情况后签字确认后，提交总经理。

5）总经理审核商户退租审批表后签字确认，签发商户退铺许可证。

6）商户正常退场，按合同约定时间和商户退款管理办法至财务部进行结算；如若提前撤场，需按企业规定呈请上级部门签批。

7）得到确认和审批后，商户可参照《商户手册》中商户退款管理规定领取应退款项。

8）迁出申请一经批准，商户应在规定期限撤除铺内货品及自装设施。撤除行为需安排在商场非营业时间内进行，以免妨碍其他商铺正常营业。商户清场完毕后，应立即通知物业管理人员抄记水电表读数及验收，并签署确认。退租清场后的遗弃物按租约和《商户手册》的约定进行处理。

（4）商户撤场，双方应订立租赁合同解除协议，协议中应约定有关租赁期内商户发生的任何交易、安全等遗留问题的处理办法。

2．商户撤场管理工作的注意事项

商户撤场管理工作需要注意以下主要事项：

（1）根据商户入驻时交房条件，查验交返的房屋及设施设备。对于自然损耗之外的毁损和丢失，应要求商户予以恢复，或照价赔偿。

（2）注意认真审核撤场商户有关费用是否结清。

（3）尤其要注意控制商户在租赁期间与第三方就交易、服务、债权债务之间的纠纷或争议是否解决、清算。要注意通过延缓退还经营保证金和订立租约解除协议等方式，解除出租方可能承担或牵连的连带义务，解除因此出现的各种风险。

表3-12-1、表3-12-2和表3-12-3分别是某商业项目商户退铺时房屋交验、退场许可和退还相关费用所使用的表单。

某商业项目《商铺退铺验收单》　　　　　　表 3-12-1

商铺退铺验收表			
铺位号：	商户名称：		年　　月　　日
项目名称	状况	数量	备注
天花		―――――	
地面理石		―――――	
墙面		―――――	

商铺退铺验收表

项目名称	状况	数量	备注
玻璃			
门			
插座			
开关			
照明			
通风口			
烟感			
喷淋头			
喇叭			
电表			

铺位号：　　　　　　　商户名称：　　　　　　　　　　　　　　年　　月　　日

计费表底数：电表＿＿＿＿＿＿　　水表＿＿＿＿＿＿　　煤气表＿＿＿＿＿＿

备注：

验收人签字：

某商业项目《商铺退场许可证》　　　　　　表 3-12-2

退铺许可证

年　　月　　日

总经理：

铺号：		品牌：	

撤场时间：＿＿＿＿年＿＿＿＿月＿＿＿＿日＿＿＿＿时至＿＿＿＿年＿＿＿＿月＿＿＿＿日＿＿＿＿时

装修垃圾处理时间：＿＿＿＿年＿＿＿＿月＿＿＿＿日＿＿＿＿时

店铺装修	①保留店铺内所有装修	
	②恢复至接收商铺时的状态	
营运部意见		
物业管理部意见		

某商业项目《商铺收退款通知单》　　　　　　表 3-12-3

商铺收退款通知单

商户：＿＿＿＿＿＿＿＿		单元编号：＿＿＿＿＿＿＿＿＿	
业主：＿＿＿＿＿＿＿＿		租赁合同号：＿＿＿＿＿＿＿＿＿	

保证金项目名称	金额（人民币）	备注
履约保证金		
经营保证金		
其他		
其他		
合计		
应退保证金部分		
实际应退保证金金额：		
大写金额：		

营运部经办人：	日期：
营运部经理确认：	日期：
财务部经理确认：	日期：
总经理：	日期：

（三）商户装修管理

商户装修管理工作的具体方法，参照第二篇第七章《商户入驻和装修管理》中的内容。

商户装修管理，在租赁资产管理的范畴，主要是针对商户是否按照出租方许可的技术方案进行装修。下列两个环节需要重视，并且是审核的重点：

1. **图纸审核**。尤其是图纸的安全性审核。物业管理部门依照《装修手册》所规定的技术标准对商户装修方案进行安全性审核；

2. **现场照图施工**。物业管理部门应依照《装修手册》所规定的技术标准，凭审定的图纸，对商户装修的隐蔽工程和表面工程进行检查和进行验收，确保现场照图施工。

此外，经营调整期商户装修管理与筹备期装修管理有明显的差别。其主要的差别都与其他活动的交叉有关系。筹备期商户装修施工与项目建设施工有交叉施工；而经营调整期商户装修施工则与正常营业活动进行着交叉。这两种不同的交叉，决定了这两个时期的商户装修管理有很大的差别，有不同的难点。

经营调整特别是品牌调整过程中的装修，是在正常营业的大背景下进行，对其管理要求更高，更加严格。不能影响正常的商户经营，不能影响购物中心的整体观感，不能使顾客产生不适，同时也不能影响装修本身的速度。

装修过程的形象管理是经营调整时期装修管理的重点。要让顾客感觉不到这是在装修的店铺，而是正在准备营业的店铺或者是一个广告位，或者艺术品，将装修对购物中心的影响化解为无形。

装修过程中，项目商业管理公司应要求商户使用统一的围挡进行外部装饰，严格控制装修过程中的灰尘、气味、噪声等污染，确保良好的经营秩序与环境。要加强装修过程的安全管理，包括消费安全、材料安全、其他商户的财产安全。

六、经营环境管理

商业地产内部设施的运行以及商业运营管理行为所围绕的目标之一，就是为顾客提供良好的购物环境。

对于商业运营管理来说，经营环境管理主要的活动内容包括：商户装修现场环境管理；出入货管理；特种行业管理；商业物理环境管理。

（一）商户装修现场环境管理

商户装修现场的环境控制主要有以下要求：

（1）要求商户使用统一的围挡进行外部装饰；

（2）严格控制装修过程中的灰尘、气味、噪声、施工垃圾等污染；

（3）营业时间不要出现施工作业，营业时间内施工人员不要出现在营业现场，施工垃圾不能出现在营业场所并不得丢弃在生活垃圾收集点。

（二）出入货管理

明确商业项目的出入货标准（包括垃圾的清运），规定送货路径与送货标准、制定内场运货规范、制定出货标准和出货流程。现场有明确提示和标识。

（三）特种行业管理

对餐饮、食品及食品加工、药品、烟酒、珠宝、化妆品等特种行业业态和商品种类应该进行特种行业管理。包括：

（1）签订合同时，商户必须提交相关行业资质证书复印件。

（2）对特种行业的商户的行业资质、服务内容和商品进行审核和存档，并建立台账。

（3）营业期间，必须对特种行业的年检报告进行核查，对于不合格者，必须限期整改。

（4）对从事食品、药品类经营的商户，将食品卫生、食品安全、食品质保期、操作间和经营场所卫生作为日常巡场检查的重点内容。

（5）其他特殊行业，对可能影响消费者利益的关键点形成稽核长效机制，应根据需要予以检查。

（四）公共场所环境因素的管理

公共场所环境因素是指，商业项目公共部分包括场内场外的灯光、清洁卫生、温湿度、音响等涉及顾客视觉、听觉、触觉、嗅觉感官体验的因素。

（1）巡场时，重点关注照明（包括广告照明和泛光照明）的完好情况，如发现异常，及时督促相关责任部门整改；

（2）巡场时，重点关注广播、商户音响、多媒体播放器、宣传推广活动的声音传播，是否存在异响、噪声、商铺私装音响。如发现异常，及时督促相关责任部门整改；

（3）巡场时，重点关注空调温度、湿度及新风供应情况。如发现异常，及时督促相关责任部门整改；

（4）巡场时，重点关注公共部分清洁卫生，特别是卫生间清洁卫生状况，是否存在异味，是否存在污染、异味、乱摆乱放、乱张乱贴和小广告，如发现异常，及时督促相关责任部门整改；

（5）巡场时，关注商户促销活动是否得到批准，是否在审批确认的范围以内，是否存在违章摆摊设点的情形；

（6）巡场时，关注商铺库房的卫生、货品码放、电器使用、消防、防水防潮情况，如发现异常，及时督促相关责任部门整改。

（五）商铺环境的管理

对商铺环境进行巡视检查，检查的重点包括：

（1）商铺内灯光、色彩、内部的装饰效果，有无破损，营业期间照明是否充分开启；

（2）商品和道具陈列是否美观、整齐；

（3）营业员遵守《营业员手册》情况；

（4）商铺内清洁卫生；

（5）货物码放。

七、多种经营管理

多种经营管理包括多种经营规划、多种经营预算管理、多种经营现场监督管理。

（一）多种经营规划

应按点位、面积、经营品类、租金标准、商品质保金标准、坪效、可实现收入月份进行统一规划。

1．多种经营点位规划

（1）进行固定点位和非固定点位规划。多种经营类型包括：固定点位和非固定点位。其中固定点位包括：铺位、旗杆广告、灯箱广告、售货亭、ATM机、地下仓库等；非固定点位包括促销场地、舞台等。

（2）绘制点位图。以彩图形式绘制规划点位图，包括：非铺租赁点位图，旗杆广告点位图，灯箱广告点位图，售货亭点位图，仓库点位图。

（3）编制点位表。表中需体现编号、规格、大小、形式、数量等要素。

（4）多种经营点位应按统一标准进行编号。

2．经营品类规划

（1）应以商铺业态规划及招商情况为依据和前提，与主力业态及商铺区域定位错位，尽量补充业态结构，丰富市场涵盖率。

（2）经营业态、品类不能与在铺经营商户产生冲突，应与项目商铺经营品类互补。

（3）商品品牌形象好，知名度高。

（4）经营者所销售的商品必须符合项目经营定位。

（5）经营者提供的相关证照齐全。

3．多种经营租赁定价

（1）多种经营点位租金标准按区域、位置、面积、市场行情、季节变化等因素设定。

（2）租金标准一般不宜低于上一年该点位实际收益。

（3）内场固定点位单位租金标准不宜低于该区域商铺租金标准。

4．多种经营保证金标准

按合同期限长短、金额大小来设定。

5．商品质保金

按经营品类设定。

6．台账和报表

应制订多种经营点位台账、多种经营管理合同台账、多种经营经营报表。

7．规划方案上报审批

制订的多种经营规划及年度预算应经报请业主审批，并审批后的方案实施。

8．租金标准、保证金标准、商品质保金标准上报审批

多种经营点的租金标准、保证金标准、商品质保金标准，应报请业主审批。

（二）多种经营预算管理

应按年度多种经营预算按月进行分解，每季度对多种经营完成情况进行分析，对未完成指标的须进行分析和说明，并提出解决措施和办法。对未完成预算任务的，企业商业专业业务管理部门进行重点跟踪、指导。

（三）多种经营现场监督管理

1．多种经营固定点位及经营期限超过一周，应向其发放统一版本的多种经营许可证。

（1）多种经营许可证应注明点位编号、经营者、经营期限，应由业务管理部门负责人、财务负责人和总经理联合签署。

（2）商户应将该多种经营许可证在经营现场妥善保管或悬挂张贴。

（3）在日常巡场中应检查该证并核对其有效期，发现问题及时上报并及时做出处理。

2. 对于经营期限不超过一周的临时促销商户在缴费入场后，需加强现场管理，在巡场时应检查并核对其有效证件，发现问题及时上报并及时做出处理。

3. 应根据项目定位制订并严格执行对多种经营商户的形象标准和安全标准，对于形象差、不符合相关形象和安全规定的商户需及时调整。

4. 对多种经营商户的从业人员应加强服务礼仪、仪容仪表的培训与考核，对不符合规定的人员及时要求商户调整。

5. 多种经营项目营业和服务符合商户手册要求。

八、广告位的经营与管理

广告位的经营与管理包括广告位规划管理、广告位经营预算管理、广告位租赁管理、广告位现场管理。

（一）广告位规划管理

1. 广告位功能划分

广告位按其功能划分为宣传性广告位和经营性广告位。

（1）宣传性广告位是为项目品牌宣传和为商户提供品牌宣传的广告位。

（2）经营性广告位是指租赁给广告发布单位供其广告经营的广告位。

在商铺招商签约前要梳理商户对宣传性广告位的需求，以作为确定宣传性广告的数量、类型和位置的依据。

2. 广告位档案建立和更新

按宣传性广告位和经营性广告位的功能划分，分别建立广告位台账。广告位台账包括广告位总账、经营性广告位分类台账和宣传性广告位分类台账，应载明广告位的形式、面积大小、位置、技术条件和功能划分类型。

广告位台账根据变化，应随时更新。

3. 经营性广告位规划

根据当地市场广告位租金标准、政府部门相关政策及广告公司代理情况进行调查结果，依据广告位投资者确定的经营指标，对经营性广告位，按点位、面积、租金标准、保证金标准、能源保证金、坪效、市场行情等进行统一规划。

4．广告位使用规划方案的上报审批

依据企业确定的经济指标和广告位经营指标，编制次年广告位使用规划方案上报广告位业主审批。广告发布必须符合审批后的规划方案和预算方案。

（二）广告位经营预算管理

应编制年度广告位预算，并根据广告位业主审批后的年度预算按月进行分解。每季度对广告位经营完成情况进行分析。

（三）广告位租赁管理

经营性广告位可通过向广告发布单位招标，进行租赁。

（1）在招标前，应进行广告市场调查，了解当地广告市场价格、对周边商圈同类广告位租赁情况作出分析，了解政府主管部门对广告设置、发布相关的法律、法规。

（2）制订广告位的收费标准，应经广告位业主审批，并作为广告位招租的依据。

（3）联系广告公司，并对广告公司的资质进行了解，拟定招标对象。

（4）拟制所要招标的经营性广告资源简介，明确数量、规格、位置和是否获得政府主管部门的设置许可等，并绘制简图加以标注。

（5）经营性广告位评标定标后，与中标的广告商订立经营性广告位租赁合同。

（四）广告位现场管理

（1）根据项目定位建立广告位的形象标准和安全标准，现场应符合标准。

（2）广告位设置必须把安全放在首位考虑，同时注意防漏、防水、抗风、散热等重要因素。画面安装结构设计要容易拆装，安装后要稳固无缝隙。画面制作材料必须能在质量、颜色等方面与项目本身匹配。应将广告位的安全检查作为每周巡检的重要内容。

（3）应会同广告公司设定经营广告的电源开闭时间，按时查抄电费计量、收取合同中约定的费用。

（4）应对商业项目内所有广告的内容、形象进行监控。如有违反国家法律法规或违反与租赁合同或其他侵权行为的应立即予以制止。广告位内容、形象需与项目整体、楼体功能定位相匹配，不得产生冲突；广告位内容不应与商业项目经营的品项相冲突；必须具有相关合法的手续、证照。

（5）应对广告商进行监控管理。广告商的整体广告规划方案必须报请商业管理机构审核批准。

（6）定期巡视广告及广告位，确保其完整、美观、符合时宜。

第十三章

数据信息管理和经营分析

数据信息是指商业项目经营管理过程中通过电子信息技术或手工技术收集、整理、加工的有关商铺面积、业态及品类、商户销售额、营业坪效、客流量、车流量等信息。而数据信息管理是指利用电子信息技术或手工技术对经营数据进行收集、整理、加工的过程。

经营分析是指在数据信息管理的基础上，对经营数据进行统计、分析，对整体经营情况进行解析，从而为经营调整提供依据。

一、数据信息系统的管理

（一）数据信息系统

数据信息系统包括电子数据信息技术系统和手工数据信息系统两个部分。

电子数据信息技术系统是指利用商业电子数据信息技术软件研发单位的技术建立的商业管理电子数据信息技术系统。

手工数据信息系统是指由商业管理人员手工编制的台账、记录和报表。

在开业筹备阶段，商业信息管理部门应与电子数据信息库软件系统开发单位按照商业运营管理工作的要求，确定参数和逻辑关系等数据模型。

数据信息体系应该能够支持以下结果：

（1）租赁报表：反映项目租赁状况的数据；

（2）经营报表：反映项目各品类销售状况及相关客流、推广状况的数据；

（3）品牌资源报表：反映项目商户品牌资源储备和利用状况的数据。

需要强调的是，在建立数据模型的时候，一定以要针对各种数据信息建立台账和记录，如合同台账、租费台账、铺位台账、客流统计台账、车流统计台账、气候疫情记录、营销活动记录、突发事件记录等。

这些台账和记录能够进入信息技术系统的，应当将台账或记录纳入信息技术系统；无法进入技术系统的，应该建立手工台账和记录。

（二）数据信息的录入、传递和汇总

应按照权责，按各部门或工作模块，对能够进入信息技术系统的数据，及时准确录入数据库，包括铺位数据、租赁合同数据、POS机销售数据以及手工对账数据等，并需要备份。

应按照权责，按各部门或工作模块，对不能进入信息技术系统的数据，及时准确地记录、传递和汇总各类手工台账和记录的数据信息，并设置专人管理。

（三）数据信息的管理

数据信息的管理需要掌握以下关键事项：

（1）应建立数据信息录入、传递、查阅、复制、备份、销毁的管理制度，以确保数据信息的安全；

（2）应明确数据信息录入人员的职责和权限；

（3）应明确数据信息的传递、查阅、复制权限体系，避免数据信息外泄；

（4）应由信息管理部门进行电子数据信息备份，并定期检查其备份成果。应制定电子数据信息备份启用的审批程序；

（5）应建立数据信息销毁处理的管理规定。

二、经营分析的组织

（一）经营分析工作组织

一般在每月度、每季度、每半年和每年应进行经营分析，经营分析应至少包括以下内容：

（1）各楼区、各业态和品类的销售额和营业坪效；

（2）客流分析，包括客流量；

（3）周末及促销、重大活动情况以及对销售额、客流量的相关性分析；

（4）存在的主要问题及采取的对策。

在经营分析报告中，各种统计数据，应根据相关基础数据表链接生成，而不是填写统计数据。

（二）报表的提报

在数据信息管理和经营分析工作的制度中，应包含报表提报的要求和时间。

三、经营分析的方法

经营分析是指在数据信息管理的基础上，通过经营分析报告的方式对经营数据进行统计、分析，对整体经营情况进行解析，从而为经营调整提供依据。

作为经营调整的依据，经营分析、经营分析工作提供的数据信息和经营分析的结果，必须能够回答以下问题：

（1）经营的真正状况究竟怎样？

（2）制约经营真正的障碍因素究竟是什么？

（3）哪些品牌是需要在经营调整中保留和挽留？哪些是必须淘汰的？

（4）经营调整能够挖掘出怎样的经济价值？例如客流、销售额、消费者的满意度或租金。

经营分析报告一般包含七个部分，即总体经营情况、关键指标、服务情况、异常商户经营状况、经营分析、结论及措施。

（一）总体经营情况

总体经营情况采用表格并生成为柱状图或折线图、饼图和简要文字的形式，对租费、销售额、客流量、品牌、租赁物在期间的表现进行数据表达。

1. 租费（图3-13-1）

（1）租金：包括月应收租金、月实收租金、月租金收缴率、租金月环比增长率、租金月同比增长率、年累计租金应收金额、年累计租金实收金额及年累计平均租金收缴率。

1.1 租费										
类别	月应收	月实收	上月实收	上年同月实收	月环比	月同比	年累计应收	年累计实收	月收缴率	年累计平均收缴率
	（万元）				（%）		（万元）		（%）	
租金										
运营管理费										
物业管理费										
推广服务费										

图 3-13-1　租费统计表格示意图

（2）物业管理费：包括月应收物业管理费、月实收物业管理费、月物业管理费收缴率、物业管理费月环比增长率、物业管理费月同比增长率、年累计物业管理费应收金额、年累计物业管理费实收金额及年累计平均物业管理费收缴率。

（3）运营管理费：包括月应收运营管理费、月实收运营管理费、月运营管理费收缴率、运营管理费月环比增长率、运营管理费月同比增长率、年累计运营管理费应收金额、年累计运营管理费实收金额及年累计平均运营管理费收缴率。

（4）推广服务费：包括月应收推广服务费、月实收推广服务费、月推广服务费收缴率、推广服务费月环比增长率、推广服务费月同比增长率、年累计推广服务费应收金额、年累计推广服务费实收金额及年累计平均推广服务费收缴率。

2．销售额

销售额数据包括月销售额、销售额月环比增长率、销售额月同比增长率、年累计销售额、平均日销售额、平时平均日销售额、节假日平均日销售额及各楼层销售额明细表。

图3-13-2为销售额统计表格示意图；图3-13-3为各楼层销售额明细表示意图。

1.2 销售额									
楼层	本月	上月	上年同期	月环比	月同比	日均	平日日均	节假日日均	本年累计
	（万元）			（%）		（万元）	（万元）	（万元）	（万元）
B1									
F1									
F2									
F3									
F4									
广场合计									

图 3-13-2 销售额统计表格示意图

2.1 ___ 楼层销售明细表				
商户名称	业态	品类	面积	销售额

2.2 ___ 楼层销售明细表				
商户名称	业态	品类	面积	销售额

图 3-13-3 各楼层销售额明细表示意图

3．客流量（图3-13-4）

客流量数据包括月客流量、客流量月环比增长率、客流量月同比增长率、年累计客流量、平均日客流量、平时平均客流量及节假日平均日客流量。

1.3 客流								
类别	本月	上月	月环比	月同比	年累计	日均	平日日均	节假日日均
	（万人次）		%	%		（万人次）		
总进客流								

图 3-13-4 客流量统计表格示意图

4．品牌（图3-13-5）

品牌数据包括本月品牌数量、品牌月环比增长率、品牌月同比增长率、各楼层品牌数量、各楼层品牌月环比增长率、品牌月同比增长率、各业态品牌数量、各业态品牌月环比增长率及各业态品牌月同比增长率。

5．租赁物（图3-13-6）

租赁物数据包括本月在营面积、在营面积月环比增长率、在营面积月同比增长率、本月空铺面积、空铺面积月环比增长率、空铺月同比增长

1.4 品牌											
楼层	上月月品牌数	本月品牌数	上年同期品牌数	月环比增长率	月同比增长率	业态	上月月品牌数	本月品牌数	上年同期品牌数	月环比增长率	月同比增长率
	（个）	（个）	（个）	（%）	（%）		（个）	（个）	（个）	%	%
B1						零售					
F1						餐饮					
F2						娱乐					
F3						配套					
F4											
总计						总计					

图 3-13-5　品牌统计表格示意图

1.5 租赁区域										
楼层	在营面积					空置面积				
楼层经营情况	上月在营面积	上年同期在营面积	本月在营面积	月环比增长	月同比增长	上月空置面积	上年同月空置面积	本月在营面积	月环比增长	月同比增长
	（平方米）	（平方米）	（平方米）	（%）	（%）	（平方米）	（平方米）	（平方米）	%	%
B1										
F1										
F2										
F3										
F4										
合计										

图 3-13-6　租赁物统计表格示意图

率、各楼层本月在营面积、各楼层在营面积月环比增长率、各楼层在营面积月同比增长率、各楼层本月空铺面积、各楼层空铺面积月环比增长率及各楼层空铺月同比增长率。

（二）关键指标

关键指标，采用表格并生成为柱状图或折线图、饼图和简要文字的形式，对营业额租金比、客单价、提袋率、租金坪效、营业坪效及空铺比例，在期间的表现进行数据表达。

1. 营业额租金比（图3-13-7）

营业额租金比数据包括本月营业额租金比、年累计营业额租金比、营业额租金比月环

2.1 营业额租金比												
楼层	本月营业额租金比	上月营业额租金比	上年同期营业额租金比	月环比	月同比	业态	本月营业额租金比	上月营业额租金比	上年同期营业额租金比	月环比	月同比	年累计营业额租金比
	%	%	%	%	%		%	%	%	%	%	%
B1						零售						
F1						餐饮						
F2						娱乐						
F3						配套						
F4												
合计						合计						

图 3-13-7　营业额租金比统计表格示意图

比增长率、营业额租金比月环比增长率、各楼层营业额租金比、各楼层营业额租金比月环比增长率、各楼层营业额租金比月环比增长率、各业态平均营业额租金比、各楼层营业额租金比月环比增长率及各楼层营业额租金比月环比增长率。

2. 客单价（图3-13-8）

客单价数据包括本月平均客单价、年累计平均客单价、平均客单价月环比增长率、平均客单价月同比增长率、平时平均客单价、平时平均客单价月环比增长率、平时平均客单价月同比增长率、节假日平均客单价、节假日平均客单价月环比增长率、节假日平均客单价月同比增长率及各业态平均客单价。

3.2 客单价								
类别	本月平均客单价	上月平均客单价	上年同期平均客单价	月环比	月同比	年累计平均客单价	业态	业态平均客单价
	（元）	（元）	（元）	（%）	（%）	（元）		（元）
综合							零售	
平时							餐饮	
节假日							娱乐	
							配套	

图 3-13-8　客单价统计表格示意图

3. 提袋率（图3-13-9）

提袋率数据包括本月平均提袋率、年累计平均提袋率、平均提袋率月环比增长率、平均提袋率月同比增长率、平时平均提袋率、平时平均提袋率月环比增长率、平时平均提袋率月同比增长率、节假日平均提袋率、节假日平均提袋率月环比增长率、节假日平均提袋率月同比增长率及各业态平均提袋率。

3.3 提袋率								
类别	本月平均提袋率	上月平均提袋率	上年同期平均提袋率	月环比	月同比	年累计平均提袋率	业态	业态平均提袋率
	（%）	（%）	（%）	（%）	（%）	（%）		（%）
综合							零售	
平时							餐饮	
节假日							娱乐	
							配套	

图 3-13-9　提袋率统计表格示意图

4. 租金坪效（图3-13-10）

租金坪效数据包括本月平均租金坪效、年累计平均租金坪效、平均租金坪效月环比增长率、平均租金坪效月同比增长率、各楼层平均租金坪效、各楼层平均租金坪效月环比增长率、各楼层平均租金坪效月同比增长率、各业态平均租金坪效、各业态平均租金坪效月环比增长率及各业态平均租金坪效月同比增长率。

3.4 租金坪效											
楼层	本月租金坪效	上月租金坪效	上年同期租金坪效	月环比	月同比	业态	本月租金坪效	上月租金坪效	上年同期租金坪效	月环比	月同比	年累计租金坪效
	（元）	（元）	（元）	%	%		（元）	（元）	（元）	%	%	（元）
B1						零售						
F1						餐饮						
F2						娱乐						
F3						配套						
F4												
合计						合计						

图 3-13-10　租金坪效统计表格示意图

5．营业坪效（图3-13-11）

营业坪效数据包括本月平均营业坪效、年累计平均营业坪效、平均营业坪效月环比增长率、平均营业坪效月同比增长率、平时平均营业坪效、平时平均营业坪效月环比增长率、平时平均营业坪效月同比增长率、节假日平均营业坪效、节假日平均营业坪效月环比增长率、节假日平均营业坪效月同比增长率、各楼层平均营业坪效、各楼层平均营业坪效月环比增长率、各楼层平均营业坪效月同比增长率、各业态平均营业坪效、各业态平均营业坪效月环比增长率及各业态平均营业坪效月同比增长率。

3.5 营业坪效											
楼层	本月营业坪效	上月营业坪效	上年同期营业坪效	月环比	月同比	业态	本月营业坪效	上月营业坪效	上年同期营业坪效	月环比	月同比	年累计营业坪效
	（元）	（元）	（元）	%	%		（元）	（元）	（元）	%	%	（元）
B1						零售						
F1						餐饮						
F2						娱乐						
F3						配套						
F4												
合计						合计						

图 3-13-11　营业坪效统计表格示意图

6．空铺面积及比例（图3-13-12）

空铺面积及比例数据包括本月空铺面积、年累计平均空铺面积、空铺面积月环比增长率、空铺面积月同比增长率、各楼层空铺面积、各楼层空铺面积月环比增长率、各楼层空铺面积月同比增长率；本月空铺比例、年累计平均空铺比例、空铺比例月环比增长率、空铺比例月同比增长率、各楼层空铺比例、各楼层空铺比例月环比增长率及各楼层空铺比例月同比增长率。

3.6 空铺面积及比例										
楼层	本月空铺比例	上月空铺比例	上年同期空铺比例	月环比	月同比	上月空铺面积	上年同期空铺面积	本月空铺面积	月环比	月同比
	%	%	%	%	%	(平方米)	(平方米)	(平方米)	%	%
B1										
F1										
F2										
F3										
F4										
总计										

图 3-13-12 空铺面积和比例统计表格示意图

（三）服务情况

服务情况，采用表格并生成为柱状图或折线图、饼图和简要文字的形式，对营销推广、会员营销、停车及客户关系维护，在期间的表现进行数据表达。

1. 营销推广（图3-13-13）

（1）活动推广数据包括：

活动次数；活动主题及诉求；活动的发布形式；活动导入的客流数量。

（2）促销活动数据包括：

促销次数；各业态促销结构及比例；促销采取的发布形式；促销导入的客流数量。

（3）广告投放数据包括：

本月投放广告数量；本月广告投放选用媒介的结构。

4.1 营销推广			导入人流			活动形式	广告投放数量	广告投放形式
活动名称	主题	发布形式	日均客流	活动期间日均客流	差异			
合计								

促销活动	主题	发布形式	导入人流			活动形式	广告投放数量	广告投放形式
			日均客流	活动期间日均客流	差异			
合计								

图 3-13-13 营销推广统计表格示意图

2. 会员营销（图3-13-14）

会员营销数据包括本月会员数量；本月会员消费额；会员消费在总销售额的比重。

4.2 会员营销		
本月会员数量	本月会员消费额	会员消费占比

图 3-13-14 会员营销统计表格示意图

3. 停车（图3-13-15）

停车数据包括本月停车数量；车辆停放时段比例结构。

4. 客户关系维护（图3-13-16）

（1）商品投诉数据：投诉件数。

（2）服务投诉数据：投诉件数。

（四）异常商户经营状况

异常商户经营状况，采用表格并生成为柱状图或折线图、饼图和简要文字的形式，对各业态营业坪效最高前五位和最低前五位的经营数据进行数据表达和分析。其中，涉及多因素造成的问题，按照因果分析法，按重要度次序模拟权数，列图说明。图3-13-17为异常商户经营状况统计表格示意图。

1. 各业态营业坪效最高前五位的经营状况

（1）经营数据包括：

月租金、月营业额、营业坪效、租金坪效、营业坪效与平均营业坪效比较差值、营业坪效与所在品类平均营业坪效比较差值、营业额租金比、营业额租金比与同品类营业额租金比较差值、所在楼层及所在部位。

（2）分析数据包括：

营业额租金比分析、营业坪效分析（考虑品类特点、所在楼层、部位分析）、与商业项目活动推广的关联度分析、促销活动的关联度分析、产品和服务（商品、陈列、售后服务、店堂布置等）亮点分析及与消费客群消费特征的关联度分析。

2. 各业态营业坪效最低前五位的经营状况

（1）经营数据包括：

月租金、月营业额、营业坪效、租金坪效、营业坪效与平均营业坪效比较差值、营业坪效与所在品类平均营业坪效比较差值、营业额租金比、营业额租金比与同品类营业额租金比较差值、所在楼层及所在部位。

（2）分析数据包括：

营业额租金比分析、营业坪效分析（考虑品类特点、所在楼层、部位分析）、与商业项目活动推广的关联度分析、促销活动的关联度分析、产品和服务（商品、陈列、售后服务、店堂布置等）存在问题分析及与消费客群消费特征的关联度分析。

4.3 车场数据	
停车时段	车流量
0~1小时	
1~2小时	
2~3小时	
3~4小时	
4小时以上	
合计	

图 3-13-15　停车统计表格示意图

4.4 客户关系维系		
投诉类型	受理次数	完成次数
服务投诉		
商品投诉		
合计		

图 3-13-16　客户关系维护统计表格示意图

5. 异常商户经营状况

业态坪效前五名

业态	名次	品牌	楼层	月租金	租金坪效	与品类平均值差异	营业额	营业坪效	与业态平均值	营业额租金比	与业态平均值差异
零售	1										
零售	2										
零售	3										
零售	4										
零售	5										
餐饮	1										
餐饮	2										
餐饮	3										
餐饮	4										
餐饮	5										
娱乐	1										
娱乐	2										
娱乐	3										
娱乐	4										
娱乐	5										
配套	1										
配套	2										
配套	3										
配套	4										
配套	5										

业态坪效后五名

业态	名次	品牌	楼层	月租金	租金坪效	与品类平均值差异	营业额	营业坪效	与业态平均值	营业额租金比	与业态平均值差异
零售	5										
零售	4										
零售	3										
零售	2										
零售	1										
餐饮	5										
餐饮	4										
餐饮	3										
餐饮	2										
餐饮	1										
娱乐	5										
娱乐	4										
娱乐	3										
娱乐	2										
娱乐	1										
配套	5										
配套	4										
配套	3										
配套	2										
配套	1										

结论:

图 3-13-17 异常商户经营状况统计表格示意图

（五）经营分析展开

这是经营分析报告的核心部分。根据上述部分的数据，逐一进行租费分析、营业额分析、营业额租金比分析、客流分析、客单价分析、提袋率分析、租金坪效分析、营业坪效分析、空铺分析、营销推广分析、会员营销分析、客户关系维护分析及品牌分析。数据采用表格并生成为柱状图或折线图、饼图和简要文字的形式表达。其中，涉及多因素造成的问题，按照因果分析法，按重要度次序模拟权数，列图说明。

1．租费分析

（1）是否达到年度租费收入经营指标要求？是否达到分解的当月租费收入经营指标？原因是什么？

（2）是否达到收缴率指标？原因是什么？商户欠款原因是什么？

2．销售额分析

（1）针对当季节的情况，销售额以及增长或下降状况的成因。

（2）节假日对销售额的影响。

3．营业额租金比分析

（1）营业额租金比水平、各业态营业额租金比水平，与市场平均营业额租金比和市场同业态营业额租金比水平的比较。

（2）营业额租金比过高的品牌有哪些？是否存在掉铺风险？

4．客流分析

客流量以及客流滞场时间长短，以及客流在商业项目各楼层、各区域的分布特点，节假日客流量特点。

5．客单价分析

商业项目客单价水平，反映出客群具有怎样的消费特征。

6．提袋率分析

商业项目提袋率水平，反映出客群的特点是什么？消费行为是什么？商品和服务与此的相关性。

7．租金坪效分析

租金模型是否适当？

8．营业坪效分析

（1）营业坪效有什么变化，与正常水平的营业坪效有多大差距？

（2）节假日营业坪效的变化。

（3）各业态营业坪效分析。

9．空铺分析

空铺变化及其原因。

10．营销推广分析

（1）活动推广产生的客源的数量、所在区域、消费特征是什么？

（2）商户促销活动产生的客源的数量、所在区域、消费特征是什么？

（3）何种广告形式更受到适合商业项目的消费者的关注？

11．会员营销分析

（1）会员的数量、重复消费特征的描述。

（2）从会员渠道了解，决定提袋率水平的因素有哪些？

（3）就重复消费问题，会员反映的我们的品牌结构、品牌适用性、商品以及服务存在什么问题？会员的要求是什么？

12．客户关系维护分析

（1）从商品投诉的数据反映，商业项目销售的商品水平如何？

（2）从服务投诉的数据反映，商业项目技术设施、管理服务的水平如何？

13．品牌分析

（1）品牌的基本情况及其变化。

（2）根据异常商户的经营状况的数据以及营业额租金比数据分析和营业坪效分析的结果，哪些商户将存在掉铺的风险？

（3）各业态、各品类品牌的储备情况，尤其是存在掉铺风险的品牌的品类，品牌的储备情况。

（4）通过客流密度、坪效分析以及参照上述所有分析数据和结论，品牌结构有什么问题？

（5）按照品牌评价的方法，有哪些品牌在对项目贡献度的表现与其定位相符，而且发挥出色？有哪些品牌在对项目贡献度的表现与其定位不符，而且发挥得不好？

（六）经营分析结论

根据上述分析，提炼出关键问题，按重要度排序，依次描述。

最终，结论必须能够回答这些问题：

（1）经营的真正状况究竟怎样？

（2）制约经营真正的障碍因素究竟是什么？

（3）哪些品牌是需要在经营调整中保留和挽留？哪些是必须淘汰的？

（4）经营调整能够挖掘出怎样的经济价值？例如客流、销售额、消费者的满意度或租金。

所有的结论，必须以数据信息为依据和基础，不是凭借个人能力和经验的判断，也不是灵机一动创意的成果。

文字与因果分析法图表结合描述，要精练。关键问题基本上就用一句话或几句话概括。

（七）需要采取的措施

根据结论，针对重要问题，提出解决措施。

一、运营期经营调整概述

（一）运营期的经营调整的作用

运营期是一个不断经营调整的过程。

所谓经营调整，并不是人们常说的"二次招商"，或"持续招商"，而是商业物业功能和商业运营功能的不断完善、优化和革新的系统工程。

不断在运营期进行经营调整，主要是因为以下原因：

（1）竞争环境不断变化

原有的竞争对手在不断地调整竞争策略，采取新的竞争措施，引进更有竞争优势的品牌，不断提升自己的市场竞争能力；同时，新的竞争对手也随时在出现。竞争是一个动态的过程，谁能把握主动，就能立于不败之地。所以，必须主动进行调整。

（2）消费者的需求不断发生变化

随着科技的发展、人口结构的变化以及人们生活方式的变化，消费者的需求也在发生着变化，需求的内容在变，需求的形式在变，需求的结构也在变。而且随着客群的增加，需求的多元化矛盾就会更加突出。如不及时作出经营调整，就不能满足不断变化的消费需求。

（3）商户经营在发生变化

有些商户经过冷场期的考验，证明其经营能力、管理能力和经营业绩不足以支持其继续经营；有的商户虽有实力，但其经营的品牌和经营方式无法满足项目的定位要求；有的商户不服从统一管理，有的经常发生违规现象，对项目整体运行秩序产生损害等。

（4）商业物业的建筑功能和运营服务功能需要完善、优化和革新

经过磨合，商业地产的建筑和机电技术设施逐步趋于稳定，但也趋于老化，而且逐渐不适应于新的商业运营需要；商业运营的技术服务设施为适应新的商业运营需要，也需要进行提升。所以，在整个运营期内，建筑功能和运营技术功能进一步发展和革新的要求，要求对这些技术设施不断进行改造。

但是，经营调整的核心还是整个经营功能的调整，所有的调整都必须围绕市场需要，围绕着经营来进行。

（二）定位调整和品牌调整——经营调整的不同范畴

经营调整，实际上具有两个不同的范畴，一个是定位调整，一个是品牌调整。

近年来，国内商业地产运营项目有许多有趣的现象。一些开业之后一两年经营状况

不好的商业项目，急急忙忙地重新进行定位调整，整个商业项目停业，重新定位、重新规划、重新招商并重新开业；一些商业项目开业后不断进行品牌的调整，运营七八年了，也不断在反思定位上的问题，但就是没有开展系统的定位调整的准备工作。这两种情况都反映出一种现象，都本着摸石头过河的态度，走一步看一步。品牌调整也好，定位调整也罢，都是临时抱佛脚的一种战术态度。

定位调整和品牌调整，构成了经营调整这样一个整体。而作为一个整体，定位调整和品牌调整是在一个体系里的两个不同选择，定位调整是着眼于未来的战略调整选择，而品牌调整是着眼于当下的战术调整选择。在一个商业项目的运营过程中，两者是相互策应，互为因果的。

1. 定位调整

定位调整是一个战略调整。开业了几十年，从来不进行定位调整是不可能的。国外零售不动产界经过研究，认为每八年为一个周期，商业项目要进行一次定位调整。

对一个商业项目，能反映其定位的载体，无疑就是主力店了。所以，无论从象征意义上讲还是从实质意义上讲，定位调整就是调整主力店。

所以，定位调整是一个商业项目的战略调整，必须未雨绸缪，需要准备七到八年的时间；而不是等到所有人都看到项目不行了，再急忙忙地进行定位调整。

2. 品牌调整

品牌调整是一种战术调整，是在"定位不变"的前提下进行常规战术行为。这种调整是一种经常性工作。

品牌调整，通常在三种情况下进行：

（1）掉铺了需要补铺；

（2）经营状况不错，整体营业额租金比低了，准备提租；

（3）把经营状况不好，或者其存在没有价值的品牌给淘汰掉。

总之，品牌调整，能够丰满和优化品牌结构，提升项目的整体租金水平，满足消费者不断变化的需求，使商业运营环境和秩序得到维护和发展。

这样的品牌调整，就是一件战术行为，不能在策划和行动上与定位调整混为一谈。

在既定的定位基础上做好品牌调整，在品牌调整的基础上做好定位调整一系列的准备工作，这才是我们在运营期经营调整工作的正确态度。

（三）运营期经营调整的前提和依据

运营期经营调整的前提和依据概括起来包括营销策划、品牌的评价和分析、经营分析及品牌资源的储备。

1．营销策划

营销策划决定着一切经营工作的方针，经营调整也不例外。

营销策划能够帮助我们系统地发现自己的优势、劣势、机会及风险，能够帮助我们了解目标市场在哪里，告诉我们怎样去获得这些市场机会。

2．品牌的评价和分析

无论我们要招进什么品牌，还是要淘汰什么品牌，都需要对这个品牌进行评价和分析。每一个品牌都有自己的属性，都有自己的特征。品牌评价和分析的方法，无论对于经营调整调整还是对于经营分析，无论对于品牌调整还是对于定位调整，都是最为重要的工具之一。

3．经营分析

经营分析是经营调整的依据。只有通过经营分析提供的数据信息，我们才能知道经营的真正状况，知道经营真正的障碍因素是什么，知道哪些品牌需要调整，知道通过经营调整能够挖掘出怎样的经济价值。

4．品牌资源的储备

品牌资源的储备是经营调整的前提。如果没有品牌资源的储备，无论是品牌调整，还是定位调整及定位调整中的业态重新规划和品牌落位，都是没有源泉的。品牌资源的储备越丰富，经营调整的力量就越大，效果就越有保障。

如果说经营分析给经营调整提供了情报，品牌评价和分析给经营调整提供了方法和工具，营销策划给经营调整提供了思想、方向和目标，那么，品牌资源的储备就给经营调整提供了弹药。有了情报，有了方法和工具，有了思想、方向和目标，有了弹药，经营调整就有了取得胜利的机会。

二、品牌的评价和分析

从哲学上讲，事物的本质是指一事物区别于他事物的特殊属性。这种特征属性就是事物的特性。特性有许多特征，也会出现特征变量。

商品和服务也是一样。某种品类必然具有其特征，有它的特征变量。我们把这种品类的与商业项目运营相关的特征变量找出来，然后把具体某一个品牌表现出来的特征值与同类品类的特征变量相比较，就能评价它的优劣了。

以表3-14-1所展示的卖场、百货、建材专业店、体育专业店、家具家电专业店、影院、KTV、游艺厅及大型餐饮这样一些类型的主力店在客单价水平、消费季节性、聚客能力及业态关联度这样一些特征变量上的特征值为例，我们可以发现各种品类有着不同的特征。

主力店特征变量及表现的特征值示意表　表 3-14-1

类型	客单价水平	消费季节性	聚客能力	业态关联度
卖场	★★	★	★★★★★	★★★
百货	★★★	★	★★★★	★★★★
建材专业店	★★★★★	★★★★★	★	★
体育专业店	★★★	★	★★★	★★★
家具家电专业店	★★★★★	★★★★★	★	★
影院	★★	★	★★★★	★★★★★
KTV	★★★	★	★★★	★★★
游艺厅	★★	★	★★★★	★★★★
大型餐饮	★★★	★★	★★★★	★★★

由表3-14-1可以看出，建材专业店和家具家电专业店很特别，客单价最高、消费季节性最强（平时清淡、黄金周交易较为火爆）、聚客能力最差且业态关联度最低。客单价低的是卖场、影院和游艺厅；聚客能力最强的是卖场；业态关联度最好的是影院。

从这个例子，我们可以看出三个关键词：商品和品类、特征变量、特征值。

换句话说，不同的商品和品类，在不同的特征变量上表现出不同的特征值。

（一）业态和品类

在一个商业项目里，有许多的业态，细分下来有更多的品类。每一种品类的商品在某个特征变量上都具有相同的特征值，这就是该品类相同的特性。例如，就影院这种品类而言，不管是万达影院还是星美影院，它们都是影院，都具有相同的特性，区别在于谁在某个特性上表现得也许更好，也许更差。

为了寻找到在特征变量中相同或相似的特征值，我们把商品进行分类，这种划分，我们就叫业态和品类的划分。

从表3-14-1，我们提到了主力店的品类划分，例如把主力店划分为卖场、百货、建材专业店、体育专业店、家具家电专业店、影院、KTV、游艺厅及大型餐饮共九类。

那么，其他品类呢？表3-14-2展示了某企业对业态及品类的划分标准。

某企业业态及品类划分标准　　　　　表 3-14-2

业态品类划分标准			
业态	品类	描述	品牌举例
服装服饰	男装	男休闲\西装\正装	Jack&Jones\GXG\金利来
	女装	少女装\淑女装\少淑装\女休闲	Ochirly\玛丝菲尔\拉夏贝尔（单店）\E-LAND
	潮牌	潮流\时尚\牛仔	大嘴猴\Evisu\Bape\Cheap Monday\Hi panda
	集合店	快时尚\集合店	H&M\ZARA\Uniqlo\Gap\IT\Hollister\拉夏贝尔（集合店）
	运动装	运动装\户外服装	Nike\Adidas\哥伦比亚\火柴棍\三夫户外
	内衣\家居装	睡衣\内衣\家居服	爱慕\Body Pop's\ck underwear
鞋包配饰	鞋类	女鞋\男鞋	Belle\ECCO\Le Saunda
	箱包	行李箱\钱包\背包	Fion\Samsonite\Galaday
	饰品	装饰性首饰\头饰	海盗船\AGATHA\PH7
化妆品	护肤	化妆品\香水	SK-II\雪花秀\茉莉蔻\资生堂\Innisfree\Dior\Chanel
	彩妆	药妆\彩妆	FANCEL\理肤泉\欧美药妆\Sephora\Bobbi Brown\MAC
	香薰	香薰\精油	阿芙香薰\汇美舍
珠宝钟表	黄金珠宝	黄金\钻石\翡翠\珍珠	中国黄金\周大福\周生生\I DO\施华洛世奇
	工艺品	工艺品\艺术品	琉璃工房\古吴绣皇
	钟表眼镜	钟表\眼镜	Omega\浪琴\Swatch\溥仪\木九十
家用生活	家居家饰	家居用品\家具\杂货\厨具\精品文具	Hola\基本生活\泡泡玛特\双立人\Moleskine\LAMY\傲胜
	运动户外用品	运动器材\户外用品	跑步机
电子产品	数码产品	视频及音频\照相机	Sony\Canon\Apple
	家用电器	大家电\小家电	国美\苏宁\Honeywell
餐饮	中式正餐	传统老字号\地域特色	东来顺\全聚德\海底捞\大董\辉哥\花家怡园\羲和雅苑
	西式正餐	欧美正餐\创新西餐	马克西姆\莫斯科餐厅\王品
	亚洲风味	日韩餐\东南亚餐	胜博殿\元气寿司\一风堂\汉拿山\釜山料理\巴厘泰\荷花泰菜
	时尚人气餐饮	时尚餐\主题餐\人气餐	港丽\太兴\鹿港\小大董\新元素\西贝莜面村\云海肴\绿茶\外婆家\弄堂里\火炉火
	特色休闲餐饮	中西简餐\简式烧烤火锅\香锅	一茶一坐\避风塘\必胜客\澳门味道\胡椒厨房\呷哺呷哺\拿渡
	快餐	中式快餐\西式快餐	吉野家\味千拉面\和合谷\汉堡王\麦当劳\肯德基
	西点\饮品\零食	面包\甜品\咖啡厅\水吧\零食	巴黎贝甜\面包新语\鲜芋仙\满记甜品\星巴克\水果先生\快乐柠檬
	量贩餐饮	美食广场\自助餐厅	大食代\亚惠\金钱豹
	其他	酒吧\餐吧	蓝蛙
休闲娱乐	影院	影院	UME\CGV
	健身房	健身房	一兆韦德\宝力豪\威尔士
	电玩	成人电玩	大玩家\神采飞扬
	KTV	KTV	温莎 KTV\酷姿\agogo
	冰场	真冰场\旱冰场	世纪星\冠军\浩泰
	其他	保龄球台球网吧另类体验会所	大鲁阁\网鱼网咖\云尚部落\高尔夫会所

业态品类划分标准			
业态	品类	描述	品牌举例
儿童	儿童零售	童装\童鞋\食品\玩具\用品	玩具反斗城 \NIKE KIDS\Mothercare\ 博士蛙
	儿童娱乐	儿童游乐场\儿童电玩\儿童游泳\儿童体验	悠游堂\马博士游泳\卡通尼乐园\爱乐游
	儿童教育培训	儿童\早教培训	美吉姆\金宝贝\爱乐国际\天才宝贝\瑞思学科
	儿童服务	儿童理发儿童摄影	西瓜太郎\小鬼当家\皇家宝贝
配套服务	教育	成人培训机构	华尔街\英孚
	个人护理	美容\美体\个人护理集合店	思妍丽\贝黎诗\进巍美甲\屈臣氏\万宁
	药品医疗	中药店\医疗器械用品\诊所	同仁堂\固瑞齿科\金象
	音像图书	音像图书文具	PAGE ONE\西西弗\启路文具
	金融资讯	银行\ATM\通信\邮政	中国银行\招商银行\中国移动\中国联通
	生活服务	洗衣\改衣\修理钟修鞋\影印\家宠\便利店\烟酒	7-11\酷迪\柯达冲印
主力商户	超市	超市	TESCO\Carrefour\Ole\永辉
	百货	百货	新世界\百盛\王府井

该标准划分业态为服装服饰、鞋包配饰、化妆品、珠宝钟表、家用生活、电子产品、餐饮、休闲娱乐、儿童、配套服务及主力店共11个。服装服饰业态含6个品类；鞋包配饰业态含3个品类；化妆品业态含3个品类；珠宝钟表业态含3个品类、家用生活业态含2个品类、电子产品含2个品类、餐饮业态含9个品类；休闲娱乐业态含6个品类；儿童业态含4个品类；配套服务业态含6个品类；主力商家含2个品类。总之，共用11个业态，46个品类。

这个例子表示了一种划分方法，它科学合理与否还值得商榷。但将各种特征变量特征值表现相同或者相似的业态和品类给划分出来，是十分必要的。

那么，如何给如何将业态、品类进行划分呢？划分的标准只有一条，就是同种品类在某个特征变量上具有相同或相似的特征值。总之，对于商业项目相关的特性是一样的。

业态及品类划分的工作很重要。根据经营分析的需要，在前期信息技术系统建立的时候，就需要对业态及品类进行编码。

（二）业态和品类的特征变量

任何一种业态和品类的特征变量都有许多，除了刚才在主力店描述中的客单价水平、消费季节性、聚客能力及业态关联度这四个以外，还有顾客带动能力、品牌带动能力、商场形象带动能力、毛利水平、承租能力、租金成长性、营业额、营业坪效、市场占有率、时尚性奢侈性小众性大众性、耐用性、企业本身经营能力及企业本身管理能力等，有的与商业项目的运营有关，有的则没有太大的直接关系，有的在其特征变量相互之间具有相关性；有的可以准确定义，有的则无法直接定义；有的可以衡量，有的则没有办法衡量。

我们再来看看表3-14-3中某项目是如何通过设定特征变量来评价品牌的。

某商业项目品牌评价一览表　　　　表3-14-3

序号	楼层	铺位号	面积	品牌	分类准入标准（A\B\C\D）						
					行业知名度	销售业绩	店铺形象	对其他品牌带动	承租能力	与项目符合度	综合评定
1	一层			×××	A	A	A	A	B	A	A
...	...	...	...	...	...	...	...	...	...	...	...
36	一层			×××	A	A	B	A	B	A	A
...	...	...	...	...	...	...	...	...	...	...	...
69	二层			×××	A	A	B	A	B	A	A

该企业商业项目是将行业知名度、销售业绩、店铺形象、对其他品牌带动、承租能力、与项目符合度6个指标作为商品的特征变量，并以A、B、C、D作为评定的特征值。

现在，我们把品类的所有特征变量进行梳理，选择几个主要的指标，作为衡量品类特性的指标，把它们作为在商业项目运营中进行衡量的特征变量。

我们选择业态和品类特征变量的依据是：

（1）能够确切定义；

（2）能够衡量；

（3）与商业运营本身有较为直接的关系；

（4）相互之间概念和数量关系相对独立，不能相互替代；

（5）操作简单和直接。

在商业项目中，有四个指标是可以作为商品和品类的特征变量的。这四个变量就是贡献度、营业坪效、成长性和营业额租金比。

1．贡献度指标

贡献度指标可以衡量某一个品类对于商业项目的贡献度。

贡献度指标可以划分为客流贡献度指标、租金贡献度指标、形象贡献度指标和新鲜血液度指标四个指标。

通常情况下，商业项目在品牌规划时，是用这四个指标来进行品牌定位的。

（1）客流贡献度特征变量

具有客流贡献型特征的品类，往往承租能力并不是很强，但是，具有很强的聚客能力。对这样的品牌，可以重点用该品牌对项目构成聚客的作用进行衡量，评价它是否发挥了很好的作用。

（2）租金贡献度特征变量

具有租金贡献型特征的品类，往往毛利水平很高，因此具有很强的承租能力。对这样的品牌，可以重点用该品牌的营业额及付租情况对其作用进行衡量，评价它是否发挥了很好的作用。

（3）形象贡献度特征变量

具有形象贡献型特征的品类，通常具有很强的商业形象带动能力，因此具有很强的零售聚集的外部效应。对这样的品牌，可以重点用该品牌对核心商圈和次级商圈的消费者的诱导能力以及品牌的调性进行衡量，评价它是否发挥了很好的作用。

（4）新鲜血液度特征变量

对于新鲜血液型特征的品类，其表现在于独有性和前沿性，具有商业项目前沿标杆的体现效应。对这样的品牌，可以重点用该品牌对市场的独占和前沿的程度进行衡量，评价它是否发挥了很好的作用。

在贡献度指标体系中，关键是确定四种类型业态和品类对于各种特征变量的评价权值。对于要求具有聚客能力的业态和品类，对其客流贡献度特征变量的评定权值要高于对其他的特征变量评定的权值；对于要求具有承租能力的业态和品类，对其租金贡献度特征变量的评定权值要高于对其他特征变量评定的权值；对于要求具有市场号召力的业态和品类，对其形象贡献度特征变量的评定权值要高于对其他的特征变量评定的权值；而对于要求具有新鲜血液度特征的业态和品类，对前沿性独占性特征变量的评定权值要高于对其他特征变量评定的权值。

2. 营业坪效指标

在品牌评价体系中，营业坪效反映了品牌的绩效水平和营业表现能力。对同一品类的不同品牌要进行营业坪效的比较，可以判断其表现的优劣。在经营分析中，对单位营业坪效在同品类中处于较高排名的和较低排名的，要予以关注和特别分析。对于前者要挽留；对于后者要考虑淘汰。

表3-14-4反映了某商业项目餐饮业态营业坪效情况。

某商业项目餐饮业态营业坪效统计表　　　　表 3-14-4

序号	品牌名称	楼层	铺位号	合同面积(m²)	经营分类	月均销售	月均平销	日均平销	营业额租金比
1	…	一层	…	317.34	特色休闲餐饮	747544.99	2355.66	78.52	8.00%
2	…	三层	…	204.54	快餐	379274.08	1854.28	61.81	8.63%
3	…	一层	…	396.40	亚洲风味	673901.95	1700.06	56.67	8.00%

续表

序号	品牌名称	楼层	铺位号	合同面积(m²)	经营分类	月均销售	月均平销	日均平销	营业额租金比
4	…	三层	…	224.24	快餐	376445.67	1678.76	55.96	9.23%
5	…	三层	…	240.57	快餐	380108.57	1580.03	52.67	9.81%
6	…	三层	…	695.09	时尚人气餐饮	938850.00	1350.69	45.02	11.29%
7	…	三层	…	732.78	时尚人气餐饮	970948.33	1325.02	44.17	11.70%
8	…	三层	…	332.89	特色休闲餐饮	432231.73	1298.42	43.28	11.94%
9	…	一层	…	406.10	特色休闲餐饮	521490.67	1284.14	42.80	8.00%
…	…	…	…	…	…	…	…	…	…
22	…	三层	…	323.48	特色休闲餐饮	217322.80	671.83	22.39	23.82%
23	…	三层	…	399.37	特色休闲餐饮	266916.33	668.34	22.28	24.69%
24	…	三层	…	229.75	快餐	152545.33	663.96	22.13	23.34%
25	…	三层	…	223.77	快餐	146690.33	655.54	21.85	23.64%
26	…	三层	…	261.79	快餐	162623.33	621.20	20.71	23.34%
27	…	三层	…	1277.65	时尚人气餐饮	741018.36	579.99	19.33	20.69%
28	…	三层	…	168.66	快餐	96172.00	570.21	19.01	27.18%
29	…	三层	…	239.81	快餐	128870.00	537.38	17.91	27.91%
30	…	三层	…	357.75	特色休闲餐饮	181155.03	506.37	16.88	30.61%
31	…	三层	…	256.11	快餐	113946.07	444.91	14.83	33.71%
32	…	三层	…	99.22	快餐	32316.67	325.71	10.86	49.12%
33	…	三层	…	498.00	特色休闲餐饮	153877.73	308.99	10.30	48.55%

3．成长性指标

成长性指标主要是指品牌与同品类商品销售额比上年同期同比增长速度的相比，其增长的速率。

在经营分析报告以及基础数据信息表中，应该准确记录各品牌销售额同比增长的数据。

4．营业额租金比指标

营业额租金比指标反映了品牌将营业额转化为租金的能力，也表现为品牌的赢利能力。对于不同的品类，由于其毛利空间的大小不同，营业额租金比的特征也是各不相同的。表3-14-5是某企业制订的营业额租金比控制标准。

业态	品类	营业额租金比区间	备注
服装服饰	集合店	10% ~ 20%	
	男装	15% ~ 25%	正装、商务休闲
	女装	15% ~ 25%	少女、少淑、淑女装
	运动	12% ~ 20%	运动、户外
	儿童	15% ~ 25%	童装
	休闲	15% ~ 25%	量贩、牛仔
	内衣、家居	20% ~ 30%	内衣、家居服
生活精品	服务	10% ~ 30%	美容、美发、银行、药房、电信服务、各类咨询服务
	个人护理	8% ~ 30%	个人护理集合店、化妆品、香薰精油、医疗保健器械
	文教类	5% ~ 12%	数码、音像、书店书吧、培训类
	皮具鞋类	15% ~ 30%	鞋、皮具、箱包
	精品	15% ~ 30%	珠宝、眼镜、钟表、饰品、礼品
	食品	18% ~ 30%	滋补品、袋装食品、烟酒
	其他	5% ~ 30%	儿童摄影、玩具、乐园、日用品、茶叶、文具、其他等
餐饮美食	中餐	8% ~ 20%	正餐、中式快餐、地方特色、火锅、特色小吃
	西餐	10% ~ 15%	正餐、快餐、各国风味
	料理	10% ~ 18%	日式、韩式、其他
	饮品	12% ~ 30%	咖啡、茶吧、水吧、其他
	面包糕点	15% ~ 25%	面包、甜品

在经营调整中，营业额租金比是衡量品牌是否能够支持的重要指标。凡是营业额租金比过低的，那么其租金标准有上调的空间；而营业额租金比过高的，有掉铺的风险。

（三）品牌评价和分析的方法

建立了业态及品类的划分标准，明确了四个评价品牌的品类的特征变量，那么如何用这个工具去评价品牌呢？

方法很简单，对四个指标的结果，采用综合评价法来进行评价。

（1）对品牌形象优异、绩效优异的，扶持；

（2）对品牌形象优异、绩效不好的，培育；

（3）对品牌形象不好、绩效优异的，整改；

（4）对品牌形象不好、绩效不好的，淘汰。

此外，需要评价和分析的品牌无非有两类，一类就是目前在商业项目里经营的这些品牌，一类就是储备在品牌资源库的品牌。换句话说，一类就是正在履行租赁合同的品牌，一类是需要判断是否准入的品牌。

1．正在经营的品牌的评价和分析

在经营分析报告里，根据经营数据信息，要求对品牌进行分析。我们可以按照品类类别，用贡献度指标、营业坪效指标、成长性指标和营业额租金比指标，针对品牌在经营过程中的数据进行分析，就能够对这些品牌进行评价。

在所有品牌中，尤其需要关注的就是那些在同品类当中，营业坪效特别优异和特别差的品牌。通过经营分析方法，对它们进行深入细致的分析。这些品牌就是我们需要决定是需要下决心选择坚决挽留或者淘汰的。

2. 需要确定是否准入的品牌的评价和分析

对于品牌资源库里的品牌，我们需要做的工作，就是需要确定其是否准入。判断的方法与正在经营品牌的方法一致，差别在于我们缺乏现成的数据。因此，就需要招商人员去搜集这些数据。

这就需要去进行调研，调研的对象就是同类型最好是同地区、同样的城市类型的商业项目，采集这些品牌在这些商业项目里的营业坪效、营业额租金比的数据以及对其在所在商业项目里贡献度的大致判断。

三、品牌资源的储备

品牌资源的储备是经营调整的前提。无论是品牌调整，还是定位调整及定位调整中的业态重新规划和品牌落位，都需要系统的品牌资源储备的有力保障。

(一) 品牌资源的搜集

品牌搜集，特别是品牌调整阶段的品牌搜集，应坚持与项目既定定位相符的原则，并坚持可行的原则，即能够获得品牌授权经营的确认，能够配合开业进程或经营；品牌属性、实力、能力与诚信度符合要求，条件在双方可承受的范围之内，能够规避同业的抵制。

品牌资源的搜集，可以通过实地调查、透过网站协会等二手数据、行业会议、合作代理、媒体推广以及各种活动中所获取。

品牌搜集的内容包括：

(1) 基础数据。包括厂商名称，经营品牌，公司地址、电话、传真、网站，企业性质，企业负责人及其联络方式，业务主管及其联络方式，业务联络人及其联络方式，财务联络人及其联络方式等。

(2) 商品数据。包括商品种类、产地、客层定位、款式设计、主力商品、主力价位、畅销商品、畅销价位等。

（3）营运数据。包括商品来源、代理类型、销售形态、销售据点位置及其面积、营业额及营业坪效等。

（4）合作方式。包括合作模式、租金、合作条件等。

（5）其他资料。如名片、营业执照、商标注册证、进口商品报关单、税务登记证、销售许可证、外销商品报关证明、企业法人代码证书、卫生许可证、国外企业开发登记证明、授权代理书、生产许可证、商品明细价格登记证明、法人委托书、产品质量合格证、产品质量检验报告、一般纳税人资格证书、食品卫生检验报告、商检证、内装及杂器计划、商品目录、销售计划等。

（二）品牌资源的管理

1．对品牌实行分级管理

通过20/80法则的运用，将品牌分类并进行差别化的管理，找出重点的品牌，作为优先争取的目标。

按贡献度高低、营业坪效高低、成长性高低，依次将各种品牌划分为A、B、C级。也有的企业采取更为直接的方法，例如把国内市场的冠军品牌、各品类的前三名列为A类，把国内市场各品类的前十名、当地区域市场各品类的前五名列为B类，把当地区域市场各品类的前十五名列为C类。这种方法是很直接，不过很机械。简单按公式复制，很可能会东施效颦。

2．做好品牌登记，建立品牌储备档案

所有品牌均应进行登记，对品牌的风格、客单价、铺货商位、之前的销售情况、入驻后的品牌运营计划、售后服务标准、商品档次、厂方或代理商联系方式、厂商要求等逐项进行登记，并认真考察供应商实力，必要时验证营业执照、税务登记证、商标注册证、质检报告、委托书或代理证等有关证件，留存相关报表资料、画册。表3-14-6是某企业商业品牌储备登记表。

某企业商业品牌预准入登记表 表 3-14-6

准入商户姓名			联系电话		
品牌名称			产地		
进驻类别	□厂家直营	□省级总代	□市级代理	□分销代理	□个体经营
品牌厂商名称					
品牌厂商地址				经营年限	
厂商联系人			联系电话		
厂商售后服务电话					
该品牌目前市场经营情况及售后情况					

所有品牌储备后，应通过品牌储备汇总表进入信息技术系统。表3-14-7是某商业项目品牌资源储备表。

某商业项目品牌资源储备表　　　　　　表 3-14-7

序号	储备日期	品牌名称	业态	品类	意向面积	意向租金	联系人	电话	手机	传真	公司名称	公司简述	品牌描述	物业需求	接洽/跟踪记录	备注

四、品牌调整

品牌调整，是为了适应市场的变化，满足消费者需求所作的一次战术行动。从行为本身，它的具体行动步骤是科学有序的作业。与此同时，它又不是一次按部就班的常规作业，就其整体而言，是需要进行精心部署和需要极大智慧的，甚至是有风险的活动。因此，品牌调整有原则，有规划，有策略，有包含高度技巧的行动。

品牌调整，通常在三种情况下进行：一种是出现掉铺了需要补铺；第二种情况是商业项目通过客流量和整体营业额的提升，经营状况不错，准备实行提租；第三种情况，就是把经营状况不好，或者其存在对于整个项目没有价值的品牌淘汰出去。

(一) 品牌调整的原则和方式

1. 品牌调整的原则

（1）定位为先原则，品牌调整应当围绕定位进行。

（2）科学决策原则，以定期的经营数据分析、市场调研、消费者满意度调查为品牌调整提供科学依据。

（3）整体规划原则，品牌调整应当依照系统的品牌结构规划来进行。

（4）租金增长和品牌档次双重提升的原则，对各种品牌采取扶持、培育、整改、淘汰相结合的系统解决方案。

（5）宣传推广策略与品牌调整相匹配的原则，要将营销推广的策略与品牌调整的策略紧密地结合起来。

2. 品牌调整的方式

品牌调整采取集中调整和临时性调整相结合的方式。

（1）临时调整。针对有问题的商户预见性地调整；

（2）季节性调整。在仲春和早秋两个经营淡季进行调整；

（3）合同期调整。依据合同期内品牌的表现，有策略地将调整位置或结束合同。

（二）品牌结构规划

根据定位，对业态规划进行评估，根据经营需要，对品牌结构进行调整，制订品牌结构规划方案。

经过开业期，在培育期、成长期和成熟期各个不同阶段和时期，进行品牌规划。

1. 培育期的品牌规划

培育期品牌调整的任务同商业运营管理的其他任务一样，主要是培育市场，增大客流量，并快速提升营业额。

因此，这个时期要重点选择其形象贡献度高、客流贡献度高和新鲜血液度高的业态和品类，尤其是功能性业态和品类。

那些形象带动力强、品牌带动力强、消费者带动力强的A类品牌要在品牌数量比例和品牌面积占比中有适当高的比例。

而客流贡献度高，具有聚客、滞客效应的餐饮及功能型业态的面积占比可以超过较高的比例，例如超过35%，甚至更多。

即使这个时期服装服饰类等租金贡献度高的业态及品类的销售状况不一定很理想，但是只要客流量能够保持在一定水平，功能性业态的销售能够稳定住，稳场的目标就能实现。

在确定各业态和品类的结构后，同一类型的业态和品类各个品牌中，在绩效和形象两项指标相比中，优先选择形象优异的品牌。

2. 成长期的品牌规划

当商业项目平稳度过稳场期，进入旺场阶段，就要以提升营业交易额为品牌调整和整体商业运营管理的首要任务。

在保持形象贡献度高、客流贡献度高的业态和品类维持合理比例的前提下，注意选择租金贡献度高的业态和品类。在维持足够的客流量的同时，均衡顾客在各个楼层各个区域的客流密度，努力提高顾客提袋率，增大商品交易走量。

在确定各业态和品类的结构后，同一类型的业态和品类各个品牌中，在绩效和形象两项指标相比中，继续优先选择形象优异的品牌。

3. 成熟期的品牌规划

当商业项目平稳度过旺场期之后，就要以提升营业交易额和租金水平为品牌调整和整体商业运营管理的首要任务。

要注意重点选择和租金贡献度高的业态和品类。在维持足够的客流量，均衡顾客在各个楼层各个区域的客流密度，努力提高顾客提袋率，增大商品交易走量的同时，重点挖掘承租能力强的业态和品类。

在确定各业态和品类的结构后，同一类型的业态和品类各个品牌中，在绩效和形象两项指标相比中，优先选择绩效优异的品牌。

在成熟期，绩效好形象好的品牌应占品牌总数的70%以上。

在这个阶段，租金收益型品牌的比例可达到30%～35%；客流贡献型品牌的比例达到35%～40%；形象贡献型品牌和新鲜血液型品牌各有15%的占比即可。

（三）制订品牌调整策略

既然是战术行动，又是一个需要通过智慧进行的战术行动，策略是必不可少的。

因此，制订品牌调整策略，有五个重要内容，即研究空铺和租约到期情况、研究困难商户、捕捉商户重组的机会、解析租金及设计品牌调整的执行动作。

1．研究空铺和租约到期情况

品牌调整，需要有空铺。要么是已经空出来的铺位，要么是需要腾出来的铺位。而需要腾出来的铺位，又与租约到期的问题有关。而租约到期，有的是租约已经或将要到期，有的是我们或者对方打算提前终止租约。因此，我们需要做以下工作。

（1）确认空铺和租约到期的情况

翻阅空铺记录和合同台账，把空铺和租约到期的情况盘点出来。

（2）确认需要作为空铺的铺位

需要招租的铺位，有的已经在空铺名单里，有的则需要把它从在营状态中腾出来，变为空铺。

（3）确认不续租的风险

在租约到期的商户里，确认出谁有可能是不再续租的。

（4）确认应该续约和不该续约的商户

在租约到期的商户里，按照品牌评价和分析的方法，决定哪些可以做工作让对方续约，哪些不准备让它续约。

（5）确认哪些商户将被淘汰

有些商户的租约并没有到期，但是，准备提前终止与它的租约。

通过上述步骤，就把该留出来当空铺的铺位空出来，把该留的商户决定留下来，把该解除租约的商户也确定下来。

2．研究在品牌调整过程中的困难商户

所谓困难商户，无非有几种，想要它留的它不打算留，想要它走的它不想走，即使有一小部分租约到期的也决定让它走的，它可能也会伙同其他商户联合起来制造一点麻烦。

对困难商户，需要做的工作有两点，一个是确认哪些是困难商户，并根据其诉求和行为方式分组；一个是制订行动方针，例如：寻找取代的商家，和商户谈判，对希望挽留的商户提供租金补助、营销补助等援助；而对希望其提前解约的商户制订补偿方案，制订诉讼方案以及其他措施。

3．捕捉商户重组的机会

从租约终止、租金流失等诸多现象，空铺整理的情况，品牌结构设计，对某些空铺较难出租，商户性格及行为的特殊情形等因素通盘考虑，来制订商户重组的计划和方案。

4．解析租金

（1）分析每月的租金报表；

（2）与市场的租金标准对比；

（3）制订并完成租金的增长目标；

（4）制订租金方案及租赁政策。

5．设计品牌调整的执行动作

（1）制订品牌调整要达到的标准；

（2）需要的情况下，修订装修手册；

（3）修订和完善能维持时尚及最佳营业的设计标准，除了橱窗、门头、陈列，与开业前招商进场装修不同，应考虑围挡的负面作用；

（4）制订掉铺预警机制，避免撤铺时商家和顾客的恐慌。利用关系较好的商家临时补场，衬托气氛；

（5）品牌调整执行的节奏，包括如何连接续约时间。

（四）品牌调整系统工程

品牌调整是一项系统工程，绝不能简单地归结为"二次招商"，其工作也不是仅仅招商人员所能完成，其工作成果也绝不是把品牌作了一次"乾坤大挪移"就算了事。应该说，品牌调整工作的核心，还是全面提升商业项目的运营能力，全面改善各项经营条件，全面优化经营功能。

1．品牌调整是项目商业运营管理升级的新阶段

不能把品牌调整简单地看作是一次商户的调整。实际上，品牌调整特别是比较系统的品牌结构升级调整，应当是商业运营管理的一次升级。

（1）它是一次项目形象的升级

无论从宣传的需要，还是从真实的经营理念上，品牌调整特别是比较系统的品牌结构升级调整，必须让消费者认识到，这是一次项目的升级。

（2）它是一次经营环境、经营条件和经营功能大的改善

伴随着品牌结构的调整和升级，整个购物环境随之也应当加以改善，经营功能也应当加以优化。

（3）它是一次服务的升级

各项物业管理服务、经营服务、为顾客提供的服务，也应当按照新的品牌及新的品牌结构的要求加以调整、加以提升。

2．利用品牌调整的机会，优化经营功能，改善经营条件

（1）改善公共空间、公共环境、交通流线，使之适应于新的品牌体系的运营条件；

（2）改善照明、美术陈列以及各种环境艺术要素，使之形成更为优异的购物环境；

（3）对新的品牌要建立新的装修、陈列和运营标准，使之产生符合新的运营条件的商品形象。

图3-14-1和图3-14-2是某商业项目进行品牌调整过程中，对商铺门头、店招、橱窗、店堂灯光所进行的一次系统的装修辅导。

该商铺铺位调整前为歌莉娅品牌，经过品牌调整后，铺位改为乐町品牌。

1）店招：

原歌莉娅店招设计为：采用规格为600mm×1800mm的有机玻璃，铝质材料包边作为LOGO字体的背板，10mm厚的亚克力LOGO字粘贴于背板上，店招依靠内置灯管的背板发光为主。

图3-14-1　某商业项目品牌调整前商铺的形象　　图3-14-2　某商业项目品牌调整后商铺的形象

调整后乐町品牌的店招设计：背板采用宽为800mm，长度为门面长度，背板为钢花玻璃材质，内置印花压底，LOGO采用LED内打灯发光，立体亚克力字体，颜色使用动感跳跃的红色。

店招前后对比分析：从整体效果看，明显改造后的效果要优于之前，立体字体的设计更为醒目，LED发光使得字体更为简洁、明亮，更体现出品牌的档次。而前者的设计缺少美感，店招显得十分孤立，给顾客的印象感觉比较寒酸。

2）橱窗：

原歌莉娅品牌的橱窗设计：一边采用敞开式，一边采用封闭式，以背景画作为主题，中间使用宽度为1.8m的推拉门。

调整后乐町品牌的橱窗招设计：采用敞开式橱窗设计，橱窗展示面加大，大门移至店铺右侧，并改用卷帘门，宽度增加至3m。

橱窗前后对比分析：改造前橱窗内的商品陈列缺少表现力，基本无戏剧化效果，简单的推拉门设计也缺乏新意。而改造后的橱窗采用单面展示，展示面得到增加，橱窗所需表现的内容更为丰富，专为橱窗配置的高亮度金卤灯直接照射在每个模特及道具上，为橱窗营造出戏剧化效果，侧开的卷帘门，宽度得到增加，让顾客进出显得更为自由，有助于增加客流量。

3）店堂灯光

原歌莉娅店内的灯光主要以日光灯管照明为主，配上少量的射灯，其店堂基础照度不到300lux，没有对商品进行重点照明，色温为6000K左右，Ra（光源显色指数）仅在80左右。

调整后乐町店内的灯光主要以高亮度的金卤灯照明为主，店堂基础照度达到近700lux，AP（重点照明系数）在10：1左右，色温也调整为4000K左右，Ra（光源显色指数）控制在90以上。因此，店堂显得十分的明亮，由于有了对商品的重点照明，商品更加鲜明突出，色彩更加亮丽。

装修前后的不同光环境，无论是对店堂的整体氛围，还是对具体商品的展示效果都截然不同。对于普通的休闲服饰店，服装以走量为主要目的，因此需要通过明亮的店堂光环境，适当对商品使用重点照明，有助于提升商品的品质，由此来增加进店人数及购买率。

该商铺在品牌调整和装修前后的业绩和客流量统计表明，调整后的业绩是调整前业绩的3倍多，营业坪效从50元/（m²·日）增加到180元/（m²·日），客流量也明显的超过了原先。

3. 营销推广工作应围绕大的主题进行宣传

品牌调整时期的营销推广工作，不仅仅是一项招商推广工作。营销推广不能理解为是招商调整的一种宣传，一种保障，一种对商户进行忽悠的手段。营销推广工作必须围绕营销策划所确立的方针，为整个运营能力的提升、各项经营条件的改善、经营功能的优化提供服务的。

为此，营销推广应按照营销策划，围绕着品牌调整阶段项目整个商业运营管理升级这个大的课题，进行主题推广。以形象提升、经营条件环境功能提升和服务提升作为题材，提炼出推广主题，用各种营销推广手段进行推广，把品牌调整的价值和意义讲大、讲深、讲透。

五、定位调整

定位调整是一个战略调整。如果一个商业项目到了需要调整定位的阶段，那么就意味着这个项目必须伤筋动骨了。从性质上说，是这个项目的基本性质要发生大的改变；从技术层面说，这个项目的建筑规划也需要进行一次改变。

然而，对于一个商业项目来说，在漫长的生命周期里，不进行若干次定位调整是不可能的。因为在那么长的时间里，整个行业，区域性市场的功能、消费者需求都在发生着若干次根本的改变。

到目前为止，国内已经有了不少定位调整的案例。但是，似乎很少是资产经营者和商业运营商主动的行为，而是这个项目已经出现了很实质性的问题，局部甚至陷入瘫痪，实在经营不下去了，才不得不做出一个痛苦的选择去进行定位调整。未雨绸缪地进行定位调整，这应该成为商业地产行业普遍存在的一种意识和行为。与其被动挨打，不如主动出击。

（一）定位调整的特征

在经营调整的范畴，品牌调整和定位调整是不同的。一个是战术调整，一个是战略调整。一个是优化和改良，相当于一次维护；一个则是变革甚至革命，相当于一次大修和更新改造。两者具有不同的特征。

1．定位调整与品牌调整的特征差异

定位调整与品牌调整的差异表现在：

（1）定位调整要作定位上的改变，而品牌调整不需要作定位上的改变。

品牌调整是以既定定位为前提，优化品牌结构，优化品牌，优化运营管理和服务；

而定位调整需要考虑调整定位，并在这个基础上，重新进行行业业态规划和品牌规划。

（2）定位调整有可能需要调整主力店，而品牌调整不需要调整主力店。

调整定位，就是意味着很有可能调整主力店。因为，主力店决定了这个商业项目的定位是什么。主力店就是商业项目的定位载体。

（3）定位调整往往需要建筑规划需要作大的调整，而品牌调整不需要进行建筑规划的调整。

定位调整，需要建筑布局作出调整，空间形态需要调整，交通组织需要调整，外立面也许也要进行调整，具体技术设施和装饰装修那是基本上全部要调整。

（4）定位调整要系统地、大面积地重新招商，而品牌调整只需要对所新调整的品牌进行招商。

定位调整需要进行系统的业态规划和品牌规划的调整或者重新制订业态规划和品牌规划，那么就必须进行重新招商，至少是大面积的重新招商。

（5）定位调整是对项目原有状态的变革，而品牌调整则是项目的升级

因此，品牌调整的营销推广侧重于对商业项目丰富性和扩展性的调整，而定位调整的营销推广则需要对项目重新进行全面的包装。

（6）定位调整需要项目全部或者局部停业，而品牌调整过程中商业项目基本处于正常营业状态。

归纳起来一句话，定位调整，就相当于再过一次筹备期，再开一次业。

2．重新审视主力店

主力店是商业项目的核心引擎，是项目商业定位的载体。

在商业地产行业，对主力店及其功能有许多不同的理解。有的认为面积大的就是主力店，有的仅仅认为有了主力店，才能好卖铺子或者便于散铺招商，有的认为租期长、租金少的就是主力店。

实际上，大家看到的都是主力店的外在特征，但这都不是它的内在特征。主力店的内在特征在于，主力店决定了这个商业项目的定位是什么。主力店就是商业项目的定位载体。选了什么样的主力店，这个商业项目就有了什么样的定位。商业项目就是靠主力店来展现自己的定位的。

一句话，**主力店的意义在于，有什么样的主力店，就有什么样的定位。**要想改变定位，就必须改变主力店。

一个以大型超市为核心主力店的商业项目，它的定位与家庭消费脱离不了干系；一个以特大型影院、剧院为核心主力店的商业项目，那很有可能是以引导文化消费为鲜明特点的；如果装了一个迪尼斯乐园为核心主力

店，那才真正符合儿童体验定位。如果稀里糊涂地装进去一些大家都在装的主力店，那么很遗憾，这个项目真成了同质化产品，再怎么用绚丽的噱头去包装也不会有差异性。

（二）定位调整的原则和方式

1．定位调整的原则

（1）定位调整，应纳入不动产资产经营的预先控制管理项目

定位调整应当未雨绸缪，而不应该是被动反应的举措。

管理设备的都知道一点，设备要大修，要更新改造，需要进行预先控制，需要预先进行技术状态管理和缺陷管理。根据技术状态管理，预先计划、预算并开展各项准备工作的，如汽车跑多少公里对发动机进行大修，是有规范的。

国外零售不动产资产管理机构指出，零售不动产需要每8年进行一次定位调整。他们也是依照这个法则，进行不动产资产管理和资本运作的。

相对来说，国内商业地产发展较晚，不动产管理仍处于起步阶段，大多数商业地产企业并未建立不动产管理的制度和方法，许多的定位调整项目都是应急权变的行为，谈不上预先控制。但是，定位调整的预先控制是势在必行的。

（2）定位调整，市场调研和营销策划要先行一步

在日常市场调研工作中，除了每月每季度搜集商圈经济信息、竞争者信息、客群信息、市场租金状况及变化的信息、所在城市同行业经营环境的信息、城市商业项目的状况及变化的信息、竞争对手营销策略的信息及品牌状况及变化的信息等技术信息，用于品牌调整和日常经营管理所需之外，还要在每年进行一次战略经济信息的搜集。

战略经济信息搜集的目的，是为未来若干年对项目进行定位调整作准备的。

与此同时，在营销策划工作中，根据市场调研工作所搜集的战略经济信息，进行未来定位调整的系统研究。

（3）定位调整，需要关键战略资源的整合和运用

主力店、未来新型业态和未来新型商业技术是定位调整中的关键战略资源，因此对主力店、未来新型业态和未来新型商业技术应及早进行搜集、整理和研究，做好战略资源的储备。

（4）定位调整，应统一进行业态规划和品牌规划和建筑规划

定位调整，意味着要进行一次全新的业态规划和品牌规划，即比较彻底的一次业态规划和品牌规划的系统。与此同时，除了土地指标和规划指标、基础工程和主体工程不

作大的调整之外，其他的建筑规划都需要重新做一次。因此，需要统一进行业态规划和品牌规划和建筑规划。

（5）定位调整，应进行系统的整合营销

定位调整既然是项目的一次变革过程，又需要对战略资源进行整合运营，因此，也需要进行系统的整合营销。

（6）定位调整，应进行从投资到经营整个过程系统的经济技术分析

定位调整，从经济角度是一次整体再投资，需要进行投资分析、经营预测。

（7）定位调整，应作为房地产组合投资的一个重要内容

定位调整，也是资产所有者和经营者评估对资产进行出让、收购还是投资进一步持有经营的选择决策阶段。因此，定位调整的研究，也是房地产组合投资的一项重要行为。

2．定位调整的方式

与品牌调整临时调整、季节性调整和合同期调整方式不同，定位调整的方式是结合合同期调整进行的一次大的集中调整。

（三）定位调整的过程、方法和策略

定位调整包括市场调研和现状分析、定位分析、制订定位调整目标、针对问题制订资源组织和行动措施、制订调整策略、主力店调整、建筑规划调整、确定楼层及区域主题定位和品牌落位方案、组织营销推广及确定工作进度这十一个重要事项和环节。

1．市场调研和现状分析

了解客户群特征，如年龄、客群价值观特点、客群对于品牌选择的动机等。

所谓现状，即项目现有的业态构成、配比和过往几年经营业绩、建筑及功能存在的问题，主力店的表现等。

图3-14-3和图3-14-4是某商业项目定位调整时进行了现状分析。

案例中，现状分析指出了两个问题：

（1）ABCD四馆各自独立，业态和品类相互竞争、冲突；

（2）零售业态比重过高功能业态过少，外部效应很弱，客流无法拉动。

2．定位分析

对原定位进行描述，指出其问题及症结；提出新定位。

在图3-14-5，某商业项目定位调整时对旧的定位进行的分析；图3-14-6提出了新的定位。

案例中，基于ABCD四馆布局和交通组织无法变化的限制，提出了四

一、商铺租售比严重失调，个别C、D馆品牌和品类严重销不抵租；

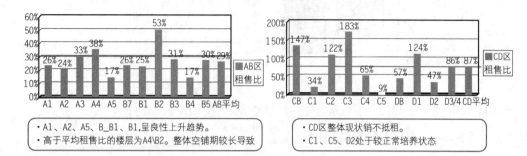

- ·A1、A2、A5、B_B1、B1,呈良性上升趋势。
- ·高于平均租售比的楼层为A4\B2。整体空铺期较长导致

- ·CD区整体现状销不抵租。
- ·C1、C5、D2处于较正常培养状态

二、A、B、C、D各馆业态功能定位模糊，各馆主题性定位不清晰，品牌商铺间互动性较差（例如：C馆的
ZEN百货、D馆的影院和电玩城对其他场馆的人流拉动作用不明显）；

图3-14-3　某商业项目经营现状分析图

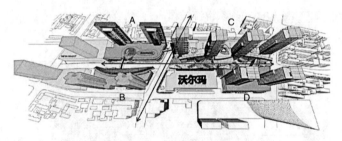

如图示，ABCD四馆呈发散状独立分布；且AB馆与CD馆之间隔了一条大什字街，D馆西侧又有沃尔玛超市，阻碍了一部分从东边中街过来的人群（从A馆至D馆端头步行街直线距离达500m）。

从商业建筑分布来看，本项目四个馆不易形成一个统一的整体购物氛围（主力店作用弱化），若各馆不进行差异化经营，形成业态功能特色，则易导致目标客群扁平化和进一步稀释，并形成四馆资源互相竞争的不利格局。

图3-14-4　某商业项目地块现状和功能分区分析图

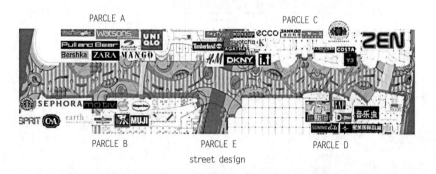

street design

现有定位：快时尚品牌集客力分散、零售业态比例偏高、快餐和家庭生活、娱乐
　　　　　等功能性商品缺失；
调整方向：丰富商品业态、优化品牌组合、提升娱乐生活体验

图3-14-5　某商业项目定位分析图（1）

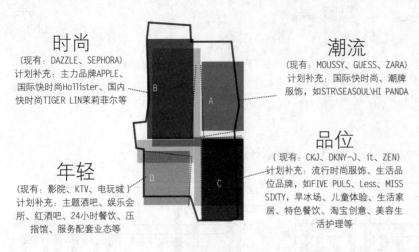

时尚
（现有：DAZZLE、SEPHORA）
计划补充：主力品牌APPLE、
国际快时尚Hollister、国内
快时尚TIGER LIN茉莉菲尔等

潮流
（现有：MOUSSY、GUESS、ZARA）
计划补充：国际快时尚、潮牌
服饰，如STR\SEASOUL\HI PANDA

品位
（现有：CKJ、DKNY-J、it、ZEN）
计划补充：流行时尚服饰、生活品
位品牌，如FIVE PULS、Less、MISS
SIXTY、旱冰场、儿童体验、生活家
居、特色餐饮、淘宝创意、美容生
活护理等

年轻
（现有：影院、KTV、电玩城）
计划补充：主题酒吧、娱乐会
所、红酒吧、24小时餐饮、压
指馆、服务配套业态等

图3-14-6　某商业项目定位
分析图（2）

馆各自不同的定位，以弱化四馆原定位各业态和品类冲突和竞争的态势。

而且，定位的方向倾向于增设体验功能业态。

3．制订定位调整目标（图3-14-7）

4．针对问题，制订资源组织和行动措施（图3-14-8）

资源的组织包括内部资源的组织，也包括外部资源的组织。资源包括
品牌资源、技术资源、资金资源和组织资源。

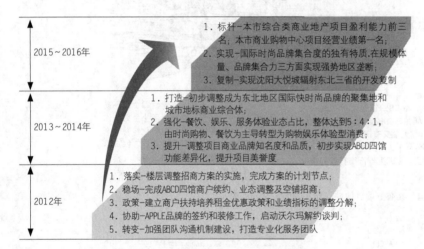

2015～2016年
1．标杆-本市综合类商业地产项目盈利能力前三
　名；本市商业购物中心项目经营业绩第一名；
2．实现-国际时尚品牌集合度的独有特质，在规模体
　量、品牌集合力三方面实现强势地区垄断；
3．复制-实现沈阳大悦城辐射东北三省的开发复制

2013～2014年
1．打造-初步调整成为东北地区国际快时尚品牌的聚集地和
　城市地标商业综合体；
2．强化-餐饮、娱乐、服务体验业态占比，整体达到5：4：1，
　由时尚购物、餐饮为主导转型为购物娱乐体验型消费；
3．提升-调整项目商业品牌知名度和品质，初步实现ABCD四馆
　功能差异化，提升项目美誉度

2012年
1．落实-楼层调整招商方案的实施，完成方案的计划节点；
2．稳场-完成ABCD四馆商户续约、业态调整及空铺招商；
3．政策-建立商户扶养培养租金优惠政策和业绩指标的调整分解；
4．协助-APPLE品牌的签约和装修工作，启动沃尔玛解约谈判；
5．转变-加强团队沟通机制建设，打造专业化服务团队

图3-14-7　某项目为实现商
业项目定位调整所确定的目标
示意图

现有问题

1．空铺率高，空置时间长，销售业绩差，商户信心下降；
2．租金收益下降，租金收缴困难，商户销不抵租现象严重；
3．物业环境差，个别馆有效客流量持续下降。

解决方案

1．邀请专业代理行；
2．总部战略品牌支持；
3．各地品牌资源支持
4．现有重点品牌商户短期租金扶持政策；
5．主力品牌沟通，如Zen；引进国际快时尚APPLE、GAP、Hollister等；
6．加强各部门协调配合；
7．团队建设，资源共享，政府沟通。

图3-14-8　某商业项目定位
调整资源组织和行动措施示
意图

5. 制订调整策略

该企业在图3-14-9和图3-14-10提出了定位调整的调整策略。

该案例提出了六个策略,即分期调整策略、主力品牌定位策略、对各类商户进行系统整合的策略、增加功能业态的策略、用企业直营品牌的策略及餐饮增加主力品牌和主题酒吧业态的策略。

---

(1)分期调整
短期目标:针对空铺调整,针对预撤铺又符合定位的商户给予免保底短期租金优惠政策;
中期目标:针对合同期终止、续约,进行场馆、楼层优化,调整租金水平和经营面积;
长期目标:逐步引进新的主题品牌店,形成各馆独有主题功能氛围和差异化特色品牌亮点。
(2)遵循定位原则调整,遵循年青时尚定位总原则,各馆精选20%~30%的主题性主力品牌,清晰塑造ABCD各馆差异化功能定位。
(3)整合调整,对现有经营品牌采取主动沟通,对经营有困难但符合项目定位的品牌进行经营政策扶持或店铺面积调整,促进商户积极调整现有店铺经营产品定位和商品价格。
(4)业态调整,对吸客力弱的楼层进行业态调整,增加目的性消费业态和功能服务业态。
(5)内力调整,逐步淘汰、更换降低代理商签约,加大公司直营品牌签约占比,减少商场经营的风险。

图3-14-9　某商业项目定位调整的调整策略示意图（1）

餐饮娱乐调整策略

➤ AB区餐饮

　　以消费者熟知并喜爱的本地餐饮品牌为主,AB区目前缺少像鹿港小镇、港丽茶餐厅、绿茶类型的中型主力餐饮和知名的快餐饮。

➤ CD区餐饮、娱乐

　　外婆家、汉巴味德开业后,表现出了大型主力餐饮的作用,为C区5层餐饮起到了带动作用。目前GD馆餐饮正逐步进入良性运营,剩余空铺以轻快餐饮为主要目标(如:吉野家、DQ、权味、迪孚咖啡、LAVZZA、太兴茶餐)。D馆增加主题性酒吧业态,与现有影院、KTV、电玩等业态组合,形成沈阳大悦城独特的年轻人聚会娱乐的场所。

图3-14-10　某商业项目定位调整的调整策略示意图（2）

6. 主力店调整

根据定位调整的需要,如果需要调整主力店的种类、位置、面积,应对相关技术要求,重新进行规划技术条件确认。

7. 建筑规划调整

如果根据定位调整的需要,对项目空间形态、布局、动线、内部装饰、铺面划分、设施设备等进行调整的,还需要进行规划调整。

图3-14-11是某商业项目强化导入客流,对主入口及主通道的空间及内部装饰进行规划调整效果图。

原设计及现场通道纵深长而开间狭窄,不利于人流导入,因而调整增加了照明、

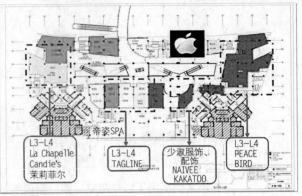

店铺数: 21个

续约（绿色标注）: 3个　　调整（黄色标注）: 3个　　空铺（红色标注）: 5个

广告、美术陈列、地面铺装、空间造型、天花灯带和投影等元素。

图 3-14-11（左）　某商业项目主入口及主通道内部装饰调整效果图

图 3-14-12（右）　某商业项目定位调整楼层业态规划和品牌规划示意图

8. 确定楼层及区域主题定位和品牌落位方案

（1）确定各楼层和区域的经营定位和经营主题；

（2）进行品牌落位。

图3-14-12是某商业项目进行的楼层业态规划和品牌规划示意图。

9. 组织营销推广

作为定位调整，应该普通营销策略之上，推出发展和重建策略的概念。向消费者及商户传达在"他们"的广场所发生的事情。

从第一天开始，就必须确保向各界提供的信息是一致的和有凝聚力的。正面的报道始终是无价的。

要精心选择和运用各种传播媒介，包括画册、信息表、气球、购物袋、笔、吉祥物、广播、报章杂志甚至是给受众的函件。

10. 确定工作进度

为了有效推动定位调整的工作，还应当制订工作计划，确定工作进度。

图3-14-13是某商业项目为推进定位调整工作，所制订的工作进度表图样。

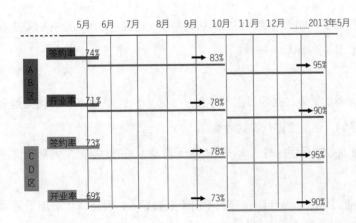

图 3-14-13　某商业项目定位调整工作进度表图样

六、经营调整需要把握的关键事项

1．认真做好业态分析评估和品牌分析评估

（1）业态分析评估需要作为一项经常性工作每年进行。此外，在开业期，需要专门作为工作在开业后进行一次。

（2）开业后业态分析评估，根据项目开业期的经营分析和市场调研，对项目定位和业态规划进行评估。

（3）年业态分析评估，每年年初根据项目上年度经营分析和市场调研，对项目定位和业态进行分析和评估。

（4）在业态分析评估工作中，尤其应关注以下问题：对项目商业定位，包括商品定位和服务定位，进行分析和评估；对业态空间布局进行分析和评价；对业态比例进行分析和评估；对业种和品类的结构进行评估。

（5）按照品牌评价分析的方法深入进行品牌分析评估。

（6）业态及品牌分析评估的成果，按企业的规定，向企业专业业务部门上报。

2．建立掉铺预警和控制机制

应事先建立掉铺预案，对发现品牌营业表现不好，经营存在风险的商户进行重点关注。如发现存在掉铺风险，启动掉铺预案，避免项目声誉、法律和经营管理风险发生。

3．在品牌储备过程中，每个商铺铺位的备选品牌应达到3~5个

4．业态规划调整及品牌落位方案编制、批准并实施

（1）对业态规划调整方案和品牌调整方案进行整合，完成对业态规划调整及品牌落位方案的编制，按流程上报、审核、批准，并实施。

（2）同时，按照筹备期"对租金标准及招商政策制订过程的管控"制订租金和招商政策调整方案，上报、审核批准、实施。

商业地产与一般物业相比有许多特殊性，从技术系统而言，商业物业技术系统的技术复杂程度是最高的。商业物业管理，比之一般物业的物业管理，又有许多特殊性。因而，我们把对一般物业所进行的具有共同特性的物业管理定义为**基础物业管理**，而把商业运营过程中的物业管理定义为**商业物业管理**。

在本章中，我们将具有商业运营活动特殊属性的商业物业管理展开讨论。

一、工程管理

（一）商业物业租赁技术资产的管理

在一般物业中，无论是出售型物业还是自持型物业，都存在对建筑、设施和机电设备等技术资产的管理，包括固定资产实物形态管理、房屋及设备技术状态管理、设备运行环境管理等。

商业物业与一般物业不同，除了集中使用、维护和管理的供配电、中央空调、消防报警主机等共用设备和公共场地以外，大量场地和设备作为租赁技术资产为承租者所直接使用并维护。因此，对租赁技术资产的管理，成为商业物业技术资产管理的一个特殊内容。如果监管不当，承租者对承租的技术资产将很有可能展开掠夺性使用，不仅严重危害整个商业项目的安全运行，并且将造成业主持有租赁技术资产物理寿命的减少，技术资产价值急速贬值。

监管不力而造成租赁技术资产被掠夺性使用通常出现以下状况：

（1）租赁设备运行环境安全条件恶劣；

（2）租赁区域内的租赁设备机房被不合理地占用；

（3）租赁场地、设施和设备缺乏必要的维护保养；

（4）租赁场地和设备存在大量的安全隐患。

为此，商业物业工程管理的重要任务之一，就是对租赁技术资产进行有效监管。

1. 租赁技术资产监管的目标

租赁技术资产监管的根本目标就是，保持租赁技术资产的技术性能和安全性能，使其获得良好的使用和维护，实现资产价值的保值，保持并尽可能延长资产的物理寿命。

具体目标是：

（1）改善租赁设备运行环境安全条件；

（2）杜绝租赁设备机房被不合理占用；

（3）租赁者按规范进行租赁场地、设施和设备的操作和使用；

（4）租赁者按规范进行租赁场地、设施和设备的维护保养；

（5）杜绝一切安全隐患。

2．租赁技术资产监管的基本方法

（1）建立标准和规程

依照合同和技术规范，制订主力店及商户有关租赁场地、设施、设备、机房等业主持有出租技术资产的使用和维护技术标准、机房设备运行环境安全标准以及安全操作规程。

主要工作包括：

1）对租赁场地、设施、设备的清单和现场实际情况进行详细核实。

2）建立租赁场地、设施的清册，编制租赁设备台账卡。

3）建立租赁设备的使用档案、维护档案、技术检测档案、设备检查档案和故障事故档案。

4）根据不同租赁设备的使用要求，编制完成各类机房的设备运行环境安全标准。标准包括：

a. 机房管理标准：对房屋、水电、清洁卫生、值守巡视等要素的管理要求以及机房使用的限制性要求；

b. 设备运行环境标准：包括防尘、温度、湿度、防静电、防风、防水、通风、防火、防鼠等要素的要求。

5）提出租赁场地、设施和设备的管理要求，包括：

a. 设备操作人员以及维修养护人员或单位的资格或资质要求；

b. 各类附属装备、工位器具、仪器仪表的配置要求；

c. 向业主定期提交设备运行记录、维护保养记录、检测记录、故障和事故记录的要求；

d. 各类工位器具和仪器仪表的定期检测要求；

e. 各类识别标识、安全警示标识、引导指示标识和状态标识的设置要求；

f. 设备值守或巡视的要求。

6）根据不同设备的使用特性和安全运行要求，编制完成各种设备的安全操作规程和设备运行技术标准。编制技术标准的原则是，防止设备误操作、超负荷运行和带病运行。完成设备运行技术记录、机房值班记录、机房巡视记录的模板。

7）根据不同设备的技术特性，编制完成各种设备的维护技术标准。标准对设备的日常维护保养和定期维护保养提出细致的技术要求。

（2）认真做好租赁技术资产租赁过程的交验工作

做好租赁技术设施资产的交验工作，科学编制设备清单和台账卡，如实记载上述技术设施资产技术状态的检查记录。交验时必须取得主力店和商户正确使用和维护租赁技术资产的书面保证。

1）在租赁房屋和设备交验时，根据技术性能指标对设备的技术状态进行详细的检查，并做好检查记录。

2）向主力店和商户做认真的技术交底和管理交底，提交设备运行环境安全标准、设备管理要求、安全操作规程、设备运行技术标准和维护技术标准，并代表业主要求租赁方签署承诺。

（3）定期对主力店和商户进行租赁技术资产使用和维护的检查

制定计划，定期按照主力店和商户有关租赁场地、设施、设备、机房等租赁技术设施资产的使用和维护技术标准、机房设备运行环境安全标准以及安全操作规程对上述技术设施资产的使用和维护情况进行检查，如实记载主力店和商户使用维护的检查记录，监督主力店和商户正确使用和维护上述技术设施资产。对主力店和商户不能正确使用和维护的行为要及时进行纠正并取证。

（二）共用设施设备和公共场地的管理和维护

建立运行和维护标准，加强巡检，确保共用设施设备和公共场地的良好状态和高质量运行。

下面介绍某商业项目编制的《××××××广场冷水机组维修保养工作规程》。

××××××广场冷水机组维修保养工作规程

1.0　冷水机组及附属设备设施的维修保养

1.1　冷水机组及附属设备设施的例保及一级维修保养

（1）检查主机冷却水、冷冻水管路上的阀门是否能灵活开启（主机在运行状态下，阀门必须处在开启状态）；检查管路上压力表显示压力是否正常；检查或打开冷却水管路上的除污阀是否无破损.检查供水管路上的逆止阀（单向阀）是否能够止住水，无泄漏现象，检查机组各连接管路及阀门有无滴漏或异常情况；

（2）检查制冷机组压缩机电机运行时的电流是否在正常值范围内；检查各运转压缩机的吸排气压力；检查各运转压缩机的油压和油压差。

检查机组的冷冻水进出水温度及温差是否在正常值范围内；检查机组冷却水进出水温度及温差是否在正常值范围内；

（3）检查制冷机组主控制器上的信号灯显示与运行状态是否相符；

（4）检查制冷机供油系统、氟系统、真空度是否在正常的范围内；

（5）检查机组运行时基座有无抖动，检查机组的地脚螺栓是否牢固，检查机组管路的吊顶减震器是否牢固有效。

（6）将检查情况作详细记录，对发现的问题进行测试、调整及维修保养，对设备部件进行局部拆解及更换。

1.2 风冷冷水机组设备设施的例保及以及维修保养

（1）检查冷冻水供回水管路上的阀门是否能灵活开启（机组在运行时，此阀门必须处在开启状态）；检查供回水管路上的泄水阀及管路阀门有无滴漏水现象。

（2）检查机组冷却风扇护罩有无破损，运转时扇叶有无刮蹭，有无异常声响。

（3）检查风冷制冷机组机组控制显示屏上的各种显示数据是否在正常范围内，检查机组的冷冻水进出水温度及温差是否在正常值范围内；机组运行电流及电压是否正常；制冷机组各种压力保护设定值是否正常；各种设定温度是否在正常值范围内。

（4）机组氟系统、油系统是否有漏油现象；

（5）检查机组外壳有无破损，松动情况；

（6）检查冷冻水管路保温有无破损情况；

（7）将检查情况作详细记录，对发现的问题进行测试、调整及维修保养，对设备部件进行局部拆解，部分更换。

1.3 冷水机组及附属设备设施的二级维修保养

（1）在一级维修保养的范围内，增加维保的深度和广度。

（2）检查清洗蒸发器传热管束内的污垢：将蒸发器端盖打开，检查清洗蒸发器传热管，清洗时应采用专用工具进行，由于传热管内有螺旋槽，应使用旋转式清洗设备清洗传热管以免损坏传热管束。

（3）检测检查蒸发器传感器的准确性：可用对比法进行检测，如不准确需拆开蒸发器进出水温度传感器，检查是否有腐蚀结垢现象，如有腐蚀需更换传感器；如结垢须清除水垢、因其他不可处理的故障应予以更换。

（4）检查清洗冷凝器传热管束内的污垢：将冷凝器端盖打开，检查清洗冷凝器传热管，清洗时应采用专用工具进行，由于传热管内有螺旋槽，应使用旋转式清洗设备清洗传热管以免损坏传热管束；

（5）检查冷凝水进出水温度传感器的灵敏度：拆下冷凝器进出水温度传感器是否有腐蚀结垢现象，如有腐蚀需更换传感器；如结垢须清除水垢；

（6）检查或更换油过滤器：如发现油过滤器堵塞应及时更换，更换检查油过滤器时，应先检查确定已切断机组压缩机电源，已关闭供油电磁开关，已关闭油过滤器维修阀，通过油过滤器维修口释放滤器内的油压后再进行更换；取出油过滤器封塞，取出旧的油过滤器芯子，在安装新的油过滤器芯子前，先将O形圈抹上油，安装好过滤器并更换封塞，全部工作完成后，通过过滤器维修口排空过滤器内腔空气，再打开过滤器维修阀。

（7）检查电流过载保护：运行时检测电机的三相电流，以最高的相电流为准。造成过载的原因有：CT、启动模块、供电及电机本身等原因。

（8）检查电流不平衡保护：三相电流与三相电流平均值的差异，电流不平衡达到30%并持续90秒的情况下（电压的不平衡将导致电量的不平衡，电压不平衡1%将导致10%～15%电流不平衡），检查保护是否动作。造成电流不平的原因：CT、启动模块、供电及电机本身等原因。

（9）检查缺项、反相保护：检查CT的接线及本身的原因、高压开关、过流保护的设定、启动模块及控制电压等是否有故障。

（10）检查过/欠电压保护、高真空锁定保护、电机温度保护、频繁启动保护：主要原因有电源相位接错、CT接线错误、外部信号干扰、供电电压过低、压力传感器实效、机组未充注到规定量的冷媒、温度传感器失灵、对电机的冷却效果不好，点击运行工况欠佳及机组设备设置没有复位等原因。

（11）检查机组的油温保护、油压保护、低温冷媒温度保护、低温出水保护、水流保护、高压保护等设置是否正常：如出现油温传感器失效、电机轴承温度过高、低压电源120V加热及加热管原因、油泵电源电压低、油泵保险跳闸、油泵电机不工作、油过滤器堵塞、油压调节阀失调或油堵、冷媒充注量少、冷凝压力过低、蒸发器传热效果差、蒸发器饱和或冷媒温度传感器失灵、蒸发器水流量小或出水温度传感器失灵或设定值不正确、机组孔板发生堵塞等情况，应及时调整及更换维修。

（12）检查机组冷凝压力高压保护：如出现冷却水温度高、冷凝器传热效果差、冷却水量小或过压保护开关失灵等情况都会产生机组高压保护失灵或机组工作不正常，应及时进行调整和维修。

（13）检查水流中断保护：主要原因有冷冻水、冷却水水流量过小导致水流开关动作不良或低电压控制电源出现问题、模块失效或水系统的阀门、水泵阀门故障等原因所致，应及时进行调整或维修更换。

（14）维修更换磨损严重或损坏的零件，对发生故障的部件进行分解维修、更换并测试调整系统状态。

1.4 冷水机组及附属设备设施的三级维修保养

（1）在增强二级维修保养的深度和广度上进行的维修保养。

（2）对设备进行系统性的分解、维修及更换已磨损的部件，必要时更换主体或主要部件，

（3）进行系统的更新、测试及设置，

（4）对系统的附属设备设施进行更新及调整。

（三）商业物业的能源消耗控制

在物业管理成本中，能源消耗费用占有相当大的比重，在设备技术系统复杂的商业项目中，能源消耗费用可能高达管理成本的30%甚至40%以上。在能源消耗费用中，因各种原因造成的能源浪费又占10%～30%甚至更高。

因此，在商业物业工程管理活动中，应当科学地控制能源消耗，以提高物业管理服务的效能。

1. 建立系统的计量网络，严格计量管理工作

科学控制能源消耗，首先就要建立科学的能源消耗测评机制，而系统的计量网络和严格的计量管理工作则是能源消耗测评机制中不可缺少的组成部分。

系统的计量网络，就是在商业项目中，对全部耗能设备和用具按回路和节点设置能源消耗量的测量用表并编制计量网络图。计量网络图必须系统、完整和准确，内容应该反映各回路、各节点之间各计量器具的功能、物理参数和逻辑关系，并能实现分级计量分析。

必须通过严格维护保养和定期检定，确保所有计量表以及所测量的数据准确无误。

为此，应当通过前期工程介入，帮助开发建设单位完善计量装置体系。

2．科学确定设备运行期量标准和测算标准能耗，组织好设备运行计划的制订和实施

根据服务标准，制订出各种设备的运行标准，包括时间标准和服务量标准。

还要根据设备运行的期量标准，科学测算出各类设备的标准能耗。标准能耗是满足规定运行指标基础上最科学、最经济的能源消耗指标。

此外，要根据设备运行的期量标准，按月制订出设备的运行作业计划。运行作业计划应明确各种设备运行的时间和服务量，并通过有效的运行管理控制，完成这个计划。

3．建立科学的设备运行统计和能源消耗统计的运作机制，并保证机制的良好运行

要通过设备运行记录，按月、季、年度统计出各类设备的运行台班时和故障率，通过计量表定期对各类设备进行能源消耗统计。

4．开展对设备能源消耗的分析，为采取节能措施提供依据

能源消耗分析工作，要对设备运行统计数据和能源消耗统计数据进行对比分析。应该说，设备运行提供的服务量与能源消耗量是呈现正相关关系的，如果发生两者出现明显的非相关关系，就要重点分析异常因素。

能源消耗分析工作，要对能源消耗不同时期的历史数据进行比较分析。不仅要对当年各个时期的能源消耗数据进行比较分析，还要对历年同一时期的能源消耗数据进行比较分析。分析过程中，要考虑气候、人流等各种影响能耗变化的因素，并作出相关性分析。要重点分析异常因素。

能源消耗分析工作，要根据设备运行的标准能耗，分析超过标准能耗水平的能耗部分，运用因果分析方法，分析其各个因素以及对能耗变化产生影响的程度，并作出重要度分析，作出排序。

这些因素无外乎是以下几个方面：

（1）设备出现功能性缺损，以至无法实现规定的技术指标，要达到这个技术指标，就需要耗费大量能源；

（2）设备维护保养不当，设备的技术性能下降，故障率上升；

（3）设备操作不当，造成能源浪费；

（4）设备出现无效运行，例如设备没有满负载运行，电机启动频繁等；

（5）设备运行环境不良，主要是由于设备机房配套条件不完善，没有实现防尘、防高温、防湿、防腐、防静电等基本的设备防护技术条件。

能源消耗分析必须形成分析结论，分析结论应当包括：

（1）对造成能源发生异常变化和能源消耗不合理的因素；

（2）这些因素对能耗变化产生影响的程度和各自的重要度。

5. 根据能源消耗分析结论，采取节能措施

应当根据能源消耗分析结论，研究节能对策，采取节能措施。节能措施包括管理措施和技术措施。

采取管理措施的目的是使设备的能耗达到或接近设备的标准能耗。可以采取的管理措施包括：

（1）通过严格管理，使设备按操作规程进行操作，避免能源的不必要浪费。包括在机房增设各种设备运行状态标识，避免各种设备误操作；

（2）尽量使设备满负荷运行，减少设备瞬间启动频次，提高设备运行有效率；

（3）完善机房配套技术设施，改善设备运行环境；

（4）严格按照设备维护技术标准对设备进行维护保养，充分实现设备的技术性能；

（5）通过设备技术状态管理和设备计划修理，恢复设备技术性能，克服设备功能性缺损。

除了采取上述管理措施外，还要采取积极的技术措施来改善设备运行技术条件。采取技术措施的目的是为了降低设备的标准能耗。用于衡量和评价技术改造效能的指标，就是通过技术改造在多大程度上降低了设备的标准能耗。

6. 严格控制重点耗能设备的能源消耗

楼宇内制冷、制热等设备是重点耗能设备，其耗能水平通常在商业项目能耗中占30%左右。在节能降耗工作中，应该把这些重点耗能设备的能源控制工作作为节能工作中的重点。在计量管理、运行管理、运行和能耗的统计和分析、各种节能管理措施和技术措施的组织实施等各方面的工作中，把重点耗能设备的能源管理作为重要内容。

二、商业运营过程中的风险控制

风险是指因未来的不确定性所带来的可能损失。商业运营管理中的风险是由于各种因素所导致的给商业经营和管理所带来的意外损失。商业运营管理风险可以划分为经营风险和管理风险。安全管理和风险控制就是对各种风险的识别、评估和控制，目的是使风险最大限度地实现受控。

（一）风险源的识别

风险源识别是风险管理的第一步。风险源识别是确定何种风险可能会

对收益或结果产生影响，这些风险具有什么样的特征。

1．风险源识别的内容和范围

风险识别范围必须覆盖项目涉及商业运营活动中所有产品、活动、服务、作业现场、设备设施、人员中能够控制或可施加影响的因素。

（1）风险识别应考虑三种状态：正常、异常和紧急状态；以及三种时态：过去、现在和将来所造成的危害和环境影响；

（2）危害的对象：人身生命健康和财产，既包含顾客的，也包含业主和使用人的；

（3）形成机制：物理因素、化学因素、生物因素、生理和心理因素、行为因素及其他因素；

（4）活动、产品或服务从开始到结束的全过程，常规和非常规的活动，所有进入作业场所人员的活动，作业场所内的设施；

（5）在评价期限内，已有措施的适用性和效果。

2．风险识别的方法

（1）活动信息的收集

对涉及的所有活动，在进行危害辨识前要收集相关信息。

（2）选择风险识别的方法

风险识别以事故预防、控制和减少事故及污染发生为指导思想，采用现场观察、调查表、查阅记录、工作危害分析法、安全检查表等方法，对涉及的全部风险进行辨识。工作危害分析法是把每个活动分解为几个步骤，识别每一步骤中的危害及其程度。

（3）在进行危害识别时，应充分考虑可能发生的后果。这些后果包括：人身伤害、死亡，财产损失。

3．商业运营管理过程的风险种类

商业运营管理活动中可能导致的各种风险包括：

（1）经营风险

经营风险又称营业风险，是指经营过程中，各种不确定性因素的影响所导致未来收益不确定性，一般包括政策风险、市场风险、财务风险、操作风险、法律风险、信用风险、产品风险、环境风险和声誉风险等。

（2）管理风险

管理风险即安全风险，包括火灾、治安事件和刑事案件、公众危害、建筑及设备毁损和故障、劳动事故、交通事故、人为或自然原因造成的财产损失和人身伤害等事件所造成的损害。

4．对所有风险源应进行识别并加以编号

（二）风险的评估和控制

1．风险的评估

风险评估就是对各种风险的风险频率、风险程度以及风险成本作出评估，并且作出相关性分析。

（1）风险频率，即损失频率，也就是危害发生的可能性；

（2）风险程度，即损失程度，也就是危害后果的严重性；

（3）风险成本，由于风险的存在和风险事故发生后人们所必须支出费用的增加和预期经济利益的减少，又称风险的代价。包括风险损失的实际成本，风险损失的无形成本和预防和控制风险损失的成本。

2．风险的控制

（1）建立风险防范和控制标准

风险防范和控制标准包括：各种设备的安全操作规程、重要安全防范部位的安全管理规定、各类安全检查评定技术标准和管理控制标准、各类突发事件和灾害事件的应急处理预案、各类安全管理档案等。

（2）完善各类安全防范设施和措施

安全防范设施和措施包括：预警设备和设施及手段、突发事件处理设备设施和器材、安全防护设施和防护器材、风险提示标识等。

（3）健全风险防范和控制的组织和责任体系

要把风险防范和控制的责任落实到人。

（4）开展风险防范和抢救的教育培训

风险防范和抢救的教育培训，既包含全员风险意识教育，包括风险控制技能培训，也包括各种突发事件的演练。

（5）开展安全检查，杜绝安全隐患

将安全组织的自检、互检和专业组织的专业日常检查以及监督性检查结合起来，及时发现并杜绝各类安全隐患。

下面，着重把法律风险、声誉风险、财产风险等经营风险范畴的防范和控制展开讲述，涉及物业安全管理的管理风险即安全风险的内容，我们将在消防安全管理和安防管理的章节中专门讲述。

（三）法律风险的防范和控制

1．法律风险管理的含义

防范和控制在经营管理过程中签订合同和执行合同所存在的风险。

在商业运营管理过程中，面临的法律风险有两个方面，一个是如何调整与商户之间的权利义务关系，一个是如何调整与劳动者和供应商之间的权利义务关系。

对商户的服务风险而言，可能是出现大量服务投诉，租金和各种费用不能实现正常收缴，也可能是因公共安全、人身财产的保险和保管的责任主体的混乱引发的法律纠纷。

后者是劳动要素风险，即在组织和运用资源的过程中出现的风险，例如劳动合同风险、信贷保险合同风险、外加工合同风险、材料购销合同风险以及各种服务分包合同的风险。

2．法律风险的特点

（1）贯穿在整个经营过程和各个环节，无时不有，无处不在；

（2）风险频率高，涉及范围和影响范围广。

3．法律风险防范和控制工作的要点

（1）建立并执行法律顾问制度和法律审核制度。所有合同、协议包括劳动合同应当经过法律顾问审核，并严格按照制度履行审核审批手续；

（2）严格管理各种凭证、工作联系单和作业检查记录、来往函件、现场图片等物证。

（四）声誉风险的防范和控制

1．声誉风险管理的含义

防范和控制商业运营管理社会形象受损产生的风险。

2．声誉风险的特点

（1）风险产生和传播具有暴露性和蔓延性；

（2）风险造成的后果具有腐蚀性。

3．声誉风险防范和控制工作的要点

（1）建立声誉或形象测评机制，例如客户满意度调查机制，及时了解社会公众的评价，切实改善服务；

（2）建立危机公关处理机制。当发生无益于声誉和形象的事件，应当立即作出反应，立即消除危险源，转移社会关注，掌握大众传媒，正确引导公众舆论。

（五）财产风险的防范和控制

1．财产风险管理的含义

防范和控制人为事件、自然灾害或自然原因对顾客、业主和商户财产的损害。

2．造成财产损害的成因

（1）自然灾害，包括地震、台风、雪灾、雷击等；

（2）自然原因，包括设备设施磨损老化、材料应力变化等；

（3）人为事件，包括故意破坏、无意损坏。

3．财产安全的特点

（1）风险频率高；

（2）涉及的因素广泛；

（3）财产风险管理的重点是事件控制和处理。

4．财产风险的防范和控制工作的要点

（1）通过自然灾害的预警、设备设施维护和治安安全管理，努力防范财产损害；

（2）对房屋和共用设施设备建立完整的档案，价值清单必须完整，成为快速定损的依据；

（3）自然灾害和自然原因造成的财产损害发生，应立即报险，配合保险公司定损、理赔；

（4）对人为责任造成的财物损害，由专人按照价值清单，快速定损，由肇事者赔偿；

（5）对顾客财产、业主自有财产和商户财产损害，积极配合受害人进行报价定损。

（六）应急管理

风险控制的重点是防范。但是，同时必须十分重视风险发生的事后控制。事后控制各类事故的目的是：减轻事故的后果和影响程度、影响范围；避免引发次生灾害。

风险事后控制工作的核心是预案管理。

1．预案管理

预案，是指根据预测，对潜在的或可能发生的事故而事先制订的应急处置方案。

（1）预案的制订

1）研究事故发生的成因、风险程度、风险频率、产生的后果、所涉及的因素。

2）确定抢救事故的方式、过程、组织、指挥。

3）确定抢救事故的人员、物资、装备以及相关的措施。

4）编写预案。预案中包括以下内容：报警讯号；抢救过程；抢救的组织、人员职责、指挥系统；必要的抢救物资、装备；相关的防护措施；特

殊时间、特殊场合、特殊情况的处理。

5）编制预案简易流程图，并在有关岗位显著位置上墙。

（2）预案的评估和修订

为了确保预案能够真正达到其抢救事故的目的，必须定期对预案进行评估和修订。

预案评估和修订的要点：

1）评价预案是否充分，是否涵盖事故涉及的各种因素，是否涵盖事故的各个环节；

2）评价预案的有效性，过程和方法是否有遗漏或失当；

3）评价预案是否具有可操作性，过程是否复杂，环节是否烦琐，语言表达是否简练；

4）评价预案是否具有便捷性，能否保证人员快速灵敏地作出反应，物资装备快速到位；

5）根据预案评价的结论，对预案作出修订。

（3）预案的培训和演练

为了使组织和所有抢救人员在紧急情况下能够快速、熟练、准确地进行指挥和作业，必须定期进行预案的培训和演练。

2. 危机管理

危机管理是指通过危机监测、危机预警、危机决策和危机处理，达到避免、减少危机产生的危害，总结危机发生、发展的规律，对危机处理科学化、系统化的一种新型管理体系。

（1）危机管理的要素

危机监测；危机预警；危机决策。

（2）危机的特征

突发性；破坏性；不确定性；急迫性；信息资源紧缺性；舆论关注性。

（3）危机的类型

信誉危机；决策危机；经营管理危机；灾难危机；财务危机；法律危机；人才危机；媒介危机。

（4）危机管理的基本原则

制度化原则；诚信形象原则；信息应用原则；预防原则；企业领导重视与参与原则；快速反应原则；创新性原则；沟通原则。

（5）危机管理的对策

1）做好危机预防工作。包括树立强烈的危机意识；建立预防危机的预警系统；建立危机管理机构；制定危机管理计划；

2）进行准确的危机确认。要善于捕捉危机发生前的信息，在出现危机征兆时，尽快确认危机的类型，为有效的危机控制做好前期工作；

3）危机处理。包括有效的危机控制；迅速拿出解决方案；

4）做好危机的善后工作。包括进行危机总结、评估；对问题进行整顿；从危机中寻求新的机会。

三、消防安全管理

（一）商业物业消防安全管理的特点

火灾的危害程度是最高的，而且与地震等其他同等危害程度的灾害相比具有更高的发生频率，所以，对于任何物业，消防安全始终是安全管理体系中最重要的一个内容。

但是，与其他物业类型相比，商业物业消防安全管理具有自己的特点。

（1）风险源更加复杂，因此消防安全管理的对象更加复杂。

在商业项目里，由于存在多种经营业态和极其复杂的物流系统，风险源呈现非常复杂的情况。除了大量明火和电器故障之外，餐饮商户的燃气、厨房油烟、仓储物资中大量的易燃品，都结合起来成为火灾丰富的风险源。

（2）火灾的危害后果更加严重，因此消防安全管理的要求更高。

商业地产运营的主要承载物之一就是人流。高度密集的人流的场所特别是如果出现火灾，将必然容易造成群死群伤的严重后果。

此外作为物资流、资金流的集散地，如果发生火灾，也意味着极其严重的财产损失。

（3）商业地产运营的管理模式复杂，因此消防安全管理的难度更大。

由于各经营单位形成了相对独立的管理保障体系，因此商业物业的管理呈现出多层次甚至是多元化的结构，各单位对自用设施具有更丰富的使用、处分的权利。在这种情况下，消防安全管理的责任界定就比较复杂。因此，整体消防安全管理的难度更大。

（二）防火工作的组织和管理

消防安全管理始终必须贯彻"以防为主，防消结合"的原则。避免火灾的发生，是消防安全管理的首要选择。防火工作的组织和管理始终是消防安全管理的最主要的工作。

防火工作的组织管理包含以下内容：消防组织和消防安全责任制的建立；消防安全制度的建立和落实；消防档案的建立和管理；消防安全培训、演练和宣传的组织实施；消防安全检查和消防安全隐患的处理；重点防火部位的安全管理。

1．消防组织和消防安全责任制的建立

（1）消防组织的建立

按照消防安全管理工作"群防群治和专业化管理相结合"的原则，消防组织体系包括：专业化的义务消防队；消防安全管理协调领导机构；各单位的消防安全管理组织。

1）义务消防队的建设

义务消防队的任务是：负责消防控制中心的值班监控；负责消防设施设备及日常消防工作的检查；负责消防知识的普及、宣传和教育；发生火灾时应配合消防部门实施灭火扑救。

2）消防安全管理协调领导机构的建设

由项目商业管理公司和各主力店的第一负责人组成消防安全管理协调领导机构，其任务是：负责项目的消防安全管理的领导协调工作；定期组织会议，评估项目的消防安全管理工作，指导各单位的消防安全管理工作；组织商业项目的消防安全联合检查。

3）各单位消防安全管理组织的建设

各主力店和项目商业管理公司建立本单位的消防安全管理组织，开展本单位消防安全管理"群防群治"的工作。

（2）消防安全责任制的建立

按照"谁主管，谁负责"的原则，由各单位、各部门第一把手作为责任人，承担消防安全管理责任负责签订消防安全责任书。

各主力店、物业使用人以及各种有关分包、协作单位必须向项目商业管理公司签订消防安全责任书；各单位消防组织内部，各部门和班组逐级向上一级组织签订消防安全责任书。

2．消防制度的建立和落实

消防制度建设是消防安全管理最主要的基础工作。消防制度体系包含的内容是：

（1）消防安全管理综合制度，内容包括消防组织的运作、消防安全岗位责任、消防安全行为及奖惩、消防保障要求和消防事故的报告和处理等；

（2）各类机房、仓库、档案室等重点防火部位的消防安全管理规定；

（3）用电安全、用气安全、油烟排放安全、危险品控制、物资仓储防火安全等火灾危险源安全管理的各类安全规范和管理控制标准；

（4）动火、装修作业过程中防火管理规定；

（5）消防安全检查评定技术标准；

（6）消防演习方案和火灾应急处理预案。

3．消防档案的建立和管理

消防档案建设也是消防管理的一项重要的基础工作。消防档案包括：

（1）消防设备设施运行记录，包括各类报警信息、动作信息的记录；

（2）消防设备设施维护保养记录和技术检测记录；

（3）消防栓箱、灭火器材等各类消防器材的台账以及使用、维护和更新记录；

（4）消防设备设施、消防器材的检查记录；

（5）义务消防队组织和活动记录；

（6）消防安全管理协调领导机构和单位消防安全管理组织的组织和活动记录；

（7）消防安全管理责任书；

（8）消防安全行为及奖惩的记录；

（9）消防事故调查和处理记录；

（10）消防安全培训和演练的记录，包括消防知识考试试卷；

（11）消防专业安全检查记录；

（12）火灾隐患整改通知书和整改报告；

（13）重点防火部位的清册以及防火状态的检查记录；

（14）危险品库的台账以及防火状态的检查记录；

（15）动火证和动火记录。

4．消防安全培训、演练和宣传的组织实施

应根据不同对象，采用不同方式进行消防安全培训、演练和宣传。

消防宣传的目的是使义务消防队、项目商业管理公司员工和主力店保障服务人员、各主力店和商户营业人员增强消防安全意识。

对不同对象，消防培训和演练的目的和方式不同：

（1）对义务消防队，培训和演练的目的是强化火灾扑救技能和日常消防安全的专业管理技能；

（2）对项目商业管理公司员工以及主力店保障服务人员，培训和演练的目的是强化火灾发生时保护设备及财产的技能和协助人员逃生的技能；

（3）对各主力店和商户营业人员，培训和演练的目的是强化火灾发生时逃生和协助顾客逃生的技能。

5．消防安全检查和消防安全隐患的处理

消防安全检查和消防安全隐患的处理，是消防管理最重要的日常工作。

（1）消防安全检查的内容

消防安全检查的内容包括：消防设备的运行状态和运行环境条件；消防设施和器材的完好状态；重点防火部位的防火条件；重要危险源的防火控制措施；房屋使用、处分是否达到防火技术规范；妨碍消防设备设施及器材使用的情况。

（2）消防安全检查的组织

消防安全检查的形式有日常专业检查、专项检查和监督性检查。

1）消防安全日常专业检查：日常检查的内容和范围必须覆盖到整个消防安全管理领域。

2）消防安全专项检查：专项检查是包括联合消防安全检查、重点危险源和重点防火部位消防安全检查、节前消防安全检查、重大活动前消防安全检查等。

3）消防安全监督性检查：监督性检查是对日常专业检查、专项检查的复核性检查，目的是验证消防安全日常检查和专项检查及整个消防管理工作的有效性。

（3）消防安全隐患的处理

通过消防安全检查，对发现的消防安全隐患，应当发出消防安全隐患整改通知书，要求在规定时间内进行整改并进行复查。

6．重点防火部位的安全管理

重点防火部位的安全管理是消防管理的重要内容。

通过对重点火灾危险源的识别和评估，对重点财产、重点单位进行认真梳理，建立重点防火部位档案。

应当按照消防管理标准的规定，组织定期对重点防火部位检查。

（三）消防设施设备运行管理

1．消防设施设备的技术管理

消防设施设备技术管理的任务是提供消防设施设备运行的技术条件，指导消防设施设备的运行管理和维护保养。

消防设施设备技术管理工作的任务包括：制订消防设施设备运行操作和巡视检查的技术要求和规范；制订消防控制中心设备运行环境技术标准并对执行情况进行技术监督；制订消防设施设备维护技术标准，并对执行情况进行技术监督；管理消防设备的技术档案；根据消防设备运行记录、维护保养记录，进行设备技术状态分析；对主力店消防设施设备进行技术监管；对消防设备的事故和故障进行技术调查。

2．消防设施设备运行的管理

消防设施设备运行管理的任务是确保消防设施设备始终处于正常的运行状态。

消防设施设备运行管理采用定岗值班和巡视检查相结合的方式进行。

（1）消防报警主机和消防联动控制系统等消防中央报警、控制系统实行24小时定岗值班，按照消防管理制度、消防管理标准、操作规程、技术规范以及消防控制中心的设备运行环境技术标准的要求，进行巡视检查；

（2）对手动报警器、探测器、防火卷帘门、疏散指示系统、应急照明系统、消防栓箱、灭火器材、消防栓箱、灭火器材、消防水泵、消防水箱、消防水管道和阀门、水流指示器等消防水系统，防排烟系统、消防广播系统，按照消防管理制度、消防管理标准、技术规范，实行巡视检查；

（3）定期进行包括主力店在内的消防联动测试。

3．消防设备的维护保养

消防设施设备维护保养的任务是确保消防设施设备良好的技术状态。

消防设备维护保养工作要求：

（1）必须按照消防管理标准和要求，制订消防设备维护保养计划；

（2）消防设备维护保养合同约定的技术要求和规范应当满足企业制度规定和消防设施设备维护技术标准提出的要求；

（3）必须依照消防设施设备维护技术标准规定的标准和方法开展对维护保养作业的检查和监督；

（4）严格按照消防管理标准和程序，进行消防设备的技术测试和年度检定。

四、商业物业安全管理

商业物业安全管理内容的确定决定于其各种安全风险的识别。对应各种安全风险，商业物业就有相对应的安全管理内容，这就是治安安全、公共安全、交通安全、劳动安全、设备安全、建筑安全、人身安全、装修及施工安全等。

（一）治安安全管理

1．治安安全的含义

防范、控制各类治安事件和刑事案件的发生。

2．治安安全的特点

（1）治安安全事件风险频率最高；

（2）造成的损害直接，因此人们的敏感度高；

（3）安全管理的活劳动消耗最大。

3．商业物业治安安全管理模式

（1）日常检查和监督性检查相结合的安全检查机制

安全检查机制的任务是：及时排查安全隐患，加强对重点部位的安全防范。

（2）安全漏洞评估机制

1）安全漏洞评估机制的形式是定期的安全评估会议；

2）安全漏洞评估机制的工作内容是总结、查找安全隐患和安全死角；

3）安全漏洞评估机制的任务是制定下阶段安全工作的重点防范部位及事项，并跟进落实。

（3）突发事件处理预案机制

1）突发事件处理预案机制的任务是全面提高快速反应机制和突发事件的正确处理能力；

2）突发事件处理预案机制的内容是定期对各类突发事件应急预案的修订、完善；定期按照各类突发事件应急预案组织演练。

（二）公共安全管理

1．公共安全的含义

防范和控制拥挤、踩踏等集体性公众危害的发生。

2．公共安全的特点

（1）公共安全事件的风险程度大，后果危害严重；

（2）社会敏感度高，影响大；

（3）部分公共安全事件是其他风险发生时的次生灾害；

（4）人流量大是公共安全事件发生的前提，因此可以事先预判。

3．公共安全的防范与控制

（1）节假日或举办重大活动之前必须进行风险评估和制订风险控制方案。

应当对公共场所聚集人流的数量、速度和方向以及其行为特征作出评估，按照疏散方向及路线、疏散速度的要素，采取人员疏散的技术保护和人力保护措施。

（2）对火灾、建筑物垮塌等原生灾害，制订应急预案时应当包括人员疏散方案，同样要按照疏散方向及路线、疏散速度的要素，采取人员疏散的技术保护和人力保护措施。

（三）交通安全管理

1. 交通安全的含义

防止和控制交通动线中交通工具以及人员各种交通事故的发生。

2. 交通安全管理的要点

（1）尤其以机动车道路交通安全管理为重点；

（2）首先必须以保护行人的生命安全为主要目标；

（3）必须完善交通安全警示标识和安全防护设施，如限位、限速、限高、转向、坡道行驶等管理要素的相关标识和设施，并确保其有效性；

（4）科学布岗和制订巡逻路线，做好车辆、行人交通行为的引导，完善人防措施；

（5）制订交通安全突发事件的应急处理方案，并定期进行演练。

（四）劳动安全管理

1. 劳动安全的含义

劳动安全是指员工劳动安全保护工作，即防止和控制员工在劳动过程中发生意外伤害等生命、健康危险。

2. 劳动安全的特点

由于劳动安全涉及人的生命安全，因此其风险产生的后果是严重的。

3. 劳动安全工作的要点

（1）制订并严格制订各种设备操作以及高空作业等危险作业的安全操作规程，杜绝违章指挥和违章作业；

（2）员工按国家有关法律和规定持证上岗；

（3）必须按规定配置劳动保护用品，员工必须按规定使用劳动保护用品；

（4）安防员等岗位，应当购买意外伤害保险。

（五）设备安全管理

1. 设备安全的含义

防范和控制因重大灾害、自然原因以及操作、维护、管理等人为责任造成的设备毁损、故障的风险。

2. 设备安全的特点

设备毁损、故障风险往往引发次生灾害，如停电衍生公共安全事件，电梯故障造成人员伤亡，水系统故障造成水淹，消防设备瘫痪造成火灾无法扑灭等，因此必须予以十分重视。

3. 设备安全管理的要点

（1）通过设备技术状态管理，掌握和控制设备缺陷，并及时维修，恢复其技术性能和安全性能；

（2）严格贯彻设备安全操作规程和维护技术标准，防止设备误操作和维护保养不当；

（3）制订并实施设备运行环境技术标准，做好设备的防鼠、防潮、防尘、防高温、防静电、防雷击等技术防范工作；

（4）建立设备安全事故的报告和管理制度，按照"三不放过"原则，认真调查事故原因和责任，严厉追究责任事故的责任人；

（5）建立各种设备事故的应急处理方案，并定期进行演练；

（6）认真做好保险的报险、定损和理赔工作。

（六）建筑安全管理

1．建筑安全的含义

防范和控制因重大灾害、自然原因以及维护、管理等人为责任造成的建筑毁损和故障的风险。

2．建筑安全的特点

（1）与设备毁损和故障的风险相比，虽然建筑毁损和故障的风险频率小，但是危险程度和地震、火灾一样是最高的；

（2）与设备毁损和故障的风险一样，建筑毁损、故障风险往往引发次生灾害。例如外墙砖脱落衍生人身伤害，基础沉降造成房屋设备损坏，屋面防水层破坏造成水淹，建筑垮塌更会引发生命财产的毁灭等，因此必须予以特别重视。

3．建筑安全管理工作的要点

（1）通过房屋技术状态检测管理，掌握和控制建筑缺陷，并及时修缮，恢复其技术性能和安全性能；

（2）建立建筑基础、结构、屋面、外墙以及各种构件的维护技术标准，严格进行维护；

（3）认真策划并做好白蚁防治工作；

（4）建立建筑安全事故的报告和管理制度，按照"三不放过"原则，认真调查事故原因和责任，严厉追究责任事故的责任人；

（5）建立各种建筑事故的应急处理方案；

（6）认真做好保险的报险、定损和理赔工作。

（七）食品卫生和动物疫情风险的防范和控制

1. 食品卫生和动物疫情风险管理的含义

防范和控制因食品卫生和动物疫情所产生的人身伤害。

2. 食品卫生和动物疫情风险的特点

风险造成后果严重。

3. 食品卫生和动物疫情防范和控制工作的要点

（1）要求提供食品消费品的商户必须具有严格的食品及加工材料和设施的卫生检疫许可。

（2）包装食品饮品必须在有效期内销售，应定期进行抽样检查。

（3）加工食品的原料、加工间必须通过疾病控制中心的卫生检疫，必须公示其有效的卫生许可证。

（4）提供加工食品的用水必须合格，属商业项目提供中央供水系统的生活用水，生活水箱必须加盖、加锁，必须定期经过疾病控制中心的卫生检验。

（5）对动物疫情要有灵敏的预警，有应急人员疏散方案并能够有效启动。

（6）建立传染病和动物疫情的预防、隔离、初期救治的方案体系。

（7）发生人身伤害，积极组织救治。

（八）人身安全管理

1. 人身安全的含义

防范和控制人为事件、自然灾害或自然原因对顾客、商户人身生命和健康的损害。

2. 人身安全的特点

（1）风险频率高；

（2）涉及的风险因素比较广泛；

（3）风险造成后果严重；

（4）人身安全管理工作的重点是防范

3. 人身安全管理工作的要点

（1）科学识别严格管理各种造成人身伤害的危险源，如生活水箱定期清洗、检验并加盖加锁；餐饮商户的提供的食品饮品必须经过严格的卫生检疫；通道、楼梯必须具有防滑措施；严防空中坠物；消杀区域严防儿童中毒等。

（2）对自然灾害要有灵敏的预警，有应急人员疏散方案并能够有效启动。

（3）建立传染病和动物疫情的预防、隔离、初期救治的方案体系。

（4）发生人身伤害，积极组织救治。

（九）装修与施工安全管理

1．装修安全和施工安全的含义

（1）装修安全的含义是指防范和控制装修等改变物业现状的行为对建筑功能及共用设施设备安全运行带来危害的风险。

（2）施工安全的含义是指防范和控制装修施工过程中所造成的人员伤亡、火灾、治安及刑事案件发生、环境破坏、经营秩序遭到破坏等各种风险。

2．装修安全和施工安全的特点

（1）装修安全风险程度高，而施工安全风险频率高并涉及因素广泛，危害后果综合；

（2）装修安全风险具有潜伏性，而施工安全风险具有直接性；

（3）装修与施工安全管理工作的重点是防范。

3．装修与施工安全管理工作的要点

（1）制订装修管理技术标准，作为装修设计方案技术审核、技术验收的依据；

（2）认真开展装修管理工作包括技术方案审核、现场监管、竣工验收，确保设计技术方案满足装修管理技术标准的要求，确保工程按照设计技术方案施工；

（3）隐蔽工程是装修管理的重点；

（4）高频度地对施工作业现场进行检查，随时排除一切安全隐患。装修人和施工单位必须签订安全责任书。

（十）广告宣传活动与设施安全风险的防范和控制

1．广告宣传活动安全和广告设施风险管理的含义

（1）广告宣传活动安全虽属公共安全风险，是公共安全范畴，但由于是公共安全风险的主要危险源，因此作为公共安全防范和控制重要的事先防范控制行为。

（2）广告设施安全虽属设备安全范畴，但不同于一般的设备安全，因为广告设施安全风险容易引发大规模人员伤亡和社会公众关注。

2．广告宣传活动安全和广告设施风险的特点

（1）广告宣传活动安全风险和广告宣传设施安全风险容易造成群死群伤，危害的后果特别严重；

（2）广告宣传活动安全风险和广告宣传设施安全风险的后果会引发社会的极大关注，危害的影响特别巨大；

（3）广告宣传活动与设施安全管理工作既要重视防范，也要重视灾害的控制。

3．广告宣传活动与设施安全风险的防范和控制工作的要点

（1）严格按照公共安全管理工作的要求做好广告宣传活动的安全管理工作；

（2）严格按照设备安全管理工作的要求做好广告宣传设施的安全管理工作；

（3）制订专门的广告宣传活动和设施安全突发事件应急预案，并进行演练。

五、商业经营过程中的安全管理

针对商业经营活动，应该进行专门的安全管理策划。

（一）开闭店管理

开闭店安全管理是商业中心特有的一个安全管理内容，从开店和闭店两个管理环节，实现商业中心从开放式管理与封闭式管理的相互转换。

开闭店管理有四个管理环节：员工进场；开店；闭店；清场。

1．员工进场环节的管理要点

（1）监督保洁作业人员开店前作业人数；

（2）检查早间作业（运输货物和垃圾、早间维修保洁作业）作业情况和有关许可证明；

（3）检查各商户进场营业员的有效证件。

2．开店环节的管理要点

（1）按规定程序、指令，依次开启照明、电梯、空调、背景音乐等设备；

（2）按规定程序、指令，按次序开启商业中心各个通道、大门；

（3）按规定程序、指令，广播开店通知及迎宾词。

3．闭店环节的管理要点

（1）按规定程序、指令，广播闭店通知及送宾词；

（2）按规定程序、指令，按次序关闭商业中心各个通道、大门。在这个阶段，必须清楚、正确、便利地引导顾客离开商业中心；

（3）按规定程序、指令，依次开启背景音乐、空调、电梯、照明等设备。

4．清场环节的管理要点

（1）分阶段，安排顾客和营业员离场；

（2）对各消防通道、商铺、卫生间、楼顶进行全面、地毯式、由内至

外、由上至下清场，确认无安全漏洞；

（3）检查夜间作业（装修、运输货物和垃圾、夜间维修保洁作业）作业情况和有关许可证明。

整个开闭店管理作业由值班营运经理统一指挥，营运人员、技工和安防队员依规定职责执行，值班营运经理监控整个开闭店过程。

（二）商业营业时间差安全管理

由于商业经营过程中，不同经营业态的运营时间是不一致的，这就提出了一个运营时间差的安全管理问题。而在商业项目里，不同经营业态在一个无法进行有效物理界面分隔的共享营业空间里运营，有不同的营业时间要求，安全管理的难度很大。

商业中心营业时间差安全管理的原则和要求是：

（1）根据各业态营业的不同时间要求，合理作出行人流线的规划，既确保毗邻商户的安全要求，又提供顾客的交通便利；

（2）因地制宜，尽量利用有利的空间设施进行物理界面分隔，根据营业时间规划安排启闭；

（3）没有可供利用物理界面的，应使用临时性的设施进行分隔；

（4）设置有利于顾客辨认的导示标识引导其通行；

（5）在关键的交通节点布置警戒，包括固定岗和巡逻岗。

（三）大型商业活动安全管理

商业中心大型商业活动安全管理是商业物业广告宣传活动安全范畴。

举办大型商业活动活动之前必须进行风险评估和制订风险控制方案。

应当对公共场所聚集人流的数量、速度和方向以及其行为特征作出评估，按照疏散方向及路线、疏散速度的要素，采取人员疏散的技术保护和人力保护措施。

六、环境管理

（一）商业中心环境管理概述

1. 商业物业环境的概念

商业地产运营的中心事物就是在商业项目里活动着的人，商业物业环境是指综合合体中围绕着这些人的外部世界。

我们可以把商业物业环境的要素归结为：

（1）绿化、铺装；

（2）标志物、各类小品、街道家具、灯光以及各种硬装潢和软装饰；

（3）气味、声音、灯光、灰尘、生物和微生物等对人的身体和心理产生的一切因素。

2．环境营造和管理的内容

环境营造和管理包含以下内容：

（1）景观营造工作；

（2）绿化的养护和管理工作；

（3）绿化与美陈、功能性小品布置与管理的结合。

（4）环境维护工作：

包括常规环境保洁管理工作；大理石、外墙和卫生间等特殊材料和部位的专项保洁养护工作；污染治理工作；废弃物管理工作及虫害治理工作。

3．环境管理策划的重点

（1）环境整体的营造和管理必须以展现商业运营管理水平为目的。

对于顾客而言，评价一个商业运营管理运营水平的标准就是他对该商业项目环境整体营造和管理的水平的评价。

事实上，能够直接刺激消费者感官的环境表现要素主要是卫生间和公共空间的清洁度和空气质量状况。卫生间空间的环境运行水平，直接体现商业物业的整体管理水平。对于整个商业项目来说，清洁卫生、污染治理和空气净化、虫害微生物治理仍然是商业物业环境管理的基础内容。

（2）通过环境整体的营造和管理必须以充分实现商业物业空间和各个部分空间的服务功能为出发点。

商业物业环境的营造和管理必须根据商业项目特定空间的服务功能需要努力创造丰富的景观和宜人的氛围。无论是景观营造工作还是保洁管理工作，都应该按照城商业项目特定空间的服务功能需要进行有针对性的策划，使个环境满足其使用功能的发挥。

（3）商业物业环境的营造和管理必须通过采用各种维护手段保持整个环境的良好状态。

商业物业环境的营造和管理包含两个方面的内容，一是景观营造，二是保持整个环境整洁并避免各种污染的环境维护管理。我们在重视景观营造的同时，不能忽视商业物业的环境维护管理工作。

（二）商业环境的保洁

保洁管理是商业物业环境维护工作的一个基础项目。保洁管理工作由包含的内容是：对保洁管理工作进行系统策划从而制订保洁质量标准；选聘保洁服务分包单位；监管和控制保洁作业。

1．科学制订商业环境保洁的质量标准

制订商业环境保洁的质量标准，实际上就是对保洁管理工作进行系统策划。而保洁管理工作系统策划则是选聘保洁分包单位和对其实施监管的依据。

（1）编制《项目保洁对象设施清单》

根据具体项目以及具体部位的特点和定位要求，依据物业服务合同确定的服务界面和服务标准，将地面、消防楼梯、灯具、风口、管线、沿口、扶手、栏杆、垃圾桶等保洁对象的位置和数量进行全面盘点，编制《项目保洁对象设施清单》（表3-15-1）。

某商业项目《项目保洁对象设施清单》　　　　表 3-15-1

序号	名称	数量	备注
77	大门玻璃	2221.75m²	
78	路灯（低）	35 根	
79	仿真喇叭	31 个	
80	监控探头	30 个	
81	广告灯箱	33 块	
82	配电箱	26 个	
83	不锈钢花坛	20 个	
84	停车场指示牌	8 个	
85	灯箱指示牌	8 个	
86	不锈钢树名标识	20 个	
87	消火栓	26 组	
88	不锈钢垃圾桶	66 个	
89	圆柱路障	180 个	
90	铝塑板沿口面积	973 m²	
91	大门塑板总面积	3468.7 m²	
92	地灯	43 具	
93	不锈钢旗杆	3 根	
94	石材复合休闲椅	69 把	
95	沿河不锈钢扶手	376m	

该广场的保洁对象设施统计表用于管理公司和保洁公司进行保洁管理和保洁作业分析并制订保洁管理方案和保洁作业实施方案的依据。因此，这个清单包含了所有保洁对

象的项目和数量，但是它的不足在于：

①缺少具体位置的描述；

②缺少材质的规范描述；

③缺少规格、型号的描述。

（2）按照不同对象、不同区域，确定保洁频次、保洁方式、保洁方法、保洁作业时间要求，确定保洁作业路线。

1）保洁区域一般划分为卫生间、屋面、办公区、地下室、内场、外场等区域。

2）保洁对象必须涵盖项目保洁对象设施清单中所有必须清洁的设施和部位。

3）保洁频次划分为一日若干次，一周若干次，一月若干次，一季若干次，一年若干次。

4）保洁方式包括循环作业方式和定期作业方式。

5）保洁方法包括擦拭、清洗、打蜡、抛光、牵尘等各种工艺方法以及各种清洁药剂的配方、用量，保洁工具需有使用限制。

6）保洁作业时间，根据营运需要规定具体作业是夜间还是白天，闭店后还是营业中进行。

7）保洁作业路线，根据运营需要规定必要的保洁作业路线。

（3）制订保洁作业质量标准和保洁质量检查标准

1）编制保洁作业质量标准，包括循环保洁作业质量标准和定期保洁作业质量标准。标准中必须规定各个保洁区域、保洁对象保洁的频次、方式、方法、作业时间要求和清洁作业路线要求以及应当达到的标准。

2）编制保洁质量检查表。根据保洁作业质量标准，编制保洁质量检查表。保洁质量检查表包含各个保洁区域、保洁对象的保洁作业质量标准外，应当还包含检查衡量方法和检查评定方法。

（4）进行保洁作业的资源经济技术分析

根据保洁管理工作系统策划，进行资源经济技术分析，确定保洁作业的人员、设备、物料的配置要求。

2．保洁分包方的选择

按照保洁管理工作策划，编制招标文件。招标文件中的技术规范和要求部分必须与清洁卫生管理工作策划保持一致。

招标文件中应当要求投标单位在投标文件中编制保洁服务策划书，保洁服务策划书的内容应当作为评标关键点。

下面介绍某商业项目编制的保洁招标文件中要求投标人提供的《保洁策划书》必须包括的内容目录，这个目录是评标关键点。

×××××广场《保洁策划书》必须包括的内容目录

1）项目组织设置和人员配置及职责；

2）针对本项目保洁服务的技术保障及措施；

3）针对本项目配备的保洁机器设备；

4）针对本项目所提供的各类消耗品；

5）保洁人员服装和标示。

6）项目保洁服务质量的控制方案；

7）对各类分包供应商的控制方案；

8）安全环境保障维护方案；

9）循环和定期保洁工作的计划；

10）洗手间服务保洁方案；

11）商业中心周末人流量大的保洁方案；

12）商业中心促销活动的保洁方案；

13）清洁过程中避免影响顾客的具体措施；

14）保洁的工艺标准及工艺流程。

通过投标单位对上述问题有针对性的解析，可以明确判断投标人的类似活动的操盘水平、能力和经验。

在评标过程中应该审核投标文件对招标文件的响应程度，其响应程度的评价方法就是投标文件保洁服务策划书的内容是否满足根据保洁管理工作策划。

3. 对清洁卫生作业过程的监管

（1）保洁分包方管理的三查三评

所谓三查就是对岗位区域内卫生实施即时检查；环境专管人员对商场的总体卫生进行日常巡查；公司定期检查。通过三查，寻找改进依据，促进分包方持续提高管理及作业水平，达到共同进步的目的。

所谓三评就是对分包方实施定期评价、付款前评价、合同到期前评价。通过三评，了解保洁环境需求、及时发现保洁公司存在的问题。

（2）保洁专业日常检查

环境管理人员根据保洁服务合同，对保洁分包方的保洁服务进行专业日常检查。

专业日常检查的内容包括劳动要素检查、保洁作业质量检查和综合服务质量检查三个内容。环境专管人员填写的检查记录是付款前评价的重要依据。

1）所谓劳动要素检查，就是按照合同和保洁作业计划检查作业人员检查、设备使用检查和物料使用检查。重点是检查保洁服务分包单位的人员在编、在岗是否符合合同约定的要求，人员素质是否符合合同约定的要求，人员排班是否符合合同约定的要求，设备的投放使用是否符合合同约定的要求，清洁药剂和工具的配比、用量和配置配置是否符合合同约定的要求。

2）所谓保洁作业质量检查，是按照保洁作业计划并根据循环保洁作业质量标准和定期保洁作业质量标准逐项对保洁服务分包单位以及保洁服务人员的作业进行检查。清洁卫生作业质量检查不仅涉及作业的现场效果，还必须涉及其作业方式、作业方法、作业时间和作业路线，必须使其符合作业质量标准的要求。

3）所谓综合服务质量检查，就是按照合同对保洁人员基本行为规范以及在清洁过程中对顾客产生的影响、顾客投诉等情况进行评价。

（3）日常保洁管理工作的主要控制环节

1）月作业计划的制订和审核

每月月末，保洁服务分包单位都应当按照合同和项目商业管理公司制订的循环保洁作业质量标准和定期保洁作业质量标准制订下月度的月作业计划。项目商业管理公司应按照合同和作业质量标准对计划作出认真审核。对循环作业计划，重点审核的是保洁员人员排班计划和材料、设备的投放使用计划；对定期作业计划，重点审核的是定期作业的作业量和作业时间安排与合同约定的差异。

2）月作业计划的执行和检查

保洁服务分包单位按照审核通过的当月作业计划执行作业，环境管理人员每日按照审核通过的当月作业计划对作业执行情况进行检查打分。

3）月作业计划执行情况的考核

每月月末，项目商业管理公司应当对环境管理人员的保洁质量检查表的得分情况进行统计，同时结合当月对保洁服务分包单位劳动要素检查和综合服务检查的结果，形成对保洁服务分包单位当月服务的考核结论。

（三）专项保洁管理

1. 大理石材地面的养护

目前，许多商业项目内场的地面采用人造大理石材料。

人造大理石是由90%的大理石碎粒及石英和10%的高强度树脂及辅料按科学比例经机器混合、压缩、聚合固化抛磨而成。它具有各类瓷砖和天然石材不可比拟的优点，同时也存在许多缺陷，例如硬度不高，易磨损，易变性，抗酸碱和抗腐蚀性不强，亲水性强易吸收各类有色液体。人造大理石地面必须实行专项养护。

（1）人造大理石的技术养护工艺

人造大理石通常有两种工艺方法，一种是晶面处理，一种是打蜡。从技术角度，晶面处理工艺具有明显优势。

由于打蜡工艺是通过蜡质保护膜对石材表面进行保护，因此有以下缺点：

1）从效果上看，存在色泽朦胧、容易变黄，易出现条纹泪痕堆叠蜡叠蜡现象，硬度低容易造成磨损和划痕等问题，尘埃沙粒进入蜡层极难清除，在后续重力作用下，形成对石材的破坏性磨损，而且遇水极滑。

2）从工艺上看，起蜡水为强碱，严重腐蚀石材；经过多次打蜡之后，所呈现的亮色只是蜡层的亮色。

3）从日常维护上看，需要每天使用油性牵尘液，极易吸附灰尘。

而晶面处理就是利用晶面处理药剂，在专用设备的重压以及与石材摩擦产生的高温双重作用下，通过物化反应，在石材表面形成结晶的排列，形成一层清澈、紧密、坚硬的保护层，起到增加石材保养强度和光泽度的作用。

它有以下优点：结晶表面层硬度较高，增强了石材耐磨性；结晶表面亮度高，白色人造大理石折光度达到90度以上，而且清澈、均匀、天然；表面干爽，不吸附灰尘；防滑性基本不变；所用药剂对石材没有损害。

（2）人造大理石的技术养护方法

1）浅度翻新，即每年对人造大理石表面进行四次浅度翻新。翻新的目的是修补石材裂缝和边缝，恢复石材原有性能。

2）日常晶面处理维护，即根据人流量密集程度和业态区域，以从20日到60日不等的周期，进行石材表面晶硬处理。对于人流量大的区域，特别是餐饮区域，晶硬处理的周期一定要短。

（3）人造大理石地面的日常管理维护要点

不能用水拖洗，宜采用尘推配以静电牵尘剂进行地面清洁；不能使用酸性清洁剂；出入口应设置伞套机，减少雨水与石材接触的机会；出入口应设置具有刮擦型结构的防尘地垫，减少灰尘、沙粒对石材的损害；餐饮部位要加大日常清洁力度，防止油污等有机液体对石材的侵害。

2．外墙和玻璃穹顶清洗

外墙面和玻璃穹顶专项养护的工艺方法与一般墙面材料和玻璃的常规工艺是相同的。

在管理上，外墙面和玻璃穹顶的养护与一般墙面材料和玻璃常规清洁作业的区别在于：

（1）通常采用定期作业或采用一次性清洁工程方式组织分包作业；

（2）由于是高空作业，必须要求分包养护单位制订严格的安全制度、采取完善的安全防护措施和落实安全责任。

3．卫生间深层护理

在商业物业环境维护活动当中，卫生间管理是极其重要的。除了清洁卫生整理之外，更重要的工作就是清除病毒和细菌等有害微生物，给人以真正的卫生。因此，卫生间微生物控制是十分必要的。

一些商业项目已经采用了卫生间微生物控制技术，开始有效进行了卫生间微生物治理。例如史伟莎（SWISHER）等卫生间微生物控制技术就是卫生间深层护理服务技术，通过除菌剂在已经清除尿污、霉菌、有机物的洁具上进行消毒，抑制病菌生长，降低人体感染机会。

4．污染治理工作

由五官感受并对人体造成损害的事物就是污染。商业项目存在视觉污染、嗅觉污染、听觉污染、触觉污染等四种类型的污染。因此在我们日常环境维护活动中必须有力消除这些污染。

（1）视觉污染的治理

在商业项目里，有许多事物都容易造成视觉污染，例如不合理的灯光布置、不合理的美陈布置。但在这里，重点需要强调的是，在公共空间里所经常存在的人的行为对顾客造成的视觉污染，例如在商业中心营业场所里的营业时间里装卸货物、清运垃圾，服务人员在客用卫生间里洗碗，环境肮脏，工具车和工具箱在客户面前随意放置，服务人员在公共空间不规范的仪容和行为等，这些都是我们在日常环境管理活动中必须十分重视，并采取有效措施杜绝的。

（2）嗅觉污染的治理

嗅觉污染是商业项目中比较常见，也是最不能容忍的一类污染。嗅觉污染包括：有害气体和粉尘；异味；空气含氧量不足。

对嗅觉污染，必须采取坚决有效的管理措施。例如，保持通风设备良好的运行状态；对工程施工粉尘和有害气体的挥发，要采取严格的空间隔离和时间隔离；严格对各种管道、管路的控制，防止有害气体、粉尘、异味外溢和管路间的流窜。

此外，还可以采取技术措施，通过全能灭菌除臭技术等空气净化技术进行嗅觉污染治理。

（3）听觉污染

听觉污染主要是指让人体产生不愉快的噪声，其中效果不好的背景音乐也是一种听觉污染。

（4）触觉污染

触觉污染是指商业项目中不能满足人体需要而存在的对人体皮肤造成损害的各类物理环境因素的和化学环境因素，包括不合理的环境温度、环境湿度和有害的无机和有机液体、气体、粉尘。

5．废弃物管理

商业项目每天产生大量的废弃物，这些废弃物如果不加以严格管理，将会产生视觉、嗅觉、触觉的严重污染，产生虫害，损害顾客的健康，损害商业项目的形象。

（1）固体废弃物和液体废弃物管理

固体废弃物和液体废弃物管理的要求包括下列内容：

1）废弃物特别是厨房产生的湿垃圾必须日产日清。一般废弃物在商业项目里存留的时间不要超过24小时，湿垃圾在商业项目存留的时间不要超过12小时；

2）严格管理污水井、化粪池、隔油池和各类排污管道，必须按照技术规范，实行定期清淘；

3）对人体造成危害的废弃物，应当作为危险品纳入危险品管理，进行严格隔离，并采取有效的安全管理措施；

4）如果垃圾房和运输通道并未与客用空间相分隔，要采用时间隔离和空间隔离的措施，规划科学的垃圾运输专用通道，合理限制垃圾的运送时间，避免垃圾转运给顾客带来视觉污染和嗅觉污染。同时要严格采取废弃物的密封措施，防止虫害发生；

5）严格垃圾房的管理，每日清除所有垃圾，每日对垃圾房和垃圾桶进行全面清洗并采用除臭灭菌技术消毒除臭，定时开启通风设备，使用紫外线杀虫灯杀虫，垃圾房门平时保持关闭，垃圾房周围必须进行除油除污。

目前垃圾房的除臭技术除了采用安体百克等除臭灭菌化学技术外，还可以采取喷淋除臭、制冷除臭、排风除臭、隔帘除臭等物理技术方法。

（2）气体废弃物管理

商业项目主要的气体废弃物就是厨房烟尘。如果不对这种气体废弃物实现有效管理，必然造成严重的嗅觉污染。

厨房烟尘造成污染的成因包括：烟道密封不严格，产生烟尘外溢；烟尘排放超过环保标准，对大气构成污染。

厨房烟尘控制和治理的措施包括：积极促使商户采用油烟净化过滤的技术措施；严格对各种管道、管路的密封控制，防止烟尘外溢和对其他管路的流窜。

6. 虫害的治理工作

（1）虫害的种类以及防治的方法

1）虫害的种类

包括白蚁以及危害人体健康的病媒生物如老鼠、苍蝇、蟑螂、蚊子。

2）虫害的防治方法

对病媒生物，首先要进行环境治理进行预防，例如根据其生长特性，断绝鼠粮以防鼠，合理处理废弃物以防蝇，清除积水以防蚊等。

对白蚁的治理，采取挖巢法、药杀法、诱杀法、生物治理法进行灭杀；对老鼠的治理，采用药杀法、诱杀法、生物治理法进行灭杀；对苍蝇和蟑螂的治理，采用诱杀法、药杀法进行灭杀。

（2）虫害治理工作的组织和管理

1）应按选聘专业虫控服务单位进行专业虫控服务。

2）根据项目运营的实际情况，制订各季度的消杀计划。消杀计划必须明确使用药物名称、用量、开始投放时间、持续时间、投放地点和防护措施等。消杀工作开展前，需向相关客户发布通知。

3）针对主力店多，卫生防疫按责任区域划分的情况，重大虫害灭杀行动应统一协调，共同行动，同时坚壁清野，同时全面剿灭，防止虫患的流窜。

4）采取完善的安全防范措施，防止药物伤害到人体。

5）环境管理人员应每月会同有关人员对虫害治理工作按检验方法和标准进行检查。

（四）商业绿化

1. 商业绿化的任务

商业绿化是景观营造工作的一个部分，它包括以下内容：绿化的养护和管理工作；绿化与美陈、功能性小品布置与管理的结合。

（1）通过景观营造，充分表现商业项目的主题内涵，使环境具有标志性。

根据商业定位，商业项目应该具有自己独特的主题内涵。那么，商业项目特别是作为城市空间的广场、公园和步行街等公共空间景观的营造与这个主题内涵相一致、相呼应。

（2）景观营造，必须服务和服从于商业项目特定空间的服务功能。

商业项目内的各个组成部分内部的每一个特定空间，要根据其特定功能来进行不同的景观布置。例如，在购物中心这个局部空间里则包含着卖场、电梯厅、步行街、通道、楼梯电梯等许多的特定空间，这些特定空间都提出各自不同的环境氛围要求。商业空间的景观布置还应该与经营业态相适应。

（3）商业物业的景观营造必须按照商业项目交通组织特别是行人流线的规划和运行需要进行组织。

客流流线是整个商业项目的生命线。因此，商业物业的景观营造具有引导客流流量、流速和流向的任务，必须按照其交通组织的规划和运行需要进行组织。

2．绿化的布置和管理

（1）绿化布置的原则

1）功能性原则

商业物业绿化布置的功能性原则就是，坚持绿化以功能性为主，观赏性为辅的原则。

商业物业绿化布置与园林绿化布置和住宅小区绿化布置不同，观赏性不是商业物业绿化布置的首要目标。绿化布置要坚持功能性为主的原则，即必须符合特定空间的服务功能的需要。

2）与整个景观体系兼容的原则

商业物业绿化体系不是孤立的体系，它是整个景观体系中的一个部分。绿化无论如何也不能与灯光、美术陈列等其他景观要素割裂开来，必须与景观体系中的其他要素结合在一起。

3）绿化布置采取栽植与仿真植物相结合的原则

在商业项目的室外，可以采用栽植方式；而在室内大的公共空间内，则可以采用仿真植物。

（2）室外绿化的管理

商业项目室外设置的栽植，通常包括乔木、灌木及造型植物、草坪、花坛。

1）室外绿化管理的内容

包括日常维护即包括浇水、修剪造型、施肥、中耕除草、病虫害防治、绿化保洁、绿化标识制作、园林观赏鱼喂养等；翻新改造即主要包括草坪翻新、花坛植物更换；环境的特殊布置即在节假日和重大活动时，作出特殊的绿化布置。

2）室外绿化管理的组织

选聘专业园林绿化维护服务单位进行绿化养护服务。

应根据绿化植物其生长特点，制订或督促绿化养护公司制订绿化季度养护工作计划，针对不同的植物明确规定养护要求、质量标准及具体措施，包括施肥、浇水、松土、换土、剪枝、杀虫、除草、防冻、补种等。

（3）室内花艺的布置

在商业中心的公共空间，可以采用仿真植物。

室内花艺体系中，包含花器、仿真花卉两个内容。

花器的选择是最为重要的。应该按照整个景观体系的要求，按照一致的风格选用花器。而仿真花卉也要根据整个美术陈列布置的要求来选用，并经常更换。

3．室内花艺与美术陈列、功能性小品的结合

（1）室内花艺与美术陈列的结合

室内花艺和美术陈列的组合运用是景观布置中最丰富、最灵活的手段。在商业中心步行街景观布置以花艺和美术陈列的运用为经常性的布置手段。

（2）室内花艺与功能性小品的组合运用

花艺与功能性小品的组合运用在商业项目中也应该得到重视，特别是花艺与休闲椅组合的运用在商业项目步行街中在控制客流的流速和流向方面发挥着重要的作用。

七、停车场管理

（一）停车场及其管理的特点

商业项目停车场及其管理与一般物业相比较，有着十分鲜明的特点。

（1）临时停车的比例很高。相比之下，住宅和办公楼的固定停车比例要高很多；

（2）停车时间短。与住宅休息时段和办公楼工作时段持续停车不同，商业项目的停车时间很短，据统计，停车1小时以内的接近40%，停车累计2小时以内的超过70%，停车4小时以上的不到5%；

（3）商业项目停车具有明显的时段峰谷特征，峰值高的主要集中于午后和傍晚。据统计，一个10万㎡购物中心的闭店离场高峰，一小时内离场机动车数量超过400辆以上，平均每辆机动车离场时间不到10秒；

（4）车流量巨大。一个800个车位的购物中心停车场，周末一天进出

机动车的数量可达到3000辆以上，经营好的购物中心，进出机动车数量每日可达4000辆以上；

（5）停车场停车位数量和管理服务质量，对商业运营产生的边际效益巨大。其敏感度不亚于商业推广。

（二）商业项目停车场规划和工程建设介入的交通流量分析

对于商业项目，其停车场规划面积一般不低于其商业总建筑面积的25%。但具体规划，必须以项目外部和内部交通流量的分析为依据。

在完成项目交通背景、规范的工作后，需要进一步现场勘察项目周边交通状况和研读本项目交通规划方案，准确掌握如下数据：

（1）项目本体与周界交通环境界面数据如：车辆进场、出场道路的数量、宽度；交通管制状况；不同时段单位时间内最大车辆通行能力等。

（2）本地区社会车辆保有数量、比例。

（3）本项目客流高峰时段及预计客流总量。

（4）预计客流高峰时段、高峰客流量和车流量。

通过以上数据收集、整理，即可核算出项目与周边的车辆进出流量等相关数据，对项目交通规划方案的合理与适用程度得出有效评估结果，进而为合理调整交通规划方案的制定交通管理方案提供有力的支持性数据。

（三）内部交通组织分析

在商业项目开始运营初期，为聚拢商机、人气，为制订顾客优惠或免费停车政策，应进行内部交通组织分析。

内部交通组织分析应关注如下数据：

（1）本项目停车场出入口数量、流向、宽度；

（2）停车管理系统单位时间车辆放行速度；

（3）停车场车流动线及主通道宽度；

（4）车辆在停车场内流通是否顺畅，内部主流动线是否合理；

（5）司机平均泊车时间（入口至寻找到空位时间）；

（6）司机平均寻车时间（电梯口至上车时间）；

（7）不同时段车辆进、出流量（峰、平、谷）；

（8）车辆平均滞留时间。

通过上述数据统计、分析，可以了解停车场出入口设计、车流主动线是否合理；顾客是否便捷地寻到空位泊车，消费后是否可以准确、迅捷地寻找到爱车；顾客进场消费的时段分布、平均滞场消费时间等。以上数据不但是有针对性地设定停车场管理方案的数据依据，同时也是有效指导商业项目的营销和广告策略的最重要一手数据。

图3-15-1和图3-15-2是某商业项目各停车出入口流量统计表和日进出流量统计表。

（四）停车场导示及交通管理

1．交通标识和导示系统的要求

清晰、准确的交通标识和导示系统，应该给顾客以如下感受：

（1）消费停车无障碍；

（2）清晰地引导系统；

（3）礼宾式的引导服务。

2．交通导示系统设计原则

（1）与周边资源共享，建立交通诱导系统

与市政、交通管理部门合作，在商业项目周边交通主道上，延伸两至三个公共交通车站远的距离间，建立标示停车场空位信息与导向信息的交通诱导系统。

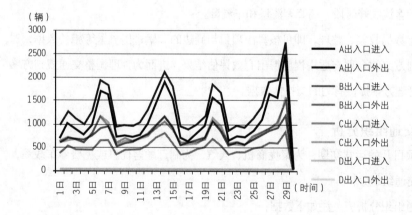

图3-15-1 某商业项目各停车出入口流量统计表

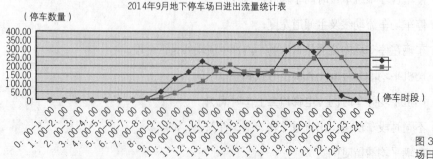

图3-15-2 某商业项目停车场日进出流量统计表

（2）空位指示系统

在商业项目的主入路口和停车场的入口位置，建立空位指示系统，给司机以明确的车场空位提示、指引信息。

（3）导示系统设计的基本原则：

1）直接：从入口到达目的地的距离越近越好；动线改变方向（180°或90°）的次数越少越好；

2）简单：动线方向的选择尽量不犹豫，指引移动的标示越少越好，尽量减少动线的交叉点，以消除移动干扰；

3）连续：动线必须连续，保持专用路径，不要被其他非活动区所隔断。主要动线各环节、路径上流通容量保持连续一致，避免形成导流信息上的断链及瓶颈。

（4）户外导视系统规划原则

1）车流、客流导视分系统设计，同时互相呼应；

2）通过对车流客流需求信息和道路交通流线的分析，在恰当的位置设置导向标识；

3）户外导视系统通过高、中、低三个层次的交通标识，引导客户由远及近，到达目标；

4）户外导向与室内导向标识合理接驳，体现项目导视系统化的思想。

（5）地下停车场导视系统规划原则

1）通过对地下停车场内的交通动线进行深入分析的前提下，才能进行导视系统规划；

2）强化客梯、货梯、出入口位置等主要目的地位置特征；

3）墙面饰以简单、明快的图案或标志，弱化地下车库的封闭感，增强环境的方向指导作用；

4）车位分区以100～150个车位为一个独立标识区为宜；

5）每个分区间最好以颜色相区别；

6）车位排号要有规律，符合人们的思维习惯；

7）车位分区编号要醒目、悦目。

3. 停车场管理系统选择应考虑的因素

（1）良好的停车管理系统应具备的特性

停车管理系统的选择，需关注关键指标包括：系统人机界面友好，易学、好用；产品稳定性；系统部件更换的方便、及时性；系统综合车辆通过、检验效率；后期维修服务的及时性。

（2）安全性和方便性

要考虑的因素包括IC卡、对比图像管理、管理责任和保险。

（3）收费管理

应考虑中央收费系统；手持收费系统；收费漏洞管理。

（五）对商业项目停车场经营的管理

制定合理的停车场经营方案，必须了解和掌握停车场停车规律、不同时段的车流量、车位利用率等，才能有效分配和利用资源，因此必须进行停车场的经营分析。

1. 停车场经营分析的意义

（1）评估车位、停车场的价值；

（2）控制收益构成的比例；

（3）制定和调整停车场的收费方案；

（4）科学地预测未来年度的停车场收益；

（5）为新的项目提供停车场规划设计和收益测算依据；

（6）评估场内促销活动的效果，为商业项目经营提供支持；

（7）对比同时段的收费规律，加强对收费环节的监管。

2. 停车场经营分析的内容

（1）经营分析基础数据：停车场面积、停车场车位、经营时间、收费标准、系统记录的停车车次和时间（可根据需要提取：停车1小时内车次、停车1~2小时车次、停车2~3小时的车次、停车3小时以上的车次等），此外还有主力店免费停车位数量、其他免费停车卡数量、售固定（包月）停车卡的数量等；

（2）经营分析基本参数：指定周期内可提供的车位小时数、已停放的车小时数；车位实际利用率、停车收入构成占比（零散停车、固定停车、多种经营）、车位平均收益、停车场收益坪效、停车场收益递增率等。

（3）经营分析计算

1）车位·小时=可经营车位数×停车场经营时间

2）车·小时=车流量×实际平均停放时间

3）车位利用率=车·小时/车位·小时

4）零散停车收入占比=单项收入/总收入

5）车位平均收益=阶段单项收入/可经营车位数

6）收益坪效=月平均收入/停车场面积

7）收益递增率=本年度收入－上年度收入/上年度收入

3．控制停车场收入构成比例

在满足商业项目经营需求的前提下，控制和调整停车场收入的构成比例：

（1）测算停车位月均收入与包月收入相等时的车位利用率；

（2）测算营业时间的车位利用率，当高于95%的天数占一个周期的30%～40%后，应该考虑提高包月停车价格或控制月卡发行量；

（3）满足上述条件后，以满足停车场功能为前提，应严格控制或减少占车位多种经营的数量；

（4）有针对性地分时段调整收费标准；

（5）如果预测年内车位利用率峰值月份的月均收入低于包月收入，应努力加大月卡销量或增加多种经营数量。

4．通过停车场经营分析，评估商业项目促销活动的效果

（1）根据商业项目促销活动的时间，提前一个周期测算停车场车位的平均利用率，停车2小时以上的车流量和占比。

（2）测算促销活动期间的停车场平均车位利用率，停车2小时以上的车流量和占比；

（3）测算促销活动结束后相同周期的车位利用率；

（4）比较活动前与活动期间的车位利用率，评估活动的效果，将有效消费客流给停车场增加的收益与场内消费额增加的比值，从而可以推导未来停车增加收益，可提高的场内消费额；

（5）比较活动前、中、后停车2小时以上车活动量和占比，评估有效客流在场内滞留时间；

（6）比较活动前与活动后相同周期的车位利用率，评估活动的延续效果，为今后的促销活动提供参考数据。

5．对停车场收费进行监管

（1）比较相同周期停车场收入情况，做出相应的对比图表，在没有大型节假日或促销活动的情况下，比较收入波动情况，检查停车场收费管理；

（2）通过分析数据，可以掌握停车场收费波动的规律，有针对性地对收费工作进行监督、稽查；

（3）通过经常从停车场收费系统内提取数据，可提高收费人员照章收费的自觉性。

6．评估停车场的价值

（1）测算零散停车的单车位年收益和固定停车的年收益；

（2）测算占用车位多种经营的车位收益；

（3）计算年收益的递增率；

（4）测算收费标准的提升空间，按最高收费标准和目前车位利用率预测未来年度的单车位收益；

（5）按年收益的递增率，预测未来年度最高收益；

（6）预测停车场未来10年的停车场收益。

7．停车场经营过程中的监管

停车场收费应接受财务的稽查监管。

（1）设备监管，通过固定摄像设备，对停车收费的整个过程进行全天候监控，稽查人员定期对监控录像进行抽检；

（2）系统监管，通过停车场收费系统的数据记录与每日上缴的现金进行稽核，对当日各班次的收费情况进行审核；

（3）票据监管，根据财务提供的停车发票与现金金额进行核对，核查监管；

（4）账目监管，对停车场收费时出现的停车优惠记录、收取的免费凭证、手动起杆放行的记录、军警车通过记录等，包括系统故障的记录、时间、排除情况、当班主管、工程人员签字记录等，对收费缺失情况进行审核。

定期或随机稽查均应有记录，对发现重大问题要问责、整改、复查、评估、备案。

8．停车场收费管理过程中的注意事项

（1）免费卡发放、免费券印制须有严格的审批流程，完成企业内部审批流程，财务部应有备案，并严格控制发放使用；

（2）应建立固定（包月）停车卡、免费卡（免费券）台账，应做到账实相符；

（3）主力店减免优惠停车应进行登记，保留优惠凭证或记录；

（4）因系统故障、停电等因素引起的短款现象应有记录，并根据权责进行审核；

（5）停车收费员当班票、款必须相符，手动抬杆记录与凭证、登记应对应完整；

（6）当班停车款不能及时与财务交接，应设置保险箱存放。

一、客户关系管理

客户关系管理的内容包括：商户信息及商户档案管理、商户沟通、咨询接待管理、商户监管、消费者关系管理、客户投诉管理。

（一）商户信息及商户档案管理

1．收集商户信息档案

（1）商户基础信息，包括：商户五证复印件、联系人、联系方式、合作条件、合作需求、市场占有率等情况。

（2）商户动态信息，包括：经营状况、履约情况、商品品牌的发展战略、行业竞争状况、其机构经济实力及人事重大变动情况以及来往函件、沟通记录、投诉及处理记录、意见调查记录等。

2．掌握商户经营管理信息

应与商户进行沟通，了解各商铺的销售数据、货源组织和库存管理、营业人员工作状态等情况，搜集商户的主力消费者资料。

3．商户档案资料的建立和更新

（1）编制商户档案资料目录索引模板，客户管理部门根据模板具体填制内容，包括下列档案分级编号：

1）商户基础信息；

2）商户卡片及商户基础档案台账编号；

3）租赁合同编号；

4）房屋交付条件编号；

5）商户进退场资料编号；

6）商户装修资料编号；

7）商户收文编号；

8）商户发文编号；

9）商户报修资料编号；

10）商户投诉资料编号；

11）商户管理其他事项资料编号。

（2）编制商户卡片模板和商户基础档案台账模板，客户管理部门根据模板，具体填制和更新内容。其中，商户卡片和商户基础档案台账的信息必须保持一致。

（3）商户卡片和商户基础档案台账中的信息发生变化，客户管理部门应立即将商户卡片和商户基础档案台账中的信息进行更新。

（二）商户沟通

（1）客户沟通的事项一般包括：运营服务和物业管理服务的的内容、范围和标准；有关商业经营信息；需要客户配合和遵循的事项。

（2）沟通等级包括：重要通知、一般通知和提示提醒。重要通知必须保证及时传达到告知对象。采用集中公告方式通知商户时，应再次电话确认。

（3）沟通途径可采用：座谈会、致电致函、上门访谈和设立服务热线。

（4）应制订客户沟通频次的具体标准。

（三）咨询接待管理

（1）顾客和商户提出服务申请，客户管理部门及受理人应填写记录，并完成跟踪相关服务业务的审批流程，并督促相关服务部门提供服务。

（2）对于有偿服务，客户管理部门应根据经过审批完成的收费标准收费。借用手推车、POP支架等服务用具如收取押金的，应开具押金收据和借用物品证明。收取的费用和押金，当日应该缴交财务部门。

（3）对于接受顾客和商户咨询的，客户管理部门应做好记录，需要相关服务部门配合的，应及时以适当流程进行流转。受理咨询服务时，不得对外透露以下内容：

1）涉及公司内部事务；

2）商业机密；

3）商户的个人信息；

4）其他可能对业主、项目团队、商户不利的事情。

（四）商户监管

商户监管的内容包括合同执行情况、营业秩序、欠租欠费、超租赁区域经营、广告位安装发布、营业人员在区域内的活动秩序、设备设施运营和维护、环境卫生、消防管理及防止损害项目整体利益的其他情况。

（1）根据监管内容制订对商户的检查制度，设备设施运营和维护、消防安全管理工作应定期进行监督检查，对检查结果必须进行分析评估。

（2）发现商户违规问题，应及时取得图片、影像等违规备查证据，并及时与商户沟通，必要时下整改通知单。若未获得具体的整改回应，及时报告上级主管；情况严重的，立即启动预警措施。

（五）消费者关系管理

（1）积极主动为消费者服务：

1）接受消费者监督，受理消费者的投诉；

2）建立消费者资料库，传递商品信息和活动信息；

3）定期开展商品知识、化妆、形象设计等讲座、演示及文化活动；

4）在公共区域设置休闲椅；设置ATM机、裁改处等增值服务；

5）提供广播寻人、礼品包装、婴儿车、轮椅借用等人性化服务项目。

（2）客服人员在日常巡场中应主动与消费者进行沟通，听取、记录意见和建议。

（3）在总服务台设立总经理信箱，接受消费者的意见及建议。

（4）总服务台人员须详细记录消费者提出的投诉及意见。

（5）应定期进行消费者满意度调查，编制调查报告，作为改进经营管理和服务的依据。

（六）客户投诉管理

1．客户投诉的种类和性质

（1）户投诉的种类：客户一般性投诉，顾客商品投诉。

（2）客户投诉的性质：商户、顾客及其他相关方就服务质量、环境、安全等内容的投诉划分为：重大投诉、重要投诉和一般投诉。

1）重大投诉：

（a）合同规定的服务内容未实施或实施效果存在明显差错；

（b）经过顾客或其他相关方多次提出而得不到妥善解决的问题；

（c）经确认，由于公司责任造成顾客或其他相关方重大经济利益或人身财产伤害。

2）重要投诉：

（a）服务人员、管理人员工作失误引发的商户、顾客及其他相关投诉；

（b）服务人员、管理人员因行为规范问题引发的商户、消费者及其他相关方投诉。

3）一般投诉：

（a）因项目现有硬件水平（非人为因素）有限而造成商户、消费者及其他相关方的投诉；

（b）因商户、顾客及其他相关方理解差异而引发的投诉。

2. 客户一般性投诉的处理

（1）投诉方式：口头（电话或面述）陈述；书面（传真、E-mail）投诉。

（2）投诉受理：营运、客户管理部门或服务人员在接到投诉，确认投诉内容后，应传递到相关服务部门。其他人员接到投诉的，应在第一时间告诉营运、客户管理部门。

（3）投诉处理时限：在制订客户投诉管理制度和标准时应当对投诉受理及处理的时限作出规定。

（4）投诉处理：相关服务部门在规定的时间内根据要求进行处理，并对处理情况进行跟踪，并将处理方式、结果反馈商户、顾客或其他相关方。

（5）投诉升级：当商户、顾客或相关方对处理结果不接受时，相关营运、客户管理部门应将投诉性质升级，再次组织相关服务部门对投诉进行处理。

（6）投诉回访：投诉处理后，营运、客户管理部门应在处理反馈后对投诉人进行回访。

（7）投诉记录：受理客户投诉、启动处理程序、投诉处理和投诉处理回访，营运、客户部门都必须组织相关部门填写记录。

（8）投诉处理上报：营运、客户管理部门应进行客户投诉情况统计，并通过经营分析报告汇总上报。

3. 顾客商品投诉的受理

（1）顾客商品投诉的受理范围包括：

1）根据《消费者权益保护法》受理消费者受到经营者损害的投诉；

2）根据《消费者权益保护法》关于"经营者的义务"的规定，受理消费者对经营者未履行法定义务的投诉。

（2）属于下列投诉范围的，根据《消费者权益保护法》不予受理或按无效投诉处理，但需要依法作出解释：

1）经营者之间购销活动方面的投诉；

2）个人之间私下交易商品或非法渠道所购商品及接受服务有关投诉；

3）超过国家规定的保修期或保证期商品。被投诉方已不再负有违约责任的投诉；

4）购买时经营者已明确说明是残次品、处理品的商品的投诉；

5）未按商品使用说明安装、使用、保管、自行拆动而导致商品损坏或人身危害的投诉。

6）未提供受损事实依据、投诉理由不充足或没有明确被投诉方的投诉；

7）纠纷双方曾达成调解协议并已执行，又没有新情况、新理由的投诉；

8）向工商行政管理等行政执法机关申诉，并已在受理过程中的投诉；

9）法院判决或仲裁机构裁决已经发生法律生效和法院、仲裁机构已进行审理或仲裁过程中的投诉；

10）不符合国家法律、法规的投诉。

4．顾客商品投诉的处理

（1）投诉受理：接待投诉顾客时，应要求投诉人提供文字材料，或协助投诉人填写顾客投诉单，其内容包括：投诉人和被投诉人的姓名；铺位号；电话号码；购买商品或接受服务日期；品名、牌号、规格、数量、价格；投诉人及被投诉人交涉情况和投诉要求。

（2）凭证查验：投诉接待人员应查验投诉人提供的相关凭证或发票，对缺少凭证和情况不明的投诉，应向投诉人解释和说明，告知其补齐所需证明。

（3）投诉时限：凡接到顾客投诉，受理时限由商业服务机构制订制度规定，但受理或不受理均应告知投诉人（一般较简单的投诉应予当场决定）。不受理的或转至有关部门处理的投诉要向消费者说明具体理由。直接处理的一般性投诉，在确定受理后应有明确的结果。

二、客户满意度调查

客户关系维护的根本目标是评价客户价值。

通过客户需求的视角，评估商业运营管理水平，寻找出商业运营管理中存在的不足以及客户对于商业运营管理的潜在需求，从而为运营管理制订战略策略，客户满意度调查成为客户价值评价十分重要而有效的方法。

不少企业自己设立调查问卷，组织对商户和消费者的满意度调查，技术水平低，而且数据不真实的情况普遍。

目前，已经有一些管理水平较高的企业采取聘请第三方调查机构对商业项目进行商户满意度调查和消费者满意度调查。聘请第三方专业调查机构，发挥了专业机构在数据采样、分析统计等技术的优势，并逐步提升培养了自己管理人员进行客户满意度调查工作的能力。

（一）客户满意度调查的指标

客户满意度包含满意度、满意度指数、关注度、关注度指数四个指标。

这四个指标，我们在第一篇第四章《商业地产运营管理中的绩效管理》中"客户满意度原理"中已经介绍过了，不再赘述。

（二）客户满意度调查需要测量的变量

客户满意度需要测量的变量很多。有忠诚度变量，有分项变量。

1. 商户满意度调查中涉及的变量

（1）忠诚度变量（综合满意度和综合满意度指数）；

（2）租赁阶段服务评价变量；

（3）开业筹备工作评价变量；

（4）购物环境及氛围评价变量；

（5）停车场与车辆管理服务评价变量；

（6）清洁卫生管理服务评价变量；

（7）工程设施的运营维护和维修评价变量；

（8）消防管理评价变量；

（9）安全与秩序管理评价变量；

（10）业态组合评价变量；

（11）客户服务、咨询与投诉工作评价变量；

（12）宣传推广和促销活动评价变量；

（13）协助和监督商户经营管理评价变量；

（14）商业运营管理人员和团队评价变量；

（15）信息服务评价变量；

（16）会员服务评价变量；

（17）其他需求评价变量。

每个评价变量中有若干评价子项变量。

2. 消费者满意度调查中涉及的变量

（1）忠诚度变量（综合满意度和综合满意度指数）；

（2）购物环境和氛围评价变量；

（3）停车场和车辆管理服务评价变量；

（4）清洁卫生管理服务评价变量；

（5）消防管理评价变量；

（6）安全与秩序管理评价变量；

（7）客服、咨询、投诉处理服务评价变量；

（8）宣传推广和促销活动评价变量；

（9）商品和服务类别评价变量；

（10）商铺的服务评价变量；

（11）信息服务评价变量；

（12）会员服务评价变量；

（13）其他需求评价变量。

同样每个评价变量中有若干评价子项变量。

表3-16-1展示了某商业项目客户满意度调查变量体系一览表

某商业项目客户满意度调查变量体系一览表　　　表 3-16-1

×××广场客户满意度调查变量体系			
适合商户		适合消费者	
忠诚度指标	总体满意度	忠诚度指标	总体满意度
	再次租赁可能性		再次光临可能性
	推荐可能性		推荐可能性
租赁阶段服务	租赁服务人员的专业知识	租赁阶段服务	
	租赁服务人员对如何办理租赁及注意事宜表述清楚		
	租赁代表联络的方便性		
	租赁合同签批周期合适		
	对物业合同中涉及的责任及条件界定清晰		
	租赁服务人员的办事效率高		
	租赁服务人员的服务态度好		
	业务洽谈过程总体而言顺畅愉悦		
	租金的性价比		
	租金支付方式合理方便，具有一定的灵活性		
	租赁期限设置合理，具有一定的灵活性		
开业筹备工作	按合同约定提供进场装修条件	开业筹备工作	
	装修手续办理服务人员态度好		
	对装修图纸的审批意见明确		
	与商户签订装修安全管理责任书		
	工作人员保证装修材料顺利进场		
	装修施工期间可以正常用水、用电		
	及时确定进场装修时间节点		
	按合同规定提供开业支持		
购物环境及氛围	客流量充足	购物环境和氛围	
	节假日或不同季节等重大活动时美化装扮广场、主题特色鲜明		节假日或不同季节等重大活动时美化和装扮广场，主题特色鲜明
	背景音乐及广播服务效果好		背景音乐及广播服务效果好
	场内温度适宜		场内温度适宜
	场内光线适宜		场内光线适宜
	场内指示标志数量充足/清楚明了		场内指示标志数量充足
	装饰及美术陈列效果好		装饰及美术陈列效果好
	场休闲设施设计合理美观		场休闲设施设计合理美观
	电梯运行正常、无长时间等候现象		电梯运行正常、无长时间等候现象

×××广场客户满意度调查变量体系			
适合商户		适合消费者	
停车场与车辆管理	车场内交通疏导及引导消费区域的标识清晰合理	停车场和车辆管理	车辆交通疏导及引导消费区域的标识清晰合理
	车辆疏导有序畅通		车辆疏导的有序通畅
	停车位数量充足		停车位数量充足
	停车场内的行车路线设计合理		停车场内的行车路线设计合理
	停车场内的设施完好，不影响品质（如：停车收费设备、照明设施、广角镜、地面、墙面、天花等）		停车场内的设施完好，不影响品质（如：停车收费设备、照明设施、广角镜、地面、墙面、天花等）
	停车场内的卫生状况好、无异味		停车场内的卫生状况好、无异味
	停车场规划合理、车辆停放安全有序		停车场规划合理、车辆停放安全有序
	车辆管理人员仪容仪表好		车辆管理人员的着装仪表好
	车辆管理人员服务态度好		车辆管理人员的服务态度好
	停车场收费合理		停车场收费合理
	停车场收费服务效率高		停车场收费服务效率高
清洁卫生管理	保洁人员仪容仪表好	清洁卫生	保洁人员仪容仪表好
	保洁服务人性化（如：保洁作业时避让客户、放置"小心地滑"、"请绕行"等提示牌）		保洁服务人性化（如：保洁作业时避让客户、放置"小心地滑"、"请绕行"等提示牌）
	垃圾箱设置合理（位置、数量），清理及时		垃圾箱设置合理（位置、数量），清理及时
	卫生间的保洁及异味处理及时、效果好		卫生间的保洁及异味处理及时、效果好
	卫生间的消耗品（如卫生纸、洗手液等）补充及时		
	公共区域（室内）的卫生状况好		公共区域（室内）的卫生状况好
	公共区域（室外）的卫生状况好		公共区域（室外）的卫生状况好
	垃圾处理及清运及时		垃圾处理及清运及时
	按合同约定履行对建筑外墙表面进行清洗义务		
工程设施的运营维护和维修	工作人员经常对设备使用情况进行问询	工程设施的运营维护和维修	
	维护与维修人员的服务态度好		
	维护与维修人员的专业水平高		
	空调设施运行正常		
	电梯设施运行正常		
	照明设施运行正常		
	供水设施运行正常		
	供电设施运行正常		
	公共区域设备设施故障维修及时		
	商铺内设备设施出现故障后维修反馈及时		
	维修人员的服务态度好		
	维修的效率高、效果好		
	商铺内设备设施出现故障后维修效果好		
消防管理	对消防设施存在的问题能及时解决		
	定期组织消防灭火及疏散演练		
	消防设施、安全通道指示标志清楚明了		消防设施、安全通道指示标志清楚明了
安全与秩序管理	保安人员仪容仪表好	安全与秩序管理	保安人员的着装仪表好
	保安人员的服务态度好		保安人员的态度和礼仪好
	保安人员的责任感强		保安人员责任感强
	保安人员突发事件的处理能力强		
	广场秩序良好（治安、人流等）		广场秩序良好（治安、人流等）
	对进出广场的人员进行有效控制（如：无流浪、乞讨、散发小广告人员等）		对进出广场的人员进行有效控制（如：无流浪、乞讨、散发小广告人员等）
业态组合	整体招商定位明确		
	业态品类齐全，具备一站式消费功能		
	不同业态比例和结构合理		
	当前的业态组合结构能提高消费者的消费互动、增加顾客的逗留时间		
	场内多种经营点位（即利用公共空间经营的摊位或临时促销活动场地）设置数量合适，不影响整体品质		

续表

×××广场客户满意度调查变量体系			
适合商户		适合消费者	
客户服务、咨询与投诉	客服人员仪容仪表	客服、咨询、投诉处理服务	接待咨询/投诉服务人员的专业形象和服务态度好
	客服人员的服务态度好		
	客服人员专业水平高，有效满足商户需求		
	咨询和投诉渠道明确便捷		咨询和投诉的途径明确
	对咨询和投诉事情反馈和处理及时		咨询和投诉能够得到及时响应
	投诉问题按约定时间解决		
	对处理咨询和投诉问题的结果满意		处理咨询和投诉问题的结果满意
	咨询和投诉后的回访和跟踪服务及时		
	公共通知发布的及时性		
	报修响应的及时性		
宣传推广和促销活动	能够充分了解商户在宣传推广和促销方面的需求	宣传推广和促销活动	经常开展宣传推广和促销活动
	开展宣传推广和促销活动的频率合适		促销方式和手段多样
	统一的宣传推广和促销活动可以增加客流量		宣传推广和促销让我更关注××广场
	统一的宣传推广和促销活动可以带来经济效益		宣传推广和促销让我在××广场的消费有所增加
	工作人员积极配合宣传推广和促销活动		
协助和监督商户经营管理	协助商户处理工商税务、与城管沟通等问题		
	协助商户进行服务员或营业员的招聘		
	协助对店铺营业员/销售人员的培训		
	与商户就经营状况和面临问题进行沟通		
	对营业员/服务员进行衣着、举止等监督		
	对店铺进行安全监督检查		
	对店铺商品陈列及环境布置的规范进行监督检查		
商业运营管理人员和团队	运营人员专业水平高		
	运营人员服务主动		
	运营人员沟通和协调能力强		
	团队商业经营专业水平高		
	团队物业管理专业水平高		
	团队工程管理专业水平高		
		广场的商品和服务类别	商业区域可选择的品牌/产品丰富
			商业区域有很多购物、餐饮、休闲娱乐等项目可选择
		广场内各商铺的服务	店铺营业员的服务态度好
			店铺商品的质量好
			店铺的诚信度高
信息服务	手机通信信号是否畅通	信息服务	手机通信信号是否畅通
	无线网络 wifi 顺畅		无线网络 wifi 顺畅
	pos 机使用方便快捷		pos 机使用方便快捷
	pos 机使用正常，不容易出现故障		pos 机使用正常，不容易出现故障
会员服务	会员卡办理方便	会员服务	会员卡办理方便
	会员积分方便		会员积分方便
	会员活动丰富		会员活动丰富
	会员优惠活动有吸引力		会员优惠活动有吸引力
客户需求相关	希望广场举办哪些宣传推广促销活动	客户需求相关	希望广场举办哪些宣传推广促销活动
	对会员活动有哪些期望		对会员活动有哪些期望
	消费者对业态/品牌的偏好		消费者对业态/品牌的偏好

（三）客户满意度问卷

在采用满意度、满意度指数、关注度和关注度指数为评价指标，并且设计出客户满意度调查变量体系之后，就可以依此进行客户满意度（商户满意度和消费者满意度）调查问卷设计了。

下面是专业调查公司为某企业商业项目设计的消费者满意度调查问卷。

某商业项目消费者满意度调查问卷

您好！我们受××地产委托，正在对×××广场进行客户满意度评价。请您放心，我们不会向您推销任何产品，我们也不会透露有关您个人的任何信息，我们的研究成果将有助×××广场为您提供更好的产品及服务。我们的访问大概15分钟。访问结束后，我们将送您一份小礼品以表谢意。

【访问员读出：在正式访问之前，我想先请教您一些问题，谢谢！】

1. 甄别问卷

G1. 访问员记录受访者性别_____？G101

男·················· 1
女·················· 2 ┤ →【继续访问，记录配额】

G2. 请问您的年龄符合下面哪个年龄段_____？【单选】G201

20 岁及以下 ·········· 1
21～30 岁 ············ 2
31～40 岁 ············ 3
41～50 岁 ············ 4 ┤ →【继续访问，记录配额】
51～60 岁 ············ 5
61～70 岁 ············ 6
71 岁以上 ············ 7

G3. 请问您每月逛商场的次数大概几次_____？G101其中大概有几次是在×××广场？_____【单选】G301/

0～1 次 ············ 1
2～3 次 ············ 2
4～5 次 ············ 3 ┤ →【继续访问，记录配额】
6～7 次 ············ 4
8 次及以上 ·········· 5

G4. 请问您是否使用过×××广场的停车场_____【单选】G401/

是·················· 1
否·················· 2 ┤ →【继续访问，记录配额】

G5.　请问您在×××广场以下哪些业态消费过？_____【单选】G501/

餐饮·······························01
服装·······························02
亲子·······························03　→【继续访问，记录配额】
家居·······························04
影音娱乐·························05
其他【请注明】

　　【访问员读出】您非常符合我们访问的要求，感谢您的配合，下面首先请您谈谈对×××广场设施和服务的总体感受。

2.　总体满意度忠诚度

A1.　综合考虑×××广场整体的规划设计、硬件设施以及一直以来提供的各项服务。您对×××广场的总体满意度怎样呢？请用5分制回答。【单选】A101/

总体满意度	非常满意	比较满意	一般	不太满意	非常不满意	
总体满意度	5	4	3	2	1	A101/
	【继续访问 A1a】		【跳答 A2】	【继续访问 A1b】		

A1a.　您对哪些方面感到最满意？请您详细说说或者举个例子。【记录两个答案】A1a01～A1a02/

1：＿＿＿＿＿＿＿＿＿＿＿＿＿＿＿＿＿＿＿＿＿＿＿＿＿＿＿

2：＿＿＿＿＿＿＿＿＿＿＿＿＿＿＿＿＿＿＿＿＿＿＿＿＿＿＿

A1b.　您对哪些方面感到最不满意？请您详细说说或者举个例子。【记录两个答案】A1b01～ A1b02/

1：＿＿＿＿＿＿＿＿＿＿＿＿＿＿＿＿＿＿＿＿＿＿＿＿＿＿＿

2：＿＿＿＿＿＿＿＿＿＿＿＿＿＿＿＿＿＿＿＿＿＿＿＿＿＿＿

A2.　请问您打算再次光临×××广场的可能性有多大？请用5分制回答。【单选】

肯定选择	可能选择	可能选择也可能不选择	可能不选择	肯定不选择	
5	4	3	2	1	A201/

A3.　请问假设不存在地理位置、交通等因素，仅从目前您对×××广场品牌的认可角度考虑，您在多大程度上会向亲戚朋友推荐来×××广场消费？请用5分制回答。【单选】

肯定推荐	可能推荐	可能推荐也可能不推荐	可能不推荐	肯定不推荐	
5	4	3	2	1	A301/

3. 品牌关系

B1.【出示卡片】下面有一些关于×××广场品牌关系语句，请根据您的自身感受，请用5分制回答。【单选】

	非常同意	比较同意	一般	不太同意	非常不同意	
品牌、商家多，消费者的选择余地大	5	4	3	2	1	B101/
孩子、青年、中年等各年龄段人都能在这里找到适合他们的商品或娱乐	5	4	3	2	1	B102/
有很多其他地方没有的商家／品牌	5	4	3	2	1	B103/
广场整体很有特色，是一家与众不同的购物休闲场所	5	4	3	2	1	B104/
有很多我愿意消费的商家／品牌	5	4	3	2	1	B105/

B2. 您对×××广场未来的营业和发展前景如何看待？【单选】B201/

非常看好未来的营业和发展………1   前景不太乐观………3
比较看好未来的营业和发展………2   不清楚……………98

4. 满意度主体问卷——总体二级指标综合提问

C1. 您对×××广场整体运营和服务中以下各项指标的满意程度如何呢？请用5分制回答。【单选】

	非常满意	比较满意	一般	不太满意	非常不满意	
整体定位与业态组合	5	4	3	2	1	C103/
购物环境和氛围	5	4	3	2	1	C104/
交通与车辆管理	5	4	3	2	1	C105/
清洁卫生	5	4	3	2	1	C107/
安全与秩序管理	5	4	3	2	1	C108/
宣传推广和促销活动	5	4	3	2	1	C109/
各店铺服务情况	5	4	3	2	1	C114/
客服、咨询、投诉处理相关服务	5	4	3	2	1	C111/
信息服务	5	4	3	2	1	C112/
会员服务	5	4	3	2	1	C113/

C2. 您对×××广场整体运营和服务中以下各项指标的关注程度如何呢？请用5分制回答。【单选】

	非常关注	比较关注	一般	不太关注	非常不关注	
整体定位与业态组合	5	4	3	2	1	C203/
购物环境和氛围	5	4	3	2	1	C204/
交通与车辆管理	5	4	3	2	1	C205/
清洁卫生	5	4	3	2	1	C207/
安全与秩序管理	5	4	3	2	1	C208/
宣传推广和促销活动	5	4	3	2	1	C209/
各店铺服务情况	5	4	3	2	1	C214/
客服、咨询、投诉处理相关服务	5	4	3	2	1	C211/
信息服务	5	4	3	2	1	C212/
会员服务	5	4	3	2	1	C213/

　　【访问员读出】刚才请您对各个环节的总体满意度做了评价，下面再请您对这些环节中的一些具体问题情况进行一个评价。

5.　满意度主体问卷——总体二级指标展开提问

➤　广场整体定位与业态组合

F1.【出示卡片】请问您对×××广场整体定位与业态组合中以下各方面的满意程度如何。请用5分制回答。【单选】

	非常满意	比较满意	一般	不太满意	非常不满意	
整体风格时尚，符合我的偏好	5	4	3	2	1	F101/
品牌协调一致，又彼此之间合理搭配	5	4	3	2	1	F102/
零售业态有吸引力	5	4	3	2	1	F103/
休闲娱乐业态有吸引力	5	4	3	2	1	F104/
餐饮业态有吸引力	5	4	3	2	1	F105/

F2.【针对C103=1/2/3提问】请问针对整体定位于业态组合环节，您主要是哪些方面不满意？请您详细说说或者举个例子。【记录两个答案】F201～F202/

1：_____

2：_____

F3.【出示卡片】请问您对×××广场整体定位与业态组合中以下各方面的关注程度如何。请用5分制回答。【单选】

	非常关注	比较关注	一般	不太关注	非常不关注	
整体风格时尚，符合我的偏好	5	4	3	2	1	F301/
品牌协调一致，又彼此之间合理搭配	5	4	3	2	1	F302/
零售业态有吸引力	5	4	3	2	1	F303/
休闲娱乐业态有吸引力	5	4	3	2	1	F304/
餐饮业态有吸引力	5	4	3	2	1	F305/

F4.　请问您更希望×××广场引入哪些品牌和业态？您有哪些具体希望和建议呢？【记录两个答案】B401～B402/

1：_____

2：_____

➤　广场购物环境和氛围

G1.【出示卡片】请问您对×××广场购物环境和氛围以下各方面的满意程度如何。请用5分制回答。【单选】

	非常满意	比较满意	一般	不太满意	非常不满意	
整体建筑外观	5	4	3	2	1	G101/
广场客流量充足，有人气	5	4	3	2	1	G102/
节假日、不同季节和重大活动时美化装扮广场、主题特色鲜明	5	4	3	2	1	G103/
背景音乐效果	5	4	3	2	1	G104/
广场内温度适宜	5	4	3	2	1	G105/
广场内光线适宜	5	4	3	2	1	G106/
广场内指示清楚明了，指示标志数量充足	5	4	3	2	1	G107/
内部电梯、交通流线等规划便于我到达想去的地方	5	4	3	2	1	G108/
广场内装饰及美术陈列效果	5	4	3	2	1	G109/
广场休闲设施（休息椅等）设计	5	4	3	2	1	G110/
电梯运行正常、无长时间等候现象	5	4	3	2	1	G111/

G2.【针对C104=1/2/3提问】请问针对×××广场购物环境和氛围，您主要是哪些方面不满意？请您详细说说或者举个例子。

【记录两个答案】G201～G202/

1：_____

2：_____

G3.【出示卡片】请问您对×××广场购物环境和氛围以下各方面的关注程度如何。请用5分制回答。

	非常关注	比较关注	一般	不太关注	非常不关注	
整体建筑外观	5	4	3	2	1	G301/
广场客流量充足，有人气	5	4	3	2	1	G302/
节假日、不同季节和重大活动时美化装扮广场、主题特色鲜明	5	4	3	2	1	G303/
背景音乐效果	5	4	3	2	1	G304/
广场内温度适宜	5	4	3	2	1	G305/
广场内光线适宜	5	4	3	2	1	G306/
广场内指示清楚明了，指示标志数量充足	5	4	3	2	1	G307/
内部电梯、交通流线等规划便于我到达想去的地方	5	4	3	2	1	G308/
广场内装饰及美术陈列效果	5	4	3	2	1	G309/
广场休闲设施（休息椅等）设计	5	4	3	2	1	G310/
电梯运行正常、无长时间等候现象	5	4	3	2	1	G311/

➤ 广场交通与车辆管理

H1.【出示卡片】请问您对×××广场交通与车辆管理以下各方面的满意程度如何。请用5分制回答。【单选】

	非常满意	比较满意	一般	不太满意	非常不满意	
商场附近的交通畅通，不易堵车、拥挤	5	4	3	2	1	H101/
商场的附近交通导识设置能指引我到达	5	4	3	2	1	H102/
商场车辆疏导有序畅通	5	4	3	2	1	H103/
车辆减速、拦阻、围挡等安全设施规划合理	5	4	3	2	1	H104/
有清晰的停车引导和标识系统	5	4	3	2	1	H105/

续表

	非常满意	比较满意	一般	不太满意	非常不满意	
停车场出入口及车场内交通流线设计合理便捷	5	4	3	2	1	H106/
停车位数量充足	5	4	3	2	1	H107/
停车位规划合理、车辆停放安全有序	5	4	3	2	1	H108/
停车场内的设施完好（如：停车收费设备、照明设施、广角镜、地面、墙面、天花等）	5	4	3	2	1	H109/
车场内路线引导标识充足、清晰	5	4	3	2	1	H110/
停车场内的卫生状况，是否有异味	5	4	3	2	1	H111/
车辆管理人员仪容仪表	5	4	3	2	1	H112/
车辆管理人员服务态度	5	4	3	2	1	H113/

H2.【针对C105=1/2/3提问】请问针对×××广场交通与车辆管理，您主要是哪些方面不满意？请您详细说说或者举个例子。【记录两个答案】H201～H202/

1: _____

2: _____

H3.【出示卡片】请问您对×××广场交通与车辆管理以下各方面的关注程度如何。请用5分制回答。【单选】

	非常关注	比较关注	一般	不太关注	非常不关注	
商场附近的交通畅通，不易堵车、拥挤	5	4	3	2	1	H301/
商场的附近交通标识设置能指引我到达	5	4	3	2	1	H302/
商场车辆疏导有序畅通	5	4	3	2	1	H303/
车辆减速、拦阻、围挡等安全设施规划合理	5	4	3	2	1	H304/
有清晰的停车引导和标识系统	5	4	3	2	1	H305/
停车场出入口及车场内交通流线设计合理便捷	5	4	3	2	1	H306/
停车位数量充足	5	4	3	2	1	H307/
停车位规划合理、车辆停放安全有序	5	4	3	2	1	H308/
停车场内的设施完好（如：停车收费设备、照明设施、广角镜、地面、墙面、天花等）	5	4	3	2	1	H309/
车场内路线引导标识充足、清晰	5	4	3	2	1	H310/
停车场内的卫生状况，是否有异味	5	4	3	2	1	H311/
车辆管理人员仪容仪表	5	4	3	2	1	H312/
车辆管理人员服务态度	5	4	3	2	1	H313/

➤ 广场清洁卫生

J1.【出示卡片】请问您对×××广场清洁卫生以下各方面的满意程度如何。请用5分制回答。【单选】

	非常满意	比较满意	一般	不太满意	非常不满意	
广场公共区域（室内）的卫生状况	5	4	3	2	1	J101/
广场公共区域（室外）的卫生状况	5	4	3	2	1	J102/
垃圾箱的位置与数量设置合理	5	4	3	2	1	J103/
垃圾处理清运及时	5	4	3	2	1	J104/
卫生间的保洁及异味处理及时	5	4	3	2	1	J105/
卫生间的消耗品（如卫生纸、洗手液等）补充及时	5	4	3	2	1	J106/
保洁人员的仪容仪表	5	4	3	2	1	J108/
保洁服务人性化（如：保洁作业时避让客户、放置"小心地滑"、"请绕行"等提示牌）	5	4	3	2	1	J109/

J2.【针对C107=1/2/3提问】请问针对×××广场清洁卫生，您主要是哪些方面不满意？请您详细说说或者举个例子。【记录两个答案】J201—J202/

1：_____

2：_____

J3.【出示卡片】请问您对×××广场清洁卫生以下各方面的关注程度如何。请用5分制回答。【单选】

	非常关注	比较关注	一般	不太关注	非常不关注	
广场公共区域（室内）的卫生状况	5	4	3	2	1	J301/
广场公共区域（室外）的卫生状况	5	4	3	2	1	J302/
垃圾箱的位置与数量设置合理	5	4	3	2	1	J303/
垃圾处理清运及时	5	4	3	2	1	J304/
卫生间的保洁及异味处理及时	5	4	3	2	1	J305/
卫生间的消耗品（如卫生纸、洗手液等）补充及时	5	4	3	2	1	J306/
保洁人员的仪容仪表	5	4	3	2	1	J308/
保洁服务人性化（如：保洁作业时避让客户、放置"小心地滑"、"请绕行"等提示牌）	5	4	3	2	1	J309/

➢ 广场安全与秩序管理

K1.【出示卡片】请问您对×××广场安全与秩序管理以下各方面的满意程度如何。请用5分制回答。【单选】

	非常满意	比较满意	一般	不太满意	非常不满意	
在这里休闲购物很有安全感	5	4	3	2	1	K101/
消防设施、安全通道指示标志清楚明了	5	4	3	2	1	K102/
广场秩序良好（治安、人流等）	5	4	3	2	1	K103/
对进出广场的人员进行有效控制（如：无流浪、乞讨、散发小广告人员等）	5	4	3	2	1	K104/
保安人员仪容仪表	5	4	3	2	1	K105/
保安人员的服务态度	5	4	3	2	1	K106/

K2.【针对C108=1/2/3提问】请问针对×××广场安全与秩序管

理，您主要是哪些方面不满意？请您详细说说或者举个例子。【记录两个答案】

K201～ K202/

1: _____

2: _____

K3.【出示卡片】请问您对×××广场<u>安全与秩序管理</u>以下各方面的关注程度如何。请用5分制回答。【单选】

	非常关注	比较关注	一般	不太关注	非常不关注	
在这里休闲购物很有安全感	5	4	3	2	1	K301/
消防设施、安全通道指示标志清楚明了	5	4	3	2	1	K302/
广场秩序良好（治安、人流等）	5	4	3	2	1	K303/
对进出广场的人员进行有效控制（如：无流浪、乞讨、散发小广告人员等）	5	4	3	2	1	K304/
保安人员仪容仪表	5	4	3	2	1	K305/
保安人员的服务态度	5	4	3	2	1	K306/

➤ 广场宣传推广和促销活动

L1.【出示卡片】请问您对×××广场<u>宣传推广和促销活动</u>以下各方面的满意程度如何。请用5分制回答。【单选】

	非常满意	比较满意	一般	不太满意	非常不满意	
开展宣传推广和促销活动频率合适	5	4	3	2	1	L101/
宣传推广和促销让我更关注×××广场	5	4	3	2	1	L102/
宣传推广和促销让我更愿意在×××广场的消费	5	4	3	2	1	L103/
推广和促销方式多样化	5	4	3	2	1	L104/

L2.【针对C109=1/2/3提问】请问针对×××广场宣传推广和促销活动，您主要是哪些方面不满意？请您详细说说或者举个例子。【记录两个答案】

L201～L202/

1: _____

2: _____

L3.【出示卡片】请问您对×××广场<u>宣传推广和促销活动</u>以下各方面的关注程度如何。请用5分制回答。【单选】

	非常关注	比较关注	一般	不太关注	非常不关注	
开展宣传推广和促销活动频率合适	5	4	3	2	1	L301/
宣传推广和促销让我更关注×××广场	5	4	3	2	1	L302/

	非常关注	比较关注	一般	不太关注	非常不关注	
宣传推广和促销让我更愿意在×××广场的消费	5	4	3	2	1	L303/
推广和促销方式多样化	5	4	3	2	1	L304/

L4. 请问您更希望×××广场开展哪些类型的宣传推广和促销活动呢? 您有哪些具体希望和建议呢?【记录两个答案】
L401~L402/

1: _____

2: _____

➢ 广场客服服务

M1.【出示卡片】请问您对×××广场<u>客服服务</u>以下各方面的满意程度如何。请用5分制回答。【单选】

	非常满意	比较满意	一般	不太满意	非常不满意	
接待咨询/投诉服务人员的仪容仪表	5	4	3	2	1	M101/
接待咨询/投诉服务人员的服务态度	5	4	3	2	1	M102/
在需要时提供广播和寻人服务	5	4	3	2	1	M111/
遇到问题,可以很方便地找到×××广场的服务人员进行咨询和投诉	5	4	3	2	1	M104/
投诉后,有人及时与您联系,了解问题	5	4	3	2	1	M105/
投诉处理人员就处理时间、处理方式等,与您进行了良好的沟通	5	4	3	2	1	M106/
投诉处理结果可以接受	5	4	3	2	1	M107/
投诉处理完毕,有回访	5	4	3	2	1	M108/

M2.【针对C111=1/2/3提问】请问针对×××广场客服服务,您主要是哪些方面不满意? 请您详细说说或者举个例子。【记录两个答案】M201~M202/

1: _____

2: _____

M3.【出示卡片】请问您对×××广场<u>客服服务</u>以下各方面的关注程度如何。请用5分制回答。【单选】

	非常关注	比较关注	一般	不太关注	非常不关注	
接待咨询/投诉服务人员的仪容仪表	5	4	3	2	1	M301/
接待咨询/投诉服务人员的服务态度	5	4	3	2	1	M302/
在需要时提供广播和寻人服务	5	4	3	2	1	M311/
遇到问题,可以很方便地找到×××广场的服务人员进行咨询和投诉	5	4	3	2	1	M304/
投诉后,有人及时与您联系,了解问题	5	4	3	2	1	M305/
投诉处理人员就处理时间、处理方式等,与您进行了良好的沟通	5	4	3	2	1	M306/
投诉处理结果可以接受	5	4	3	2	1	M307/
投诉处理完毕,有回访	5	4	3	2	1	M308/

➢ 广场各店铺服务

N1.【出示卡片】请问您对×××广场各店铺服务以下各方面的满意程度如何。请用5分制回答。【单选】

	非常满意	比较满意	一般	不太满意	非常不满意	
店铺营业员的服务态度	5	4	3	2	1	N101/
店铺商品的质量	5	4	3	2	1	N102/
店铺的诚信度	5	4	3	2	1	N103/

N2.【针对C114=1/2/3提问】请问针对各店铺服务，您主要是哪些方面不满意？请您详细说说或者举个例子。【记录两个答案】N201~N202/

1: _____

2: _____

N3.【出示卡片】请问您对×××广场各店铺服务以下各方面的关注程度如何。请用5分制回答。【单选】

	非常关注	比较关注	一般	不太关注	非常不关注	
店铺营业员的服务态度	5	4	3	2	1	N301/
店铺商品的质量	5	4	3	2	1	N302/
店铺的诚信度	5	4	3	2	1	N303/

➢ 广场信息服务

O1.【出示卡片】请问您对×××广场手机信号、WiFi等信息服务以下各方面的满意程度如何。请用5分制回答。【单选】

	非常满意	比较满意	一般	不太满意	非常不满意	
手机通信信号畅通	5	4	3	2	1	O101/
无线网络 wifi 顺畅	5	4	3	2	1	O102/
pos 机使用方便快捷	5	4	3	2	1	O103/

O2.【针对C112=1/2/3提问】请问针对×××广场手机信号、wifi等信息服务，您主要是哪些方面不满意？请您详细说说或者举个例子。【记录两个答案】O201~O202/

1: _____

2: _____

O3.【出示卡片】请问您对×××广场手机信号、WiFi等信息服务以下各方面的关注程度如何。请用5分制回答。【单选】

	非常 关注	比较 关注	一般	不太 关注	非常 不关注	
手机通信信号畅通	5	4	3	2	1	O301/
无线网络 wifi 顺畅	5	4	3	2	1	O302/
pos 机使用方便快捷	5	4	3	2	1	O303/

> 广场会员经营与服务

P1.【出示卡片】请问您对×××广场会员经营与服务以下各方面的满意程度如何。请用5分制回答。【单选】

	非常 满意	比较 满意	一般	不太 满意	非常 不满意	
会员卡办理与积分方便	5	4	3	2	1	P103/
会员活动丰富	5	4	3	2	1	P104/
会员优惠活动有吸引力	5	4	3	2	1	P105/

P2.【针对C113=1/2/3提问】请问针对×××广场会员经营与服务，您主要是哪些方面不满意？请您详细说说或者举个例子。

【记录两个答案】P201～P202/

1:＿＿＿＿＿＿＿＿＿＿＿＿＿＿＿＿＿＿＿＿＿＿＿＿

2:＿＿＿＿＿＿＿＿＿＿＿＿＿＿＿＿＿＿＿＿＿＿＿＿

P3. 请问您更希望×××广场开展哪些会员活动呢？您有哪些具体希望和建议呢？【记录两个答案】P301～ P302/

1:＿＿＿＿＿＿＿＿＿＿＿＿＿＿＿＿＿＿＿＿＿＿＿＿

2:＿＿＿＿＿＿＿＿＿＿＿＿＿＿＿＿＿＿＿＿＿＿＿＿

P4.【出示卡片】请问您对×××广场会员经营与服务以下各方面的关注程度如何。请用5分制回答。【单选】

	非常 关注	比较 关注	一般	不太 关注	非常 不关注	
会员卡办理与积分方便	5	4	3	2	1	P403/
会员活动丰富	5	4	3	2	1	P404/
会员优惠活动有吸引力	5	4	3	2	1	P405/

6. 背景题目

Z1. 请问您目前家庭常住地址为＿＿＿＿＿＿区＿＿＿＿＿＿＿街道＿＿＿＿＿＿＿小区？【具体填写】Z101/

Z2.【出示卡片】请问您的家庭月收入水平属于下列哪个范围？

【单选】【我们只是用来做数据分析和处理，不会泄露贵店铺的销售信息，请放心真实填写】Z201/

5000以下……………………1　　　30001元以上……………………5

10001～20000元…………3　　　不清楚/不知道……………………6

20001～30000元…………4

Z3.【出示卡片】请问您平均每次在×××广场消费_____元?【单选】【我们只是用来做数据分析和处理,不会泄露贵店铺的销售信息,请放心真实填写】

Z301/

100元以下 …………………	1	501~800元…………………	5
101~300元…………………	3	801~1000元…………………	6
301~500元…………………	4	1001元以上 …………………	7

      访问到此结束,为了感谢您的合作,我们准备了一个小礼物,请您收下,同时为了确信我访问过您,我公司以后会向您复核,请您支持我们的工作。谢谢!!

(四)客户满意度调查实施

如聘请第三方专业机构进行客户满意度调查的,可每年举行一次。如企业自行组织客户满意度调查,一般对商户每季度组织一次,对顾客每年组织一次。

组织客户满意度调查时,一般应至少提前20日制订调查方案,调查方案应包括调查目的、范围、方式、时间、人员、问卷设计、发放率、回收率、统计分析方法等。

发放问卷对商户和消费者进行调查,问卷回收率不要低于70%。其中,对商户问卷发放率应达到100%。

(五)客户满意度调查的统计分析

1. 客户满意度调查的统计分析方法

(1)首先研究客户关注度,优先关注客户最为关注的项目;

(2)研究客户满意度,解决客户不满意的项目;

(3)研究客户满意度指数,提高顾客满意程度;

(4)用帕累托法,辨别出影响项目的主要因素,重点采取措施予以解决。

2. 对客户关注度、客户满意度、客户满意度指数数据的运用

以某企业商业项目消费者满意度调查统计分析工作为例,我们进行分析。

某企业商业项目委托第三方机构进行了一次客户满意度调查,其中消费者满意度调查中,总体满意度为100,总体满意度指数为8.81。也就是说,100%的受访消费者没有对该商业项目整体表示不满意,以百分计满意程度达到88分。

表3-16-2~表3-16-8为该调查二级指标中总体和分项的消费者满意度数据。

(1)总体二级指标分析。

项目	关注度指数	关注度指数排序	满意度	满意度排序	满意度指数	满意度指数排序
环境氛围	8.97	1	100.0	1	8.79	6
商品和服务类别	8.54	4	98.0	6	8.7	7
停车场和车辆管理	7.43	7	100.0	1	8.8	5
清洁卫生	8.75	2	100.0	1	8.97	1
安全与秩序管理	8.42	5	96.1	7	8.91	2
客服投诉咨询	7.37	8	100.0	1	8.82	3
宣传推广和促销活动	8.38	6	87.2	8	8.48	8
各店铺服务	8.69	3	100.0	1	8.81	4

可以看出，消费者关注项目排在头三位的依次是"环境氛围"、"清洁卫生"和"店铺服务"，关注度指数分别是8.97、8.75和8.69。购物环境、商家提供的商品和服务是消费者此刻最重视的。

然而，消费者满意度达到100%以下的三位是"商品和服务类别"、"安全与秩序管理"和"宣传推广和促销活动"，分别有12.8%、3.9%和2%的消费者表示不满意。

在满意度指数方面，"环境氛围"、"商品和服务类别"和"宣传推广和促销活动"三项的满意程度相对较低，分别为8.48、8.7和8.79。

如图3-16-1所示，在消费者反映的190个问题项中，"商品和服务类别"、"环境氛围"、"宣传推广和促销活动"和"清洁卫生"分别占47个、42个、40个和23个，共152个，为所有问题项的80%，按帕累托法分析，均属主要因素。

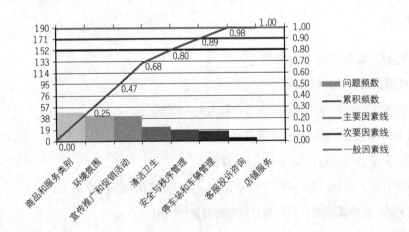

图3-16-1　消费者满意度调查问题项帕累托表

既然如此，就需要对"环境氛围"、"清洁卫生"、"店铺服务"、"商品和服务类别"、"安全与秩序管理"和"宣传推广和促销活动"这几项进行深入分析。同时，对主要因素线下的"环境氛围"、"清洁卫生"、"商品和服务类别"和"宣传推广和促销活动"的深层因素进一步展开帕累托分析。

（2）对二级指标进行展开分析

1）"环境氛围"指标分析

某商业项目消费者满意度"环境氛围"二级指标数据表　　表 3-16-3

环境氛围	关注度	关注度指数排序	满意度	满意度排序	满意度指数	满意度指数排序
指示标识 / 引导方位清楚明了	57.8	2	97.0	3	8.81	4
背景音乐及广播服务	45.1	3	97.0	3	8.52	7
照明设施和光线适宜	33.3	6	99.0	1	8.92	2
根据季节调节空调、广场内温度适宜	62.7	1	97.0	3	8.73	5
节假日或不同季节等重大活动时美化和装扮广场，主题特色鲜明	44.1	4	96.0	7	8.66	6
广场室内外环境及休闲设施的设计	34.3	5	99.0	1	8.84	3
电梯运行正常，无长时间等候现象	23.5	7	96.1	6	9.06	1

消费者最为关注并且满意程度不是太高的"环境氛围"项目中，分别有62.7%、57.8%和45.1的消费者分别对"根据季节调节空调、广场内温度适宜"、"指示标识/引导方位清楚明了"和"背景音乐及广播服务"表现了关切。

如图3-16-2所示，消费者反映的"环境氛围"的42频数的问题项中，是主要因素的问题项包括"音乐不适宜/不好听/太激烈"、"标识不清楚/不明确"、"季节更换时空调不及时/温度不适宜"和"休闲设施少"；"节假日和季节更换主题活动和广场装扮差"和"广播不清楚"为次要因素；"标识太少/不明显"为一般因素。

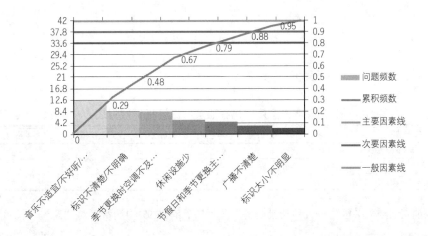

图3-16-2　环境氛围问题项帕累托图

2）"清洁卫生"指标分析

某商业项目消费者满意度"清洁卫生"二级指标数据表　　　表 3-16-4

清洁卫生	关注度	关注度排序	满意度	满意度排序	满意度指数	满意度指数排序
清洁人员的着装仪表	32.4	6	98.0	4	9.23	1
垃圾箱的保洁及异味处理	60.8	3	100.0	1	8.97	4
卫生间的保洁及异味处理	61.8	2	98.0	4	9.02	3
公共区域（室内）的清洁	64.7	1	100.0	1	9.06	2
公共区域（室外）的清洁	46.1	4	99.0	3	8.87	6
垃圾桶设置位置和数量的合理性	37.3	5	98.0	4	8.95	5

消费者最为关注之一的"清洁卫生"项目中，分别有64.7%、61.8%和60.8%的消费者分别对"室内公共区域清洁"、"卫生间的保洁及异味处理"和"垃圾箱的保洁及异味处理"表现了关切。

如图3-16-3所示，消费者反映的"清洁卫生"的23频数的问题项中，是主要因素的问题项包括"垃圾桶太少"、"室内公共区域不清洁、不干净，清扫不及时"、"广场内设施清洁不好"、"卫生间空气不好、有异味"和"垃圾清理不及时"；"卫生间的硬件维修不及时"、"卫生间不干净，整体环境差"和"卫生间地面湿、脏、滑"、"保洁员的仪表不整洁"均为一般因素。

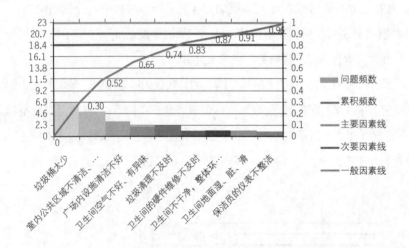

图3-16-3　清洁卫生问题项帕累托图

3）"店铺服务"指标分析

某商业项目消费者满意度"店铺服务"二级指标数据表　　　表 3-16-5

各店铺服务	关注度	关注度排序	满意度	满意度排序	满意度指数	满意度指数排序
店铺营业员的服务态度	31.4	2	99.0	1	8.76	3
店铺商品的质量	55.9	1	97.0	3	8.88	2
店铺的诚信度	12.7	3	97.1	2	8.96	1

消费者最为关注之一的"店铺服务"项目中，有55.9%的消费者对"商品的质量"表现了关切。

有5.9%的消费者反映"商品质量不过关"。

4）"商品和服务类别"指标分析

某商业项目消费者满意度"商品和服务类别"二级指标数据表   表 3-16-6

商品和服务类别	关注度	关注度指数排序	满意度	满意度排序	满意度指数	满意度指数排序
不同业态（包括餐饮、服装，其他小商品等）分布的比例合理	21.6	2	97.0	3	8.76	1
商业区域品牌/产品齐全	65.7	1	99.0	1	8.73	2
当前的业态组合结构能提高消费者的消费互动、增加顾客的逗留时间	12.7	3	99.0	1	8.63	3

消费者不满意比例较高、满意程度也相对不高的"商品和服务类别"项目中，有65.7%的消费者对"品牌/产品齐全"表现了关切，3%的消费者对"业态分布的比例"表示不满，而对"当前的业态组合结构能提高消费者的消费互动、增加顾客的逗留时间"的满意程度相对较低。

如图3-16-4所示，消费者反映的"商品和服务类别"的47频数的问题项中，是主要因素的问题项包括"服装和小商品结构和比例不合理"、"不同档次、业态、品类混杂"、"餐饮种类太少，餐饮层次高"和"品牌太少，应增加中高档或特色店铺"；"增加娱乐/休闲设施和业态"为次要因素；"店铺位置不好，无人留意"和"商品档次不够，质量把关不严"为一般因素。

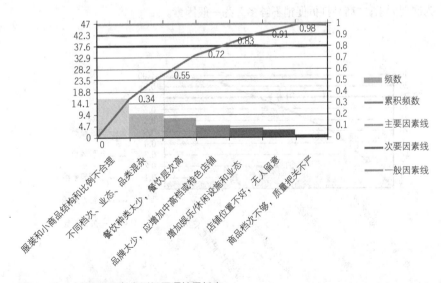

图3-16-4   商品和服务类别问题项帕累托表

5）"安全与秩序管理"指标分析

某商业项目消费者满意度"安全与秩序管理"二级指标数据表 表3-16-7

安全与秩序管理	关注度	关注度排序	满意度	满意度排序	满意度指数	满意度指数排序
保安人员的着装仪表	13.7	3	94.1	2	9.23	2
保安人员的态度和礼仪	61.8	1	93.1	3	8.80	3
广场内秩序良好，安全感高	24.5	2	98.0	1	8.94	1

消费者不满意比例较高"安全与秩序管理"项目中，有61.8%的消费者对"保安人员的态度和礼仪"表现了关切，6.9%的消费者对此表示不满，而且对此满意程度也相对最低。

有6.9%的消费者反映"保安的态度不好"。

6）"宣传推广和促销活动"指标分析

某商业项目消费者满意度"宣传推广和促销活动"二级指标数据表 表3-16-8

宣传推广和促销活动	关注度	关注度排序	满意度	满意度排序	满意度指数	满意度指数排序
开展宣传推广和促销活动的频率	9.8	3	90.2	3	8.66	1
促销方式和手段的多样性	28.4	2	92.2	2	8.51	2
宣传推广和促销力度对消费者的吸引力	61.8	1	95.0	1	8.30	3

消费者不满意比例最高而且满意程度也最低的"宣传推广和促销活动"项目中，有61.8%的消费者对"宣传推广和促销力度对消费者的吸引力"表现了关切，并且满意程度也相对较低；而9.8%的消费者则对"开展宣传推广和促销活动的频率"表示不满。

如图3-16-5所示，消费者反映的"宣传推广和促销活动"的40频数的问题项中，是主要因素的问题项包括"促销宣传推广活动力度不够，对消费者吸引力不大"、"促销活动频率少，尤其是淡季"；"促销方式多样性不足"为次要因素；"商品打折促销不够多"为一般因素。

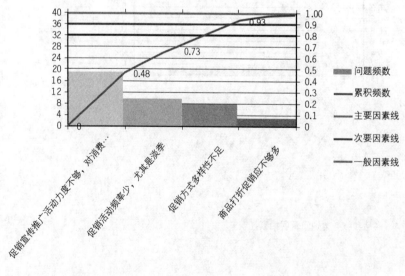

图3-16-5 宣传推广和促销
活动问题项帕累托表

3. 提出分析报告

（1）对客户关注的项目和问题，重点进行研究，并作为服务提升的优先选择。

例如，在上面讲的案例里，就需要针对消费者强烈关注的"环境氛围"、"清洁卫生"和"店铺服务"三个板块，作为下一阶段重点开展服务提升的领域。

（2）对客户不满意的和满意程度低的项目，在下一阶段的工作中，作为重点整改项目。

例如，在上面讲的案例中，要将"商品和服务类别"、"安全与秩序管理"、"宣传推广和促销活动"和"安全与秩序管理"，作为整改的主要项目。

（3）为制订服务提升和整改的措施，要科学运用帕累托法，对存在的问题进行分析，找出主要因素，重点制订措施，予以系统解决。

例如对"环境氛围"项目中的商业广播问题、标识问题、空调问题和休闲小品问题，对"清洁卫生"项目中的垃圾桶问题、室内公共区域及相关设施的清洁卫生问题、卫生间异味问题和垃圾清理问题，对"商品和服务类别"项目中的商品结构和业态比例及布局问题，对"宣传推广和促销活动"项目中的促销宣传推广活动力度和频度问题，对"安全与秩序管理"项目中的安保人员态度问题，加以重点解决。这些问题的解决，意味着克服了影响面80%的问题。

第四篇

全面市场营销和营销推广

商业运营管理活动中的营销策划，是全面市场营销。

全面市场营销，就是要进行有深度的市场调查和市场分析，确定商业中心的目标客户群，从而进行准确的市场定位。

全面市场营销，就是要按照这样的分析和定位，确定合理的业态规划，有效组织起市场所需要的各种商品和服务。

全面市场营销，就是要有目的、有计划地组织各种推广活动，有效引导顾客在商业中心的消费。

一、客户价值导向

客户价值，是全面市场营销的核心。

按照AMA总裁丹尼斯·杜兰普所主张，国际标准化组织所确认的概念，市场营销是计划和执行关于商品、服务和创意的观念、定价、促销和分销，以创造符合个人和组织目标的交换的一种过程。国际标准化组织所确认的现代市场营销的新定义，在指明市场营销本质的同时，更清楚地肯定了客户的价值。

市场营销以客户为导向还是以竞争者为导向？这个问题一直困扰着人们。现代市场营销强调的是客户导向，应该着重于客户价值，更应该以关注客户价值为核心，专注于更好地创造、传播和传递客户价值。这就是最好的市场营销，这也是市场营销最本质的要求。只要始终围绕"客户"这样一个核心，就不会偏离了方向。

评估客户价值很重要。要通过客户关系维护，清楚地分析不同客户对于组织的不同价值，需要计量的分析来支持那些巧妙的客户关系管理策略。正确地评估客户价值可以让企业明白谁是企业应该集中资源重点关注的"客户"。在企业重点投资于客户关系管理之前，企业应当明白他们期待这些客户给它们的组织带来的长期收益是什么，并要有一个合理的投资报酬率的测算。这项工作对于开发以客户价值为核心的市场营销战略来说至关重要，是影响到市场营销绩效好坏的关键。

市场营销要创造、传播和传递客户价值，那么客户追求的价值是什么呢？

客户追求的价值就蕴含在企业为他们提供的各种特殊体验之中。企业应当认真分析你的客户所追求的体验是什么，并努力去搭建一个提供这些体验的平台，在和客户可能发生接触的直接和间接的各个环节上为客户创造一种奇特的体验。

（一）认识我们的顾客

认识我们的顾客，这个课题是营销推广的首要课题，也是整个商业运营管理的首要课题。

为什么要知道谁是我们的顾客？

如果要认识我们的直接的顾客——零售商，我们就要了解他们的生意。而零售商的生意是如何让消费者到他们的场所进行消费。我们的生意是关于如何创造适合零售买卖的环境；我们创造了市场，零售商创造了买卖。

我们只能创造环境，不能创造买卖。创造买卖，这是零售商的工作，但是我们必须参与。

因此，我们要重新认识谁是商业中心的顾客，方能确定什么是正确的业态。

那么谁是顾客？

他们是谁？他们来干什么？他们为什么要来？他们什么时候来？他们想到哪里？他们怎么来？最关键的问题是：谁是顾客？

顾客，就是一种购买力、品牌偏好和消费价值观的载体。而购买力、品牌偏好和消费价值观这些要素决定了消费行为的全部内容。

所以，解析需求，解析购买力，解析人们的经济预期，解析他的消费价值观，解析的品牌偏好，这就是全面市场营销的出发点。

1. 需求

图4-17-1展示了近年来我国零售消费需求的变化趋势。

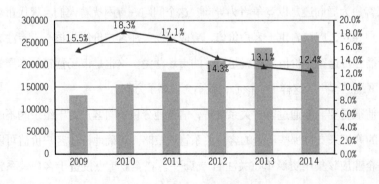

图4-17-1 2009～2014年我国社会消费品零售总额（亿元）及增长率示意图

2. 购买力

图4-17-2展示了十多年来我国城镇居民人均可支配收入的变化趋势。

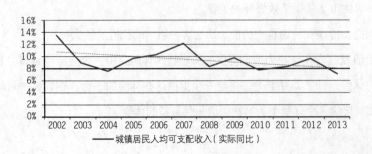

图4-17-2 2002～2013年我国城镇居民人均可支配收入实际同比增幅示意图

3. 经济预期

图4-17-3展示了近年来各国消费者信心指数的变化趋势。

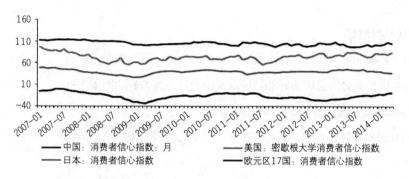

图4-17-3　2007~2014年各国消费者信心指数的变化趋势

4. 价值观

图4-17-4展示了近5年来我国消费者价值观的变化趋势。

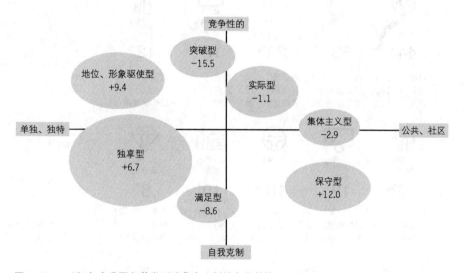

图4-17-4　近5年来我国各种类型消费者比例的变化趋势

地位、形象驱使型：追求典雅，财迷，虚荣心，时髦，上流社交；从8.1%到17.5%。

独享型：自我溺爱，舒适生活，有健康健身意识，女性，休闲；从24.8%到31.5%。

满足型：工作生活平衡，休闲，遵从规章，稳定，有孝道，忠诚；从16.9%到8.3%。

保守型：怀旧，爱面子，传统，稳健，节约、俭朴，缺乏竞争性；从5.7%到17.7%。

集体主义型：耐性，容忍、宽容，和谐，协作，忠心，爱国；从10.9%到8.0%。

实际型：适应性，持续性，谨慎，注重可靠性、可信度；从11.9%到10.8%。

突破型：创新的，敢于冒险的，个人至上，具竞争性；从21.7%到6.2%。

5. 消费者的品牌偏好

艾司隆（Epsilon）于2015年所提供的《大众的选择：中国消费者忠诚度剖析》对中国消费者的品牌偏好的特征以及影响其品牌偏好的因素进行了分析。图4-17-5～图4-17-10将展示这些数据。

当我们认识到顾客这个闪动着灵魂的这些因素的时候，顾客已经离我们很近很近。

（二）走近我们的顾客

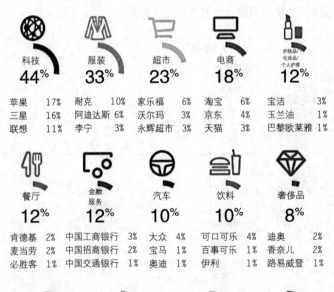

图4-17-5　中国消费者对各品类及品牌的忠诚度

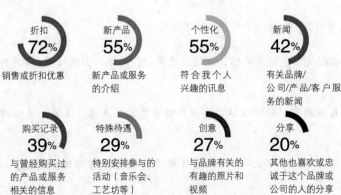

图4-17-6　使中国消费者对各品类及品牌产生兴趣的原因

图4-17-7 最容易让中国消费者产生忠诚度的行业

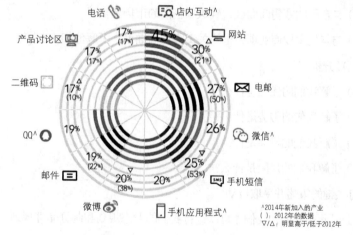

图4-17-8 促使中国消费者产生品牌忠诚度的沟通渠道

图4-17-9 促使中国消费者产生品牌
忠诚度的沟通方式

图4-17-10 不同的中国消费者怎样产生忠诚度

当我们知道我们的顾客之后，我们必须采取措施，制订我们的计划。

1．市场调研

通过以下工作确认市场需求和目标顾客：

（1）消费者调查；

（2）确认消费群体形象；

（3）进行商品和商品群分析；

（4）确认市场占有率。

2．竞争分析

考虑以下因素而分析竞争：

（1）了解竞争对手的营业额；

（2）了解竞争对手的业态结构；

（3）了解对方商业项目的客流；

（4）了解对方的营销手段；

（5）找出我们与竞争对手的差距和差异。

3．零售商面谈

（1）与自己的零售商面谈，确认零售商的市场要求；

（2）与其他主要商业项目里的关键零售商面谈，了解他们的要求。

4．SWOT分析

（1）了解我们的优势是什么？

（2）了解我们的劣势是什么？

（3）了解我们的机会是什么？

（4）了解我们的风险是什么？

5．制订关键的策略并采取行动

从此时此刻开始，我们才可以进行我们的业态规划和制订品牌规划。

也从此时此刻开始，我们才可以进行我们的营销推广。

同样，从此时此刻开始，我们才可以制订我们的运营管理标准。

没有之前一系列的工作，我们的业态规划和品牌规划、营销推广和商业运营管理都是没有灵魂指导下的行动。

无论是业态规划和品牌规划、营销推广，还是全部的商业运营管理，都是全面市场营销的各个组成部分。

二、品牌建设和品牌推广

之前我们讲述了客户价值的范畴，以及我们如何在全面市场营销的活动中确立自己的出发点，那就是找到我们的顾客，并接近我们自己的顾客。

客户价值，是品牌价值的一个部分。品牌的功能、质量和价值是品牌的客户价值要素，也就是品牌的内在三要素。

但是，品牌价值还包括另一个部分，那就是自我价值的部分。品牌的知名度、美誉度和普及度是品牌的自我价值要素，也就是品牌的外在三要素。品牌的自我价值大小取决于外在三要素。塑造品牌的自我价值，则是营销推广自己的专业性工作。

因此，我们再来讲述商业运营管理的品牌建设和管理。

（一）品牌的概念

品牌简单地讲是指消费者对产品及产品系列的认知程度，是人们对一个企业及其产品、售后服务、文化价值的一种评价和认知，是一种信任。

品牌已然是一种商品综合品质的体现和代表。当人们想到某一品牌的同时总会和时尚、文化、价值联想到一起，企业在创造品牌的时候，就不断地创造时尚、培育文化。随着企业的做强做大，不断从低附加值转向高附加值升级，向产品开发优势、产品质量优势、文化创新优势的高层次转变，当品牌文化被市场认可并接受后，品牌才产生其市场价值。

品牌是制造商或经销商加在商品上的标志。它由名称、名词、符号、象征、设计或它们的组合构成。一般包括两个部分：品牌名称和品牌标志。按照菲利普·科特勒博士的定义，品牌是"一个名称、名词、符号或设计，或者是它们的组合，其目的是识别某个销售者或某群销售者的产品或劳务，并使之同竞争对手的产品和劳务区别开来"。

品牌具有重要的特性，即差异性、关联性和认知价值。

1．品牌的差异性

差异化是创建一个产品或服务品牌所必须满足的第一个条件，企业必须将自己的产品同市场内的其他产品区分开来。

2．品牌的关联性

品牌的关联性指产品为潜在顾客提供的可用性程度。消费者只有在日常生活中实际看到品牌的存在，品牌才会有意义。

3．品牌的认知价值

这是创建一个有价值的品牌的要素。即使企业的产品同市场上的其他产品存在差异，潜在顾客发现别人也在使用这种产品，但如果他们感觉不到产品的价值，就不会去购买这种产品。

为了深刻揭示品牌的含义，需要从如图所示六个方面透视，即属性、利益、价值、文化、个性和客户（图4-17-11）。

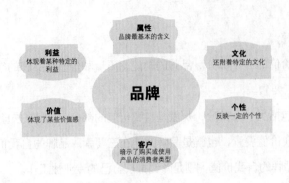

图4-17-11　品牌的内涵和外延

（二）商业运营管理中的品牌概念

商业运营管理的品牌概念以及层次都十分丰富，在不同招商推广、开业前推广和运营期推广的不同阶段，运用品牌建设、管理和品牌推广的方法和手段的过程中，必须时时刻刻把握好不同层次的品牌概念。

1. 商业项目的品牌

商业地产本身的价值体系中就包含了品牌价值，挖掘和提升商业项目的品牌价值，是提升商业地产价值的重要工作。

2. 商业运营的品牌

商业运营的品牌，主要是体现商业运营商的品牌，展现运营商的运营能力和形象。

3. 商品品牌和服务品牌

商品品牌和服务品牌的价值以及形象是消费者最为关心，也是直接刺激消费的重要因素，也是品牌建设、管理和推广的重要内容和手段。

只要把握好这三个层次的品牌概念，我们的品牌建设、管理和品牌推广才有的放矢。

（三）品牌的建设和管理

品牌建设是指对品牌进行的设计、宣传、维护的行为和努力。品牌建设的利益表达者和主要组织者是品牌拥有者，但参与者包括了品牌的所有接触点，包括用户、渠道、合作伙伴、媒体，甚至竞争品牌。

品牌建设包括的内容有品牌资产建设、信息化建设、渠道建设、客户拓展、媒介管理、品牌搜索力管理、市场活动管理、口碑管理及品牌虚拟体验管理。

1. CI系统的建设和管理

CI系统（Corporate Identity System）即企业形象识别系统，是企业大规模化经营而引发的企业对内对外管理行为的体现。

CI系统的定义是：将经营理念与精神文化，运用整体传达系统，传达给内部与大众，并使其对企业产生一致的认同感或价值观，从而达到形成良好的企业形象和促销产品的设计系统。它是现代企业走向整体化、形象化和系统管理的一种全新的概念。

CI设计系统是以企业定位或企业经营理念为核心的，对包括企业内部管理、对外关系活动、广告宣传以及其他手段的宣传活动在内的各个方面，进行组织化、系统化、统一性的综合设计，力求使企业所有方面以一种统一的形态显现于社会大众面前，产生出良好的企业形象。

CI系统是由理念识别（MI）、行为识别（BI）和视觉识别（称VI）三方面所构成。

在商业运营管理的品牌建设中，理念识别通过全面市场营销的营销策划所确立的理念即核心价值观来确立，行为识别则以商业运营管理的各种标准和规范并通过全体运营管理人员的行为垂范来体现。

除此之外，在商业运营管理的品牌建设中，对视觉识别（VI）的管理是营销策划和推广的一项重要工作。它是以商业物业的标志、标准字体、标准色彩为核心展开的完整、体系的视觉传达体系，是将其理念、文化特质、服务内容、服务规范等抽象语意转换为具体符号的概念，塑造出独特的企业形象。

在商业运营管理日常工作中，应认真管理和维护VI系统，在商业运营和商户经营活动中各种手册、文件、宣传品、广告、POP、物价签、营运人员和营业员服装和标牌以及各种标识等，在强制使用、授权使用等运用VI系统的事项中，应确保有明确的标准规定、流程规定和限制规定。

2．舆论环境的管理

舆论环境是影响品牌的重要因素。舆论环境的形成，既有对自身的正面形象的主动宣传，也有媒体和自媒体对负面事件的传播。对舆论环境的控制，是商业运营管理的一项极其重要的工作。

3．对危机事件的处理

危机事件是指在商业运营管理活动中发生的可能对商业形象造成破坏性影响的事件。对这些危机事件的处理，既是对商业管理者的管理水平的考验，也是对事件可能产生的负面影响的有效压缩。对危机的处理，必须有应急预案，反应及时，响应迅速，处理得力。

4．整合营销管理

整合营销管理，是指商业运营管理过程中，由商业服务机构出面，对各个商户的营销活动进行整合和管理的过程。开业以后，包括主力店在内的商户为了促销其商品或者推广其品牌，会经常性的搞营销活动。作为商业服务机构，不仅针对商业项目整体进行营销，也要整合商户的营销活动，把这些活动以及商户的营销资源纳入统一平台上，使资源配置最大化。

5．体验式营销管理

体验式营销是指为了强化顾客对商业中心的心理感受和情感认知，从而提升商业中心在他们心目中的品牌形象而实施的一种经营行为。它既是品牌建设的重要内容，也是品牌建设的手段。

体验式营销的一个切入点，就是我们的各种活动策划。开展的各种活动，我们不仅仅是为了聚集人气，而是通过这些活动，把我们的品牌形象潜移默化到每一个受众的内心深处中去。

体验式营销的另一个主要切入点，就是通过顾客对商业中心的整体形象、服务、商品、环境和氛围的体验，形成对商业中心的认同，从而固化其对品牌的深刻印象。

顾客对商业中心的感受，首先始于对其整体氛围的直觉感受。因而，商业运营管理人员在商业中心氛围制造上，要体现高度的艺术化和人性化。氛围的构成，主要集中于商业中心的外观形象、内部环境及其公共空间的布置。包括建筑体的可见度和美观度；内部的景观设置、灯光、色彩、气味、声音、温度；公共空间的绿植、景观、休闲设备等。这些要素都会引起顾客的心理感受和审美情绪。

美术陈列就是顾客对商业中心感受的一个重要载体。

6．包括媒体和我们自己的员工，应当建立起真正的品牌宣传渠道

广告及各种媒体是品牌宣传的重要渠道。在凸显商业利益的阶段，许多媒体并不是把深刻理解和挖掘品牌自身所蕴含的内在品质作为自己进行宣传的基础，而只是看钱多钱少。同样，员工以及商户和营业员也是品牌宣传的重要渠道，但是，也经常会见到这样的现象，一方面我们在大力向消费者宣传自己的品牌概念，另一方面是我们自己的员工、我们的商户和营业员都无法解释自己的品牌究竟是什么。

因此，我们要建设品牌宣传的渠道，同时我们真的需要牢固地建立起这个渠道，这就首先需要这些渠道为我们的品牌而深深的感动。

7．品牌维护与提升

品牌的形成，不是短时间能够累积起来的，它是一个循序渐进、长期累积的过程。这个漫长的过程对我们来说，既有正面的树立，也有负面的破坏。品牌的维护与提升管理，就是对正面事件的扩大和负面事件的压缩的过程。从整体上讲，品牌的维护不是营销推广部门一个部门的专有职

责，而是所有商业运营管理人员和全体商户及全体营业员的共同职责，是各个管理要素之间的联动结果，尤其需要商业中心本身要通过超值的服务和良好的社会形象而获得。

在我们阐述品牌建设和管理的过程中，始终要强调一点，品牌建设和管理并不简单的是一种专业业务，而是一个基于牢固价值观的长期努力，基于一种信念，基于全体人员共同勤劳的努力。

归根到底，我们的品牌形象，要由自身的品质、服务质量以及由此形成的客户满意度来决定。宣传推广、大型活动的效果，最终要依赖于这些本质属性。一个宣传推广活动搞得再好的商业中心，如果自身品质、服务质量过不了关，这些推广对物业的价值，结果只能是负面，而绝不可能是正面。

（四）品牌推广

商业经营管理的品牌推广包括三个阶段：为招商服务的前期营销推广；为开业准备的营销推广；开业后的营销推广。

招商推广是为招商服务的说明式推广。招商推广的宣传内容的制订和控制，是品牌树立的重点，对今后商业项目品牌形象的形成具有首因效应。

为开业而准备的宣传，是一种大范围的告知性传播，对商业项目的品牌形象有着强烈的影响。

开业后的常规性推广，是指商业管理者为了加强顾客对购物中心的体验式感知和形成共同的社会评价而进行的系列行为，在推广商业项目品牌的同时，着重推广商业运营品牌和商品品牌、服务品牌。

无论是招商推广、开业推广，还是开业后的推广，都要首先解决几个问题。这些问题是：

（1）推广主题是什么？

也就是要回答What，我们要做什么推广。

（2）推广的目的和要求是什么？推广需要达到的目标是什么？

也就是要回答Why，我们为什么要做推广。

（3）推广的受众是谁？

也就是要回答Who，我们向谁做推广。

（4）以什么样的方式做推广？

也就是要回答How，我们怎样做推广。

（5）以什么样的节奏做推广？

也就是要回答When，怎样选择正确的时机。

（6）用何种形式做推广？

也就是要回答Where，在何种场合和载体做推广，以及选择什么样的媒介。

所有的问题和解决方案、策略，最后都必须围绕着这些问题来策划进行，而不是为了推广而推广，更不是为了帮助媒介或媒介的供应商挣钱来进行推广。

营销推广，包括招商营销推广、开业营销推广和运营期营销推广，其手段包括媒介及对外宣导、美术陈列布置、活动营销和会员营销。

开业前的营销推广包含两个部分，一个是招商的营销推广，一个是开业营销推广。

这两个部分的营销推广虽然都属于开业前营销推广，而且是在同一时段中进行，但是其目的、营销推广的对象都是截然不同的，因此其推广主题、方式、形式都是不同的。由于在同一时段开展这两个部分的工作，很容易在开业前营销推广工作中引起混淆，使两者彼此都受到冲击。因此，必须明确两者的区别。

招商营销推广与开业营销推广的本质区别：

（1）目标不同。招商营销推广的目的是为了招商，换句话说，就是为了完成招商签约的任务；而开业营销推广的目的是为了开业，换句话说，是为了为开业造势；

（2）对象不同。招商营销推广的对象是潜在商户；开业营销推广的对象是潜在消费者。

既然目标不同，对象不同，两个营销推广的营销策划和推广方案就是完全不同的。

一、招商营销推广

（一）营销策划

1．推广目的

扩大商业项目在本区域及跨区域的影响力和知名度，搭建招商平台，鼓励和吸引商家入驻。

2．推广对象

符合项目定位要求的各业态各品类的各商家，重点是锁定为目标品牌商家。

3．推广依据

（1）项目的定位；

（2）项目建筑的功能、规模和各种技术设施条件；

（3）项目的业态规划和品牌规划方案；

（4）市场消费群体的分析；

（5）项目的SWOT分析；

（6）商户储备资源的分析。

4．推广主题

根据推广依据，设计确定推广主题。

推广主题必须具有建筑功能、业态规划品牌规划和消费者市场的坚固支撑，并清晰表达出项目推广的诉求，辨明项目与其他项目的差别，精准阐述项目的商业定位。

5. 推广期

从项目招商启动至项目正式开业（通常为8~12个月）。

6. 推广策略及实施

一般为招商推介、广告发布、招商手册印制发布。

7. 媒体选择

根据推广策略确定。

（二）招商推介活动

招商推介活动包括招商项目在当地的招商推介会，异地招商推介会，主力店签约仪式，招商答谢酒会等。招商推介活动通常在开业前一年之内根据不同时机举行。

1. 本地招商推介会

一般在开业前8~10个月，可举行本地招商推介会。本地招商推介会通常作为首次面向客户的招商会议，同时正式启动项目招商。本地招商推介会旨在使目标客户及时了解项目情况，对客户关注的招商内容、政策、热点问题予以解答，并展示商业项目品牌及服务管理形象，增进商户信心，达成签约。

2. 异地招商推介会

一般在开业前8~10个月，可举行异地招商推介会。异地招商推介会通常选择在商业繁盛、客户众多或企业商业项目经营表现优异的大都市举办，可借势造势，多个项目共同亮相，资源共享，为客户提供多种选择，体现出比较优势，增进有实力客户进行联合发展的信心，促成签约。

3. 主力店签约仪式

一般在开业前6~8个月，可举行主力店签约仪式。主力店签约仪式也是招商工作的重头戏，应当十分重视。

下面介绍某商业项目主力店签约仪式实施方案。

××××××广场主力店签约仪式执行案

目的：

1. 展现××集团形象、风采和气势

2. 招商推广

（1）提升目标商户认知度；

（2）营造招商火爆气氛，刺激潜在商户签约；

（3）让商户体会与我司合作的美好前景，坚定商户和我司合作的信心。

主　　题：×××××

表现手法：××、××、××

会议标题：××××××广场主力店签约仪式

副标题：××××

一、发布会时间

日　　期：××××年××月××日

持续时间：嘉宾签到——10：00～10：30

发布会及签约仪式——10：30～11：45

二、发布会地点

××市××饭店×楼×××厅

（附：会场功能分区布置平面示意图，包含签到处、签到板、舞台、VIP观众区、媒体观众区、一般观众区、洽谈区、礼品存储区、VIP休息区和主力店VIP区等。）

三、发布会会议议程

主 持 人：地方电视台著名主持人

会议议程：

10：00～10：30　来宾签到。

10：30～10：40　主持人宣布发布会正式开始，开场白。播放宣传片。

10：40～10：45　介绍与会政府领导、主力店代表、集团领导等贵宾。

10：45～10：50　集团副总裁致欢迎词。

10：50～11：00　主力店代表一致辞。

11：00～11：05　主力店代表二致辞。

11：05～11：10　集团总裁致辞。

11：10～11：15　当地领导致辞。

11：15～11：45　签约仪式正式开始。请集团领导、政府官员等贵宾首先登场，共同见证签约牵手时刻；我公司签约代表登场；随即主力店代表在主持人介绍中登场。签约主力店计××家，分两批进行，第一批签约后在主席台等候，待第二批签完后，一起举杯相庆；现场音效营造喜庆气氛；宾主合影留念。

11：45　　　　　　主持人宣布签约仪式结束，集团领导和政府官员、主力店签约代表等贵宾退席。

11：45~12：00　商户等嘉宾听取×××广场项目解读及招商信息沟通。

11：45　　　　　　集团领导陪同政府领导等贵宾赴×楼××厅。

11：50　　　　　　集团领导在×楼××厅宴请主力店等贵宾。

四、媒体专访、采访日程

××日××时~××时

安排《××××××》特别节目专访，专访时间为40分钟。

××日××时~××时

《××××》专访；《××××》专访。

××日××时~××时

接受多家媒体联合采访。

五、主力店媒体专访

1. 专访主力店（两家）：

××主力店；

其他主力店代表。

2. 时间安排：××日××时~××时

六、贵宾名单、媒体单位

七、会场展板内容及位置安排

大厅设置条幅、水牌（图样）

（1）集团实力展现和××××广场项目介绍

在过道右侧间隔放置12块展板，展示集团实力，描述项目前景，介绍项目内容等（具体文案、效果图）。

（2）××××广场业态规划和品牌规划展示以及招商区域规划图示

在过道左侧，陈列大幅喷绘画面，整体展现××广场恢宏气势和商业环境，主要招商区域的FLOORPLAN和业态分布图，标准商铺效果图等。

（3）××××广场——把握时尚的脉动，旋动缤纷的色彩

在过道内的4个柱面，赋予不同经营主题，如服装服饰、化妆品、餐饮、娱乐等，旨在体现××××广场的经营定位和风格。

（4）在内场两侧各陈立两块展画画面（画面与柱面装饰画面相同，以地打聚光灯照明，以视觉的冲击力，传达给与会者以

××××广场的时尚感和动感）。

八、文案准备

新闻通稿；

采访提纲；

活动串场词。

九、媒体宣传计划

针对主力店签约暨招商发布，诉求点策划在××市区达到最大程度的宣传效果，提升××××广场品牌效应，为持续到××××的招商开业打下基础。

1. 媒介选择

报纸：

《××××》《×××××》《×××××》《×××××》《××××》《××××》；

电视：

《××电视台》××频道、《××电视台》××××频道、《××电视台》××××频道；

网站：

《××××》《××网》《××网》《××××网》。

2. 信息发布

上述媒体当日晚新闻及翌日报道、新闻回放与持续报道。其中当晚（××日）××电视台××频道、××电视台××××专题播出；翌日（××日）各大媒体新闻报道；××日《×××报》《××××报》半版专访加新闻报道；28日《××晚报》整版专访加新闻报道；××日《××××》、《××××》专题报道。

（具体安排见信息发布安排表）

十、印刷品准备

邀请函等

十一、发布会预算

费用总预算为×××××××元，包括：

1. 招商资料设计、制作及招商现场布置费用小计：×××××元；

2. 现场配备设施、人员费用小计：××××元；

3. 酒店租用等会务费用：×××××元；

4. 媒体费用：×××××元；

5. 餐会费用：×××××元；

6. 礼品费用：×××××元

7. 机动费用：×××××元

十二、发布会会务事项分工细案及一览表

招商营销营销推广整个策划和实施是围绕着招商执行的需要而开展的，所以其过程和步骤一定要按照招商执行的实际需要来进行。

二、开业营销推广

在开业前，与招商营销推广同时开展的还有开业营销推广。

所谓开业营销推广，就是针对消费者的商业项目整体形象推广。开业营销推广有几个显著特点：

（1）开业营销推广的对象是消费者；

（2）开业营销推广的目的是对商业项目进行整体形象推广；

（3）开业营销推广的过程复杂而漫长，包含了商业项目开业前从蓄势、造势到引爆的整个过程；

（4）开业营销推广漫长的过程需要运用复杂的手法和策略，以适应从蓄势、造势到引爆的推广需要。

（一）营销策划

1．推广目的

使广大消费者逐步知道、了解、熟悉商业项目，并最终对商业项目产生浓厚的兴趣，并参与其中。

从知道、了解、熟悉到感兴趣，直到最终愿意参与其中，这包含了至少五个动作。这表明，整个推广过程，推广的目的就在不断地发生变化。

（1）第一个动作，是让大家知道，也仅仅是让大家知道。这就是所谓知名度营销推广，让大家知道："有这么个东西！"

这个阶段，我们需要更多的人"知道"，知道的人越多，这个阶段的任务完成得越出色。与此同时，我们不需要受众"知道得更多"。

（2）第二个动作，就是在尽可能广泛的"知名度"基础上，增加"认知度"了。

这个阶段，我们不仅告诉大家，这是个东西，而且要告诉大家："这是个什么东西！"

370

但是，更多的东西，我们现在还不告诉你！

（3）第三个动作，就是在越来越多的人知道"这是个东西"以及"这是个什么东西"的基础上，我们告诉大家："这个东西是个好东西！"

这就是在知名度、认知度宣传相当到位的基础上，进行"美誉度"的宣传了。

（4）第四个动作，就是在越来越多的人知道"这是个东西"、"这是个什么东西"以及"这个东西是个好东西！"的基础上，我们告诉大家："这个东西与你有关系！"

这就是在知名度、认知度和美誉度宣传很到位的基础上，进行"认同度"的宣传了。

（5）第五个动作，就是最后一个动作，我们让大家参与其中。

这个动作叫作开业庆典。

2．推广对象

开业营销推广的对象，就是广大消费者。

3．推广依据

（1）项目的定位；

（2）项目建筑的功能、规模及其亮点；

（3）消费者的需求以及需求的热点；

（4）项目的业态优势、品牌形象和经营特色。

4．推广主题

既然每个阶段的推广目的不同，那么在每个阶段的推广主题就需要按照不同的推广目的进行策划。但是，无论如何策划，都应时时刻刻把握住消费者的诉求、诉求和特点几个关键点。

5．推广期

从项目破土动工，直到开业。

6．推广策略和实施

因为整个推广期漫长而且各个阶段有不同的推广目的，因此要制订适应蓄势、造势到整体引爆这样一个复杂的组合营销的推广策略体系。

例如在进行知名度推广的时候，也许只有简单几个字，一个画面，信息量不大的广告，却能产生强烈的视觉冲击。这个时候，我们本来就不应该提供更多的信息，但是视觉冲击却无论如何是第一位的。至于到了需要消费者产生认同感的最后阶段，也许只有体验营销才是最好的营销推广手段。

7．媒体选择

同样根据推广策略确定。

（二）开业庆典的组织实施

新建项目的开业庆典策划一般在开业前五个月开始启动。

制订开业庆典活动方案，其要点包括：

（1）开业庆典的组织管理，确定工作任务的负责人和时间节点；

（2）开业庆典流程，包括庆典的内容、活动顺序、时间及场景图示；

（3）开业庆典嘉宾邀请，包括企业领导、政府领导、商家领导、媒体领导的数量以及联系人名单、邀请工作的时间节点；

（4）媒体记者邀请及相关工作，包括媒体记者安排、新闻通稿、媒体费用、媒体报道和新闻发布会会场布置；

（5）主持人邀请和接待，包括主持人活动期间的活动、吃住行安排和接待人员；

（6）重要嘉宾接待，包括活动期间的活动、吃住行安排和接待人员；

（7）现场参观，包括参观路线和参观接待；

（8）午宴；

（9）开业庆典会场布置；

（10）外场和商业区域布置；

（11）庆典的主体活动准备，包括领导讲话稿审定、活动的时间控制和衔接、活动彩排的安排；

（12）礼仪及服务人员安排，包括数量、站位、人员甄选、演练；

（13）庆典用品的准备和后勤保障；

（14）安防和交通组织，包括人员数量、分工、指挥、警力分布；

（15）环境和工程保障；

（16）开业前后三天的媒体宣传；

（17）开业促销宣传活动。

下面是某商业项目开业庆典的实施方案。

××××××广场开业盛典执行案

一、开业庆典的组织管理

1．开业庆典总负责：　　　×××

2．开业庆典总协调：　　　×××

3．开业庆典策划及组织：　×××

4．开业庆典的执行部门及负责人：×××、×××、
×××、×××、×××、×××、×××

372

5. 开业庆典的策划及执行的主要工作节点

庆典仪式暨策划案初稿确定时间　　　　××月××日

庆典仪式暨策划案报审时间　　　　××月××日

庆典仪式暨策划案定稿时间　　　　××月××日

第一次开业庆典各项工作落实协调会　　××月××日××时××分

第二次开业庆典各项工作落实协调会　　××月××日××时××分

第三次开业庆典各项工作落实协调会　　××月××日××时××分

二、开业庆典流程

庆典日期：20××年××月××日

庆典时间：××时××分~××时××分

庆典地点：×××××广场（外广场）

第一部分：新闻发布会××时××分~××时××分

1. ××时××分~××时××分　媒体记者签到入场及采访前准备（签到处：×××××××）

2. ××时××分　总裁入场

3. ××时××分~××时××分　新闻发布会，×××主持

4. ××时××分　迎接××市政府领导，并安排到VIP休息厅休息

其他嘉宾休息区：××××××××

5. ××时××分~××时××分　总裁与市领导见面

第二部分参观×××××广场××时××分~××时××分

××时××分~××时××分　总裁等陪同市领导参观×××××广场

第三部分庆典仪式××时××分~××时××分

1. ××时××分~××时××分　嘉宾签到、题字、入场

媒体记者转入庆典仪式会场

签到时段现场循环播放《××××》，庆典即将开始时，由百人合唱及百人乐团热场（热场曲目：《××××》等）

2. ××时××分~××时××分　总裁与市政府领导入场（入场时由×××向×××请示确认）

3. ××时××分~××时××分　交响乐开场：百人合唱团合唱，百人乐团伴奏（曲目《×××××××》）

4. ××时××分～××时××分 主持人登场，介绍来宾

主持人：×××

5. ××时××分～××时××分 领导及嘉宾致辞4人

（嘉宾登场时交响乐配合，曲目《×××××××》）

总裁致辞

主力店代表致辞

市领导致辞

6. ××时××分～××时××分×××××××广场震撼揭幕暨注酒仪式

总裁与市领导共同为水晶器注入红酒。同时，LED大屏幕同步显现×××××广场布局图，×××××广场在版图上闪耀呈现，并演化为×××××效果图，震撼揭幕。（交响乐及视频三维特效、庆典现场实景切入、特效彩带炮等效果配合，交响乐配合曲目：《××××××××××》）

7. ××时××分～××时××分剪彩仪式（暂定12～16人）

董事长和市领导，登台共同为×××××广场开业剪彩（百人合唱团演唱、百人交响乐团伴奏、视频三维特效、庆典现场实景切入、金色旋风彩虹、礼炮等效果配合，达到现场最高潮，交响乐配合《××××××××××》）

8. ××时××分～××时××分邀请×××祝唱

9. 11：15庆典结束

第四部分：午宴××时××分～××时××分

1. ××时××分～××时××分 领导乘车前往×××××饭店（××××厅）

2. ××时××分～××时××分午宴

3. ××时××分～××时××分欢送领导

三、开业庆典嘉宾邀请

1. 总负责人：×××、×××、×××

2. 拟邀请嘉宾单位、人数及职责分工：嘉宾席总人数×××人

（1）政府及职能部门嘉宾邀请人数××人

1）省、市工商联领导×××、×××负责

2）市委、市政府领导×××、×××负责

3）区委书记、区长、各委办局领导×××负责 ×××配合（预计××人）

4）副区长及区委办局、街道领导×××负责（预计××人）

5）银行领导总行领导×××负责

其他银行领导×××负责

6）工商、税务领导　×××、×××、×××负责（预计××人）

（2）主力店嘉宾　×××负责（预计××人）

1）××××代表××人

2）××××代表××人

3）××××代表××人

4）××××代表××人

5）××××代表××人

6）××××代表××人

（3）商户嘉宾×××、×××负责（预计×××人）

（4）新闻媒体领导嘉宾（媒体记者邀请见第四部分）

×××、×××、×××、×××负责（预计××人）

1）当地媒体领导嘉宾×××、×××负责

××电视台　嘉宾×人

××电视台　嘉宾×人

××××报　嘉宾×人

××××报　嘉宾×人

××××报　嘉宾×人

××××广播电台　嘉宾×人

××××广播电台　嘉宾×人

新浪、搜狐、网易嘉宾×人

2）外埠媒体领导　嘉宾×××负责

××市媒体领导　嘉宾×人

××市媒体领导　嘉宾×人

××市媒体领导　嘉宾×人

××市媒体领导　嘉宾×人

（5）当地各公司员工家属代表（预计×××人）：×××负责

（6）其他（预计××人）

注：上述全部邀请人员确保出席人数为×××人，上下相差不超过10%，以确保人员到场及现场秩序，此项工作由×××负责督办落实。

3. 嘉宾邀请的反馈及确定时间：

第一次反馈时间：××月××日

第二次反馈时间：××月××日

第三次反馈时间：××月××日

4. 请柬发放

发放时间：××月××日

发放数量控制：×××负责

四、媒体记者邀请及相关工作

1. 总负责人：×××、×××、×××、×××负责

2. 拟邀请媒体记者单位、人数及分工：人数预计××人

（1）本市当地媒体记者：×××、×××负责

××电视台　记者×人

××电视台　记者×人

×××报　记者×人

×××报　记者×人

×××报　记者×人

×××报　记者×人

×××广播电台　记者×人

×××广播电台　记者×人

新浪、搜狐、网易　记者×人

（2）××市媒体：预计×人　×××负责邀请

（3）××市媒体　记者×人

（4）××市媒体　记者×人

（5）××市媒体　记者×人

3. 反馈时间：××月××日。

4. 媒体工作安排：

（1）媒体记者签到，签到时间及采访时间见《庆典流程安排》

×××、×××、×××负责

（2）新闻通稿：×××、×××、×××、×××负责

（3）媒体费用：×××、×××负责

（4）媒体报道：×××、×××、×××负责

××月××日前落实好报纸媒体报道的版次、篇幅、内容；电视播出的时段、长度等

（5）新闻发布会会场布置：×××、×××负责

五、主持人邀请及接待

1. 邀请及接待：×××、×××负责

2. 确定时间：××月××日

3. 串词准备及对接：×××、×××负责

4. 主持人准备：×××负责

5. 主持人食宿安排：预留×××酒店单间2间 ×××负责

六、开业庆典领导及嘉宾接待

1. 总负责人：×××、×××、×××、×××

2. 会场安排（附图）

3. 接待分工：

市政府及相关领导接待：×××、×××、×××

（1）市级领导：×××、×××负责

（2）市各委办局领导：×××负责

（3）区领导、街道领导：×××负责

（4）工商、税务、银行：××、××、××、××负责

其他嘉宾接待：

（1）主力店嘉宾：××负责

（2）步行街嘉宾：×××、×××负责

（3）员工家属：各公司分别指派2人负责

4. 嘉宾休息区

市级以上领导：贵宾休息室

市级以下政府领导及主力店领导：××××××区

其他嘉宾直接入座

贵宾休息室布置：×××、×××负责

嘉宾休息区布置：×××、×××负责

5. 接待工作安排及要求：

休息厅准备状况检查：×××负责

（1）接待人员××：××到岗：×××负责

（2）领导秘书安排：×××、×××负责

（3）领导司机安排：×××、×××负责

（4）领导车辆引导：×××、×××负责

备注：所有现场接待人员男士一律着深色西装，浅色衬衫，系领带；

女士着职业装。

七、开业庆典会场布置

1. 总负责人：×××

2. 会场布置平面图、嘉宾席摆放示意图（附图）

3. 工作内容：

（1）舞台搭建及设备调试：×××负责

舞台搭建：××月××日至××月××日××时

设备调试：××月××日××点

1）协调礼仪公司所有灯光、音响、舞美、视频于××月××日上午开始陆续进场。

2）××月××日舞美进场通道的清理，搭建现场物品的提前清理。

3）协助进行AV进场、灯、音响的清理和摆放定点。

4）做好场地的清理工作。 ×××负责

5）项目公司负责提供380伏、240千瓦的动力电（需供一备一），以保证××月××日～××日活动进场彩排及正式活动顺利进行：××日到位。 ×××负责

6）在现场由项目公司安排专人协助解决电接口的工作，并作好特殊情况的紧急预案和解决办法。 ×××负责

（2）休息区及工作间安排：

1）VIP领导休息室：×××负责

2）礼仪化妆、休息、换衣间：×××、×××负责

3）道具存放处 ×××负责

4）大货车专用停车场 ×××负责

5）主席台及来宾区域宴会椅400把及摆放 ×××负责

（3）保洁工作：

活动进场过程中保洁需不间断地对活动场所进行卫生清理工作，并于装台前、装台后、走台后、开场前做三次大规模的清洁保洁及随时保洁。 ×××负责

八、外场及步行街布置

1. 总负责人：×××、×××负责

2. 外场布置平面图、效果图（附图）

外场布置工作时间节点：

（1）外广场氛围布置：××月××日完成　×××负责

（2）空飘、拱门、热气球、飞艇：××月××日中午完成　×××负责

（3）××日备2台中巴，2台轿车，作会务备用车辆

并停放在会场指定区域　×××负责

3. 步行街氛围布置效果图（附图）

步行街内场布置：××月××日开始，××月××日完成　×××　×××负责

九、庆典的主体活动准备

1. 总负责人：×××、×××

2. 主体活动内容及分工：

（1）领导讲话稿准备及审定：×××、×××

领导讲话稿××日呈送讲话领导或秘书　×××

（2）活动的时间控制与衔接：×××、×××

（3）彩排时间：××月××日中午　×××、×××

十、礼仪及服务人员工作安排

总负责人：×××、×××　礼仪公司配合

1. 礼仪人选面试

2. 礼仪人数确定

3. 礼仪站位、岗位分布

4. 礼仪人员演练

上述事项于××月××日确定

十一、庆典用品的准备及后勤保障

总负责人：×××负责

工作内容：

1. 嘉宾邀请函××月××日印刷制作完毕　×××负责

2. 嘉宾礼品袋××月××日印刷制作完毕　×××负责

3. 嘉宾礼品××份，××月××日准备完毕　×××、×××负责

4. 嘉宾礼品袋内放置集团宣传资料：××日前准备完毕
×××负责

5. 嘉宾签到处的签到簿、签到笔准备　×××负责

6. 准备接机用手捧花　×××负责

7. 庆典仪式会场矿泉水的准备　×××、×××负责

8. 庆典仪式彩排时准备矿泉水供彩排人员饮用，并安排好
午餐和晚餐的盒饭订餐事宜　×××、×××负责

9. 庆典活动当天主要工作人员午餐　×××、×××负责

十二、安防及交通组织

1. 总负责人：×××负责

2. 广场安全保障

××月××日××时　清场

××月××日　　　　凭工作证入场

××月××日××时　外广场会场区域封闭

3. 安保界面

商业公司：步行街室内，外广场，地下停车场

主力店：主力店内部。

4. 组织机构

总指挥：×××公安机关负责人

成员：交通警察负责人、治安警察负责人、派出所负责人、
防暴警察负责人、××××广场安保负责人

安保人员预计×××人，其中：

（1）保安：　　　×××人

（2）防暴警察：　　××人

（3）治安警察：　　×××人

（4）交通警察：　　××人

（5）外聘保安：　　×××人

5. 各组分工及职责

（1）现场保卫组（×××人）

组长：×××

组员：安管员××人、治安警察××人、外保××人

工作地点：广场及周边区域

工作职责：

负责维持开业庆典区域的现场秩序，禁止闲杂人员进入开业
庆典活动区域，及时妥善处理各种影响开业庆典的问题。

（2）内场警卫组（××人）

组长：×××

组员：安管员××人、治安警察××人（便衣）、外保××人

工作地点：广场内场

工作职责：

负责按规定程序打开××××××广场大门，维持好门口顾客进场的秩序和××××××广场内部的正常营业秩序，保障市领导参观的安全，防止各类意外事件发生。

（3）交通疏导组（××人）

组长：×××

组员：安管员××人、交通警察××人、外聘保安××人

工作地点：地面、地下停车场及广场外围

工作职责：

负责指挥和维持路面的交通秩序，保持良好的停车秩序，不得让车辆乱停乱放和堵塞交通要道；确认嘉宾车辆及停放秩序；引导嘉宾到指定区域；做好责任区域的安全防范工作。

（4）出入口守卫组（××人）

组长：×××

组员：安管员××人、治安警察××人、外聘保安××人

工作地点：广场各主出入口

工作职责：

负责广场各主入口人流分流，秩序的维护，及时发现各种安全隐患和存在问题并进行灵活处理，防止不法分子乘机作案，杜绝各类问题和事故的发生。

（5）消防监控组（×人）

组长：×××

组员：安管员×人、治安警察×人

工作地点：消防监控中心

工作职责：

负责24小时严密监视购物广场各区域，发现异常情况立即按预定程序进行处理。紧急情况下负责通讯联络的任务。

（6）机动预备组（××人）

组长：×××

组员：安管员××人、防暴警察××人

工作地点：广场各区域

工作职责：

机动待命，随时准备处理各种突发事件，一旦出现意外情况，立即按突发事件的应急预案执行。

6. 警力分布平面图（附图）

7. 交通组织平面图（第十一章外场布置平面图）

8. 参观护卫方案及紧急情况处理预案

9. 相关准备事宜

（1）××月××日向市公安局上报开业庆典方案　×××、×××、×××负责

（2）××月××日外聘保安到位；12月20日全体保安进入安保状态；　×××、×××负责

（3）××月××日确定警用费用及后勤保障　×××、×××负责

（4）××月××日与区公安分局召开警卫协调会　×××、×××负责

（5）××月××日召开各主力店安防协调会　×××、×××负责

（6）××月××日消防演练　×××、×××负责

（7）××月××日检查准备工作、预演　×××、×××负责

（8）××月××日××时警察到岗　×××、×××负责

十三、环境与工程保障

1. 总负责人：李琦负责

2. 工作内容：

（1）保洁

1）外广场：××月××日完成　×××负责

2）地下停车场：××月××日完成　×××负责

3）步行街：××月××日完成（达到试营业状态）　×××负责

4）各主力店：××月××日完成各主力店负责　×××监督

（2）绿化、亮化、美化

1）外广场垃圾桶：××月××日安装完毕　×××负责

2）外墙广告：××月××日安装完毕　×××负责

3）裸墙及门头装饰：××月××日前完成　×××负责

4）地下停车场出入口美化：××月××日前完成　×××负责

（3）工程保障

1）外广场泛光照明　×××负责　×××协助

2）主力店设施设备及能源供应　×××负责　×××协助

3）步行街设施设备及能源供应　×××负责　×××协助

特别要求：

1）由项目公司工程部负责要求各设施设备施工方及厂家技术人员到现场
提供保障；

2）项目公司工程部必须保证供暖、空调、水、电、电梯正常运行

（4）消防保障

消防系统：项目公司负责，商业公司协助　×××负责督查

十四、开业前后三天的媒体宣传

1. 总负责人：×××、×××、×××

2. 媒体宣传计划及分工

由商业公司负责开业前后三天的媒体宣传计划协调，及时做好广场、各主
力店、步行街等各归口的媒体宣传及推广活动的沟通，要求媒体宣传必须突出
和紧密围绕广场开业主题，做到各方资源有效整合，排期合理，达到宣传效果
的最优化。

（1）商业公司媒体宣传计划：×××　×××负责

（2）项目公司媒体宣传计划：×××　×××负责

（3）主力店媒体宣传计划：×××　×××负责

（4）步行街商家宣传计划协调：×××　×××负责

3. 开业前三天、后三天媒体排期表（略）

十五、开业日庆典暨促销活动

11：00～12：30　亮彩环节

18：00～18：40　亮灯环节

18：40～20：00　广场晚会

××月××日～××月××日　促销活动（略）

三、运营期营销推广

运营期营销推广与开业前的招商营销推广和开业营销推广都有所不同。如果说招商营销推广的目的是为了招商，是为了完成招商签约的任务，而开业营销推广是为了对商业项目进行整体形象推广，那么运营期营销推广则除了对商业运营管理服务进行推广，还要对商品和服务提供推广服务；就推广的对象，招商营销推广的对象是潜在商户，而开业营销推广和运营期营销推广的对象都是顾客；就推广的策略，招商营销推广采取的是搭建招商平台，开业营销推广采取的是制订适应从蓄势、造势到整体引爆广告、活动的组合营销推广的策略和方式，而运营期的营销推广则包含了广告营销、活动营销、体验营销、网络营销等全方位的营销策略和方式。

（一）营销策划

1. 推广目的

运营期的推广目的，是满足并引导消费者的需求，满足商业运营的需要。

首先是满足消费者的需求，然后是引导消费者的需求，随之根据消费者的关注项，策划改进商业运营管理和服务，并把改进的管理和服务的信息和效果传导给广大的消费者。一系列策略和行为的作用，都在于为了满足消费者的需要，全面满足消费者的需要，无论是视觉的、听觉的、嗅觉的、触觉的和行为的。

2. 推广对象

核心商圈、次级商圈及更广阔区域的消费者。

3. 推广依据

（1）通过市场调研，所获取的消费者的一般需求；

（2）通过消费者满意度和关注度调查，所获得的消费者关注热点；

（3）项目的业态优势、品牌形象和经营特色；

（4）商业经营的特征，如季节性特征；

（5）培育期、成长期和成熟期商业运营对于不同经营要素的培养重点，如客流量、提袋率、交易走量等。

4. 推广主题

根据项目的商业定位、业态组合和品牌结构，根据商业功能特点，确定推广主题。

同时，要根据不同阶段特定的推广目的和要求，如重大节日活动、店庆日活动、季节促销、专题促销、公益活动等特点，不时地推出新的推广主题。

但核心的推广主题，永远要围绕着项目本身的商业定位。

5．推广期

运营期营销推广涵盖了运营期的整个过程。但每一个阶段或者每一个主题的推广期则根据具体推广的需要来确定。

6．推广的策略和实施

运营期营销推广应采取十分丰富的手法，如广告营销、促销营销、活动营销、网络营销会员营销以及体验营销等。

目前，活动营销是比较常见的营销手法。但是，也有不少的商业项目由于缺乏营销策划和营销评估，以致相当一些活动是为活动而活动，强调了活动本身，但忽视了活动举办是否真正具有价值。

应该说，体验营销更符合商业经营的本质要求，应该在商业运营管理中越来越多地呈现出来。

7．媒体选择

同样，也根据推广策略来确定。

（二）年度营销推广方案的制订

我们以某商业项目年度营销推广方案为案例，来讲述年度营销推广方案应该是如何制订的。

1．概述

（1）概念

"按照一年四季四个系列来进行，以四个季节消费特征来定义四个季节的主题，以'无限欢乐'为形象推广基础，溶入感情营销概念，拉进与消费者的距离，培养消费市场对本广场的消费惯性。所以本年度业广场企划推广LOGO由无限欢乐从'尽在'递进到'情系'串起全年四季的一系列主题活动。主旨在于让本地及周边消费者通过在本广场消费真正得到吃喝玩乐的一站式消费满足，同时在消费者心目中逐步建立来本广场的稳固消费习惯，让消费者对我们逐步建立消费感情。"

采用感情营销手法，将无限欢乐从"尽在"递进到"情系"，以稳固消费者对该项目的感情认同。

（2）年度预算

全年度从第一季度到第四季度，用报纸、电视、电台、户外、网站、DM单等媒体广告和活动宣传，测算费用。

2．营销背景

该案列举了三点：经营态势良好；消费者已经认知和认同；需要提高顾客忠诚度。

3．优劣势分析

（1）优势

凸显地利；业态丰富；消费环境及功能完整。

（2）问题

购买力有差距；形成区域市场强势地位仍需时日。

4．推广主题和整体推广策略

"1．年度推广目标：带动客流增长、传递经营特色、提升品牌知名度

2．推广定位：

（1）主题形象定位：

以四个季节主题贯穿年度推广全过程，展开推广活动。体现广场的时尚发布中心、购物中心、休闲体验中心、餐饮美食中心的特点。体现'无限欢乐'。

（2）季节主题定位：

第一季度：春暖花开；第二季度：盛夏之约；第三季度：秋韵畅想；第四季度：腊冬暖庆。

围绕以上季节主题，展开不同季节的推广活动、宣传推广、气氛布置。

（3）推广活动策略：

①以季节主题、月主题为指导展开活动推广。

②整合主力店活动带动专业店商户，形成内部资源整合优势，以全业态、众多品牌整容冲击消费市场和竞争对手。

③整合社区、大学生、各类社会协会活动以及蒙牛、可口可乐等大品牌活动资源，将以上活动资源引入广场，形成现场活动层出不穷的效果，同时降低活动推广费用。

④以业态、品类为单位，提前一个月整合下月专业店商户推广活动和场地使用计划，形成以业态、品类为主题的推广月和推广周。以展览展示、特卖场、品牌推介、现场互动的形式促实现商户销售额与人气的共同提升。

⑤推广活动重点场地为广场双子核中庭，主要以周末、节假日为重点。组织安排促销和热场活动。

（4）宣传推广定位：

本年度宣传推广工作以电视广告、电台广告、自有网络平台为重点，选择2家重点报纸进行促销与品牌宣传。减少户外大型广告的投放计划，充分利用点对点公交车身广告进行品牌宣传。

①宣传对象：市区及周边消费群体

②媒介选择：电视、电台、报纸、户外广告、网站

③电视广告：选择本市电视台一套、四套黄金时段发布5秒、15秒形象广告。

发布频次：每天

开业后，传播对象转变为：以消费市场为主体、兼顾商家市场。

电视是塑品牌形象较快速的媒体之一，也是消费者认知市场的一个较大众途径。因刚刚进入本地市场，需要主打一套、四套，以5秒、15秒形象广告进行循环滚动播出，能够令消费者熟记其品牌，提高认识度。所以在资源分配的份额中占较大比重。

其中专题栏目的运用能够在熟记品牌的基础上再形成良好的品牌认知，是整合中的一个必要元素。选择与电视台合作开办《××××》栏目，以业态、主力店、秀生活步行街为类别进行消费导购和品牌提升。同时加入黄金时段品牌和促销广告。增加商业广告的可观性与文化性，与竞争对手广告形成差异化投放。

④电台广告：

选择××××频道、××××频道黄金时段发30'形象广告。

发布频次：每天

广播是当地发展较迅速的媒体，其低价优势，随着栏目发展的成熟，和一些被百姓热切忠实的目诞生，演变成为一个传播信息的优良载体。所以阶段性选择一个电台广播媒体配合，与电视和报纸媒体形成长线的呼应。

⑤报纸广告：

每周发布一次促销推广广告。

版式：彩色半版

今年报纸媒体主要以促销信息为主，形象广告为辅，主要选择当地两家主流报纸《××××报》和《××××报》，减少其他报纸投量。

⑥户外广告：

在××××××××发布大型三翻牌户外楼顶广告一块（发布期一年）。

⑦网站传播：

建立××××××广场网站，并实现百度等搜索引擎实名搜索功能，并积极与联商网、中国购物中心产业资讯网以及当地门户网站建立链接。

（5）全年气氛布置方案

企划部根据每季度主题进行气氛布置，全年四次全面形象更换，增强主题形象传播。第一季度：春暖花开，主题元素为红色；第二季度：盛夏之约，主题元素为蓝色；第三季度：秋韵畅想，主题元素为金色；第四季度：腊冬暖庆，主题元素为粉色。"

确定了年度推广主题和四季推广主题。以季节主题为指导推动与主力店商家整合营销、社区营销、主题活动和促销。以电视、电台、报刊、户外广告、网站进行宣传推广，并以四季主题为核心进行美术陈列布置。

整个思路清晰，目标明确，主题鲜明，围绕主题进行的推广、宣传和环境布置，干枝清楚，层次鲜明。

5. 各季度、各月度营销推广实施方案和媒体投放计划

实施方案列表完整描述了每个活动和宣传的主题、名称、时间、地点、活动及宣传的内容、特点及费用预算。

媒体投放计划列表应描述每种媒体投放的详细计划和费用预算。

（三）营销推广活动的事后评估

营销推广活动方案实施之后，应当进行评估。

评估的内容包括：

（1）费用的评估

应对预算费用与实际费用进行比较、分析，超支的说明；在费用评估中，应按照媒介宣传费、美工制作费、活动促销费、费用回收等各项进行归类评估。

（2）营业额和营业坪效的评估

对活动前营业额和营业坪效与活动中营业额和营业坪效进行对比分析。

（3）客流的评估

对活动前的客流和活动中的客流进行对比评估。

（4）媒体效果运用的评估

对媒体投放的时间、形式、媒体选择等进行评估。

（5）美术陈列的评估

对美术陈列的创意、美感、时间、工作量、顾客满意度等进行评估。

（6）对同业反应情况进行分析。

（7）提出活动成效、不足以和改进方法。

四、媒介及对外宣导

媒介及对外宣导包括对项目所在地的媒体环境进行全方位市场调研，建立对外宣导网络，开展对外宣导业务等，是营销推广的核心业务工作之一。

（一）媒体调研与选择

1．媒体的调研

媒体所谓调研和选择应立足全国或更大范围内的媒体市场环境，着重区域及当地的媒体市场。以主流媒体为主，重视行业性较强的媒体，不排除其他媒体的宣传可能。

媒介调研工作的方向和重点是：

（1）区域及当地媒介的种类、特点，优势及劣势分析；

（2）不同规格的刊例价、折扣价；

（3）发行量或收视（听）率；

（4）各类媒介受众群体、辐射范围、专业侧重方面；

（5）目标顾客的媒体习惯；

（6）主流媒体、次主流媒体、行业内媒体、一般媒体的划分和市场份额及价值分析；

（7）同行业的媒体策略和媒体组合；

（8）新兴媒体特色优势。

媒介分类主要有：

（1）报纸、电视、电台、互联网、电信、画册、杂志、宣传单、礼品等；

（2）平面广告媒体（车体广告、户外招牌、广告宣传栏、布幅、吊旗、服装、导视牌）；

（3）网络媒体。

2．媒介的甄选和与营销策略的结合

媒介的甄选，应服务并服从于营销策划，并与宣传推广的主题、对象、内容、特点等要求进行结合。

（1）从报纸、电视、电台、网络、杂志、电讯等媒介或平面广告载体中选择适合整体营销策划，并符合营销推广策略的媒介类型，进行科学选择，达到最优要求；

（2）依据媒体调研，在媒介类型选择的基础上，应重点选择主流强势媒体，如报刊选择发行量大、覆盖面广、客户层全、影响力高的报刊或专业报刊，以及适宜的时段和版面。电视台、电台选择主流栏目、黄金时段等；

（3）报刊、电视台、电台应尽量实行多家备选；

（4）可以把握当地各种商业展会、大型活动等时机借势造势，借用各种媒介，以最经济的投入达到最佳效果。

3．媒体计划和营销策划推广方案的结合和深入

（1）媒介是营销策划推广方案向外传播的载体，媒体计划是实现营销策划推广方案的一个组成部分。一定要解决好媒体计划和营销策划推广方案的主从关系；

（2）媒体计划和推广方案在营销策略过程中必须有机结合，强有力的宣传为推广打好伏笔，有效的推广活动将带动后期媒体的深入；

（3）在招商营销推广工作中，举办各类招商主题活动或企业推广活动，选择活动地点、时间、目标客户群，应当邀请当地媒体；

（4）在开业营销推广工作中，根据不同阶段，利用电视、电台、报纸等大众媒体强力进行多方位媒介宣传；

（5）在招商营销推广、开业营销推广和运营期营销推广中，可以设计制作各类平面广告宣传方式，利用广泛传播形式进行推广；

（6）以企业和项目整体VI为基础，结合商业项目的营销策略及本地商业文化特点，在媒介运用中对基础VI进行适当延展，以符合商业形象的建立和推广。

4．对媒体选择和运用的控制

（1）广告媒体合作单位的选择、合作条件与价格的确定、广告投放等；

（2）对外广告、新闻稿、软文、广播稿、电视宣传片等发布的内容、形式、发布的时段、版面以及费用预算、相关合同等文件，尤其是涉及对外形象宣传的事项，应当按照企业品牌管理和成本控制的要求履行评审和审批；

（3）企业财务管理部门及派出机构应稽核媒介运用工作，重点对广告合同的条款、补充协议等进行审核；并对媒体发布后是否与合同一致，是

否发布在指定版面、时段等进行核验。

（二）对外宣导实施

1．媒体宣传委托代理

（1）可根据需要寻求最佳媒体代理，招标或协议，订立定期或年度媒体发布代理合同；

（2）一般媒体广告由应有营销推广部门提出构思和方案，代理商制作相关效果图，经相关程序审核批准后发布；

（3）依照合同，定期与媒体代理商结算发布费用。

2．户外广告规划、制作和发布

（1）根据宣传推广需要，由营销推广部门规划，拟订户外广告的地点，创意等，逐级按流程上报审批；

（2）根据审批确定后的方案联系发包户外广告制作公司，确定实施时间和具体方案；

（3）按照确定的方案，委托合适的机构予以发布；

（4）应定期检查和监督户外广告发布状况，作出评估。

3．电视片等大型制作

（1）营销推广部门根据需要，寻求合作机构，与对方沟通需求，一般要求提供电视片脚本及报价，通过招标或协议确定合作机构；

（2）合作机构确定后，将制作脚本及报价逐级按流程上报审批后开始制作发布；

（3）广告片通常为5分钟宣传片及15秒、5秒广告片；

（4）营销推广部门验收合格后结算发布费用。

4．印刷品制作

（1）营销推广部门根据印刷品的品项和要求明确创意并进行设计，经审批流程后制作；

（2）根据合作的要求，长期合作的印刷制作单位，须经过招投标或价格比价，确保品质及合理价格；

（3）根据营销推广部门的创意由印刷厂制作彩稿交相关部门审核；

（4）按照核定的意见修改稿件，同时委托制作；

（5）将制作完成的印刷品送交使用部门验收。

5．媒体费用结算

（1）媒体费用结算必须符合企业财务及相关规定；

（2）媒体费用结算时应将稽核部门的意见作为付款的重要依据；

（3）媒体费用结算时应确定相应的扣款项目，如刊登的内容、形式、版面、时段有误或合同不相符合的，平面媒体破损、质保期间不合格的，均应扣除一定比例的款额。

6．负面新闻报道处理

（1）在与媒体单位合作时，应对其信誉度进行评审，并在合同中明确规定，不得出现有损企业声誉的行为；

（2）在负面报道未成事实前，应启动危机预案，第一时间与媒体方面取得联系，及时跟进和控制事态的发展，避免负面报道的发布；

（3）在负面报道无法挽回或突发既成事实时，应立即采取补救措施，及时把负面影响降到最低程度，直至消除负面影响；必要时可邀请公正、权威性机构的帮助，确保社会公众对企业的信任。

（三）媒体投放应注意的事项

（1）开业前媒体宣传推广须根据开业时间确定广告的最佳投放时间，原则上为开业前10个月启动；

（2）开业庆典举办前1个月，须加大媒体宣传推广的密度；

（3）报刊媒体发布时间与活动举办时间间隔原则上不超过5天，最后一期广告应在活动前2天刊出；

（4）电视、电台媒体投放应关注的时段、频次，并反复强调具有吸引力的内容及活动的时间、地点，或推出商业管理品牌形象。

表4-18-1～表4-18-3为某商业项目编制的媒体投放计划。

某商业项目报纸媒体投放计划

表 4-18-1

×××××× 广场 ×××× 年第一季度报纸媒体投放计划										
	时间	2月1日	2月15日	小计	3月1日	3月15日	小计	4月5日	4月19日	小计
××晚报	版面	封底版半版彩色	封底半版彩色		封底半版彩色	封底半版彩色		封底半版彩色	封底半版彩色	
	刊例价	64000	64000		64000	64000		64000	64000	
	折扣	4.5	4.5		4.5	4.5		4.5	4.5	
	净价	28800	28800	57600	28800	28800	57600	28800	28800	57600
	合计：									172800
	时间	2月8日	2月22日	小计	3月8日	3月22	小计	4月12日	4月26日	小计
×××报	版面	封面半版彩色	封面半版彩色		封底版半版彩色	封底版半版彩色		封面半版彩色	封面半版彩色	
	刊例价	50000	50000		50000	50000		50000	50000	
	折扣	4	4		4	4		4	4	
	净价	20000	20000	40000	20000	20000	40000	20000	20000	40000
	合计：									120000
第一季度报纸费用合计										292 800

某商业项目电台媒体投放计划　　　　　　　　表 4-18-2

××××××广场××××年第一季度电台媒体投放计划								
	月份	套播广告	频次	时长	刊例单价	折扣	净价	合计
××电台 交通音乐 频道	2 月	整点报时前后	10 次 / 天	30′	3160	3.5	1106	8848
	3 月	整点报时前后	10 次 / 天	30′	3160	3.5	1106	8848
	4 月	整点报时前后	10 次 / 天	30′	3160	3.5	1106	8848
	合计：							26544
	月份	套播广告	频次	时长	刊例单价	折扣	净价	合计
××电台 经济娱乐 频道	2 月	整点报时前后	10 次 / 天	30′	4360	3.5	1526	12208
	3 月	整点报时前后	10 次 / 天	30′	4360	3.5	1526	12208
	4 月	整点报时前后	10 次 / 天	30′	4360	3.5	1526	12208
	合计：							36624
第一季度电台费用合计								63 168

某商业项目电视媒体投放计划　　　　　　　　表 4-18-3

××××××广场××××年第一季度电视媒体投放计划									
	月份	节目内容	广告类型	播出时间	时长	刊例单价	折扣	净价	天数	合计
××电视台 ××××频道	2 月	《×××××》	插播 1	18：15	15′	5600	2	1120	4	4480
		电视剧	特约	20：03	15′	6600	2	1320	4	5280
		小计：								9760
	3 月	《×××××》	插播 1	18：15	15′	5600	2	1120	4	4480
		电视剧 A1	特约	20：03	15′	6600	2	1320	4	5280
		小计：								9760
	4 月	《×××××》	插播 1	18：15	15′	5600	2	1120	4	4480
		电视剧 A1	特约	20：03	15′	6600	2	1320	4	5280
		小计：								9760
	总计：									29 280
	月份	节目内容	广告类型	播出时间	时长	刊例单价	折扣	净价	天数	合计
××电视台 ××××频道	2 月	电视剧 A2	特约	20：00	15′	4700	2	940	4	3760
		××××××	插播 1	21：40	15′	9400	2	1880	4	7520
		××××××	插播 3	21：55	15′	9400	2	1880	4	7520
		小计：								18800
	3 月	电视剧 A2	特约	20：00	15′	4700	2	940	4	3760
		××××××	插播 1	21：40	15′	9400	2	1880	4	7520
		××××××	插播 3	21：55	15′	9400	2	1880	4	7520
		小计：								18800
	4 月	电视剧 A2	特约	20：00	15′	4700	2	940	4	3760
		××××××	插播 1	21：40	15′	9400	2	1880	4	7520
		××××××	插播 3	21：55	15′	9400	2	1880	4	7520
		小计：								18800
	总计：									56 400

××××× 广场 ×××× 年第一季度电视媒体投放计划											
	月份	节目内容	广告类型	播出时间	时长	刊例单价	折扣	净价	天数	合计	
×× 电视台 ×××× 频道	2 月	×× 影院	插播 1	21：00	15'	5800	2	1160	12	13920	
	3 月	×× 影院	插播 1	21：00	15'	5800	2	1160	12	13920	
	4 月	×× 影院	插播 1	21：00	15'	5800	2	1160	12	13920	
总计：										41 760	
第一季度电视媒体费用合计										127 440	

五、美术陈列布置

商业区域美术陈列布置划分为美术陈列点位规划、美术陈列主题提炼、美术陈列展现设计。

（一）美术陈列点位规划

项目规划阶段，应形成美术陈列点位总体规划和核心点位规划，主要是以下几个部位，并进行载荷设计以及重要的结构参数设计。

（1）中庭；

（2）采光廊；

（3）连廊；

（4）外广场中心广场。

工程建设阶段，应形成完整的美术陈列点位规划，在整个商业区域形成层次清晰、错落有致、在客流视觉引导和行为引导发挥作用的美术陈列体系。点位图中清楚标明各点对于强弱电等工程项目的预埋要求。

（二）美术陈列主题提炼

美术陈列主题提炼，开业的美术陈列提炼应在开业前8个月前完成；运营期的美术陈列主题提炼应在年度营销推广方案制订时完成。美术陈列主题提炼应以项目推广主题为依据，其层次包括：

1. 反映项目定位的主题

2. 反映项目阶段性推广的主题（图4-18-1），例如：

（1）季节主题；

（2）自然与环境主题；

（3）异域风情主题；

（4）特色人文主题；

（5）虚幻空间主题；

（6）怀旧经典主题。

图4-18-1　美术陈列主题的表现手法

（三）美术陈列展现设计

1．美术陈列元素

在美术成列主题提炼的基础上，挖掘美术陈列的表现元素，例如：

（1）色彩；

（2）灯光照明；

（3）装饰、道具。

2．美术陈列的美学原则

单纯齐一；对称均衡；调和对比；节奏韵律；多样统一。

（四）美术陈列布置的管理

1．环境美术陈列布置方案的制订

环境美陈布置方案，应该经由企业品牌管理部门、计划管理部门、成本管理部门、商业专业业务管理部门进行评审，并获得批准方能实施。

2．环境美术陈列布置的实施

（1）对环境美术陈列布置工作的合作单位，应依据合同要求定期进行评估。评估内容为：合作供给价格、合作过程中的服务、合作过程中的其他性配合、合作期间的完成情况等。

（2）应定时巡视环境美陈，确保其完整、美观、符合时宜。有巡视的工作记录。

六、活动营销

无论是开业前营销推广，还是运营期营销推广，在整合营销策划和执行中，活动营销是主要的推广方式。

（一）活动营销概述

活动营销（Event Marketing）是指通过介入重大的社会活动或整合有效的资源策划大型活动而迅速提高项目及其品牌知名度、美誉度和影响力的一种营销方式。在这种营销推广方式中，其载体就是活动。

活动营销不但是集广告、促销、公关、推广等一体的营销手段，也是建立在品牌营销、关系营销、数据营销的基础之上的全新营销模式。

相对于单纯的媒体传播和广告来说，活动营销至少具有以下两大优势：

（1）变被动为主动

在消费者看来，单纯的媒体传播和广告都是被动地接受，而公关活动，更多的是吸引目标受众主动参与，通过体验，更多了解产品和品牌信息。

所以，活动营销的传播达到率更高，效果更好，更有利于将项目信息和品牌信息传递给目标受众，并最终达到促进推广的目的。

（2）零距离接触消费者

单纯的新闻传播和广告都需要广告载体实现与消费者之间的对接，而活动营销则是直接与消费者沟通。

此外，活动营销在与受众的互动性和媒体运用两方面，都表现出很大的优势。

就互动性而言，活动营销建立了比较系统和完整的互动机制和有效的反馈机制，不仅可以树立自身的品牌形象，还可以系统开发产业链。

就媒体运用而言，活动营销强调有效整合全媒体以求极大限度的提升注意力以树立其品牌。活动营销不仅有效利用了各媒体，而且也有效地整合了媒体，活动促成了全媒体的融合，全媒体的整合也使活动营销上升到了更高的层次。

下面我们就某商业项目开业活动的策划和实施，展现其活动营销的内容。

（二）活动营销的案例

某商业项目开业活动的策划案

活动一：

以"浩瀚苍穹，永恒时光"为主题，在开业日分两日，在中庭和通廊安排"我们的院落记忆"、"电竞达人Show"、"活体艺术雕塑"和"Cosplay"四个活动。

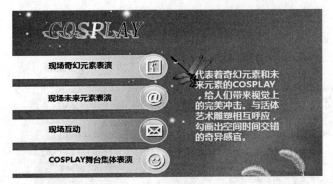

Cosplay活动方案

活动二：

在开业当日和开业七日后，与××卫视合作，进行该电视台××××栏目的现场表演。

为在2014年12月××××广场开业之际形成热议话题，寻找新闻点进行大面积宣传。经于××卫视《××××》栏目及××公司指定代理公司××××广告有限公司协商，计划于12月下旬到次年元月假期，在××××广场中庭进行××卫视《××××》节目地面录制明星见面会活动，具体内容参考如下：

一、　活动梗概：

1. 时间：第一场2014年12月24日晚间2小时左右

第二场2015年1月1~3日任一天晚间2小时左右

两期基本在12月到元月内播出。首播1次，重播1次。

2. 地点：××××广场中庭

3. 栏目形式：××卫视《×××××》播出时间每周日××：××-××：××，××卫视重播和相关战略合作媒体播出由各媒体自行编排播出。邀请明星嘉宾（录制一周前确定）到现场进行演唱等表演，与歌迷及观众进行互动。栏目播出内容组成：45分钟明星宣传真人秀+15分钟演唱会精华。明星主持阵容：××（××冠军）、×××（××卫视知名主持人）。

二、商管公司需筹备事宜：

1. 前期与当地文化、城管部门进行大型活动审批手续并承担相应费用。

2. 提供活动场地用电及用电设备增置（约150kW左右，电源有效距离在离舞台60m的范围内）、安保、区域隔离防护等现场支持。

3. 商管公司可在录制地面活动前期进行少量的媒体宣传。如因前期宣传导致现场观众过多，安保难以维持秩序，造成政府相关部门或宝龙方叫停活动，一切损失栏目组不负责。

4. 本次演出为免费演出，不能印制带金额的票券，但商管公司可进行观众入场的筛选。

三、栏目组给予的回馈

1.《××××》栏目组负责舞台搭建、艺人邀请、拍摄等录制工作及以上商管公司负责内容外的所需相关费用。

2. 栏目组保证一场地面活动的观众人数达到8000人以上规模。

明星场外拉票

3.《××××》栏目组节目中给予商管公司在明星真人秀环节场地口播（不低于3次）宣传，并根据项目节目需求适当结合指定场地宣传点进行拍摄。

4.《××××》栏目组在节目中给予项目片尾鸣谢（LOGO、场地名称）主持人口播场地名称。

5.《××××》栏目组负责拍摄期间自身人员安全工作。

6. 员工上台与明星互动，可以提是××公司员工。

7. 栏目组给予城市、企业相关宣传海报、宣传单免费门票及门票广告等。

8. 节目中给予城市、企业在××卫视《××××》栏目片

演出盛况

尾鸣谢企业（LOGO或场地名称）。

9. 现场部分允许××公司在现场（除舞台周边，观众席区域）进行横幅以及其他方式的广告（即：观众席充气棒，观众入席路线牌的形式进行宣传。注：宣传条幅悬挂位置及充气棒、引路牌的尺寸由栏目组指定）。

10.××卫视、××卫视国际频道、××卫视等重播，××卫视官方网站××网、栏目演唱会全程同步视频播放及相关宣传报道。

11.战略合作推广媒体：（5大门户网站）：百度、腾讯、新浪、搜狐、网易、（3大视频网站）：土豆视频网、优酷视频网、酷6视频网、湖南卫视娱乐无极限、暴风影音、天涯社区、开心网、迅雷看看、完全娱乐网、西祠胡同、TOM娱乐网、快乐8、旅游频道等相关视频播出、宣传报道以及当地电视、报纸、电台、网络相关新闻宣传报道。

四、费用预算

活动总费用为：××万元人民币两场。

费用包括：除××公司前期自行的媒体宣传（纳入开业前后日常宣传推广计划）、大型活动当地审批、用电及用电设备、安保防护等费用外，其他均由商管公司支付。

七、会员营销

会员营销是一种基于会员管理的营销方法，商家通过将普通顾客变为会员，分析会员消费信息，挖掘顾客的后续消费力汲取终身消费价值，并通过客户转介绍等方式，将一个客户的价值实现最大化。与传统营销方式在操作思路和理念上有众多不同。

会员营销原本是零售商使用的一种营销方法。但商业运营管理中，也逐渐在采用，但是在用其形还是用其神的问题上，是值得深入探讨的。

（一）会员营销的概念和原理

会员营销，就是通过发展会员，提供差别化的服务和精准的营销，提高顾客忠诚度，长期增加企业利润。其主要功能是通过会员积分、等级制度等多种管理办法，增加顾客黏性和活跃度，用户生命周期持续延伸。

作为零售商来说，通过会员营销可依次形成如下营销功能：将普通顾客转化为会

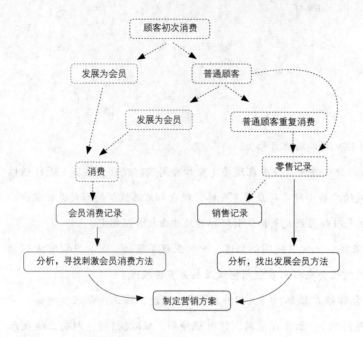

图4-18-2 会员营销过程示意图

员、刺激会员反复消费、促成转介绍（图4-18-2）。

1. 开展会员营销的目的

（1）了解顾客；

（2）了解顾客的消费行为；

（3）根据会员信息和消费行为将会员分类，进行更加针对性的营销和
关怀；

（4）自己的会员就是最好的宣传媒体；

（5）将促销变为优惠和关怀，提升会员消费体验；

（6）提升客户忠诚度。

2. 会员营销的经营指标

（1）首购单价；

（2）复购率；

（3）复购客单价；

（4）转介率。

3. 实行会员营销的管理行为

（1）记录会员基本信息，例如姓名、性别、电话号码、生日、电子邮
箱等。

（2）记录会员的消费记录；

（3）建立会员的历史档案；

（4）不断与会员进行互动，给予客户关怀；

（5）对会员进行分组，划分等级，开展针对性营销；

（6）进行客户分析，尤其是其消费分析；

（7）进行销售分析，尤其是会员热销商品的分析；

（8）预测未来热销的商品，调整进货，有效减少库存积压。

（二）会员营销在商业运营管理过程中的运用

会员营销的精髓，不是销售，不是促销，更不是推销。

会员营销的精髓有两个，一个是根据统计原理，掌握消费者的基本情况，掌握消费过程、习惯、偏好，是一种最为有效地掌握消费市场动态的方法；一个是现代市场营销手法即给予消费者巨大的情感关怀。

这就给我们提出了一系列问题。

（1）当我们利用会员营销掌握了一定数量的消费者个人信息时，我们是否真正运用好了这些信息，还是把它们当成无足轻重的一般信息，刀枪入库了？

（2）当我们利用会员营销掌握了这些消费者的消费记录，我们是否真的认真分析了这些消费记录，从而掌握了顾客重复消费的数据，掌握了顾客的消费过程、习惯和偏好，还是把这些重要信息当成了废纸？

（3）当我们掌握了这些顾客的信息，我们多大程度上采取了积极行动，给予这些消费者以不断的、密切的联系，还是把他们当成来去匆匆的过客？

如果我们把会员营销取得的一系列数据和信息作为了最宝贵的资源的时候，那么，我们的会员营销就已经取得了重要的成果。

如果我们仅仅是在卖卡，或者只是站在推销或促销的角度对待和评价会员营销，作为商业运营管理，我们是失败的。

（三）会员营销的一般方法

下面我们通过某商业项目会员营销的案例，介绍一下会员营销的一般方法。

××××××广场会员管理办法

1．目的

为加强会员制的管理，明确相关部门的责任和工作流程，使会员制能够有条不紊的开展，达到为广场创造良好的经济效益和社会效益的目的，特制订本办法。

2．要求

2.1　××××××广场会员入会办法

2.1.1　会员卡类别：尊享卡、乐享卡、畅享卡

2.1.2 会员卡申办条件

会员卡类别	申办条件	
	申办当日	申办当月
畅享卡	消费满 100 元	消费满 1000 元
乐享卡	消费满 1000 元	消费满 3000 元
尊享卡	消费满 3000 元	消费满 10000 元

3. 会籍制度

3.1 办理手续

申办××××××广场会员卡需持消费购物小票及本人有效证件至会员中心，按照规定填写会员申请表，每人仅限办理一张会员卡，同一身份证号申请的会员卡只会保留最新办理的一张，其余的将被注销。

3.2 积分有效期

会员卡积分有效期为一个自然年（办卡首个自然年份统计以办卡日至次年12月31日为周期）；积分于次年的1月1日自动清零。

3.3 会员卡升级制度

会员卡类别	升级制度
乐享卡	银行累计消费 6000 元 / 年
尊享卡	银卡，金卡累计消费金额达 20000 元 / 年

会员卡升级办法：

3.3.1 长期累计升级：条件如上表，会员中心定期查询满足升级标准的会员，同时会员可亲至会员中心进行升级等级。会员中心将以信息形式通知会员领卡。

3.3.2 当日或当月消费升级：升级条件与新卡申办一致。

3.3.3 会员领取升级卡后，就卡将收回。

3.4 会员资格有效期

截止为一个自然年，会员卡消费记录累计消费不足500元，将取消其会员资格。如需再次使用，选正常办卡条件重新申办。

备注：

1）办卡首个自然年统计以办卡日至次年12月31日为周期。

2）会员资格取消后，会员卡将无法进行积分及参与其他会员活动，如需享有积分及其他会员权益，需按入会条件重新办理。

4. 会员卡使用

4.1 积分比例:

积分比例	业态范围
1元 = 1分	化妆品类、服装服饰、鞋包皮具、家居生活、食品
10元 = 1分	餐饮
30元 = 1分	美容美发、超市、数码音响、配套服务
不参加积分	影院、冰场、电玩、其他业态（详询店内）

4.2 积分规则

4.2.1 会员卡现场激活后，当日办卡产生积分可记录在卡内。

4.2.2 会员在商场购物结账前，需提前出示会员卡进行消费积分记录。

4.2.3 积分是记录会员消费的唯一依据，也是兑换和延续会员权益的主要凭证。

4.2.4 持有效机打购物小票可在一个月内进行补录积分，逾期作废，不同会员卡之间积分不可累积使用。

4.2.5 购物小票金额按积分比例兑换后，四舍五入取整录入积分，消费金额不足积分要求的，不予积分。赠券、礼券等特殊消费不参与积分。

4.2.6 在××××××广场商户消费的机打购物小票是用于申领新卡或进行积分的必要凭证，发票不作为申领新卡或进行积分的有效凭证。

4.2.7 已积分的机打购物小票不可再办理新卡，以机打购物小票上的印章为准。

4.2.8 会员卡内积分有效期为一个自然年，即1月1日～12月31日，次年1月1日会员④⑤积分全部清零。

4.3 积分换礼

4.3.1 持××××××广场会员卡消费积分，可参与年末××××××广场大型积分兑换活动以及不定期主题积分换礼活动。积分换礼时，需会员配合提供本人有效证件及会员卡，不可为其他会员进行代办。

4.3.2 积分兑换依据先进先出的原则（即最先得到的积分先消耗），原则上实时更新会员积分。

4.3.3 礼品现场一经兑换后，不予退还且积分不做退还。

4.3.4 积分回馈活动具体时间以宣传日期为准。积分兑换礼品明细（包含各项礼品、服务或抵用券等）及兑换标准、兑换规则以兑换当时最新的活动公告或目录为准。

4.3.5 所有兑换项目数量有限，兑完为止，先换先得。同时
××××××广场保留以同等价值或服务替代已兑完礼品的权利。

5. 会员权益

会员权益	畅享卡	乐享卡	尊享卡
品牌折扣	—	9.5~9.8折	9.0~9.5折
	说明： 1. 具体折扣信息详询店内××××××广场官方网站公示。 2. 特价商品及部分品牌商家有声明不参加折扣活动的，请留意商户店内说明。 3. "××卡"与商户自身会员卡不能同时使用的情况，具体以商家的商品政策为主		
积分换礼	××××××广场举办积分换礼活动期间，会员通过扣减卡内积分，可享受礼品兑换回馈。（具体积分换礼标准以商场活动为准。）		
停车优惠	当日消费满100元可兑换1小时免费停车券，每卡每日最多免费停车3小时		
	说明：满100元免1小时停车费活动需凭当日消费小票及本人会员卡，至问讯处领取免费停车券，此券限当日有效		
会员活动	会员可专享多倍积分、生日礼遇、特享商户折扣等促销活动，及项目不定期举办的会员互动活动，具体以实际活动为准		
信息速递	凡××××××广场举办的各类主题活动，会员活动、商户促销等活动，会员将优先收到以手机短信，电子邮件或杂志刊物等形式的通知		
VIP礼遇	—	—	享有会员中心办理业务服务、会员活动优先参与权、VIP会员活动、礼品免费包装等

6. 其他

6.1 会员卡折扣及积分

6.1.1 ××××××广场会员卡仅限本人使用，在购物时请
主动出示会员卡以便获得相应折扣和积分记录。

6.1.2 机打购物小票可在一个月内进行积分补录，会员可至
会员中心进行积分补录操作。

6.1.3 已积分的商品退货，系统将进行积分扣除。

6.2 会员卡补办及更换

6.2.1 ××××××广场会员卡为IC卡，请妥善保管，请勿
折叠和磨损。

6.2.2 如遗失或因保管不善造成损坏时，可凭持卡人有效证
件到会员中心补办新卡，需缴纳10元工本费领取新卡，原卡自动
失效，消费记录转入新卡。如原卡内消费积分超过有效期，新会
员卡不做转换。

6.2.3 会员卡若遗失，请及时进行会员卡挂失业务。因未及
时挂失引起的相关责任由失主自行承担。

6.2.4 请您在申领会员卡时，填写真实有效信息及本人证件

号码,以便在您今后发生会员卡遗失或不能使用的现象时,我们可以通过确认有效证件来核实您的身份,为您进行补卡,换卡等其他服务。

6.3 如会员有违规使用、滥用和恶意使用会员卡或以不正当方式利用会员卡获刑行为,×××××××广场有权取消您的会员资格。

应当记住,推行会员营销,会员个人信息和消费记录是商业运营管理活动中最为宝贵的资源,应搞好管理并充分运用。

(四) 会员营销工作的管理

1. 会员管理的基础工作

建立会员档案和台账,包括联盟商户会员的档案、台账和消费者会员的档案的台账,并随时更新。

2. 会员营销的经营评估

根据会员营销的经营分析成果,进行会员营销评估,修订会员政策和积分政策,并按制度流程履行审批。

3. 会员营销数据信息管理

根据会员消费记录,分析会员消费习惯,将零售记录和会员消费记录进行比对,并统计客户成本、首购单价、复购率、复购客单价、转介绍率等会员营销经营数据。

4. 会员关系维护

按照客户关系维护的方法,进行会员关系维护,接受会员对服务、求助、建议、问询、质疑等各类信息的收集和反馈,并及时处理,有回访制度和记录。

八、营销推广工作的注意事项

1. 信息和需求的搜集

(1) 需要搜集的信息包括:媒体市场情况;竞争对手营销推广动态;市场需求和消费行为;当地文化、民俗特色、公益宣传热点等。

(2) 需要搜集的需求包括:项目整体需要营销推广解决的问题;商户营销推广或促销的需求等。

2. 注意整合各类资源

(1) 整合媒体资源、广告资源和活动资源。

（2）整合商户资源，尤其包括主力店自身的营销推广渠道等资源。

3．制订营销推广方案时的注意事项

（1）应制订推广活动中应急处理预案。

（2）营销推广方案应该经由企业品牌管理部门、计划管理部门、成本管理部门、商业专业业务管理部门进行评审，并获得批准方能实施。

（3）按照企业有关媒介管理的相关规定，进行广告合作企业、平面媒体、电视媒体、网络媒体及其他各类媒体的招标、合作和评价，有工作记录。

4．营销推广方案实施应注意的事项

（1）需要时协调公安、城管、消防等政府部门，完成必要的报批手续；

（2）关注与新闻单位联系确定媒体发布、现场报道等事宜；

（3）注意与参加活动的品牌商、广告公司、演出公司等单位的协调；

（4）关注嘉宾邀请及接待；

（5）对商户相关工作人员就方案和应急处理预案进行必要培训；

（6）活动前注意检查；

（7）加强安全管控，避免出现意外和事故，一定要事先进行活动风险评估。

5．对营销推广方案实施效果进行评估

营销推广方案实施后，应在完成包括费用评估、销售评估、客流评估、美陈评估、媒体效果运用评估、同业反应情况分析和总结等效果评估，按企业规定将评估结果上报。

第五篇

商业运营面临的挑战和变革

20世纪90年代初，刚刚诞生的亚细亚，挑起了一场令世人瞩目的"郑州商战"，引起同业的好奇和追捧。一句"中原之行哪里去——郑州亚细亚"的推广语和广告画面，使无数从未到过郑州的人见识了亚细亚商场那清新典雅的营业大厅及秀美热情的迎宾小姐。

当时，亚细亚以连锁零售经营的形式，对零售业服务、管理、营销理念及方法、手段的大胆尝试令人咋舌。在全国商界空缺明星的20世纪90年代初期，郑州亚细亚当仁不让地补上了这个位置。亚细亚的所作所为被媒体称作"亚细亚现象"。

在亚细亚现象出现的同时，百盛、太平洋、华堂、老佛爷、新世界等纷纷进入中国内地，连锁百货零售迅速击垮了全国各地几乎所有计划体制下的百货大楼。接着，以国美电器、苏宁电器为代表，各种连锁专业零售也横空出世。普尔斯马特、沃尔玛、家乐福、欧尚等连锁超市也开始进入中国内地。

20世纪90年代，连锁商业的横空出世，引发了一场商业革命。

星移斗转，二十年过去，中国发生了许多大事。

房地产的发展引发地租上涨，建立在二十年前地租水平基础上的连锁零售的盈利模式难以为继。二十年租期一到，新的租赁续约条件让承租者们叫苦不迭，从太平洋百货率先退出北京市场开始，大量的连锁百货零售纷纷停止租赁续约。

随着消费形态的升级和演变，集零售、餐饮、娱乐、生活服务各种商业业态为一体的一站式购物中心开始出现。深圳的万象城，上海的港汇广场、正大广场，北京的东方广场纷纷亮相，接着就是遍地开花的万达广场。从20世纪90年代到20年之后的今天，购物中心成为一种新的商业形态。

在此之前，所有的商业都必须以建筑及场地为载体。然而到了今天，一种新的载体诞生了，那就是互联网。通过互联网的线上交易，而无须通过建筑及场地就能完成商品的流通和交换，对于消费者来说交易成本更低，运输更加便捷。互联网线上交易抢占了零售交易相当一部分市场份额，冲击了实体商业。

因此，经过了20年这样一个周期，中国又面临着一次商业革命。

实体商业面临转型和突破。刚刚开始的百货零售和专业零售的购物中心化已经远远不够了。在追求全业态一站式购物中心呈现出同质化的状况下，中粮大悦城创新型业态开始出现；上海K11艺术购物中心进行了主题性购物中心的尝试；各种文创业态横空出世；试图将线上线下交易连通的O2O模式也在孕育当中，各购物中心积极进行将移动互联网作为工具植入到现场服务中来。在挑战面前，商业运营面临着深刻的变革。

在林林总总的创新探索中，如果进行归纳，就是业态创新、商业模式创新、场景创新和服务创新。

一、儿童、体验、集合和"互联网+"——业态创新

集零售、餐饮、娱乐和生活服务各个商业业态曾经是一站式全业态购物中心的标准业态配置，超市、影院、百货引领整个商业项目，人们不问缘由，纷纷效仿之。

之后为了增加客流粘合度，又增加了儿童业态，包括儿童零售，儿童教育和儿童娱乐，以针对学龄前儿童消费客群，用学龄前儿童来带动家长进行消费。

随着互联网线上交易对购物中心零售现货交易的冲击，人们又意识到必须强化购物中心的体验功能，一时间，人们都在谈"体验"。

随着80后、90后新的消费偏好受到关注，新的文创类业态开始出现，各种对零售、休闲、文创、餐饮等各业态和品类进行"混搭"形成的集合店，以至于在商业运营管理中无法对此进行业态和品类的归类。

在零售领域，人们开始挖掘那些需要实体商业的场所进行完成"个性化定制"的零售体验店业态和设计师品牌。

在这里，我们对主要的创新型业态展开分析。

(一) 儿童业态

从业态和品类划分上讲，所谓"儿童业态"是针对特定消费群体即儿童的集合性业态，细分之后归类为零售、教育和娱乐各个业态。

1. 儿童零售

儿童零售包含童装和玩具，它的特点是毛利较高。从承租能力方面评价，儿童零售是不错的选择。然而，童装同男装、女装一样，在现阶段受到很大的市场压力，就交易笔数而言，都不如别的"儿童业态"表现良好。

对于儿童玩具而言，早先上海正大广场玩具反斗城里儿童玩具的销势是很好的，而且直接成了客流引擎。但是最近几年，反斗城在各地购物中心遍地生花，生意就清淡了许多（图5-19-1）。

2. 儿童教育

儿童教育，在国外很受欢迎，但是在国内就不行了。原因在于，在国内应试教育体制下儿童本来就很厌学，到了闲暇时间还要让他继续接受教育，他就更没有耐心。本来是希望由孩子带动家长来购物中心消费，现在原动力都没有了，就失去了意义。北京朝阳大悦城开设了蓝天城（图5-19-2），门票儿童100元，家长50元。本来是作为客流引擎存在的，但是

图5-19-1　玩具反斗城内部场景　　　　图5-19-2　北京朝阳大悦城蓝天城

它对大悦城的客流贡献还是很有限的。

3. 儿童娱乐

儿童娱乐（图5-19-3）是儿童最为喜欢的，毕竟贪玩是孩子的天性。但同其他娱乐业态一样，它运营成本高，毛利率低，承租能力比较差。

（二）体验业态

目前，国内国外都出现许多创新型的体验业态。包括SEGA主题博物馆（图5-19-4）、室内滑雪场（图5-19-5）、娱乐风洞（图5-19-6）、海洋馆（图5-19-7）、室内温室

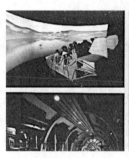

图5-19-3　蚂蚁王国　　　　　　　图5-19-4　SEGA主题博物馆—地球漫步

图5-19-5　室内滑雪场　　　　　　图5-19-6　娱乐风洞

图5-19-7（左）海洋馆图
图5-19-8（右）室内温室花园

图5-19-9　书店

花园（图5-19-8）、书店（图5-19-9）等。

体验业态往往需要高昂的投资和极为苛刻的技术条件，包括对载荷、柱距、层高等。例如一个鲸鱼馆，其静载荷至少需要1000kg/m²以上，如果有企鹅馆，静载荷就需要8000kg/m²。量身定做，这样的技术条件对别的业态没有互换性，其专有用途就需要永久，而消费者对这种特殊业态的热忱又能维持多久呢？

而且往往出现的情况是，功能性越强的业态，其技术条件也是越苛刻的。越不能被别人复制的业态，技术条件是越不能互换的，风险也是越大的。

（三）集合业态

在创新型业态中，产生了一种新的现象，即在一个集合店中，包含了多种业态、多种品类。比如，成都的言几又、方所就既包含了文创业态，也包含休闲业态。在成都远洋太古里的MUJI旗舰店中，既有零售，也有餐饮。

全世界规模最大、品种最全的意大利食品超市Eataly（图5-9-10）在都灵、东京、罗马、芝加哥、圣保罗开店，2015年下半年与老佛爷百货签约，获得法国独家特许经营授权，将在巴黎开店。它倡导"饮食教育"为理念，以餐饮和食品超市为核心，并聚集了包含教育、家居的复合业态。

图5-19-10　意大利食品超市Eataly

下面，我们再来看看天津大悦城骑鹅公社创新型业态的案例。

天津大悦城骑鹅公社创新型业态

一、创意由来：突围购物中心同质化竞争的一次创新

1. 创新经营模式

分析：大悦城品牌的发展历程中，没有过大规模接触、管理创意型品牌和独立设计师的经验，在不改变大悦城原有经营模式的前提下，引入国内创意产业第一品牌疯果作为顾问公司，双方携手打造创意街区。

2. 案名及街区创新

源自瑞典儿童文学作品《尼尔斯骑鹅旅行记》。本书以奇幻、冒险、旅行和自我成长为主题，是经典的儿童必读书目。

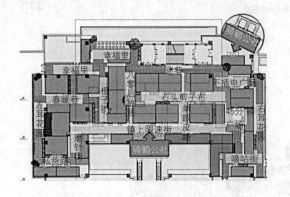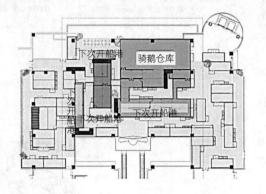

分析：新奇而有趣的备选案名被应用于街区内的街道上，成为开业后被消费者津津乐道的话题

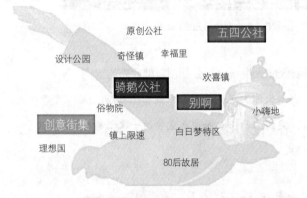

原创公社　　　五四公社
设计公园　奇怪镇　幸福里
　　　　　　　　欢喜镇
骑鹅公社　　别啊
　　　　　　　　小嗨地
俗物院
创意街集　　　　白日梦特区
镇上限速
理想国
80后故居

分析：经过疯果团队与推广部的共同策划，从不同角度编拟了创意街区的案名60余个，最后评选出14个具有代表性的案名，再从内涵、延展性、包容性、受众认同度等维度进行评选，最终确定了街区案名。

二、定位策划：天津最文艺的创意设计、休闲互动体验式街区

1. 紧抓大悦城品牌核心理念

以时尚为内核，并通过环境营造和服务提升向目标客群传达时尚感受

2. 借鉴成功案例，规避同质化

炫丽的外檐形象——水游城；

精致艳丽的美陈布景——水游城、银河；

新奇又快捷的飞天梯——财神道；

动感的室外LED大屏——嘉茂、伊势丹；

"一站式"的业态组合——水游城、万达、银河；

丰富时尚的品牌组合——水游城、银河

分析：如果依靠硬件和商户来表达时尚，那么在市场很难形成对时尚潮流的长期引领，在市场竞争中不易形成独有竞争力。大悦城一直都在被模仿，该如何保持自己的市场地位不被超越？

快时尚带来的思考

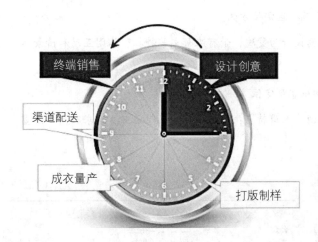

分析：ZARA等快时尚品牌通过极力压缩从设计到销售各环节的时间，形成了引领时尚的品牌地位。如果逆时序建立从创意设计到终端零售的直达平台，同时赋予它休闲和体验式的消费模式，是否可以保证大悦城引领时尚的市场地位？

成功案例借鉴

借鉴元素：

①业态品类与商品品牌应尽力丰富，且有较强的独有性和引领性；

②街区与卖场应有截然不同的风格和营销包装；

③互动、体验、休闲风情是街区的主线和主要卖点；

④不宜设置大面积店铺，主要发展小而精致的独立设计师店面；

⑤所有品牌均需有独立创意的形象和鲜明的品牌内涵；

⑥街区需要独立的招商渠道、运营管理模式和推广概念才能经营成功。

3. 明确街区定位方向

以创意设计为灵魂，带有浓郁文艺特征、休闲互动和情景体验式街区。

4. 明确客群定位

核心消费人群特点：个性张扬、思想前卫、追求时尚、注重感受

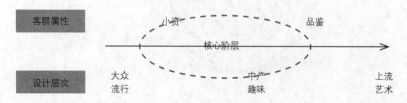

分析：具有一定的创意、设计鉴赏能力，追求高于大众流行层次的创意与设计，但尚未升华至追求艺术设计层次的小资客群是街区的主要目标消费群体。

创意设计与商业的关系

分析：在创意与商业之间还要追求尺度的平衡，纯粹的商业组合不能吸引追求创意设计的消费群体，纯粹的创意设计空间也无法带来商业收益。

三、实施过程：无数次"优中选优"与"难上加难"交织成的骑鹅公社

1. 街区场地选择

场地条件说明

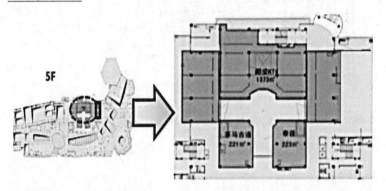

分析：街区选址位于天津大悦城北区5F，该区域在项目建设之初设计为冰场上方的挑空区，后经搭设楼板封堵成为独立楼面，平层建筑面积约1400m²。

实施参照案例——田子坊

分析：田子坊以上海旧街巷石库门为基本形态，商业面积近3万平方米，商铺总数426家，其中创意类零售店铺占比约65%，餐饮、水吧等创意类餐饮及娱乐业态店铺占比约35%，商铺平均租金65元/（m²·天），是全国商业运营最为成功的创意文化商业区。

2. 街区平面布局

分析：街区首层规划铺位33间，其中餐饮11间（约150m²），零售22间（约560 m²），铺位总面积710 m²（不含外摆区）

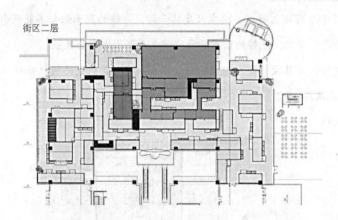

街区二层

分析：街区二层规划铺位餐饮1间，面积60 m²（不含外摆区）其余空部分为展示及活动空间。

3. 街区设计

分析：借鉴田子坊的空间感觉，考虑建筑高度与街巷尺度对顾客带来的购买体验，营造与石库门类似但更具设计感的街坊式商业街区。

4. 街区包装

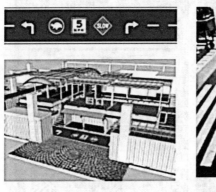

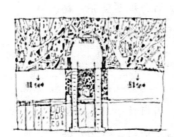

　　分析：大量非常规器物和道具的应用，使骑鹅公社的形象更加鲜明，更具
观赏性和情境感

分析：大量非常规器物和道具的应用，使骑鹅公社的形象更加鲜明，更具观赏性和情境感。

5. 商铺设计—集装箱

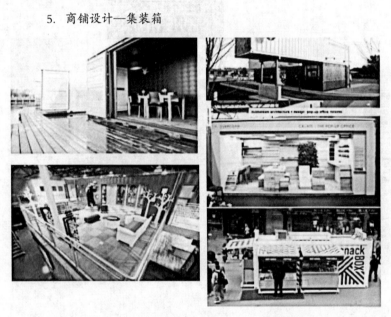

分析：以集装箱为铺位创意单元，形成面积规划整齐，建设成本低廉，施工速度更快、外檐包装更具风格及设计感的商业铺面。

6. 招商—品牌甄选

招商部与疯果按国际知名、国内知名、国内畅销、本土知名、初创品牌等标签，将疯果体系内及市场主流创意商品及设计师品牌进行分类，同时制作了商户品牌评价体系，利用三个维度、13项具体指标从商业价值、创意能力、经营能力角度综合对品牌进行评价，先后三轮甄选、联系、接洽了238家备选品牌，并筛选了75家重点商户进行招商攻坚。

7. 招商—品牌招商

由于天津创意设计市场贫瘠，市场供应几乎为零，民众需求也无从释放，导致本土创意设计品牌及独立设计师纷纷赴京、沪发展。

75家重点商户外埠品牌和设计师占比超过90%，且对天津市场普遍持看空的观点，在招商过程中从空间和时间上给招商团队带来了极大的困难。通过不懈沟通、反复灌输骑鹅公社的经营思路与理念，再将设计师本人的设计风格和天津市场消费能力进行数据化对比分析，按时完成了34个品牌的招商工作。

骑鹅公社特色品牌小览

来自南锣鼓巷的东南亚小食—尼积小栈

天津本土的科技派创意店—CHOO LAB

来自田子坊的原创摄影及衍生品牌—PMT

来自798的中式手工创意陶瓷品牌—八六子

蜚声国际的日本绘画及衍生品品牌—渡边宏

天津本土文艺书店第一品牌—守望者

附："骑鹅公社"租金水平与坪效

①骑鹅公社共34家店铺，总经营面积770m²，平均固定租金水平为7.72元/（m²·天），为定位阶段预期水平［约2~2.5元/（m²·天）］的3倍。

②骑鹅公社22家零售店铺（面积约560m²）平均固定租金坪效5元/（m²·天），为市场同等楼层零售业态租金水平2倍。

③餐饮类销售额51.3万元，日销售坪效122.11元/m²，为全馆餐饮业态日均坪效水平的2.4倍。12家餐饮店铺（面积约210m²）平均固定租金坪效15元/（m²·天），该水平已超过天津大悦城（专题阅读）（相关干货）4楼餐饮固定租金坪效水平。

（以上资料摘自赢商网）

（四）"互联网+"思维的新型体验消费业态

工业化时代产生了标准化设计、流水作业、批量生产的生产和消费模式。这种生产和消费模式的典型就是大型超市。此外，速溶咖啡，还有大量的成衣店，都是这种标准化设计、流水作业、批量生产的生产消费模式的典型代表。

这种工业化生产和消费模式最大的特点，就是缺乏个性的标准化设计、大批量生产，用户只能购买成品，而不能直接参与到产品的设计、制造过程，对产品的评价也是滞后的，被动的。

互联网的发展，使生产和消费模式产生了质的变化。即便通过电子商务，消费者通过线上能够便宜和方便地购买的依然是标准化产品，但是他们已经能够快速地与供应商进行对话，快速地、公开地进行评价。

互联网的核心就是创造新的连接、新的交互，这种连接和交互摆脱了层层密布的金字塔式的结构构造，使得各种要素的连接和交互更加扁平、更加直接、更加平等。

而互联网思维对于生产和消费的作用，就是实现用户的**个性化定制**。

在实体商业中，最先呈现出这种生产和消费模式特征的，就是各种产品的体验店，例如苹果体验店（图5-19-11）。虽然用户在这个阶段里还不可能直接参与到产品的研发和生产环节。

但是，设计师品牌店Showroom却以一种以互联网思维引导下的，以满足用户个性化定制需要的新型零售体验业态出现在我们面前。

2014年开设在上海湖滨路企业天地的"T的N次方"（图5-19-12），承租面积近1400m²。租金为10~12元/m²

"T的N次方"提供设计师及商家所需求的时尚产业链中各环节的资源

图5-19-11　苹果体验店　　　　　　　　　　图5-19-12　"T的N次方"Showroom

需求，例如面料商、时尚家居类产品及国外小众独立品牌等，用"大平台"与"大数据"为设计师服务，从多个维度共同打造时尚独立设计师销售及生产的全新生态圈。

设计师品牌店，让买手直接触摸、感知时装的每一个细节，进而直接带来订单，为设计师、品牌、买手牵线搭桥，实现设计师和品牌从"秀场"向"市场"的过渡。

设计师可以直接将所设计出的各种款式的产品在设计师品牌店或设计师品牌集合店进行展示，消费者在店里选择和评价这些产品，并可以与设计师进行沟通，对产品进行修改，从而实现对产品的个性化定制。

通过这种方式，消费者所购买的就不再是标准化设计出来的成衣，而是自己精心参与研发、生产出来的**"属于自己"**的衣服。

这种生产和消费方式是基于互联网思维的，而其体验和实现过程，就目前而言，只能通过实体商业。

这种互联网时代的生产消费模式，仅仅靠业态创新是不够的，因为**从设计、展示、推广、生产、流通和消费，需要在整个产业链进行革新**。仅靠几个设计师，仅靠商业中心的几个店面，还是完成不了整个生产消费模式的整体打造。目前仅存设计师品牌店经营的尴尬状况说明了这一点。

因此，为了形成完整的互联网思维引领下的生产消费模式，我们接下来的任务就是商业模式的创新。

二、"互联网+"的进一步延伸——商业模式创新

就目前我国零售业发展的大背景来看，零售行业可以通过两种途径走出困境。一是采用买手制和联营共同经营的混合模式；二是触网，线上线下齐头并进，"互联网+"是当代经济发展的大方向。

(一) 用互联网思维和方法引导商业模式转型

网络空间的发展意义不亚于太空发现或哥伦布发现美洲大陆。通过三维空间，以及通过所拓展出新的虚拟空间，通过"个性化定制"，改变了我们的社会交往、贸易、价值观念、基本思维方式，同时也改变着世界的商业生态。

首先就是电子商务和实体商业的交互，就是所谓的"O2O"。

近年来，受到网络消费冲击的传统零售业，不断在线上线下融合的道路上摸索前行。万达广场、中粮大悦城、凯德广场等都通过O2O转型和大数据运用等多种与众不同的营销方式，探寻一条全渠道消费模式发展之路。

此外，"个性化定制"的互联网思维还在变革着整个流通渠道。"微物流体系"的建立正在形成新的"五流合一"的物流网，即商品流、信息流、资金流、客流和运输流的统一。面对未来的商业生态变化，已建或新建的商业地产项目或物业为这个流动管道主动设下接口，如信息连接、物流车位、小型仓储、物流专用通道等。

业态定位的思考，C+B的思维方式，在全球普遍的产能过剩、商业竞争十分激烈的市场背景下，在中国大陆进行业态定位，要变"商品导向"为"消费导向"。由于"工业4.0"时代的到来、物流成本的不断下降和创意产业的兴起，B2C的商业模式开始向C2B的模式进行转变。

(二) 创设C2B"个性化定制"的商业模式

C2B（Consumer to Business，即消费者到生产者），是互联网时代新的商业模式。这一模式改变了原有生产者和消费者的关系，是一种消费者贡献价值、生产者消费价值的形态。C2B模式和传统由生产者主导的DSM供需模式是相反的。

C2B应该先有消费者需求产生而后有企业生产，即先有消费者提出需求，后有生产企业按需求组织生产。通常情况为消费者根据自身需求定制产品和价格，或主动参与产品设计、生产和定价，产品、价格等彰显消费者的个性化需求，生产企业进行定制化生产。

我们还是从设计师品牌店入手，来看看如何进行商业模式创新。

传统服装产业链从生产到消费包含以下环节，即设计——原材料采购——生产——物流配送——品牌之渠道营销——批发商——零售店铺（直营或加盟）——品牌之消费者推广——消费者。

从设计师到消费者，需要通过那么多的环节，相当于要迈过千山万水，怎么可能真正实现用户体验和个性化定制呢？而且，一般来说，传统服装生产企业要走完这么多环节，平均周期是180天，即便现在很多企业强调效率，优化流程提升速度，但至少还需要3个月左右的时间。

设计师直接在商场里开店，固然直接拉近了设计师与消费者的距离。但是，设计师品牌要能够使消费者接受并喜欢，并不是一件容易的事情，更何况这种"个性化定制"生产的产品其成本比成衣昂贵很多。你又没有什么名气，而且又贵那么多，我凭什么买你的？

因此，就需要解决一个关键的环节，就是为设计师解决品牌推广的问题。如果联合媒体和公关公司，通过定期的时装表演，包括通过丰富的O2O等互联网手段，情况就不一样了。

再者，加工、物流配送也需要一个系统的解决方案。

如果我们将时装展览和品牌推广、服装加工及配送，开辟互联网线上交易，把上述所有的链条一一打通，不就形成了一个全新的商业模式（图5-19-13）了吗？

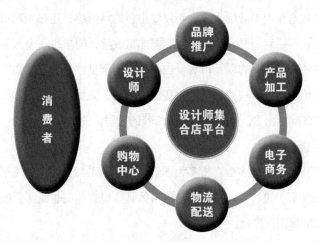

图5-19-13　个性化定制商业模式示意图

（三）培养买手，革新零售渠道

所谓的买手（Buyer），按照国际上的通行说法是往返于世界各地，常常关注各种信息，掌握大批量的信息和订单，不停地同各种供应商联系，并且组织一些货源，满足各种消费者不同的需求。

20世纪60年代欧洲开始形成的买手制，就其实质是零售商先向工厂买断产品，然后再在商场向消费者销售产品。买手制的公司有连卡佛、老佛爷、NOVO百货，还包括知名品牌I.T和CPU。

与"进来付钱，卖了分钱，价高者得"的卖手制不同，买手制实际是一种买断经营，买手引进品牌商品之后，协助商家进行经营，这是买手的本质。

两者的核心区别：卖手制，厂家和零售商是利益共同体，而买手制，零售商和消费者是利益共同体。

中国内地零售的经营模式主要是以"卖手制经营"为主，一个产品通过多个中间环节才能到达消费者手中，诸多的中间环节加大了产品的成本，包括百货商场在内，延续着出租铺位收取费用的经营模式，商品经营压力基本由各商品品牌承受，所以中国国内的商品价格总是比国外实行买手制的国家高。

因此，解决国内价格畸高，产品粗制滥造的核心是买手制，买手制的商家才是消费者的天然盟友。选择买手制零售企业，就是保护消费者自己！

但是，买手制经营在国内市场还存在一定的"水土不服"，主要障碍在于：

（1）资金缺乏

买断商品前期需要投入大量的押金、囤货成本。

（2）买手人才短缺

行业内缺乏有远见的买手人才。

买手制的核心是有专业的人才，不仅要出色的审美感，还必须对市场有敏锐的嗅觉。买手对货品及市场反应需要非常敏感，要求每一个买手都应该对所购买的商品、品牌以及市场反应有高度的预见性，需要知道在什么时间、什么价位购入哪些商品，然后在什么时间、采用什么方式、以什么价格将这些商品卖出去。但对买手进行培养的过程十分漫长。

（3）三是缺乏机制

特别是百货，国内大多数百货多为国营，企业的采买、促销策略很难真正地做到围绕买手进行。此外，商品价格体制和税收体制也是买手制在国内广泛发展的体制性障碍。

虽然困难重重，但不能否认的是，买手制这种模式的实际运作对整个零售业有着良性循环和积极推动作用。

三、互联网思维引导下的场景创新

在传统百货向购物中心的转型过程中，已经开始了空间、动线等物理形态方面的创新。这是为了充分实现各个铺面尽可能实现高的商业价值，以便创造各个楼层、各个部位的可见性、可达性，为此对中庭、采光廊等各种共享空间、平面交通组织和竖向交通组织不断进行着优化。与此同时，在灯光、景观、背景音乐、空气净化等各个领域不断进行着探索。

在这里，我们就主题场景创新、个人体验场景创新、场景式营销创新几方面的内容讲述场景创新。

(一) 主题场景创新

所谓主题场景，是指以场景表达商业中心特定的主题，例如艺术的主题、生态的主题、海洋的主题、航空航天主题等。例如，上海K11艺术购物中心（图5-19-14）、北京侨福芳草地（图5-19-15）就是通过艺术场景表达其作为艺术购物中心这样一个特质的。

德国Loop 5购物中心（图5-19-16）的中心主题是航空航天，这在建筑设计、内外装饰上都有所表现。大而明亮的庭院，给客户一种航天的体验。购物中心还悬浮了苏联战斗机、一架米格-21、还有一些小型飞机。

而当进入日本难波公园（图5-19-17）后，会让你以为自己来到了一个生态绿色公

图5-19-14　上海K11艺术购物中心艺
术雕塑

图5-19-15　北京侨福芳草地艺术场景

图5-19-16　德国Loop 5购物中心的航
天航空主题

图5-19-17　日本难波公园的生态主题

园。室内室外的空间界限被打破，因地势而打造的"峡谷"内有一条"8字形"倾斜上升的通道，一路精心设计出不同的小湾、岩洞、河谷等探险般的空间感受，更让你常常有"柳暗花明又一村"的惊喜。

场景创新需要丰富的技术手段，例如平面铺装、立面装饰、景观小品等环境设施、灯光灯饰、互动媒体等，需要运用声、光、机、电、互联网等多种技术手段。

（二）个人体验场景创新

个人社交体验场景创新以社交体验为逻辑起点，体验作为底层逻辑主导着这场革命的发生、发展、衍化与变迁。场景创新有四大表现特征：产品即场景、分享即获取、跨界即连接、流行即流量。

这里，引用赢商网的一篇文章《购物中心新玩法：产品即场景跨界即连接流行即流量》。

● **购物中心新玩法：产品即场景跨界即连接流行即流量（节选）**

在品牌雷同、竞争激烈的商业地产市场，购物中心如何满足日益挑剔的消费者？购物中心的消费群最直观的是视觉体验，因此在场景设计方面成了很重要的因素。场景设计需要注重哪些方面？

如果购物中心没有一点魅力，凭什么能留住日益挑剔的消费者？购物中心塑造魅力靠什么？故事、情怀和场景。"场景赋予产品以意义"，这是互联网产品设计的要旨，离开了产品所使用的场景，产品本身将失去其存在的价值。

当一个个产品被嵌入使用场景中，革命已经爆发——产品、定价、品牌、营销、渠道都发生了颠覆性的改变。判断商品的决定性标准不再是品牌，而是使用的人。没有故事，没有人格，没有温度，那么产品很快就会烟消云散。购物中心场景设计亦如此。

这样的场景革命以个人社交体验为逻辑起点，体验作为底层逻辑主导着这场革命的发生、发展、衍化与变迁。场景革命有四大表征：产品即场景、分享即获取、跨界即连接、流行即流量。

表征1：产品即场景

同样的东西，在不同的场景里，代表的意义也是不同的。

比如咖啡，在不同的场景中就可能意味不同诉求，因而同样是咖啡，只要场景不同，就可以衍生出很多不同的解决方案，这些产品已远远超出咖啡本身，而后者只是产品背后诉求的载体而已。

不同的场景带来了不同的附加意义。当越来越多的产品具有了场景化的意义，用户面对不能场景化的产品时将会茫然而无措，没有选择的依据和冲动的理由，这些产品终将渐渐默然死去。

这里，主流消费逻辑发生了改变，人们越来越愿意为特定场景的解决方案付费。于是，基于细分人群生活方式和场景黏性的产品，将会是传统产业互联网转型的重要工具。

表征2：分享即获取

分享是互联网时代的核心精神。在分享模式下，资源越用越有价值。分享就是获取，消耗就是积累。

分享最大的主体不是企业，不是第三方中介，而是用户，人变成了新的渠道。用户作为传播者、分发者抑或营销者在这里其实不重要了，重要的是信任和人格背书，基于真实场景的分享带来了信任溢价。原因很简单，因为好友推荐的东西是有温度的，而这同时又倒逼每一个人在分享时，都会好好想想"不能让朋友觉得不靠谱"。

回到人的逻辑，经由微博、朋友圈、QQ群、陌陌小组、百度贴吧等等全新格式，渠道被人和人的关系强制重组，分享成为场景红利的神经中枢。

表征3：跨界即连接

在场景化的电商结构里，任何两个产品，哪怕是完全风马牛不相及，只要在同一场景被使用，就有机会找到彼此的接触点，发生神奇的化学反应，形成互补的品牌链。场景本身将创造最强势、最多变、也最失控的连接，其中最大的奥秘便是跨界。

在一个个通过场景形成跨界的过程中，品牌找到了与用户连接交互的密钥。

"罗辑思维"有个产品"罗辑实验"，核心就是通过跨界完成深度连接。通过"罗辑思维"每天60秒的场景勾勒，能够与400万相关社群用户发生快速、直接、灵活的跨界连接，社群动力迅速激活朋友圈势能。

有场景、有连接，未来一切皆有可能。如果根据产品和服务类别去细分联想，你会发现更广阔的思路。越是跨界的组合，越能定义全新的品类。

表征4：流行即流量

漫画、弹幕、死飞、美剧、穷游、瑜伽……越来越小众化的标签正重新塑造今天年轻人的身份，形成一个个亚文化的小圈子。但这种看似微观的表达，一旦引爆，其能量增长堪称指数级。

在这些小圈子里，故事化的场景成了碎片化的新流量。个性化的交互体验将无数用户卷入进来，同时连接彼此的场景可以被大规模地复制和传播。融入场景中的产品，已经不再需要购买流量，因为只需要构造吸引用户的场景，让用户来主动搜索，用户的主动搜索就形成了新流量的增点，这样的方式完全颠覆了旧有的流量交易模式。

流行带来的流量会告诉我们：基于内容的入口不仅是营销更是转化率。

电商正在告别流量时代，这反映了互联网入口格局的颠覆。品牌不再被策划，而需要更多的引爆。品牌营销需要更多细分的标签，需要窄化成生活方式的共同体。设计与研发在众筹、众包、众创中，摇曳出更多千姿百态。渠道与人的边界持续溶解，流量正全面服从于流行。

流行再也不是大众意义上的口号，越来越呈现出微观化特征。因为所见即所得，浏览即所购。他们在塑造亚文化流行的同时，让真实场景需求与冲动消费无缝对接，他们意味着新的购物入口。

2015年12月底，《场景革命》作者、场景实验室创始人吴声基于场景方法论提出了2016年互联网场景商业十大预测。

在这个预测中，吴声指出："未来规模化的共性社群行为会越来越少，个体化中国将成为这个时代的新常态。当日常谈论皆来自朋友圈刷屏和微博热点，其实整个社会生活相当于一个又一个越来越以邻为壑的圈层和标签，人群活动密集于朋友圈通讯录地址簿和陌陌微博的关系链。"

因此，吴声认为，"这种背景下，2C层面的社会行为碎片化，消费品逐渐成为更加个性化的经验表达，个性化定制越来越普及就很有典型性。这种更为个性化的消费特征，正在成为2016年重要的商业机会，'个性化场景的深度崛起'给消费品的突围指明了方向。"

关于共享经济对提升场景效率的创业机会，吴声指出："所有竞争法则更加深刻地上升为跨界价值。每个人都能基于自己的影响力和关系链进行分发和众筹，表现为一种人格化的流量汇拢，这种方式具有天生爆款和自带势能的特点。这个意义上，O2O、共享经济、分享模式、上门服务，都会在2016年面临着前所未有的场景盛。"

今天，几乎所有互联网公司都在做VR或AR（图5-19-18），虚拟现实似乎已经成为重要的场景。对此，吴声展望道："在日本，重点打造和重点发行动漫新番和经典IP，已经把VR当成内容标配。场景虚拟和现实边界正在深入融合，他们评价的准则是体验。今天能评价人此时此刻是不是彼时彼刻的关键词，不是支付和LBS定位，而是此时此刻的即时体验。商业世

图5-19-18　VR和AR，新的个性化体验场景创新

界正在以体验，重构评价准则和付费依据。"

个人体验场景创新发展到这个阶段，场景创新已经升华到了情景创新的阶段，场景已经不仅仅是物理概念，而是与人文、精神相联系，使人的心灵融合到一种景象当中。具体地说，个人体验场景包含了"仪式感"、"参与感"、"温度感"和"流行感"的丰富体验的内容。

这也是互联网思维和手段所赋予实体商业的一种新的内容。

（三）场景式营销创新

在传统广告时代，广告就像在教堂里放广播，消费者只能静静地待在一个封闭的地方听品牌"传教"。而这种单向传播的"美好"时光已经一去不复返。在数字时代，品牌从神坛走下来，开始琢磨如何搭建自己的"游乐场"，吸引消费者一起来体验和参与。

实际上，场景式营销已经或多或少地出现在我们的营销活动中，例如房地产营销活动中的样板房和购物中心的橱窗展示。样品房能够展现消费者对未来生活在房子中与家人幸福生活的想象；橱窗模特身上展示的商品也能激起消费者丰富的联想。

生活现实中的场景营销与消费者的生活息息相关，促发消息者的切身体会。它与营销上的情景营销有相似之处，情景营销（Scene Marketing）就是在销售过程中，运用生动形象的语言给顾客描绘一幅使用产品后带来的美好图像，激起顾客对这幅图的向往，并有效刺激顾客购买欲望的手段。情景营销的基本的假设是，消费者在其日常生活中的某个"相似的瞬间"，更容易接受相同的宣传，而无论其年龄、性别、收入等。

在互联网时代，除了现实生活场景，我们还有互联网场景，或者说是数字化场景，包括PC场景和移动场景。尤其是这几年被热捧的移动场景，如微博、微信。

但是，数字空间毕竟只是一个二维世界，易于传播信息而难于体验；而现实世界是一个三维世界，传播信息的效率相对较低却容易产生体验。

因此，如何搭建有意思的场景，在场景中找到洞察，在场景中找到灵感，这是我们的任务。

我们来看看一些场景式营销的创新。

（1）生活场景

WWF全球变暖菜单（图5-19-19）

大部分城市人过着两点一线的平凡日子，要么挤格子间，要么挤公交车。在这些日常的场景中添加一些跨界元素，创造新鲜的场景，能让人肾上腺素顿时上升。WWF为了呼吁人们关注全球变暖的问题，在巴拉圭首都的街头搭建起简易餐厅，以大地为灶台烹饪食物，把"地面温度"和"煎锅温度"联系起来。不少路人围观试吃，甚至亲自动手体验，直接感知全球变暖这一平时不易察觉的题。

图5-19-19　WWF全球变暖菜单

（2）艺术场景

五月花水墨奇迹（图5-19-20）

艺术是我们休闲生活中的重要组成部分，例如展览、电影、话剧、音乐会等，人们在这些艺术场景中会产生独特的感受。五月花利用其纸巾产品，将各大城市地铁站、商城变成艺术场景——卫生纸画廊！品牌分别邀请了专业人士和普通消费

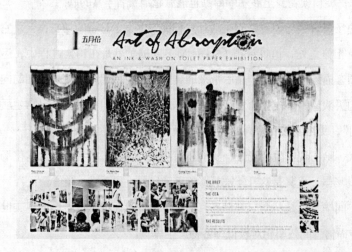

图5-19-20　五月花水墨奇迹

者，在活动现场在五月花卫生纸上作水墨画，通过参与体验五月花卫生纸柔滑、强韧和湿水不易破的重要特性，同时在活动中体验术。

（3）运动场景

<u>Nike夜光足球场（图5-19-21）</u>

改变运动中的某些元素，创造新的运动场景，也可给消费者带来新鲜的运动体验。Nike在西班牙马德里开展了一场"Football anytime, anywhere"的campaign，用夜光投影为年轻人创造运动场地。用户可使用App呼叫"Nike大巴"，这辆大巴就会带来足球场（激光投影）、球门等设施，甚至还有免费的Nike球鞋，让年轻人们能在夜光足球场中愉快地玩耍。

（4）消费场景

"现金还是刷卡?"——消费是整个商业链条中的关键环节，对于某些品类而言（例如快消品）更是消费者最容易受影响的环节。

<u>创造新的场景：Misereor能刷卡的广告牌（图5-19-22）</u>

刷卡是我们消费时经常做的一个动作，设想一下如果这个动作不在刷卡机上完成会怎样。德国Misereor是一家致力于救助国际贫困地区的公益组织，他们制作了一个可以刷卡的户外广告牌。只要轻轻一刷信用卡，广告牌上被捆绑的双手就会被解放，捐赠"立马见效"，也让公益广告马上转化为赠。

（5）节日场景

<u>英国百货Harvey Nichols圣诞节"自私"促销（图5-19-23）</u>

这年头，商家都拼命利用节日进行促销，连半周年庆都能被某电商拿出来做促销噱头。除了传统的节日，网络上还出现了很多新奇有趣的节日，如双

图5-19-21　Nike夜光足球场　　　　图5-19-22　Misereor能刷卡的广告牌

11、419、后悔日等。但有没有节日不重要（"造节"还少么？），能不能在节日中挖掘到好洞察才重要。英国百货Harvey Nichols发现在圣诞节人们都要花费一大笔钱购买礼物送亲朋好友，无法把钱花在自己身上。于是他们发起了一个"Sorry I Spent It On Myself"的campaign，消费者只要搭配购买包装好的小商品，那么高价商品就能获得折扣。这既能给自己买一份高价的礼物，又能送给亲戚朋友一份包装不错的小礼品，一举两得，略带气。

图5-19-23（左）英国百货Harvey Nichols圣诞节"自私"促销

图5-19-24（右）Math Paper Press纸质书永不离线

（6）虚拟场景

Math Paper Press纸质书永不离线（5-19-24）

在数字时代，人们很多时间都花费在虚拟世界里。除了"三件宝"外，用户在网络上的每一个痛点都可以成为供我们利用的场景。在地铁公交，满满都是拿着手机看资讯的年轻人，可是时常出现信号不好的情况，对着离线页面只能无奈。新加坡图书出版商Math Paper Press利用这个场景，把图书中的段落植入到这些离线页面中，当用户访问网站遭遇断网时，就会看到这些段落和售卖书店的地址，既能帮用户打发时间，又能给书店带来意。

购物中心平台区别于线上平台的差异在于：多触点、场景化。

以往大家提到的精准营销就是找到合适客群后给他们推送相应的信息，而场景化营销不仅要找到正确的人，还要找到正确的时间、正确的触点环境、对他进行正确的触发。

场景营销基本流程是，先要找到合适的人，判断当前场景明确引导方向，再通过人和所属群体决定用什么样的内容，再根据他的环境用什么样的触点可能是有效的。

场景化营销所动用的，就是以人为中心的大数据。而实施场景化营销需要有三个支撑：数据支撑、分析支撑、触点支撑。

首先需要多渠道大规模地了解用户、了解商品，然后通过分析挖掘场景、客户分群，然后需要对触点进行把控，做到针对不同的顾客可以在最适合他当前的触点环境给他推荐最适合的商品和服务。

在数据支撑方面，包括数据采集，包括会员信息、消费信息、行为信息、刷卡交易、运营商数据。

在掌握一个个顾客的这些的数据后，系统就能对每个顾客进行画像，还可以进行客群分类，然后精细化每个客群。例如，给他们都打上标签、会员等级、数据模型、经验分类、大数据聚类、自定义分类。

触点支撑方面，线上零售的触点是单一的，而线下零售的触点则呈现多元化的特点，顾客可能在手机端、短信、微信接触这个购物中心，也有可能在购物中心场内通过WiFi、智能POS、智能大屏甚至人工服务等触点接触这个购物中心。我们需要全触点了解这个顾客，并和他进行直接的交互。

四、服务创新

消费者从进入商业中心开始，就需要接受一系列服务。这些服务涉及的方面很多。例如：

（1）涉及其必要活动的，如行驶和停放车辆、步行导航、乘坐电梯；

（2）涉及其各种感官体验的，如视觉体验、听觉体验、嗅觉体验、味觉体验、触觉体验；

（3）涉及其行为体验的，如吃饭、喝水、上厕所；

（4）涉及其临时或特殊需求的，如手机充电、自助取款、汽车美容；

（5）涉及特别顾客需要的，如残疾人轮椅和无障碍通行、母婴护理、儿童康乐、寄托宠物或物品。

为此，就需要为顾客提供一系列服务。

梳理顾客的各种服务需求，并周密地进行服务策划，利用人性化和现代化的技术手段，给予细致的服务保障，这是商业运营服务的基本功。

在这个基础上，还应该有针对性地进行服务策划。例如针对特别客群的个性化需求所提供的服务，鉴于未来人们对健康新的诉求所提供的服务，为消费者购物过程中特别敏感的环节所进行的服务优化。这些，就是服务创新。

1．年轻小资特殊的顾客服务需求

上海K11艺术购物中心的手机充电小广场（图5-19-25）。

2．健康、生态的顾客需求

香港某购物中心的顾客消毒机（图5-19-26）。

图5-19-25（左） K11艺术购物中心的手机充电小广场

图5-19-26（中） 香港BOX广场的顾客消毒机

图5-19-27（右） 迪卡侬退换货便捷通道

3．购物过程中特别敏感的环节所进行的服务优化

迪卡侬实行退换货便捷通道（图5-19-27），并全面取消退换限制。

2015年8月，迪卡侬在实行多年便捷退换货的基础上，宣布全面取消退换货限制。

迪卡侬作出这样一个决定，是因为他们发现：**在所有的顾客不满意、不开心和投诉当中，80%来自于退换货服务，这是个很普遍的比例，不是个别商场的个例。**

如果按照当时的退换货政策，而在这80%里，大部分时候商场的做法是对的。比如我们规定"30天内可以自由退换货"，超过30天不可以，比如我们规定线上线下只能换货不能退货，这些是我们根据不同原因所制定的政策。而如果顾客正好是第31天或32天来退货，商场没有给他退，你能说是商场的问题吗？不是。我们反思了一下，也许是我们的政策本身，限制了员工自主做出决定和判断。

大中华区总裁张玥先生突然问了个问题：为什么今天我们需要保留这些政策？如果我们取消这些政策，需要承担什么风险？当时问题一抛出来，立刻炸开了锅。很多会面临的问题都被列出来，密密麻麻，非常非常多。**后来我们又反问自己，这些问题会涉及我们顾客中的百分之多少呢？最终大家达成一个共识，可能不会超过3%。所以，今天我们在因为3%的极端例子，可能破坏了我们与97%的顾客的信任和关系，甚至是和我们自己员工的。**

"于是，我们做出了一个大胆的决定，我们愿意承担这样的风险，更愿意选择相信我们的员工和顾客。所以从2015年8月开始，我们全面取消退换货限制。"

不仅是迪卡侬，所有的实体商店，退换货不便是消费者最不满意的问题。而不少消费者确实也认为，网购的确在退换货方面比实体商店更为便捷。

可以说，迪卡侬在退换货服务方面所进行的创新，无疑是十分积极的。

　　零售商业和商业地产运营管理今天所面临的问题，不仅仅是市场问题。除了面对零售市场，还要面对整个地产业的经济形势，以及善于运用各种政策环境。在这里，我们简单讨论一下地产"去库存"政策和营改增税政改革问题。

一、"营改增"变革中的商业地产运营管理

　　2016年3月24日，财政部、国家税务总局联合发布了《关于全面推开营业税改征增值税试点的通知》，从2016年5月1日开始，将全面推开营业税改征增值税试点。《营业税改征增值税试点实施办法》明确了租赁境内不动产属于"在境内销售服务、无形资产或者不动产"，应列入征税范围。由此，商业地产租赁经营及服务将全面开启"营改增"新篇章。

（一）"营业税改征增值税"的含义

　　营业税和增值税都是流转税。营业税是将商品和劳务在流转过程中，就其所取得的营业额进行征税，营业额是其计税依据。而增值税是将商品和劳务在流转过程中产生的增值额进行征税，增值额是其计税依据。

　　如采用增值税：

$$应纳税额＝销项税额－进项税额$$

$$销项税额＝含税销售额÷（1＋税率）×税率$$

　　当期销项税额小于当期进项税额不足抵扣时，其不足部分可以结转下期继续抵扣。但是，《营业税改增值税试点实施办法》中并无结转抵扣逐年持续进行，直到抵扣完毕的规定。

　　如采用营业税：

$$应纳税额＝营业额×税率$$

　　简单地说，增值税可以抵扣进项税额，而营业税不能抵扣进项。

　　此外，增值税是价外税，而营业额是价内税。价内税指税金包含在商品或劳务价格中的税；价外税是税金附加在商品或劳务价格之外的税。

　　因此，我们发现营改增的作用有两个：一是避免了重复征税；二是采用了更为合理的价外税。

（二）"营改增"与商业运营过程的经营行为

1．商业运营过程中的课税对象

征收增值税，如采用一般计税方法，资产经营收入和资本性支出等资产经营支出适用于《营业税改征增值税试点实施办法》第十五条第二款"提供交通运输、邮政、基础电信、建筑、不动产租赁服务，销售不动产，转让土地使用权，税率为11%"。

我们在第一篇"商业地产运营管理基本原理"第二章有关"经营计划"的内容中讲到，资产经营收入包括租金收入、广告位租赁收入、多种经营点位租赁收入。**资产经营收入是财产性收入。**

从理论上讲，资产经营支出应当包括资本性支出（房屋及设施设备的大修、重置和技术改造）、装修补贴、商铺和广告位及多种经营点位租赁酬金支出、开办费、项目开发建设费用的摊销。**资产经营支出是财产性支出。**

征收增值税，如采用一般计税方法，商业运营管理服务收入和商业运营管理服务经营支出适用于《营业税改征增值税试点实施办法》中的"一般服务业，税率为6%"。

我们在第一篇"商业地产运营管理基本原理"第二章有关"经营计划"的内容中讲到，商业运营管理服务收入包括物业管理费收入、运营管理费收入、推广服务费收入以及商铺、广告位和多种经营点位租赁酬金收入、物业管理酬金收入和其他服务类收入。此外停车场收入属于商业运营管理服务收入。**商业运营管理服务收入是服务性收入。**

从理论上讲，商业运营管理服务经营支出包括日常管理基本费用支出、佣金及代理费用支出、营销推广费用支出、运营管理费用支出、共用设施设备能源费用支出、共用设施设备维护保养费支出、秩序维护费用支出、保洁绿化费用支出、专用固定资产折旧费用支出及递延资产摊销费用开支、保险费用支出等。**商业运营管理服务经营支出是服务性支出。**

之前采用营业税的税制，财产性收入和服务性收入都根据营业额5%计税，所以，许多企业把财产性收入和服务性收入混淆在一起。但采取新税制之后，因采用不同的税率，应当进行区分。

2．商业运营过程中的纳税主体

课税对象梳理清楚了，纳税主体也要区分清楚。显然，财产性收入和财产性支出的纳税主体应该是业权的所有权人，服务性收入和服务性支出的纳税主体应该是商业运营管理服务机构，即商业管理公司或物业管理公司。

之前实施营业税制采用同样税率的时候，经常出现主体易位的情形。

比如，由业主与商户签订物业管理合同等**服务类**经营合同，或者将物业管理等**服务类**经营条款打包在租赁合同里，甚至由业主出具发票；再比如以商业运营管理服务机构作为主体与商户签订广告位租赁经营合同、多种经营点位租赁经营合同甚至商铺租赁经营合同，行使财产处分权能，有的直接以服务机构的名义出具发票。

由于在营业税制下容易出现重复纳税的情形，而且财产性收入和服务性收入这些不同课税对象的税率又相同，在确定核算体制并进行税务筹划的时候，许多企业都采取主体易位的做法，例如我们在第一篇"商业地产运营基本原理"第二章有关"商业地产运营管理模式"提到的"以资产经营单位作为利润中心的核算方式"就是一个例子，它把资产经营和服务经营这两个性质不同的体系结合到了一起。

在增值税制下，这种办法就不行了。

第一，在增值税制下，资产经营单位与服务经营单位之间的委托关系，因进项税额抵扣的原则，只要双方都是一般纳税人，已经不存在重复纳税的问题了。例如资产经营单位委托服务经营单位代理出租铺面，原来商户把租金交给服务经营单位，服务经营单位再把租金交给资产经营单位，服务经营单位和资产经营单位要分别各缴纳一次营业税。实行增值税就不同了，如果进出的租金没有差额，服务经营单位做进项抵扣，增值税额就没有了。再者，服务经营单位接受资产经营单位的委托进行经营，收取的佣金也只就佣金本身计算销项税额，而在资产经营单位那里，是可以抵扣进项税额的。

第二，在增值税制下，纳税主体既出租场地又提供服务，应从主业适用税率，按经营租赁服务11%缴纳增值税。比如，业主与商户签订租赁经营合同包含物业管理服务，物业管理费收入就必须按照11%的税率缴纳增值税，而原本物业管理公司只需要缴纳税率6%的增值税。

所以，在增值税制下，资产经营主体和服务经营主体应按照各自的职能严格分离，履行不同的纳税义务。

（三）"营改增"过程中，商业地产运营管理应关注的问题
1．免租期可能被认定为视同销售

商业物业租赁经营通常会约定一定期限的免租期。《营业税改增值税试点实施办法》规定，单位或者个体工商户向其他单位或者个人提供无偿服务视同销售。因此，免租期存在被认定为视同销售的风险。

2. 转售水电适用何种税率尚不明确

商业运营服务单位从市政部门购买水电再转售给商户的，对于转售收入是按照销售水电所适用的17%税率还是按照经营租赁服务所适用的11%税率计算增值税，目前尚没有明确的规定。在能源计量分配，特别是针对主力店，尤其要特别关注。

3. "老项目"的租赁期限到期后进行续期或者重新招租的，是否还能继续适用过渡期政策

商业物业租赁期限通常为几年，有些主力店的租期更是长达十年，过渡期政策能否一直适用；原合同到期后与商户进行续租或者重新招租，是否还可以选择按照简易办法征收，这些问题《营业税改增值税试点实施办法》尚未明确，需要十分关注。

4. 厘清租金价格是否含税

目前已经执行的租赁合同中，多数企业并未明确其租金价格是否含税，因此在"营改增"过程中，出租方与承租方就租金价格是否含税会出现博弈，这是目前"营改增"过程中合同履行工作的重点和难点。

5、进项税额抵扣是否可以逐年抵扣完毕

不动产开发建设需要发生巨额成本或支付巨额购房成本，其进项税额按《营业税改增值税试点实施办法》可以在租赁经营过程中在销项税额中进行抵扣，但是租赁经营**当期**的"持续性"销项税额相比于"**一次性**"发生的开发建设成本或"**一次性**"购房交易成本所形成的进项税额是九牛一毛，按《营业税改增值税试点实施办法》"当期销项税额小于当期进项税额不足抵扣时，其不足部分可以结转下期继续抵扣"，但是并未规定可以逐年抵扣至抵扣完成为止。所以，不能确定开发建设成本或购房成本可以**完全折旧**或摊销。如此，**不动产持有者在"营改增"后将可能"持续性"地承担更高的流转税负**。所以，对于进项税额是否可以逐年抵扣完毕的问题，尤其需要进行关注。

二、面对地产业"去库存"的商业地产运营管理

据国家统计局的数据，2015年末，我国商品房待售面积达到7.2亿m²；而根据物业机构莱坊的统计数据显示，2015年底，全国主要城市商业综合体存量面积将达到3.6亿m²，2016年以后更将突破4.3亿m²。

目前我国住宅、商务办公楼、零售商业地产的开发，主要依靠房地产开发商，以银行贷款为主要形式的间接融资进行。高杠杆、高利息、资金快速周转、产品快速呈现是其主要特征。由于整个经济形势趋于常态化，

产能过剩、供需矛盾显现，出现了产品大量库存积压的现象，由此将导致企业资金链断裂、银行坏账出现等恶果。为此，国家出台一系列政策，解决房地产"去库存"的问题。

目前零售业和零售商业地产租赁经营面临许多矛盾：一是零售业本身正处于"蜕骨蜕皮"的转型期，二是宏观经济整体不容乐观，三是商业地产存量巨大，供需矛盾突出。这些矛盾交织在一起，整个零售业和零售商业地产租赁经营服务业进入了寒冬。

面对错综复杂的矛盾，我们必须保持清醒的头脑，实事求是地对各种矛盾进行分析，从而寻求出路。

首先，必须认识到，相对于其他行业，宏观经济形势恶化对零售业所造成的冲击是最小的。金融业、商务办公楼甚至住宅开发行业对宏观经济形势的敏感度都比较高。在零售业中，大宗交易例如家具等专业零售也相对比较敏感，而涉及广大消费者日常生活消费的零售服务受到的冲击是滞缓的。未来短期内，社会零售品消费额仍然还会有所增长。

其次，对零售业和零售商业地产经营业冲击最大的主要是商业地产供应量超过了有效需求，加之零售商业本身面临转型，困扰尤其明显。

在零售商业地产中，除了街区商业地产尚能散售之外，购物中心等集中式商业体是必须保持业权集中持有的，不宜去化。

商业地产，这里必须强调的是零售商业地产，需要明确的思想是，这不是房产，而是资产。资产需要沉淀，需要优化，使其从库存资产迅速转化为经营性资产。

经营性资产的经营必须按照资产经营的逻辑来进行。要实现这一点，应做到两点。一是将商业服务机构与房地产开发商相剥离，使其成为专业商业运营管理的轻资产；二是实现商业房地产证券化，保证商业运营管理过程中的有效供血。

1. 专业商业运营管理的轻资产化

通过业态创新、商业模式创新、场景创新、服务创新和运营能力的提升，商业服务机构要从房地产开发商的手中解放出来，使其成为真正的集研发和运营为一体的专业商业服务运营商。目前，万达商业运营机构已经开始行动起来了。我们相信，还会有更多的专业商业服务运营商能够涌现出来。这些机构可以通过自己的业绩和能力，取得较高的信用等级评定，获得国际金融资本的青睐，从而获得资本市场的支持。

走凯德商用的道路，这就是方向。

2. 改革金融体制，实现房地产证券化

中国的经济发展在放缓，但是其增速仍然远远高于许多发达国家和地区。发达国家和地区的资金利息很低，只是缺乏进入中国广袤市场的渠道。

应加快金融体制改革，发展REITs私募基金在内的各种直接融资，改变银行信贷这种比较单一的融资格局。

专业商业运营管理的轻资产化和实现房地产证券化，**将房地产开发商主导的商业地产开发运营模式转化为金融资本主导的商业地产开发运营模式**，这才是将商业地产存量资产转化为经营性资产的唯一出路。

这也是商业地产"去库存"的唯一出路。

中国零售商业和零售商业地产发展到今天，正面临着重大转型，这既是挑战，也是机遇。无论如何，商业运营管理的课题仍然是积极进行业态创新、商业模式创新、场景创新和服务创新，并积极提升商业运营能力。只有这样，才能在转型中赢得发展的机会。

图表索引

表索引

图索引

案例索引

主要参考文献

[1] 聂冲. 购物中心商铺租金微观决定因素与租户组合实证研究 [M]. 北京: 经济科学出版社, 2010年1月。

[2] 郭向东. 看万达如何"现金流滚资产" [J]. 城市开发 (开发版), 2011年第4期.

[3] 郭向东. 客流、流向和流速在商业中心的组织 [J]. 城市开发 (物业版), 2009年第3期.

[4] 郭向东. 购物环境的建设是商业物业管理的重要任务 [J]. 城市开发 (物业版), 2008年第12期.

[5] 郭向东. 浅议城市综合体物业管理 [J]. 中国物业管理 (物业版), 2007年第10期.

[6] 郭向东. 城市综合体交通组织的运行和管理 [J]. 中国物业管理, 2008年第1期.

[7] 郭向东. 城市综合体环境的营造和管理 [J]. 城市开发 (物业版), 2008年第3期.

[8] 郭向东. 科学控制能耗之策 [J]. 城市开发 (综合版), 2007年第7期.

[9] 尼尔森中国. 中国消费者信心指数及消费趋势解读报告, 2015年5月.

责任编辑：封　毅　　周方圆

建工出版社微信

经销单位：各地新华书店、建筑书店
网络销售：本社网址 http://www.cabp.com.cn
　　　　　中国建筑出版在线 http://www.cabplink.com
　　　　　中国建筑书店 http://www.china-building.com.cn
　　　　　本社淘宝天猫商城 http://zgjzgycbs.tmall.com
　　　　　博库书城 http://www.bookuu.com
图书销售分类：房地产开发管理 (E10)

内容提要

本书系统阐述了商业地产及运营的
基本原理、筹备期商业运营管理的
方法、运营期商业运营管理的方法、
商业运营管理活动中的全面市场营
销和营销推广、商业运营所面临的
挑战和变革。与目前偏重市场策划
的商业地产书籍不同，本书具有很
强的理论性、系统性和工具性，既
可用于商业运营管理企业及经营管
理者对于商业运营管理活动和过程
的全面指导和控制，也可用于商业
运营管理专业人员商业运营管理活
动的实务。本书适合商业地产运营
管理企业、商业地产项目的高中级
经营管理专业人员阅读和学习。

ISBN 978-7-112-20055-9

9 787112 200559 >

(29503) 定价：75.00 元